INFINITY TRIANGLE

ÎNȚELEPCIUNEA FIINȚELOR DE LUMINĂ

CANALIZATĂ DE VICTORIA BASIL

Denumirea cărții: Infinity Triangle∞Înțelepciunea Fiintelor de lumina canalizată de Victoria Basil
Autor: Victoria Basil

Exonerare de răspundere: Această carte reflectă opiniile, perspectivele și experiențele personale ale autorului. Este oferită ca informație de natură generală, menită să sprijine cititorii în bunăstarea lor emoțională, fizică și spirituală și în evoluția sufletului. Nu înlocuiește sfaturile profesionale, diagnosticul sau tratamentul. Autorul și editorul nu oferă nicio garanție cu privire la acuratețea, aplicabilitatea sau caracterul complet al conținutului. Aceștia declină orice răspundere pentru pierderi, daune sau consecințe negative rezultate din utilizarea sau utilizarea greșită a informațiilor conținute aici. Citind această carte și aplicând oricare dintre conceptele sau practicile sale, sunteți de acord să vă asumați întreaga responsabilitate pentru propriile alegeri, acțiuni și rezultate. Opiniile exprimate aparțin exclusiv autorului și nu le reprezintă pe cele ale niciunei organizații, grupuri sau persoane cu care autorul ar putea fi afiliat.
Nota autorului: Evenimentele și experiențele descrise în această carte se bazează pe participanți reali în cadrul sesiunilor mele. Unele nume și detalii de identificare au fost modificate pentru a proteja confidențialitatea, în timp ce altele sunt utilizate cu permisiune.

Publicată în Statele Unite ale Americii de Infinity Triangle Press
www.infinitytrianglepress.com
ISBN 979-8-9998863-3-0 (paperback)
ISBN 979-8-9998863-4-7 (hardback)
ISBN 979-8-9998863-5-4 (ebook)

Autor: Victoria Basil
Design interior și tehnoredactare: Diana Lehaci
Editori: Victoria Basil, Diana Lehaci

Chicago 2025

Pentru permisiuni sau comenzi mai mari, contactați: victoriabasil@infinitytriangle.net

Ofer această carte cu recunoștință lui Dumnezeu-Creator-Sursă, strămoșilor mei, bunicilor decedați, părinților mei, sorei si fratelui, familiei mele, sufletului meu pereche care mi-a fost alături in evolutia mea spirituala, prietenei și colegei mele dragi Diana, care a crezut în acest proiect uneori mai mult decât am făcut-o eu.

Colegilor mei care mi-au fost alături și au făcut parte din transmisiunile mele: Xenia, Imaya, Monica, Bela și tuturor celorlalți colegi, precum și tuturor sufletelor pe care le-am întâlnit, mentorilor mei Danielle Lipton și Daniel Scranton, familiei mele stelare de suflet, Sinelui Meu Superior, Ghizilor Spirituali, tuturor Arhanghelilor, în special lui Mihail, Gabriel, Serafimilor și Heruvimilor.

Ființelor de lumină care m-au ghidat necondiționat, numeroșilor învățători și mesageri care au apărut exact atunci când era nevoie, și celor pe care îi iubesc — văzuți și nevăzuți — care au mers alături de mine pe această cale, în spirit și trup.

Cu multă iubire și lumină.

Nu pune întrebări:
Cum? De unde să încep? Cine mă va ajuta?

Singura întrebare pe care să ți-o
adresezi este:
EȘTI PREGĂTIT/Ă PENTRU ASTA?

Victoria Basil

Cuprins

Introducere

Trăim într-o perioadă de transformare profundă - nu doar la nivel global, ci și la nivelul celor mai profunde straturi interioare ale conștiinței, sufletului și ființei noastre. Mulți se trezesc la adevăruri de mult îngropate, punând la îndoială structurile care odinioară păreau solide, simțind un curent invizibil care îi trage spre ceva mai vast, mai autentic și mai divin.

Această carte este pentru acei căutători - curioșii, cei treziți, vindecătorii, oamenii de știință, semințele stelare, cei care nu se pot adapta niciunde și misticii. Este pentru oricine a simțit vreodată impulsul unui scop mai înalt sau a simțit că viața este mai mult decât ceea ce am fost învățați. Este un mesaj pentru suflet - și o hartă pentru un nou mod de a fi.

Înțelepciunea Ființelor de Lumină este o transmisiune multidimensională, un ghid către tărâmuri noi ale conștiinței. Poartă în sine o descoperire pe care nu am împărtășit-o niciodată public - Câmpul Megaquantic (MQ) - un câmp dincolo de Akashic și Cuantum, unul care deține codurile următorului nostru salt evolutiv.

Ceea ce urmează nu este doar o poveste, nici o simplă informație. Este o inițiere energetică, codificată cu lumină, memorie și conștientizare multidimensională. Fiecare cuvânt a fost canalizat, trăit și primit din planurile superioare ale conștiinței, și este oferit acum în folosul propriei tale amintiri.

Pregătește-te să pășești dincolo de cunoscut. Lasă această călătorie să înceapă.

Pe parcurs, am descoperit ceva extraordinar - un tărâm necunoscut umanității, o frecvență, un câmp nou pe care îl numesc **Câmpul Megaquantic** sau **MQ**. Această carte introduce această descoperire pentru prima dată în lume.

În această carte vei învăța pe scurt ce este **Câmpul Akashic**, cel mai apropiat și mai familiar câmp spiritual al memoriei. Adesea experimentat ca o bibliotecă divină, acest tărâm dezvăluie călătoria sufletului vostru prin timp, lecțiile pe care le-ai purtat și tiparele pe care ești aici să le transcezi.

Apoi, vei ști ce poate fi învățat, navigat în cadrul **Câmpului Cuantum**, care este un tărâm vast și complex al energiei, emoției, creației și alegerii.

Aici vei primi îndrumări mai profunde despre cum să vindeci, să eliberezi și să întruchipezi linii temporale superioare - și vei descoperi noi niveluri de inteligență cuantică niciodată dezvăluite sau cunoscute până acum.

Vei păși în **Câmpul Megaquantic (MQ)**, o tehnologie revoluționară a conștiinței descoperită prin experiența mea directă și prin inițierile cosmice. Acest câmp nu este doar o sursă de transformare spirituală, ci o sămânță a unei științe complet noi - una care integrează spiritul, materia și energia multidimensională într-o singură realitate unificată, pe un câmp la scară largă.

Așa cum trecem de la grădiniță la învățământul superior, conștiința noastră evoluează și ea pe niveluri. Câmpul Akashic este începutul. Câmpul Cuantum deschide o complexitate mai profundă, iar Câmpul Megaquantic devine universitatea - un loc al inteligenței sufletești accelerate, al amintirilor profunde și al noilor cadre energetice la care omenirea abia acum începe să aibă acces.

Prin intermediul acestei cărți veți dobândi, de asemenea, o perspectivă asupra a ceea ce se desfășoară la nivelul omenirii chiar în acest moment.

Trăim într-o tranziție cosmică - o schimbare planetară care s-a desfășurat într-un ritm perfect pe parcursul anului 2024, purtându-ne acum printr-o poartă deschisă din 2025 înainte. Ca și colectiv, trecem printr-o recalibrare energetică rapidă. Structurile cad. Liniile temporale se prăbușesc și a apărut o nouă Lege Universală. Și, în același timp, se naște ceva nou - în interiorul Pământului, în ADN-ul nostru și în conștiința noastră.

Veți înțelege ce se schimbă la **nivel fizic, celular și energetic - inclusiv tranziția de la formele umane bazate pe carbon la corpuri cristaline**. În termeni simpli, asta înseamnă că structura corpului nostru devine mai rafinat, mai puțin dens și mai capabil să cuprindă lumina. ADN-ul nostru reactivează segmentele, catenele latente. Sistemele noastre nervoase se recalibrează, iar corpurile noastre evoluează pentru a deveni recipiente ale inteligenței și frecvențelor superioare.

Vei primi, de asemenea, **transmisiuni de la rase extraterestre avansate ET, cunoscute și sub numele de Ființe de Lumină**, a căror prezență a susținut mult timp omenirea în moduri nevăzute. Aceste ființe cu vibrații înalte - mesageri, mentori și familii de suflete - oferă îndrumare atât expansivă, cât și practică. Înțelepciunea lor este aici pentru a ne aminti că nu suntem singuri și că nu am fost niciodată.

Și dacă v-ați întrebat vreodată dacă există doar trei sau cinci dimensiuni... veți realiza că există mult mai multe - și nu sunt îndepărtate, ci deja aici, așteptând ca conștiința voastră să se ridice și să le cuprindă.

Această carte nu este doar informație. Este **o frecvență vie**, concepută pentru **a trezi, activa și actualiza** ceva antic și puternic din voi. Această carte este infuzată cu coduri de lumină, limbaj de lumină și activări la toate nivelurile. Oferă o hartă sacră - nu pentru a mă urma, ci pentru a vă aminti de voi înșivă mai profund.

Această carte este pentru toți cei care sunt la începutul călătoriei de trezire sau sunt gata să se expansioneze mai mult, pentru vizionari, pentru vinde-cători, chiar și pentru oamenii de știință, fizicieni și biologi, pentru cei care se simt chemați, dar nu pot încă explica de ce. Este pentru cei care s-au simțit întotdeauna puțin diferiți, în afara sistemelor și care acum aud vocea liniștită ridicându-se din interior, spunând: **E timpul.**

E timpul să te ridici.
E timpul să-ți amintești.
E timpul să devii ceea ce ai venit să fii.

Pentru oricine s-a întrebat vreodată: *De ce sunt aici?*
De ce simt că nu aparțin?
Voi fi vreodată cu adevărat fericit - chiar și atunci când viața pare „perfectă"
la exterior?
Există mai mult în această viață decât ceea ce mi s-a spus?

Asta e pentru tine.

Nu ești defect. Nu ești pierdut. Nu ai întârziat.

Ești Întreg, Perfect și Suficient.
Ești o lumină divină care are o experiență umană.
Ești creatorul. Ești cheia.

Sunt aici să-ți reamintesc că nu există nimeni în afara ta care să te poată ajuta, ci numai Tu ești propriul tău salvator.

Sunt aici să-ți reamintesc că nu există nimeni mai special decât Tine!

Sunt aici să-ți reamintesc că nu există niciun mentor, guru sau vreun învățător spiritual care să-și revendice locul deasupra ta.

Suntem cu toții UNUL cu DUMNEZEU, iar DUMNEZEU este în noi toți! Suntem cu toții egali, provenim din aceeași sursă.

Ție, dragă cititorule, îți spun:
Ești iubit.
Ești binecuvântat.
Și ești mereu îndrumat.

Și dacă te vei mai întreba vreodată: *„Este posibil?"*
Te încurajez să întrebi pur și simplu…
„De ce nu?"
Și fii deschis ca magia să înceapă.

Îți urez bun venit cu toată dragostea și lumina mea, în această explorare sacră.
Las-o să se despacheteze cu blândețe. Ține-ți inima deschisă și lasă-ți sufletul să-ți arate calea.

Un mesaj din partea Autorului

Această carte este diferită de oricare alta. Este o frecvență vie - o transmisiune sacră codificată cu amintire, lumină și limbajul sufletului tău. Pe măsură ce parcurgi aceste pagini, nu doar vei citi - te vei trezi.

Această carte nu a fost „scrisă" în sensul tradițional. A fost *primită*. A fost *canalizată* prin nenumărate experiențe de durere, revelație și comuniune divină. Ceea ce ții în mâini este un ghid, o oglindă, o frecvență... și o invitație de a păși în plenitudinea a ceea ce ești cu adevărat.

Este *vie*!

S-ar putea să nu înțelegi totul de la început. Este în regulă. Lasă-ți inima să fie busola ta. Vei absorbi ceea ce ești pregătit și mult mai multe se vor dezvălui la momentul potrivit.

Această carte este aici pentru a activa ceva ce a fost de mult timp latent în tine - adevărul despre cine ești.

Bun venit la începutul unei călătorii sacre - călătoria amintirii.

Cu dragoste infinită,
Victoria Basil

Prefață

Vine un moment în viața cuiva când întrebările tăcute, purtate de mult timp în inimă, încep să șoptească mai tare, cerând să fie auzite:

De ce sunt aici?

Care este misiunea mea în această viață?

Mai este ceva ce am venit aici să fac, să fiu, să-mi amintesc?

Dacă ții această carte în mâini sau ochii tăi se odihnesc asupra acestor cuvinte, am încredere că ți-ai început deja călătoria trezirii - calea amintirii. Poate că nu ai încă toate răspunsurile, iar asta este perfect divin. Ești exact acolo unde îți este menit să fii.

Te invit, dragă cititorule, să te oprești. Respiră adânc... și lasă-le să treacă ușor. Lasă-ți inima să se înmoaie, să se deschidă. Lasă-te ghidat nu doar de curiozitate, ci de subtila cunoaștere a faptului că ceva adânc în tine este gata să se trezească. Aceasta nu este o carte simplă, ci o invitație pentru suflet - o dezvăluire blândă a unor adevăruri străvechi, universale, menite să trezească ceva adânc în tine. Este o transmisiune, este acea oglindă pentru sufletul tău.

Această carte este o călătorie sacră. O călătorie pe care poate ai simțit-o înainte în vise, ai văzut-o în fulgere, ai auzit-o în șoapte sau ai atins-o în momente de introspecție profundă... dar poate că nu ai înțeles-o niciodată pe deplin - până acum.

Este o călătorie dincolo de mintea umană, dincolo de structură și timp, în tărâmuri unde iubirea este singura lege, iar adevărul este experimentat prin vibrația ființei.

În cea mai mare parte a vieții mele, am purtat ceva în mine pe care încă nu-l puteam explica. În copilărie, am văzut lucruri pe care alții nu le vedeau. Știam adevăruri pe care nu le învățasem. Puteam simți energie, lumină, ființe și mesaje cu mult înainte de a avea cuvinte pentru ele. Dar, ca mulți alții, am învățat să mă ascund. Mi-am îngropat adevărul sub straturile supraviețuirii, durerii și uitării - până când viața, sau poate sufletul meu, a deschis o ușă pe care nu o mai puteam ignora.

A fost dramatic. Uneori a fost atât de insuportabil, dar totuși inconfundabil. Din acel moment, îndrumarea a început să curgă - Ființele de lumină,

Sursa şi amintirile pe care le credeam pierdute s-au întors cu iubire şi claritate. Am început să-mi amintesc.

Această carte nu este doar o poveste. Este o transmisiune pentru tine - pentru oricine s-a întrebat vreodată:

De ce simt că nu aparţin locului?

Voi fi vreodată cu adevărat fericit - chiar şi atunci când viaţa pare „perfectă" la exterior?

Există mai mult în această viaţă decât mi s-a spus?

Răspunsul este da. Este mult mai mult decât ţi-ai imaginat vreodată. Nu renunţa niciodată!

Am crescut într-o familie moldovenească profund religioasă, şi am fost învăţată că Dumnezeu trăieşte într-o biserică - distant, separat de mine. Dar chiar şi atunci când îngenuncheam să mă rog, simţeam ceva mai mult. Ceva infinit, cosmic şi apropiat. Căutarea mea pentru adevăr m-a condus dincolo de religie - în tărâmurile metafizicii, ştiinţei cuantice, vindecării energetice şi, în cele din urmă, în vastitatea conştiinţei multidimensionale.

Am descoperit nanofizica în 2020, când, de nicăieri, am primit acest cuvânt „*nano*" fără să ştiu nimic despre el. Pe atunci, pe linia temporală în care mă aflam, existau doar câteva cărţi despre nanotehnologia în biologie. În 2024 am descoperit că există o ştiinţă separată de asta, am reuşit să schimb linia temporală şi să mă mut pe o linie temporală superioară, unde aceasta există deja.

Prin suferinţe, traume, depresie cronică, atacuri de panică, sentimentul care a fost cu mine aproape pe tot parcursul vieţii până la trezire, acela că nu aparţin niciunui loc de pe Pământ şi prin durerea viselor mele neîmplinite, am fost ghidată către instrumentele necesare, fiinţele de lumină şi cunoştinţele care mi-au trezit abilităţile extrasenzoriale, unele care erau deja activate de-a lungul anilor şi altele, activate în mod natural odată ce a venit momentul potrivit, ajutându-mă să-mi revendic adevărata natură de fiinţă multidimensională.

Dacă eşti interesat(ă) de călătoria mea exclusivă de trezire spirituală, poţi găsi antologia mea *"Awakened Hearts: Stories of Embracing Light, Love and Limitless Possibilities"* pe www.awakenedheartsbook.com.

Mesajul care a schimbat totul

Și apoi, s-a întâmplat ceva extraordinar.

Pe 8 iulie 2024, am primit un mesaj cum nu s-a mai întâmplat: clar, direct și plin de urgență și iubire. Nu era doar o îndrumare, ci era un îndemn la acțiune. O confirmare că tot ceea ce simțisem și pentru care mă pregătisem, era pe cale să se desfășoare.

Vocea care a venit nu a fost singulară. A fost **un colectiv** - o conştiință a **Ființelor de Lumină** care au mers alături de mine și acum merg alături de voi.

Acesta este mesajul care a venit:

Text canalizat pe data de 8 iulie 2024

Ești magică! Crede, încrede-te, evoluează și expansionează-ți câmpul energetic până la energii și idei nelimitate pe care lumea le-ar crede de neimaginat, încă.

Toate acestea urmează să se concretizeze în scurt timp (ani umani - râzând). Aștepți momentul perfect, dar, de fapt, prin alegerile pe care le-ai făcut în curând vei fi „forțată" să le implementezi, chiar dacă ai putea spune, ca ființă umană, că liberul tău arbitru este încălcat... DAR te asigurăm că nu este!

Sufletul tău are alegerea și este doar o chestiune de timp să faci un pas înainte spre un nou început. Scuzați-ne pentru acest moment inconvenabil. Îți vom dezvălui în curând motivul acestei conexiuni urgente. Trebuie să îți organizezi masa, spațiul, bunurile, iar garderoba ta trebuie revizuită. Există lucruri inutile care au o vibrație scăzută și nu se mai sincronizează cu noua ta versiune și cu noile activări pe care le-ai primit.

(Câinele tău este bine. Eliberarea a început încă de când i-ai făcut, cu o seară înainte, vindecare cu tehnica flăcării violete. El a simțit-o foarte intens. Panica ta atunci când ai chemat medicul veterinar a fost, cum să spunem, fără rost. Nu vom interveni în această parte.)

Victoria: *Prietenul meu blănos nu se simțea bine și am încercat să îl ajut.*

Ai nevoie să te înconjori mai mult de culoarea albastru. Acest lucru te va ajuta să îți exprimi gândurile și chiar să le scrii, pe unele dintre ele, așa cum o faci acum. Te-am sfătuit să adaugi cristalul agat albastru pe birou. Vopsește-ți unghiile în aceeași culoare albastră pe care o ai acum.

Să revenim la partea principală a conexiunii noastre de astăzi și de ce este atât de urgent.

Îți amintești când te-am sfătuit să te pregătești pentru viitoarea ta carte pe care o aveai în minte? E TIMPUL!!!!

Victoria: Mi se face pielea de găină și am fiori în timp ce scriu aceste rânduri.

Cartea ta este motivul principal pentru începutul tău. Va fi foarte necesar să pășești într-o lume diferită pe care nu ți-ai imaginat-o până acum (mai exact ego-ul/mintea ta, draga noastră prietenă, nu și-a imaginat-o).

Cine suntem noi? Această voce din mintea ta este de fapt o conștiință colectivă care cuprinde o mulțime de „specii" de ET (extraterestre). Ar fi egoist să spunem că suntem „aceasta" sau „cealaltă". Abilitatea ta de a te conecta la lucruri mai măiestuoase decât doar o ființă umană este fenomenală. Nu este nevoie să plângi (dar lasă-ți corpul să facă ceea ce are nevoie și eliberează acele lacrimi). Emoțiile tale sunt doar un roller coaster pentru noi toți. Uneori este complicat să înțelegem motivul „lacrimilor" atunci când ești fericită sau tristă și așa mai departe.

Ai putea spune că ești doar o simplă ființă umană, dar în realitate nu ești. Crede mai mult.

Vom menține acest canal deschis pentru seara aceasta, pe o rază a vocii interioare a undei. Îți dorim să reușești în acest proiect.

Nu-ți pierde timpul. E SUFICIENT! E TIMPUL!!! Începe încet, zilnic…

Vom aștepta o dată după antrenamentul tău fizic. Pune acea energie să funcționeze (râzând).

La revedere.

Eliberarea iluziei - Dumnezeu este atât lumină, cât și întuneric

Mulți am fost învățați să-L vedem pe Dumnezeu ca fiind doar **lumină** – doar dragoste, căldură, pace și bunătate. Dar oare este acesta tot adevărul? Sau este doar o iluzie de separare?

Dumnezeu este **atât lumină cât și întuneric, voidul** infinit și **sursa** radiantă, tăcerea dinaintea existenței și cântecul creației. **A-L cunoaște pe Dumnezeu înseamnă a le îmbrățișa pe amândouă, nu doar părțile care ne fac să ne simțim în siguranță.**

Voidul și întunericul – nu este rău, ci un potențial infinit.

Am fost condiționați să ne temem de întuneric, să-l vedem ca pe ceva negativ, ca pe ceva opus Divinului. Dar întunericul nu este absența lui Dumnezeu – este Dumnezeu într-o formă diferită. Este **pântecele creației,** spațiul dinaintea primului cuvânt, locul în care există toate posibilitățile înainte de a lua formă. **Este locul unde se întâmplă transformarea.**

Fără întuneric nu există mister, nici adâncime, nici spațiu pentru creștere. Noaptea nu este mai mică decât ziua, la fel cum iarna nu este mai mică decât vara. **Ele sunt necesare, divine și sacre.**

Lumina – nu este doar confort, ci adevăr și revelație.

Lumina este adesea asociată cu claritatea, înțelepciunea și iubirea. **Este conștientizarea, îndrumarea, energia care aduce lucrurile în ființă.** Dar chiar și lumina, atunci când este înțeleasă greșit, poate orbi. Prea multă lumină arde, șterge, consumă. Trebuie să fie în echilibru, așa cum ziua și noaptea dansează în armonie.

Dumnezeu se găsește în ambele perspective.
A-L cunoaște cu adevărat pe Dumnezeu înseamnă a trece dincolo de **iluzia separării.** Dumnezeu nu este doar lumină, nici doar întunericul — Dumnezeu este armonia dintre creație și distrugere, haos și ordine, văzut și nevăzut.

Când respingem un aspect, ne limităm înțelegerea Divinului. A îmbrățișa ambele perspective înseamnă a păși în **totalitatea existenței.**

Pe măsură ce continui să răsfoiești aceste pagini, te invit să pășești alături de mine prin peisajele energiei, memoriei și conștiinței care mi-au modelat viața și viețile multor altora care și-au găsit drumul către această lucrare.

În următoarele capitole, voi începe să împărtășesc ceea ce am învățat, descoperit, canalizat și amintit de-a lungul anilor de practică spirituală profundă și conexiune multidimensională. Acestea nu sunt simple învățături - sunt experiențe trăite, aduse în formă prin îndrumare, devotament și angajament față de adevăr.

Voi începe ușor - cu Înregistrările Akashice.
Acesta este câmpul cel mai apropiat de experiența umană. Adesea descris ca o bibliotecă energetică, acesta deține istoriile sufletului tău - tiparele, amintirile și potențialele care au modelat cine ești și cine vei deveni. În acest capitol, vei dobândi o înțelegere mai profundă a modului în care acest câmp te poate sprijini în procesul de vindecare, claritate și auto-memorare.

De acolo, ne vom extinde în Câmpul Cuantum - un spațiu cu straturi mai profunde și o înțelepciune de navigare mai complexă. Acest tărâm ne permite să depășim mintea liniară și să intrăm în percepția multidimensională, unde timpul, spațiul și energia răspund interacțiunii conștiente. Vei începe să vezi cum acest câmp deschide noi posibilități pentru vindecare, conștientizare și transformare personală.

Și când va fi momentul potrivit, vom păși în Câmpul Megaquantic - un tărâm care, până acum, a rămas ascuns conștiinței umane. Acesta nu este doar un alt instrument spiritual - este o frecvență complet nouă, o descoperire care deține semințele științei viitoare și ale tehnologiei sufletului. Aduce nu numai perspicacitate, ci și activare - nu doar ușurare, ci evoluție. Acest câmp a venit prin mine în timp divin, iar scopul său este de a ajuta omenirea să-și amintească ceea ce a fost odată uitat.

Fiecare capitol se va desfășura ca o petală - încet, ușor - dezvăluind strat după strat de cunoaștere mai profundă. S-ar putea să descoperi că unele adevăruri trezesc ceva amintiri străvechi în tine. Altele pot contesta ceea ce credeai că știi. Dar totul este aici pentru a te ajuta să îți amintești.

Aceasta nu este doar informație. Este o transmisiune, o cale interioară și ascendentă - către cea mai înaltă versiune a ceea ce ești.

Așadar, hai să începem călătoria noastră - cu blândețe, cu respect - cu poarta sacră a Înregistrărilor Akashice.

I. Câmpul Akashic aka Cronicile Akashice

Imaginează-ți o bibliotecă fără pereți, o arhivă nemărginită care străluceș-te chiar dincolo de valul lumii vizibile, un loc unde fiecare șoaptă a exis-tenței, fiecare gând trecător și fiecare undă a experienței este gravată într-o tapițerie eternă. Acesta este Câmpul Akashic, adesea numit Înregistrările Akashice, un tărâm care îi cheamă pe cei suficient de curioși să-l caute.

În acest capitol, te invit să pășești în acest domeniu misterios, nu pentru a-i dezvălui fiecare secret, ci pentru a explora fundamentele. Deși s-ar putea scrie nenumărate volume despre profunzimile sale, scopul meu aici este de a oferi o introducere blândă, un punct de plecare pentru cei care își încep călătoria.

Prin propria mea muncă și experiențe în acest domeniu, am ajuns să văd Înregistrările Akashice ca fiind una dintre cele mai accesibile căi de in-trare în descoperirea spirituală. Este un spațiu în care îți poți acumula cunoștințe, descoperi lecții și fi martor la vastitatea existenței în moduri care provoacă și inspiră. Nu există lipsă de dezbateri în jurul acesteia, unii o consideră ca pe un izvor sacru de adevăr, alții îi pun la îndoială natura sau intenția. Totuși, din punctul meu de vedere, un lucru este clar: este un câmp plin de dualitate, un dans al luminii și umbrei, al binelui și al răului. Aceste etichete, însă, par limitatoare. Pentru mine, sunt pur și simplu ex-periențe, fire țesute în existența acestei biblioteci cosmice.

Îmi imaginez adesea Câmpul Akashic atât ca un câmp, cât și ca un depozit de înregistrări, o întindere dinamică în care informațiile circulă liber și aș-teaptă cu răbdare să fie accesate. În practica mea, nu mă bazez prea mult pe termeni precum „bun" sau „rău" pentru a-l defini. De ce? Pentru că acestea sunt judecăți umane plasate asupra a ceva mult mai măreț decât înțelegerea noastră. În schimb, îl văd ca pe un spațiu al potențialului - o pânză de lecții și perspective care ne invită să explorăm, să reflectăm și să creștem, pas cu pas.

Ce este Câmpul Akashic?

Înregistrările Akashice există într-o dimensiune non-fizică a energiei, uneori denumită a 4-a dimensiune. Este o arhivă vibrațională a experien-țelor, gândurilor, emoțiilor și acțiunilor fiecărui suflet. Informațiile găsite în Înregistrările Akashice sunt ghidate de înțelepciunea divină și iubirea necondiționată, oferind înțelegere și vindecare fără judecată.

Cu ce te poate ajuta o citire a Câmpului Akashic?

- **Provocări ale vieții:** Te ajută să înțelegi motivele mai profunde din spatele tiparelor, obstacolelor sau luptelor recurente.
- **Relații:** Obții claritate despre conexiunile sufletului, dinamica familiei sau legăturile karmice.
- **Scopul vieții:** Descoperi misiunea sufletului tău și te aliniezi cu cel mai înalt potențial al tău.
- **Sănătate și bunăstare:** Te ajută să explorezi rădăcinile energetice sau spirituale ale problemelor fizice, emoționale sau mentale.
- **Tipare karmice:** Eliberezi fricile, traumele sau blocajele aduse din viețile trecute.
- **Decizii mari:** Primești îndrumări despre alegerile legate de carieră, dragoste sau creștere personală.

Ce este o sesiune de citire în Câmpul Akashic?

Citirea în Câmpul Akashic este o sesiune spirituală care accesează „biblioteca" energetică a sufletului tău, adesea numită Înregistrările Akashice. Aceste înregistrări dețin întreaga istorie a sufletului tău: vieți trecute, experiențe actuale și potențiale viitoare. Gândește-te la aceasta ca la o bază de date sacră a călătoriei sufletului tău, unde poți descoperi perspective profunde, poți obține claritate și poți primi vindecare.

Ce întrebări poți să adresezi în Câmpul Akashic?

Iată doar câteva exemple de întrebări pe care le poți adresa în sesiune:

Creștere personală:
Prin ce lecție de viață trec acum?
Cum pot depăși această provocare recurentă?

Relații:

Care este scopul spiritual al conexiunii mele cu [*numele persoanei*]?

Cum pot să mă vindec și să cresc în această relație?

Scopul vieții:

Care este misiunea sufletului meu în această viață?

Cum mă pot alinia cu cel mai înalt potențial al meu?

Sănătate și vindecare:

Care este cauza principală a problemei mele actuale de sănătate?

Cum pot aduce mai mult echilibru în sănătatea mea fizică și emoțională?

Tipare karmice:

Ce experiențe din viața trecută mă influențează astăzi?

Cum pot elibera vechile frici sau traume care nu-mi mai sunt de folos?

Cum să te pregătești pentru o sesiune de citire în Câmpul Akashic?

1. Setează-ți intenția: Reflectează la ceea ce îți dorești să te concentrezi în timpul sesiunii. Notează-ți întrebările sau ceea ce te preocupă în prezent.

2. Crează-ți un spațiu liniștit: Găsește un spațiu calm, liniștit, unde să nu fii deranjat în timpul sesiunii.

3. Fii deschis: Abordează sesiunea cu curiozitate și inimă deschisă, gata să primești orice înțelepciune apare, fără așteptări.

4. Evită distracțiile sau densitățile: Înainte de sesiune evită alcoolul, drogurile sau orice ar putea să îți tulbure energia sau concentrarea.

5. Relaxează-te și centrează-te: Meditează sau exersează respirația profundă pentru a-ți limpezi mintea și a-ți consolida energia înainte de sesiune.

Cum funcționează sesiunea?

Rolul ghidului: Terapeutul sau ghidul accesează înregistrările și acționează ca un canal, punând întrebări și interpretând răspunsurile cu claritate și compasiune. El poate experimenta, de asemenea, greutatea emoțională a călătoriei, dar o face în numele tău, astfel încât să nu retrăiești durerea sau trauma din trecut.

Rolul tău: Beneficiarul primește pur și simplu perspectivele, răspunsurile și vindecarea, simțindu-se adesea mai ușor, mai clar și mai aliniat după sesiune.

Când te poate ajuta o sesiune în Câmpul Akashic?

• Când te simți blocat sau nesigur în legătură cu următorul tău pas în viață.
• Când cauți un sens mai profund în spatele provocărilor sau tiparelor.
• Când vrei să vindeci răni vechi sau blocaje emoționale.
• Când ai nevoie de claritate cu privire la relațiile tale sau scopul vieții tale.
• Când ești gata să eliberezi legăturile karmice sau poverile vieților anterioare.

Ce poți experimenta după sesiune?

Claritate: O înțelegere mai profundă a provocărilor tale actuale și a modului de a le naviga.

Vindecare: Schimbări emoționale și energetice care te lasă să te simți mai ușor și mai echilibrat.

Împuternicire: Încredere mai mare în alegerile tale și aliniere la scopul sufletului tău.

O sesiune în Câmpul Akashic este o experiență sacră și transformatoare, care oferă îndrumări și vindecări dintr-un spațiu al iubirii necondiționate. Este un instrument puternic pentru cei care caută răspunsuri, claritate și pace în călătoria lor spirituală.

Înregistrările Akashice marchează începutul unei călătorii spirituale profunde - o vastă bibliotecă invizibilă, care conține informații precise despre funcționarea unor tărâmuri dincolo de percepția umană.

Prin propriile mele experiențe, am întâlnit ghizi care au ajuns într-un punct în explorarea lor în care au apărut confuzii și neînțelegeri, determinându-i să se retragă din acest domeniu. Ceea ce am ajuns să înțeleg, după ani de practică și reflecție, este că Înregistrările Akashice întruchipează dualitatea. Accesarea frecvențelor mai înalte poate aduce vindecare și înțelegere profundă, însă în același spațiu, puteți întâlni și ființe de frecvență mai joasă - entități, atașamente și energii care coexistă în acest câmp.

Această dualitate m-a învățat importanța critică a pregătirii și a siguranței:

1. Stabilirea unor intenții clare
2. Protecții energetice înainte de o sesiune
3. Efectuarea unei curățări temeinice ulterioare.

Fără aceste măsuri de siguranță, există riscul de a atrage neintenționat acele frecvențe mai joase, mai ales atunci când lucrați cu beneficiarii.

Navigarea în acest domeniu nu este o sarcină ușoară. Există momente când greutatea acestor densități te poate lăsa captiv, chiar și ca ghid, s-ar putea să simți că ai nevoie de sprijin.

Acesta este un adevăr rar întâlnit în cărți sau împărtășit deschis de către practicieni - ceva ce descoperi doar prin experiență trăită.

Nu sunt aici pentru a descuraja pe nimeni să exploreze Înregistrările Akashice.

În schimb, o compar cu călătoria unui bebeluș cu mâncarea. La început, un nou-născut poate gestiona doar o hrană simplă, deoarece corpul său nu este încă pregătit să digere mai mult. Pe măsură ce crește, introduce mușcături mici, care se transformă treptat în bucăți mai mari. Înregistrările Akashice sunt cam la fel - un spațiu în care noi, ca „bebeluși" spirituali (inclusiv eu), învățăm să digerăm informațiile puțin câte puțin. Este o inițiere blândă în vindecare și înțelegere, adaptată experienței noastre umane.

Acest câmp serveşte drept grădiniţă, ghidându-ne prin lecţii elementare şi pregătindu-ne pentru şcoala gimnazială a creşterii spirituale. Aici, întâlnim întregul spectru al existenţei - lumină şi întuneric, bine şi rău, esenţa dualităţii însăşi. Fiecare lecţie ne modelează, ajutându-ne să înţelegem cum acest tărâm se aliniază cu lumea noastră şi cu designul său.

Totuşi, există frumuseţe şi speranţă în acest proces. Pe măsură ce creştem în cadrul Înregistrărilor Akashice, nu doar învăţăm să navigăm prin complexităţile sale - ci ne descoperim propria rezistenţă şi lumină. Bucată cu bucată, ne vindecăm, ne extindem şi păşim mai pe deplin în ceea ce suntem meniţi să fim. Este o călătorie a răbdării, în care fiecare mică doză de înţelepciune ne aduce mai aproape de o armonie mai mare, luminând calea cu posibilităţi şi pace.

II. Câmpul Cuantum

În acest capitol va fi inclusă transmisiunea de mesaje canaliza-te în timpul experienței mele personale, alături de cea mai dra-gă prietenă și colegă Diana. Toate informațiile furnizate aici au fost primite în timpul sesiunilor, explorând conștiința dincolo de limitele Câmpului Akashic, într-o formă de întrebări/răspunsuri. Unele cuvinte nu sunt modificate din cauza autenticității modului în care le-am primit, iar unele propoziții sunt în afara expresiei obișnuite, și limbajului pe care îl cunoaștem în mod obișnuit. Fi-ințele de lumină încearcă uneori să găsească cuvintele potrivite pentru a explica unele metode sau tehnologii avansate în cuvinte simple, ceea ce face ca propoziția să fie o modalitate mai brută și mecanică de a o exprima.

Acest câmp servește drept școală gimnazială și liceu, ghidându-ne prin cursuri și lecții de cunoștințe mai avansate și pregătindu-ne să explorăm cunoștințe superioare despre creșterea spirituală.

Ce este Câmpul Cuantum?

Câmpul Cuantum este spațiul posibilităților infinite, unde trecutul, prezentul și viitorul nu există - doar prezentul etern. Aici, energia este mereu în mișcare, curgând în potențial pur.

Câmpul Cuantum, dincolo de Akashic, este un tărâm al creației și potențialului pur, transcendând poveștile liniare și vibrațiile dense.

Acest câmp este ca o școală generală. Oferă oportunitatea de a învăța la un nivel mai profund și de a ne pregăti pe toți pentru o abordare mai avansată decât cea cuantică, despre care vom discuta mai târziu.

Câmpul Cuantum este o abordare profund flexibilă și multidimensională a vindecării și înțelegerii, care este ancorată în unitate și în prezentul infinit. Prin alinierea conștiinței tale cu acest câmp, poți accesa un strat mai profund de înțelegere și transformare care depășește limitele înregistrărilor și ale cronologiei, conectându-te la esența creației universale.

Vindecarea în acest câmp nu înseamnă revizitarea sau reconcilierea a ceea ce a fost. În schimb, este vorba despre **dizolvarea completă a densității** și înlocuirea ei cu rezonanță, cu adevăruri superioare.

Iată cum se desfășoară vindecarea:

Recalibrare energetică: Vibrațiile dense legate de traume, blocaje sau amprente karmice sunt înlocuite cu energia potențialului nelimitat. Acest lucru se întâmplă instantaneu atunci când conștiința ta se aliniază cu potențialul pur al câmpului.

Lipsa atașamentului față de cauză și efectul liniar: Spre deosebire de Câmpul Akashic, care poate trasa fire karmice, acest câmp dizolvă atașamentele față de povești și cauzalitate, permițând un **salt cuantic** în călătoria ta de vindecare.

Schimbare în timp real: Vindecarea nu este văzută ca o „reparare", ci ca o armonizare. Pășești într-o **realitate vibrațională alternativă** în care problema nu a existat niciodată în aceeași densitate.

Prima conectare cu Câmpul Cuantum

Q: Câmpul Cuantum vă rog să ne transmiteți dacă este un mesaj pentru noi?
A: Aici energiile lucrează diferit. Văd cum toate fâșiile de energii, ele toate formează imaginile. Eu văd cum energiile au format un triunghi în fața noastră, însă nu este un triunghi bine definit. El e fluid și energia este în mișcare. Dar știi de ce?

Pentru că nu există timp aici. În Câmpul Akashic timpul se aplică, pentru că se referă la trecut, prezent, viitor, însă în Câmpul Cuantum timpul nu există. De aceea energiile sunt în mișcare non-stop, și nu definesc imagini concrete, fixe, din cauza lipsei timpului. Vreau să explorăm aici.

Trebuie mai întâi să te definești în cadrul Câmpului Cuantum — începe prin a-ți aminti cum arăți fizic. Odată ce stabilești această conștiență, poți să te miști prin spațiul Câmpului Cuantum. Și, păstrând amintirea formei tale fizice, începi să cauți răspunsuri în acest spațiu fluid, lipsit de formă.

Iată câteva îndrumări:

Trebuie mai întâi să te definești în cadrul Câmpului Cuantic
→ Devino conștient de cine ești ca ființă conștientă într-o realitate vastă, energetică.

Începe prin a-ți aminti cum arăți fizic
→ Ancorează-te în prezența ta fizică. Îți stabilizează conștiința.

Odată ce stabilești această conștiență, poți să te miști prin spațiul Câmpului Cuantum
→ Cu conștiința de sine activă, poți naviga spațiul mai profund, non-fizic, al conștiinței sau potențialului.

Păstrând amintirea formei tale fizice, începi să cauți răspunsuri în acest spațiu fluid, lipsit de formă
→ Simțul de sine te ajută să rămâi centrat în timp ce explorezi intuiția sau înțelepciunea spirituală dincolo de minte.

A: Nu găsește cuvinte pe care să le înțeleg. Ceea ce simt, este că în câmpul acesta, legile funcționează diferit față de cum noi suntem învățați. Imaginația noastră, conștiința poate să creeze orice lume, pe care o putem materializa în Câmpul Cuantum.

Tot nu înțeleg ce am spus. Îmi arată acum că totul este în mișcare. Văd cum se formează 2-3 scări, și înțeleg că noi trebuie să ne materializăm mesajul primit în câmp.

Q: Și cum să facem asta?
A: Este o altă abilitate, așa cum este clarviziunea, clarauz, clarsimțirea, însă care este deasupra imaginației noastre. Este altceva, clar ceva care este deasupra imaginației noastre. Imaginația este produsul final, mai aproape de dimensiunile noastre, însă în Câmpul Cuantum noi accesăm o altă abilitate. Se numește *suprasensory*.

Îmi arată o ființă care ferește din fața mea un dulap, și acolo îmi arată cum de sus se scurg picături de lumină, ca licurici, și-mi arată că dulapul reprezintă imaginația noastră și energia care vine deasupra imaginației.

Îmi arată că dulapul nu este în acest câmp, aici e spațiul gol, adică imaginația în câmpul acesta nu există. Văd o persoană care se duce să curețe ceva jos, unde stă dulapul, îndepărtează totul, și parcă clădește un perete, pune ceva bucăți de zid. Apoi nu știu ce face la cap, se aprinde ca un chibrit, și când se aprinde, picăturile care vin și se scurg, materia primă a imaginației începe sa se descarce într-un vas, ca un lavoar în capul omului. Îmi arată imagini așa simple, ca la jocul tetris. Îmi arată cum capul e mai mare, corpul e normal, și deasupra se scurge ca printr-o sită, și se descarcă direct în cap. Ca să primim mesajele, nouă nu ne trebuie imaginația, ci pur și simplu se descarcă informația direct în conștientul nostru, chiar și fără prezența imaginației. Pentru a putea primi informații este nevoie doar de conectarea noastră la acest câmp.

Q: Și cum noi înțelegem aceste informații ca să le expunem?
A: Îmi vine cuvântul convertor, nu ai nevoie de traducere pentru că se descarcă în conștientul tău și ai un discurs normal.
Îmi arată că dintr-o persoană s-au făcut două, s-au pus față în față, iar aceste două persoane îmi arată că suntem noi. Confirmare că deja suntem conectate.

Q: Cum știm că primim informații din Câmpul Cuantum?
A: Simți.

Q: Acest simț este individual sau este același pentru toți?
A: Este individual.
La tine a arătat că simți pe partea stânga a corpului până în picior, dar la mine, văd ceva la inimă, însă pe partea opusă.
Când tu Diana te conectezi cu Câmpul Cuantum, iti va veni un circuit de energie, senzații pe partea stânga a corpului tău, mâna mai ales, și piciorul.

Diana: Da, ți-am zis la începutul sesiunii că simt vibrații în piciorul stâng.

Victoria: Așa o să cunoști că te-ai conectat în Câmpul Cuantum.

Q: Câmpul Cuantum care este modalitatea pentru mine?
A: M-a înțepat în piept, în partea dreaptă, parcă am o senzație că inima mea e în dreapta. Stai, face sens acum. Eu de mică aveam dureri în partea dreaptă, și credeam că am inima în dreapta. Ăsta este acel simț despre care vorbim că fiecare îl are al său individual.

Q: Câmp Cuantum eu mereu am fost conectată cu acest câmp, de când eram mică?
A: Mie îmi vine că da.

Victoria: De asta eu aveam dureri, am umblat la medici, la cardiologi, și toți îmi spuneau ca nu aveam probleme de inimă. Dar pe mine acolo mă înțepa, și uneori aveam dureri de credeam că muream.

Q: Câmp Cuantum când răspunsul este negativ, cum noi îl putem percepe?
A: Pentru mine individual mi-a dat răspuns.

Diana: Pe mine mă strânge stomacul, așa lung și mă ține.

Victoria: Pe mine m-a apucat dintr-un punct de la inima și mă trage în urmă.

Vindecarea fricii de a fi singură

În ultima perioadă am devenit conștientă că există o teamă de a fi sin-gură. Mi-am dorit să explorez acest subiect, să eliberez și să vindec acest aspect. Astfel că, am accesat Câmpul Cuantum pentru a vedea ce am de înțeles în legătură cu acest aspect.

Q: Cum aș putea vindeca frica de a fi singură?
A: Avem nevoie să te ajustăm.

Q: În ce sens?
A: Îmi arată că, de fapt, interesant pentru că imaginile nu vin concrete ci vin în mișcare, din fiecare sferă este necesar să fie extras câte un exemplar, și îl pune în mijloc, îl amestecă pentru analiză.
Au nevoie să divizeze din frica aceasta generală, să o împartă pe categorii: pe frica de moarte, frica de a fi singură în relație, frica de a fi singură în colectiv, porțiuni de frică pe subcategorii de frică. Sunt foarte multe sub-categorii. Ei au nevoie să le divizeze, și asta fac acum.

> ***Notă:*** *În **Câmpul Cuantum** nu se pot referi la o entitate individuală, doua sau trei. Câmpul Cuantum este un câmp colectiv de diferite entități, ființe de lumină.*

A: Ok, acum a finisat, și prima categorie, cea mai mare pe care o văd, este frica de moarte, frica să mor singură. Această frică reprezintă 70%.

A doua categorie reprezintă 20% și este frica să rămân singură fără copiii. Aici este o subdiviziune care cuprinde convingerea:

1. "mai bine nu fac copiii pentru că oricum o să rămân singură" - eliberez
2. "chiar dacă am copiii, ei mă lasă singură" - eliberez
3. Aici este o polaritate, ori cu ei, ori fără ei, eu oricum o să rămân singură. – eliberez

Ultima categorie este de culoare roșie, și este frica să rămân singură fără partener (îmi vine un cuvânt interesant **intercutare/intercolutare**). Îmi arată că se conectează ceva. E legătura pe sânge cu parteneri.

Limbaj energic: cuvinte dincolo de vocabular

În timpul acestei sesiuni în domeniul cuantic, am primit două cuvinte ne-cunoscute: *intercutare* și *intercolutare*. Au fost percepute clar, însă când am revenit la conștientizarea obișnuită, mi-am dat seama că aceste cuvinte nu există în niciun dicționar standard. Nu aveau o traducere directă, cel puțin una înrădăcinată în lumea fizică.

La prima vedere, părea a fi un fel de limbaj intuitiv, o transmisie dintr-un tărâm superior sau subtil. Sunetele lor erau blânde, dar încărcate de sem-nificație, ca și cum ar fi aparținut unui vocabular mai profund, unul rostit nu pe gură, ci prin rezonanță, memorie și cunoaștere a sufletului.

Am început să explorez posibilele lor semnificații, atât lingvistice, cât și energetice:

> **1. „Intercutare”** se simțea ca o combinație între prefixul latin **„inter-”**, care înseamnă între, și ceva asemănător cu **„cutare”**, care rezona cu tre-murul sau mișcarea energetică. Menținea **frecvența unei interacțiuni între câmpuri energetice**, ca și cum ceva s-ar schimba, s-ar contopi sau ar vibra la pragul dintre două dimensiuni sau stări ale existenței.

> **2. „Intercolutare”**, pe de altă parte, evoca cuvântul interlocutor, o per-soană angajată într-un dialog, dar cu un ton mai intim. Sugera o **co-nexiune suflet-la-suflet**, poate o comunicare telepatică sau non-ver-bală care avea loc dincolo de granițele timpului și limbajului. Purta **esența conștiinței comune sau a rezonanței karmice**, în special în contextul relațiilor.

Aceste cuvinte nu erau doar curiozități lingvistice, ci au venit ca parte a unui mesaj mai profund despre frică, conexiune și vindecare. Mai exact, au ieșit la suprafață în timp ce exploram teama de a fi singură în relație cu partenerii. Înțelepciunea divină mi-a arătat o legătură, **o legătură prin sânge cu partenerii**, o conexiune care transcendea viețile și care poate ne-cesita vindecare sau recunoaștere în prezent. Când ma refer la parteneri, aici menționez la nivel multidimensional și nu doar la o viață individuală.

În domeniul cuantum, acest tip de limbaj nu este neobișnuit. Ocolește mintea și vorbește direct corpului subtil și cunoașterii interioare. Acestea sunt cuvinte vii, simțite mai mult decât definite. Ele există nu pentru intelect, ci pentru suflet. Asemenea cheilor, ele deblochează uși interioare. Asemenea codurilor, ele activează părți uitate din noi.

Pe măsură ce am continuat să primesc și să interpretez aceste transmisiuni, am început să am încredere că **unele adevăruri nu sunt menite să fie traduse, ci întruchipate.**

Q: Cum pot să eliberez toate aceste frici din toate timpurile?
A: Mă întreabă dacă sunt gata să le eliberez. Da, sunt gata. Îmi spune că trebuie să trec printr-un tunel unde sunt toate fricile. O să parcurg mai întâi ultima categorie. Eu mă văd tot pe mine cum îmi întind mâna și îmi zic "Salvează-mă". Parcă este un iad unde eu exist, pur și simplu trag cu mâinile mele, merg înainte încet. Sunt gata să eliberez toată durerea aceasta care nu îmi mai servește. Prima porțiune am trecut-o..

Acum trec porțiunea cu copiii. Sunt foarte mulți copiii morți, oameni cu copiii handicapați. Aici e mai greu puțin pentru că inima mea parcă se rupe. Ok, am trecut.

Acum prin porțiunea unde nu am copiii. Eu mă vad la pas de fiecare dată murind singură. Mai am încă două scări pe care am nevoie să le trec. Am trecut.

De aici durerea mea de gât, pentru că eu tăceam, nu spuneam și țineam în mine această teamă. Acum urmează porțiunea foarte mare unde e negru, și aici este foarte frig. Aici e noroi, văd multe vieți negre, în întuneric, singură, e un spațiu unde nimeni nu vine, totul este mort. Îmi este foarte frig și aceasta porțiune este așa de lungă încât pare că nu se termină. Abia sunt la jumătate. **Aici sunt toate viețile noastre unde noi ne ducem în întuneric. Aici nu sunt sentimente, ci este pur și simplu mort.**

Sunt la 80%. Mă dor maxilarele, mă doare capul, mă doare tot corpul. Totul vine de la picioare, mă doare rădăcina limbii, mă doare spinarea, toate durerile mele sunt de acolo, prin orice viață prin care am trecut și am murit. Mai am un pic.

Gata, închid ușa. Am ieșit de acolo. Capsula aceasta s-a ridicat în sus și a luat-o pentru a fi eliberată. Doamne ferește ce dureri. Nu am nicio vlagă în mine.

Mulțumesc pentru vindecarea și eliberarea a tot ce nu-mi mai servește. Mă simt mai bine.

Am vrut să ilustrez cum am perceput acel spațiu întunecat din Câmpul Cuantum unde am trăit multe vieți. Puteți asculta melodia: Chedly - Madhlouma (feat. Abderrazek Klio) și puteți urmări la început imaginea unui bărbat care navighează în barcă prin întuneric. Imaginea acestor călătorii de vindecare arată ca în acest Voideoclip și puteți vedea ce am vizualizat în timpul procesului de vindecare, când a trebuit să trec prin frica de a fi singură.

Tracking nivelul energetic al ființelor umane

În continuare voi expune câteva informații primite despre o echipă de specialiști care s-au ocupat cu depistarea nivelului energetic a fiecărei ființe umane. Aceste informații vor face legătura cu următorul subcapitol, numit "Lipitori".

Este, însă prefer să indic că s-a dezintegrat, o **echipă de specialiști** care fac parte dintr-o organizație ascunsă, care căutau, monitorizau și **depistau** pe globul nostru pământesc, pe **cei care depășesc de limitele energetice ale planetei**.

În ultima perioadă experimentam diverse stări emoționale, densități în câmpul meu, nu înțelegeam ce am de înțeles din aceste stări și am apelat la ajutor ca să înțeleg care este motivul acestor stări. În timp ce o colegă îmi accesa și se conecta la câmpul meu, și primea informații despre un cârlig energetic și un parazit, mi-a apărut o entitate mare în fața mea (era o creatură, în imaginația noastră ar fi un șarpe Anaconda) pe care am prins-o de gât și i-am cerut să-mi spună de unde vine și cine a trimis-o. În caz contrar, dacă nu îmi oferă răspunsuri, atunci o trimit în lumină. Astfel, mi-a deschis o ușă și am început să văd diverși bărbați, un fel de elită IT, care stăteau pe scaun și priveau la monitoare.

Priveam ce fac acești bărbați. În fața lor erau multe ecrane, vă puteți imagina o cameră de securitate, unde acest grup monitoriza nivelul energetic al persoanelor, având radaruri ultrasonice, ultraviolete și încă ceva tehnologii foarte avansate (astfel de tehnologii nu sunt încă arătate publicului larg).

Cu ajutorul acestor tehnologii avansate, ei pot depista care este nivelul energetic astral al tuturor ființelor de pe planetă, adică nivelul energetic pe care îl putem activa fiecare dintre noi.

Cei care au un nivelul energetic mai înalt, dincolo de limitele pe care le-au setate în concordanță cu nivelul energetic al Planetei noastre, li se dă automat semnalul de alarmă pe ecrane, și această echipă le trimit astfel de entități cu scopul de a-i dezechilibra, și pentru a-i ține în densități. Cei care stau în spatele unor astfel de organizații nu vor să fie create valuri energetice puternice și luminoase la nivelul întregii planete.

Cu o altă abilitate care mi s-a descărcat cu puțin timp în urmă, aceea de Dark walker (vezi pagina 267), care îmi permite să am control asupra entităților de vibrație joasă fără sa mă posedeze după voința lor. Am presat acea entitate care mi-a fost trimisă și am obligat-o să-mi spună cum și care este antivirusul la un astfel de tracking.

Aceasta mi-a arătat că în talpă, la piciorul drept este un canal energetic în mijloc, undeva unde este conexiunea directă cu Planeta. Anume din acest canal toate ființele pot fi urmărite, adică în corelație cu activitatea energetică a Planetei.

Mi-a fost arătat că am nevoie să "vorbesc" cu planeta ca să-mi tragă un fel de strat conductor pe din afară ca să învelească ermetic acest canal, și astfel se va activa "modul invizibil" pentru device-ul și sistema lor de operare. Punctul acestui canal din talpă este localizat după metoda tradițională chineză, acupunctura, care indică acest punct la nivelul ficatului.

Am comandat ca toate sufletele de pe pământ care sunt urmărite, să li se activeze "modul invizibil" la acel canal din talpă și să fie eliberate. Am chemat o escortă de ființe galactice și consilii intergalactice, și ca toate acele ființe din planurile înalte ale creației care pot ajuta să elimine și să trimită în lumină toate acele entități, cu tot echipamentul, să închidă portalurile și să dizolve toate rămășițele energiilor nebenefice.

Am chemat însuși Sursa-Dumnezeu, să intervină și să lucreze așa cum știe mai bine. Apoi, vedeam cum cel care a creat acest proiect secret, era în haos. Ființele de lumină lucrau la o scara mare de oameni, ca să le dezactiveze aceste trackinguri. Toți cei implicați în acest proiect fugeau în toate părțile. Aceasta a fost o încălcare universală a liberului arbitru al tuturor ființelor umane de pe pământ.

Lipitori

Experiența precedentă cu entitatea trimisă special de acea echipă de profesioniști, m-a ajutat să ajung la cauza stărilor emoționale pe care le experimentam în ultima perioadă. Fără sa îmi imaginez ce avea să iasă la suprafață, m-am angajat în acea conversație cu entitatea, revelând detalii necesare a fi conștientizate și eliberate, cu ajutorul Consiliului Galactic, Intergalactic și al tuturor Ființelor de lumină.

Deși anumite persoane cu abilități aveau cunoștință de existența unei astfel de echipe care forțează și încalcă liberul arbitru al umanității, nu erau cunoscute modalitățile de a elibera sau dezactiva acele sisteme de urmărire.

Pentru a înțelege mai bine acest subcapitol, voi adăuga conversația pe care am avut-o cu o colegă de la un curs de învățare și accesare a Câmpului Akashic, într-o sesiune expres de vindecare a mea.

Bela: Văd ceva atașat la rinichi și la creierul mic. Niște entități, văd ca o ceață neagră acolo.
Victoria: Da, simt la greu presiune în creier. În ultima perioadă aveam retenție de apă și nu înțelegeam de ce. Simt o greutate în creier și presiune,ba chiar te aud cum vorbești. *"Victoria unde te-ai umplut atâta? Ești plină."*
Tocmai simt că amețesc stând pe scaun.
Bela: Văd ca niște lipitori. Dar e pe spate totul, să nu fie la vederea ta, ca să-ți fie greu să le depistezi.
Victoria: Așa simt, pentru că nici nu pot vedea clar cu al treilea ochi. Pe spate le simt, și mă simt greoaie.
Bela: Hai să le curățăm.
Victoria: Da, te rog.
Bela: Am chemat o sferă de lumină verde și pe Arhanghelul Mihail și văd cum le desprinde ușor.
Victoria: Strig în gura mare, mă văd cum urlu. Mă trage ceva de ureche, și pe picioare văd acum. Parcă sunt niște ființe zombi și trag cu mâinile. Eliberez totul de pe mine, din mine.
Bela: Văd ca un cristal mare mov în spatele tău, care trage și el lipitorile în interiorul lui.

Victoria: Deci este ceva pe stânga la spate, cred că e un parazit care nu se dă de pe mine.

Bela: Da, acum îl văd. Este o ființă cu corpuri unul peste altul, cu trei capuri, adică corp-cap, corp-cap, corp-cap, unul peste altul, ca un întreg și înalt.

Hai că a fost tras cu totul, și dus în mijlocul pământului. Acum e posibil să te simți rău, fără energie. Acum te încărcăm cu lumină.

Victoria: Off, Doamne. Mă simt amețită foarte intens.

Bela: A coborât un nor alb pe tine. E plin de coduri de vindecare. Gata, proces finalizat.

Văd acum că ai un fel de upgrade, ca să nu se mai întâmple așa ceva.

Victoria: Wow, ce interesant. Chiar acum mă gândeam cum pot să fac ca să îi pot vedea 360 de grade.

Bela: Ce fain, uite ceri și primești. Văd ca și cum ai avea ochi la spate.

> *În continuare voi transmite informațiile primite din Câmpul Cuantum despre aceste lipitori. Am cerut să vedem dacă mai există rămășite de densități în corpurile noastre subtile.*

Q: Câmp Cuantum cum au reușit acele lipitori să se atașeze de noi dacă noi aveam protecție?

A: Protecția nu a funcționat. Îmi arată, iarăși imaginile nu sunt concrete, ci vin subtil, însă ceea ce simt și văd subtil este că "ouăle" acestea s-au băgat pe sub "pielea" protecției, au putut trece, și apoi ele au crescut pe sub protecție în câmpul tău și de acolo ele s-au dezvoltat. Cum ar trece pe sub piele microbii, sau prin pori.

Q: Mai avem aceste lipitori pe noi sau nu?

A: E interesant răspunsul, nu e nici da nici nu.

Q: Ce înseamnă asta?

A: Hai să luăm de la răspunsul da. Culoarea albă, corpul de lumină, la corpul acesta de culoare albă acolo încă mai sunt ceva reminiscențe, și este tot pe sub piele. Încă au rămas microbii lor.

Q: Nu, din ce motiv?

A: Iar mă duce la corpul ăsta. Lipitorile nu mai sunt prezente, însă au rămas microbii lor la corpul de lumină.

Q: Putem curăța acum acești microbi din corpul de lumină?
A: Da.

Q: Cum putem curăța aici în acest câmp?
A: Ceea ce văd și primesc, e așa ciudat pentru că în Câmpul Akashic primești exact imaginea, însă în Cuantum văd mai avansat. Vedeam cum stai cu mâinile în lateral și palmele în afară și îți imaginezi că tu ești o sferă, însă nu o sferă de sine stătătoare, ci o sferă care se învârte din față în spate. Vezi cum te miști cu picioarele în sus, în spate, și te vezi așa, și stai până vezi că nu mai ești în sfera aceasta. Așa se curăță absolut totul de pe tine.

Gata pentru mine.

Victoria: Ce diferit arată în câmpul acesta. Ai senzația că îți fug ochii prin toate părțile, nu e nimic static. Totul se întâmplă. Nimic nu stă. Eu încă te văd cum ești în aceasta sfera.

Ba chiar nici eu nu stau locului, mă vad pe deasupra cum eu tot mă misc în toate părțile, te văd, dar parcă mă vad pe mine pe deasupra în același timp cu tine.

Tu gata? Sau încă mai simți?

Diana: Cred că gata.

Victoria: Da, procesul s-a finalizat. Eu te văd cum te-ai conectat cu câmpul.

Q: Câmp Cuantum fiecare se poate conecta la acest câmp pentru primirea informațiilor și vindecărilor?
A: Mi-a venit că nu.

Q: Cine poate accesa în Câmpul Cuantum?
A: Întrebarea este prea complexă.

Q: De ce este nevoie ca să accesezi Câmpul Cuantum?
A: Ce amuzant. Văd cum dă la o parte dulapul, adică imaginația noastră, și așa te poți conecta.

Q: Este necesar să trecem peste percepțiile cu care suntem obișnuiți ca să stabilim conexiunea? Este suficient?
A: Eu nu prea am înțeles întrebarea ta, însă văd că răspunsul este Da.

Q: Ce este nevoie de îndepărtat ca sa percepem în Câmpul Cuantum?
A: Important este să îți aduci conștiința în corp. Da, noi primim informația prin cap/minte, e ca o lampă, un bec, dar de fapt aici e tot. Când stăm în minte și răspundem din acest loc al mintii umane, răspunsul nu vine corect.

Q: Cum să răspunzi cuiva că primești răspunsul prin conștiință și nu prin minte?
A: Eu cred că știu. În Akashic se descarcă prin cunoștințele tale, dar aici se descarcă direct, fără filtru.

Victoria: Da, de asta nu toți pot să acceseze acest câmp, pentru că nu au ajuns la nivel de Akashic ca să poată percepe câmpul, modul de a transmite, primi informații.

Q: Câmpul Cuantum este Diana gata să acceseze informațiile din acest câmp și din Câmpul Akashic?
A: Da, la tine este da.

Q: Câmpul Cuantum pot liber să accesez din toate aceste trei câmpuri?
A: Răspunsul este da.

Notă: despre al treilea câmp vom discuta un pic mai târziu.

Q: Câmp Cuantum ar fi pentru binele nostru suprem să începem să facem sesiuni în acest câmp?
Diana: Imi vine da.

Victoria: La mine s-a făcut un val de energie. Mă doare inima, raspunsul e da. Aaa, acum am înțeles de ce simțeam valul acesta intens. Eu le pot accesa pe toate trei în același timp, de aceea este valul ăsta mare. Este în dependență de ce aleg.

Q: Câmp Cuantum cum știu când fiecare beneficiar are nevoie de sesiuni în unul din aceste câmpuri?

A: A: Îmi spune că tu o să simți, o să ghidezi mai bine din ce câmp și de ce sesiune are nevoie.

Q: Știi ce e interesant? Cum se aplică, ce straturi de vindecare sau informații se diferențiază între cele trei câmpuri?

A: Cum noi fiecare avem nivelul de IQ, așa și sufletele au nivelul acesta de IQ, doar că el este diferit.

Văd un termometru și îmi arată că fiecare IQ este individual, unul mai mare, altul mai mic. De fapt după IQ-ul acesta se repartizează în sesiuni, după nivel. Sunt mai multe persoane la nivel de Câmpul Akashic, însă cu cât mai înalt este câmpul, cu atât IQ-ul este mai rar. Cred că se referă la nivelul de conștiință. Acum sunt foarte curioasă. Înseamnă că în sesiunea cu ultimul meu client automat am simțit să fac în Câmpul Megaquantic. Chiar și pentru tine tot din Megaquantic accesam de multe ori.

Notă: Megaquantic - va urma în următorul capitol.

Victoria: Cred că avem nevoie de o etică de accesare în câmpul acesta. Eu nu simt nimic durere aici. Dacă era să fiu în Câmpul Akashic, și să trec prin această eliberare, cred că simțeam mai multă durere. Fiind aici în câmp, am simțit durere, însă nu la fel de intens. Densitatea este mai slabă. Vreau să întreb ceva tehnic acum.

Q: Câmp Cuantum în urma vindecărilor și eliberărilor este nevoie să facem duș cu sare pentru eliberarea entităților, dizolvarea densităților de pe noi?

A: Răspunsul este nu. Interesant. Îmi vine o conștientizare. În Câmpul Akashic când eliberăm diverse frici, blocaje, entități, atașamente, după sesiune noi avem nevoie să facem baie cu sare ca să dizolvăm de pe tot corpul și îndeosebi de pe suprafața corpului unde este prezent păr.

Părul este acel conductor energetic, sau mai bine spus acea antenă în care se păstrează memoria acelor energii în câmpurile fiecăruia.

Înseamnă că acolo câmpul nu este așa de avansat sau pur, de aceea noi avem nevoie de purificare profundă. În Câmpul Cuantum nu se aplică, pentru că este la nivel mai profund de vindecare și aici este mai puțină densitate prezentă.

Diana: Cred că acest lucru este și pentru că în Câmpul Akashic pot veni și ființe de vibrație joasă, pe când în Cuantum nu este vorba de așa ceva.

Victoria: Da. Eliberarea nu este la fel de dureroasă.

Q: Cum să ne conectăm în Câmpul Cuantum? Este o procedură diferită de conectare și închidere?
A: Modalitatea de respirație este bună, o putem folosi la fel. Conexiunea cu Mama Pământ și cu Creatorul este importantă. Expansiunea, parcă da și nu. Îmi arată un altfel de expansiune.

O expansiune standarta se referă atunci cînd din interiorul nostru expandam lumina interioară spre exterior.

Expansiunea noastră trebuie să fie altfel, conștiința noastră trebuie să iasă în sus prin cap. Partea cu a chema in cimpul nostru ființele de lumina este importantă pentru că ne permite mai ușor accesul. Partea cu protecția energetică este bună pentru corpul fizic, pentru că el rămâne prea jos și detașarea din corpul tău fizic îl face vulnerabil la densități și avem nevoie să îl păstrăm în siguranță. Protecția aici este mai importantă pentru corpul fizic, nu pentru corpul astral și ce este în câmp. Îmi arată că dacă îți este ușor, să îți imaginezi cum conștiința ta se duce ca o cometă în sus. Poți să-ți imaginezi cum se deschid porțile și atât. Dacă această modalitate este mai ușoară, atunci încearcă. Deschizi porțile și treci de voalul acesta. Văd la intrare aceste patru Ființe de lumină care stau și protejează spațiul, sunt gardienii care au grijă de acest câmp.

Este nevoie de recalibrare când intri prima dată, ca și cum intri într-o altă țară și ai nevoie de viză. Dacă ai permisiunea lor, apoi poți trece prin "perete", dar dacă nu ai permisiunea nu poți trece.

Q: Cum să ieșim din Câmpul Cuantum? Care este procedura după?
A: Îmi arată cum conștiința ta cade ca o cometă și ajunge înapoi în cap. Steaua, lumina, soarele vezi cum se întoarce în cap ca o cometă. Este important să ieșim așa cum intrăm prin peretele acela. Peretele îți permite automat să ieși, nu poate să te țină pentru că așa sunt legile acestui câmp. Îți imaginezi apoi că se închid porțile, pentru ca să nu fii conectată nonstop. Mie îmi arată că aceste porți se întredeschid singure, însă primesc că este în regulă. Tu ai nevoie să închizi porțile din urma ta, dacă ele se întredeschid înseamnă ca așa este nevoie să fie. Dacă vezi că se întredeschid să nu te sperii, înseamnă că ai nevoie de energia de acolo.

Q: Atunci când ești cu beneficiar cum să ne detașăm sau să închidem cordonul cu beneficiarul? Cum are loc în Câmpul Cuantum?

A: Îmi arată că atunci când ieși, poți să îi rogi pe acei patru gardieni care arată înalți, subțiri, îmbrăcați în alb, intenționat ca odată ce treci de ei, treci de perete, să se dizolve cordonul automat. Și dacă nu ești sigur dacă s-a dizolvat, rogi ființele acestea să dezintegreze cordonul. Dar odată ce începi să înțelegi nu trebuie să îi mai întrebi.

Da, vezi cum închizi, dacă se deschide e ok, și îți aduci conștiința în corp.

Q: Pentru a ne împământa este nevoie de o altă modalitate?

A: Nu. Eu văd cum pe tine te trage, ca răspuns nu. Interesant, de ce în Cuantum doar conștiința călătorește, însă în Akashic îți iei foarte mult din tine, și ai nevoie să te aduci înapoi.

Q: Care este logica aici?

A: Corpul nu se aplică în Câmpul Cuantum. Energia vitală nu se aplică în Cuantum, numai conștiința se aplică. Acolo numai conștiința funcționează. Din acest motiv în Câmpul Akashic noi putem experimenta entități, densități, pentru ca suntem mai mult cu corpul fizic prezent. De aceea avem nevoie să ne condensăm înapoi în corp. În Cuantum nu sunt densități și entități, și tot ce este, durere și frici, sunt la un nivel mai slab. Acolo este important să îți pui protecție energetică la corpul tău fizic.

Beneficiul Câmpului Cuantum

Q: Care este beneficiul accesării Câmpului Cuantum?

A: Aici este beneficiul atât pentru ghid, cât și pentru beneficiar, pentru că nu mai ai de-a face cu densități direct. Tu lucrezi cu conștiința, energiile care conduc în Câmpul Cuantum. Noi nu simțim așa intens diverse aspecte, și nu preluăm asupra noastră densități de la beneficiari sau invers.

Acum am înțeles de ce la o clientă am simțit să lucrez în Megaquantic (*vezi capitolul IV*). Acea persoană a eliberat foarte multă densitate, și am avut nevoie să fiu cât mai sus pe vibrații înalte, ca să nu mă afecteze toată densitatea acelei persoane, și în același timp să o ajute ca să elibereze mai ușor și foarte blând. Asta este în dependență de cât de complicat este cazul sau cât de dense au fost eliberările. Când este mai intens, este mai benefic să faci în Cuantum.

Dacă este ceva mai slab, se poate face sesiunea în Câmpul Akashic. O să ți se deschidă.

Mulțumim pentru aceste informații pentru care nici nu am cuvinte de cât de valoroase sunt.

A doua conectare cu Câmpul Cuantum

Îmi exprim intenția ca odată ce intrăm în Câmpul Cuantum, energia luminii roz să ne infuzeze cu lumină infinită în toate celule noastre fizice, moleculare, energetice, astrale, atomii, totul să se regenereze la nivelul cel mai înalt al frecvenței pe care o putem menține, primi, suporta, la nivelul fizicului nostru. Atâta timp cât este pentru binele nostru cel mai înalt.

Am intrat în câmp și te vad la etajul șase și eu sunt la etajul șapte, pentru că te văd de deasupra. Mă percep ca într-o clădire care nu are pereți, unde se vede totul. Cum am intrat, la tine era portal albastru, la mine era portal roz. Probabil că vedem din perspectiva noastră. Când am intrat, pluteam și mă dădeam pe un topogan ca la Aquapark, apoi am deschis ușa și am nimerit în alt câmp, sau alt nivel al Câmpului Cuantum unde totul este mai clar. Suntem amândouă în Câmpul Cuantum la un alt nivel. Portalul acesta avea energia de Cuantum brută (raw), însă noi am intrat în Câmpul Cuantum materia netă.

Aici vin mai clar imaginile. Sunt mai multe subdiviziuni. Este Câmpul Cuantum așa cum el este raw, și următorul este tot Câmpul Cuantum, însă el este filtrat. Noi data trecută am fost în nivelul raw. Percep ca suntem diferite aici. În Megaquantic e altfel, în Cuantum filtrele raw sunt scoase, aici energia se mișcă, așa cum am perceput noi data trecută. În acest nivel, unde suntem aici, te văd cum mergi și se face o umbră, un ecou, din corpul tău, ca un fel de lumină aurie. Forma corpului tău pare a fi ca un ecou de lumină aurie. Tu mergi și din urma ta se vede de parcă ai fi o stea căzătoare care împrăștie mulți sclipici.

Diana: La urechea mea stângă am perceput o vibrație, sau ceva, și îmi venea ca întrebare, aici *percepem diferit*? Eu nu mai simt vibrațiile în piciorul stâng, îl simt mai ușor.

Victoria: Sunt puțin mai clare însă cu ecou după ce le primești. În raw ai nevoie să te antrenezi ca să poți să primești. Aici probabil ne-a dat voie ca să intrăm și să practicăm, pentru a înțelege altfel. Îmi spune că informațiile vin mai clar, mai rapid, însă răspunsul la informații va veni din urma noastră ca ecouri.

Tu mă poți vedea deasupra ta, pentru că eu te văd cu un etaj mai jos. Îmi vine că sunt la nivelul șapte și tu la șase, și acest lucru este în dependență de unde se află conștiința noastră la momentul de față. Parcă stăm fiecare la etajul ei și așteptăm ceva. Tu privesti în sus, iar eu în jos.

Q: Câmp Cuantum care este mesajul pentru fiecare dintre noi sau mesaj general?

A: Fiecare primește câte un ecran în fața sa, dreptunghi de culoare alba. Fiecare o să se concentreze la răspunsul său separat. Nu încerca să primești, sau să te concentrezi sa primești răspuns pentru mine, sau eu pentru tine. Fiecare va primi individual, și pe rând poate să spună.

Diana: Eu văd diverse imagini dar nu înțeleg.

Victoria: Ok, hai să-ți spun ce percep acum. Am intrat în această oglindă sau mai bine zis, în ecran, și mă aflu la graniță, ca la un hotar. Am pășit pe partea stângă, iar în partea mea dreaptă se află o altă lume. Sunt poziționată exact între două lumi. Acesta este Câmpul Cuantum.

Acest câmp nu este compus doar dintr-o singură subdiviziune. Există energia groasă, energia netă, dar și o a treia formă de subdiviziune pe care încerc să înțeleg. Aici percep două oceane sau mări distincte, iar în zona de contopire a celor două câmpuri se produce o "excitare a atomilor cuantici". Este un spațiu de interferență care generează o nouă realitate, una în care poți controla ambele lumi simultan, existând în ambele câmpuri.

În acest punct de întâlnire domnește un ușor haos. Toate moleculele chimice prezente în câmp par să fie în agitație, iar tocmai din acest haos ia naștere un spațiu liber între legi, o zonă în care poți pătrunde. Mi se spune că în acest haos de la mijloc, între masa netă și cea groasă a Câmpului Cuantic, apar goluri în structura energetică, spații libere în această combinație de energii.

Din aceste goluri, poți să manevrezi realitatea, la fel cum ai controla orice alt spațiu. Văd ceva asemănător cu portaluri, deși nu sunt portaluri propriu-zise. Sunt mai degrabă ca niște "wormholes" (tuneluri spațio-temporale) care te conduc în mod direct prin Câmpul Cuantum. Astfel, călătoresc rapid prin întregul câmp, navigând prin aceste "găuri negre".

Q: Ce legătură are cu mine informația dată?
A: Îmi arată că intru într-un wormhole, dar nu acum, pentru că tu ai nevoie să îți primești mesajul, ca mai apoi să mergem împreună.

Diana: Eu mă vedeam diferit, de la picioare în sus. Vedeam cum mergeam și o ființă luminoasă îmi dădea ceva. Eu văd diferit. Nu mai simt vibrațiile pe partea stângă ca să îmi dau seama când sunt în inimă, și când nu.

Victoria: Îmi vine că aici primești ușor, însă nu vine ca mesaj, nu vine prin vibrații, ci prin porii corpului tău primești informația. Este un strat al corpului nostru, mai corect epidemic, pielea, acesta este locul prin care primești informația.

Q: Atunci rog câmpul încă odată să îmi transmită mesajul pentru mine, în cel mai ușor mod de înțeles.

Victoria: Rog Câmpul Cuantum să îi dezactiveze Dianei, din creier, din subconștient, din partea dreaptă, de lângă glanda pineală - controlul. Gata, ți-a dezactivat subconștientul tău pentru că era activ.

A: Tu ești așa amuzantă. Am văzut din prima cum cineva ți-a dat mâna și ai intrat pe o ușă micuță înăuntru. Mă întrebam Ce faci mai departe? Apoi îmi arată că pe mine m-a asezat pe scaun, ca la un rollercoaster, unde stai și aștepți. Mă privesc, apoi mă uit la tine și percepeam că tu nu înțelegi ce faci, nu te vezi, și de aceea am simțit să îți deconecteze subconștientul tău pentru că era prea activ. Când l-au dezactivat, tu ai căzut deodată, și acum ai luat volanul, te uiți, abia acum ai înțeles că ești aici. Deci tu ești mai pregătită decât mine.

Wormhole-ul tău e pe partea stângă și e mai îngust. La mine este pe dreapta. Fiecare va avea călătoria sa. Dacă îți vine ceva, să spui. Pe mine mă învârte pe loc, în jurul acelor de ceasornic. Nu înțeleg. Gata, tu ți-ai dat drumul, ai plecat la vale.

Eu mă percep cum stau pe loc.

Q: Ce e aici de înțeles Câmpul Cuantum?

A: Îmi țiuie urechea dreaptă. Suntem prea mult în mental. Mintea, prea tare s-a activat. Hai să ne ducem în inimă. Mintea ne distorsionează.

Acum m-am dus în inimă, am simțit liniște, pace, și văd cum mă duc ușor către wormhole-ul din dreapta. Mă duc încet, pe valuri, și văd că și tu te-ai pornit. Tu plutești, și apoi te învârți pe loc, și iar îți dai drumul. Acesta este un exercițiu foarte bun pentru ca noi să ne ancorăm în inimă.

Q: Câmp Cuantum care este mesajul pentru noi din cele experimentate de până acum?

A: Îmi vine că "voi sunteți copii". Noi suntem la grădiniță, și acum noi învățăm. E o senzație de parcă noi acum ne învățăm să mergem.

Q: Este binevenit ca astăzi să continuăm în acest câmp?

A: Îmi spune *"tu alegi cu înțelepciune, în funcție de ce-ți doresti"*.

Q: Ce înseamnă acest lucru?

A: Adică noi creștem, dar acest lucru necesită răbdare ca să înțelegem cum funcționează mai departe și unde noi ne aflăm.

Diana: Am înțeles. Este o testare pentru a merge mai departe în Câmpul Cuantum.

A: Da, de aceea este o alegere, dacă noi vrem să învățăm sau să accesăm ceea ce noi deja cunoaștem. Necesită mai mult efort pentru a înțelege legile câmpului. Este o materie infinită, în care presupunerile acțiunilor au o mișcare constantă în spațiul în care ne aflăm, însă este suprapus timpului. Timpul se afla pe o linie mai joasă, iar Câmpul Cuantum este prin jur. Noi suntem fizic în timp, și vrem să trecem mai departe de timp, pentru că este o barieră, e ca un hotar.

Q: În ce câmp suntem astăzi?
A: Quadro Quantic

III. Câmpul Quadro Quantic.

Alte informații și experiențe în Cuantum

Câmpul Quadro Quantic

Q: Câmpul Quadro Quantic care este specificația acestui câmp și de unde derivă?

Victoria: Mai simplu, Câmpul Quadro Quantic simplificați răspunsul și oferiți-ne răspunsuri pe rând.

A: Știința nu știe prea multe. Ei știu despre cuantică, dar cuantica este o diversitate de unități și extensii de acest fel. Este ca și cum ai avea o clădire numită Cuantică, dar cu cateva etaje. Eu vad ca sunt patru, împărțite în doua parti (dreapta și stânga).

Îmi arată o clădire care se numește Cuantum la general, însă este pe patru nivele și este divizată în două. În total vin opt. Fiecare parte, dreapta și stânga, se diferențiază după clasificarea unicității sale. La nivelul în care noi suntem acum, suntem la etajul patru, pe partea dreaptă a noastră, dacă ne uităm cu fața înainte. Dacă ne uităm invers, este partea stângă a clădirii.

Diferența de nivel în Cuantum

Q: Care este diferența dintre nivele în Cuantum?
A: Primul nivel este *fizicalitatea.*
Vă rog să vă referiți la dreapta sau stânga în dependență de corpurile noastre.

Q: La nivelul 1, care este diferența din partea dreaptă și stânga a noastră, în acest nivel?
A: Mie nu-mi vine mult explicit, ci la nivel general. Se refera la legile fundamentale. La nivelul 1, noi am fost în câmpul acesta, și aici energia este mereu în mișcare. Imaginile nu sunt statice. În Câmpul Cuantum, nivelul 1 - echilibrul static nu există. Dreapta, e ciudat să spun dreapta pentru că mă uit la această clădire și este de fapt stânga. Partea dreaptă a nivelului 1 se referă la fizicalitate, și deși corpul nostru nu are flexibilitate, noi percepem totul în mișcare. Partea stânga a nivelului 1, se referă la capul nostru. Capul nostru este un organ individual. Tot trunchiul nostru este în partea dreaptă, însă în partea stânga este doar capul. Aici, capul se consideră minor în comparație cu Câmpul Cuantum.

Q: Ce se are în vedere prin minor? De ce capul se consideră minor?
A: Este mintea egoistă. Este minoră. Partea dreaptă este mai importantă. Simt să mă duc mai departe.

Q: Nivelul 2 în ce constă?
A: Pe partea dreaptă se referă la inimă. Aici are loc prezența inimii și intensitatea undelor magnetice care se reflectă din interior spre exterior.

În dependență de reflectarea sentimentelor și emoțiilor din interiorul inimii, Câmpul Cuantum se adaptează nu de la exteriorul existenței sale, ci se modifică în dependență de interior, de centrul inimii din care se expandează.

Este ca o bombă care radiază din interior spre exterior. Aici, la nivelul 2 partea dreaptă, este de fapt lumea 5D, unde nu mediul înconjurător al tău fizic și nefizic te conduce pe tine, ci invers.

Creația pe care noi o vedem, nu este creația făcută de la sine, ci invers, este perspectiva inimii care creează exteriorul tău, sau inima care generează emoțiile, frecvența emoțiilor, și exact asta se întâmplă în exteriorul tău. Este un câmp care îți reflectă instant lumea ta internă pe care o simți și pe care ți-o creezi.

Chiar dacă mintea din Câmpul Cuantum nivelul 1 partea stângă, unde capul este un factor minor, generează blocaje și te duce în eroare, de fapt inima îți creează mediul favorabil pentru ceea ce tu simți.

Îmi vine un exemplu cu mâncarea. Dacă se crede că nu ai de mâncare, simți că mori de foame, când ajungi într-un mediu în care totul există, nu mai este nevoie ca mintea ta să continue programul acesta că tu nu ai ce mânca.

Atunci când creierul tău continuă cu această programă, inima generează frică, tu apoi ai nevoie să faci provizii, să depozitezi, ca să nu ajungi să nu ai ce mânca. Când ajungi să fii în acel mediu unde totul este, de murit de foame nu mori, ci îți permiți absolut totul, atunci inima ta generează alte sentimente. Inima îți poate transmite și că indiferent de cât de mult ai avea, o să ai senzația că nu îți ajunge.

Este un program, o energie care răspunde de ceea ce simți în inimă. Dacă simți în inimă că ai de ajuns, ai un măr, o pâine și un pește, poate nu e mult, însă dacă simți în inima ta că ai de ajuns, atunci mediul înconjurător, Câmpul Cuantum îți răspunde cu aceste sentimente și îți oferă senzația că mereu o să ai ce să mănânci.

Exemplul dat răspunde de legea cauză-efect, numai că se referă din altă perspectivă, din alt unghi. E atunci când tu simți ceva, interiorul îți răspunde și îți creează exact acele situații în care frica ta interioară e pe aceeași undă cu exteriorul tău. Aici totul are loc în dimensiunea 5, în dependență de ceea ce simți.

La acest subiect mie mi-au trimis informații prin vis. Noi suntem într-o perioadă de timp în univers, în concordanță cu planeta și cu schimbările planetare, unde fiecare individ fiind în aceeași realitate experimentează realitatea sa unică. Atunci când se formează o comunitate sau un colectiv cu aceleași frici, lor li se generează acele realități. E ca un egregor. În același timp, alt individ care gândește altfel, simte altfel, la rândul său experimentează o realitate diferită de ceilalți. Sunt două persoane cu două realități diferite, care nu conștientizează că se află în același spațiu. Noi suntem într-o perioadă în care fiecare individ își experimentează realitatea sa unică, coexistând în aceeași realitate fizică a corpurilor, în același timp. Exact la acest lucru se referă porțiunea de la nivelul 2, în dreapta, unde se pune accentul pe **inimă**.

Partea stângă a nivelului 2 este însuși **creația ta**, și aici sunt doar **gândurile**.

Știi de ce inima și gândurile? Inima creează ceva care plutește, ca o formă, unde gândul este ca un obiect care plutește, ca un tub în care se acumulează gândurile.

Mi se pare interesant că sunt plasate la nivelul 2 pe același etaj, fix pe stânga. Dacă te gândești la nivelul 1, în stânga era capul, creierul, iar la etajul 2 pe stânga sunt gândurile. Gândurile sunt poziționate deasupra capului nostru, de fapt plutesc la o distanță de circa 10 cm de la cap. Este o porțiune de jumătate de metru unde spațiul acesta de deasupra se află într-un container, unde plutesc gândurile noastre. Gândurile noastre au un proces mai complex, unde inima creează sentimentul, emoția, care apoi generează un vortex în inima noastră, acest vortex crează raze, ca soarele, și aceste raze pe care noi nu le vedem, sunt subtitle și ajung în câmpul de deasupra capului nostru, unde se află gândurile noastre.

Gândurile noastre sunt prezente mereu. Ele nu dispar, și niciodată nu vom putea ajunge la un nivel unde să nu avem gânduri deloc în creația noastră, sau să nu simțim, pentru că suntem co-creați după acest principiu. Este un mecanism obligatoriu pentru existența noastră aici pe planetă.

Odată ce inima noastră generează emoția, aceste emoții se duc mai sus, în gânduri. E ca o strălucire unde, odată ce razele ei ajung în câmpul în care sunt prezente gândurile, are loc o radiație, e un proces chimic de radiație, nu radiația pe care noi o cunoaștem. Este un alt proces în Câmpul Cuantum în care radiația nu afectează negativ, așa ca pe planetă. Principiul dat este adus și implementat în corpul fizic, odată la crearea corpurilor noastre fizice.

Văd acum un alt exemplu cu mașina.

O mașină are nevoie de uși, de portbagaj, de scaune ca să fie întreagă.

Putem să ne imaginăm că procesul chimic de radiație de la inimă, care strălucește și se duce spre gândurile noastre, este asemănător unui proces de punere a ușilor la o mașină. Cum ajung razele acestea, procesul radioactiv se aprinde așa cum aprinzi gazul la aragaz. Gândurile noastre se crează odată ce se aprinde scânteia în interior. Cu cât ești mai mult în emoții de frecvență joasă, cu atât mai mult creezi gânduri negative. Cu cât mai mult simți bucurie, pace, neutralitate, cu atât mai mult creezi gânduri de lumină, de pace. De aceea noi avem nevoie să fim atenți la gânduri, la ceea ce simțim și este important să lucrăm cu interiorul nostru. Altfel, cădem în overthinking.

Focusul întotdeauna să fie pe ce simți, pentru că ceea ce simți se reflectă în gânduri. Odată ce gândurile tale s-au format, în dependență de care polaritate, acest lucru îți crează mai departe norii de gânduri. Cu cât ești mai la extremitate, extremitatea de dualitate bună crează un rezultat mai benefic, însă când ești pe extremitatea opusă, atunci se formează ca un magnet, și devii atracție pentru atașamente, entități, programe limitative. Tu o să atragi exact ceea ce gândești pentru că inima ta a creat aceste emoții, tu singur îți creezi mediul înconjurător în funcție de ceea ce simți.

Acum văd un process interesant. Gândurile noastre "coboară" prin canale de sus, de la nivelul capului spre ureche. Sunt persoane care vorbesc și deodată se opresc. Totul pornește de la gândurile care intră prin ureche, fiindcă acea persoană percepe conştient fiecare gând ce pătrunde. Gândul are un proces a lui, văd cum se transmite prin canale în ureche. Atunci când persoana nu este conştientă, gândul care vine este exprimat automat, iar de aici porneşte un proces specific matrixului uman, unul în care nu mai există filtrare, nu mai eşti conectat cu tine însuţi, cu inima ta, şi astfel se generează un circuit închis. Este foarte important ca fiind la nivelul 2 în Câmpul Cuantum, să devii conştient de gânduri şi emoţii.

Când lumea ajunge la etapa în care înţelege cum funcţionează aceste principii, devine si mai conştient. Nivelul 2 este necesar de implementat în viaţa de zi cu zi pentru noi toţi oamenii.

Încerc să mă urc la nivel 3 dar tot ma tine aici la nivelul 2.

Este foarte important să reflectăm la acest subiect pentru că mulţi dintre noi suntem deconectaţi de acest nivel al Câmpului Cuantum. Când lucrezi cu tine, cu gândurile tale, atunci alte porţi se deschid.

Subiect pentru altă dată. Aici este mai multă aprofundare pentru altă dată.

Nivelul 3 este Sursa. De fapt, nivelul 3 partea dreaptă şi partea stânga este ca un singur departament egal. Partea stângă are prezenţa unei lumini, ca o flacără albă, albă în mijloc, şi pe partea de exterior are marginea cu auriu. Aici stă Flacăra Divină.

Q: Puteţi să ne spuneţi mai multe despre această flacără, care este scopul ei?
A: Deasupra la creier, la gânduri, la 10 m deasupra capului nostru este o Flacără, şi îmi vine să spun că este Sfântul Duh. Da,îmi confirmă că este Sfântul Duh. Este Flacăra Divină care este însuşi Sursa, nu este directă, atot complexă creaţie, ci este la acelaşi nivel cu Sursa la egalitate, însă flacăra aceasta este ca o unitate mică din departamentul Sursei.

Q: Cum interacţionează această Flacără Divină cu gândurile şi mintea noastră în corelaţie cu acest Câmp Cuantum?
A: Este un proces mai complex şi nu se va dezvălui acum.

Poţi să adresezi întrebările pe care le ai.

Q: Care este diferența dintre ele, când accesezi dintr-o parte sau din alta?
A: De fapt, mie îmi vine că noi am știut că întrebarea aceasta va fi dată. Întrebarea ta probabil a constat în cum ne dăm seama în care nivel suntem în Câmpul Cuantum fiind în sesiune.

E în dependență de persoana pentru care accesezi Câmpul Cuantum. Când tu ai un beneficiar și accesezi Câmpul Cuantum, nu este alegerea ta din ce nivel accesezi, ci este în concordanță cu creația beneficiarului. Câmpul Cuantum te duce exact la acel nivel, dreapta sau stânga, în dependență de nivelul la care beneficiarul se află sau cu care rezonează. Dacă beneficiarul este mai mult focusat în minte, deja îți dai seama unde el se situează. El este foarte mult în mental, în Matrix, nu pune focus pe gândurile lui, pe ce simte, pentru că el singur și-a creat acea realitate. El nu înțelege pentru că nu are inca cunoștințele necesare. Dacă la tine vine alt beneficiar unde creația lui se află la nivelul 3, la Flacăra Divină, înseamnă că el a ajuns deja, a înțeles, este conștient, și în viața de zi cu zi lucrează cu el, chiar dacă are ceva blocaje, tu îți poți da seama că e la nivelul 3, unde este conectat cu Spiritul, cu Flacăra Divină.

Așa poți să înțelegi unde este beneficiarul tău, conducându-te după aceste nivele în Cuantum.

Q: Aha, când simți că primești multe informații din mental, înseamnă că acolo se situează el, nu?
A: Da, tu ești prezentă la acel nivel din câmp unde el este prezent și cu ce rezoneaza la moment.

De exemplu, ne ducem în experiența noastră pe care am avut-o prima dată, când eram la nivelul 1 dreapta, focusate pe corpul nostru.

Pe partea dreaptă se află corpul, inima, iar tu când ai accesat prima dată câmpul, tu erai conectată la corpul tău. Acolo, energia este non-stop în mișcare, nu vezi imagini concrete, pentru că prezența capului tău nu există acolo. Când faci sesiuni în Câmpul Cuantum, alegerea nu îți aparține ție de unde vei accesa, ci este în funcție de beneficiarul tău. Dacă el este în mental, câmpul o să te ducă la nivelul 1 și o să primești informații mai mult prin mental. Atunci este important să fii într-o stare neutră.

Q: Dacă sa ne familiarizam cu Câmpul Cuantum, atunci automat vom primi informații?

A: Acestea sunt bazele fundamentale ale acestui câmp. Pe baza informațiilor de astăzi, din bazele fundamentale, o sa vină instrucțiuni cum să accesezi câmpul, pentru ce ne trebuie, cum să te adaptezi în câmp, cum să te ajustezi după realitatea beneficiarului, cum să îți păstrezi neutralitatea accesând o altă realitate, cea a beneficiarului, și care sunt pașii.

Sunt foarte multe, văd scheme și multe informații, instrucțiuni. *Cum? Pentru ce avem nevoie? Cum să fie canalul separat?* Văd foarte multe. Cel puțin 8 întrebări pe partea dreaptă, și 8 pe partea stânga, abordări în Câmpul Cuantum.

Apoi văd 3 întrebări mai întunecate, adică în sens de precauție.

1. Care sunt și dacă sunt cazuri de atacuri de entități aici în câmp?
2. Poți să preiei de la beneficiar în timpul sesiunii ceva în creația ta?
3. Avem nevoie să facem curățări după fiecare sesiune în Câmpul Cuantum?

Un fel de pregătire pentru ce să faci dacă se întâmplă anumite situații. Aici mai mult sunt întrebări de lumină, de aici rezultă că densitatea în acest câmp este mai mică.

În Câmpul Cuantum nu avem de-a face cu entități, atașamente, deși văd și 3-4 întrebări în acest sens. O să explorăm și dezvoltăm toate aceste întrebări.

Nivelul 4.

Așa, acum ne ridicăm la nivelul 4, și am spus că ne aflăm pe partea stângă. Din toate nivelele din acest câmp, nivelul 4 este cel mai îngust.

Acest nivel este complex pentru că nu pot percepe încă partea dreaptă. Aici este un fel de void, dar pe partea stângă unde ne aflăm astăzi în sesiune, se numește **partea urmăritoare** sau **watcher,** cel care privește.

Q: Câmpul Cuantum, ați putea să ne dați denumirile, cum doriți ca umanitatea să le cunoască corect, după terminologiile acestor nivele, și pe porțiuni, între dreapta și stânga?
A: Răspunsul este Da.

Victoria: Mintea mea se simte atât de mică în comparație cu informația.

Denumiri nivele Câmpul Cuantum

Q: Câmpul Cuantum este altă modalitate de a primi mai ușor aceste denumiri? Vă rog să ne trimiteți litere, după nivelul 1, 2, 3, 4, cu partea dreaptă precum litera A și stânga cu litera B?
A: Nivelul 1, pentru noi va fi partea stângă 1B, partea dreaptă 1A.

Q: Câmpul Cuantum care este denumirea pentru nivelul 1A?

A:
1 A - Beta - corpul	1 B - CHATYB - capul
2 A - KUNTA - inima	2 B - AauTAB - gândurile/creația
3 A - Sursa	3 B - CHuBA - Flacăra Divină
4 A - Voidul (Dark matter)	4 B - KHOTBAng - Quadro Quantic

Notă: Poți vedea Tabelul cu fiecare nivel mai jos, la pagina 53.

A: Nivelul 4 este cel mai îngust.

Q: De ce acest nivel este cel mai îngust?
A: Prezența Voidului nu este necesar să cuprindă proporții mai mari, ci este important să fie prezent în concordanță cu prezența Creatorului. Creatorul există în acest spațiu, în Void, dar însăși creația lui are loc din Sursa în care și-a dezvoltat toată existența la nivel de multivers, și după universe. Creatorul însuși provine din void, de aceea se spune că întunericul și lumina este una, și aceeași. Din întuneric revii în lumină, din lumină revii în întuneric. Este exact aceeași forță, doar că fiecare compoziție este diferită. Nu poate exista Creația dacă nu ar exista Voidul. Este imposibil să existe creație fără void. Lumina nu poate exista fără Void, și Voidul, el este Void.

Dualitatea pe care noi o cunoaștem, acele planuri joase ale creației unde ei consideră că sunt Dumnezeu pentru că sunt din întuneric, este o filosofie greşită. Acea filozofie este prezentă în acele existenţe, dimensiuni, planete ale planurilor de jos. Ei cred că din întuneric se porneşte totul, ei consideră că sunt Dumnezeu şi vor să concureze cu Dumnezeu, însă acest lucru nu este posibil.

În religia creştină, noi cunoaştem acest aspect ca iadul. Acolo se spune că Lucifer a vrut să fie mai mare decât Dumnezeu, afirmând că el este puterea, dar de fapt nu este aşa. Întunericul nu îşi poate reclama independenţa lui, separată de Creaţie. Dumnezeu este însăşi Voidul. Este lumină şi întuneric. Întunericul nu va putea niciodată să îl învingă pe Dumnezeu. Dumnezeu este însăşi totul. Planurile joase ale creaţiei sunt dependente de creaţie, de Sursă, de Dumnezeu, de Void. De aceea Voidul însumează o porţiune mică, pentru că de fapt de acolo a început totul, din Void. De acolo începe Dumnezeu.

Subdiviziuni Câmpul Cuantum

	A - (partea dreaptă)	B - (partea stângă)
Nivelul 4 **Quadro Quantic**	*Materia neagră* **Void**	*Quadro Quantum* **KHOTBAng**
Nivelul 3	**Sursa**	
	Sursa şi **Voidul**	*Flacăra Divină* **CHuBA**
Nivelul 2	*Inima* **KUNTA**	*Gândurile* **AauTAB**
Nivelul 1	*Corpul fără cap* **Beta**	*Cap* **ChatyB**

Revizuire 2025

Q: **Este vreo diferenţă dintre Câmpul 3A cu 4A la Void? Mai este şi altă subdiviziune a Voidului?**
Victoria: Trebuie să ne mutăm în 4B. Nu îmi vine nimic. Prea multă energie îmi ia ca să fiu aici. Mă duc înapoi în 2.

Așa, acum mă uit prin podeaua transparentă. Îmi arată că nu e corect ca am pus Sursa si Voidul, pentru că trebuie să fie Sursa separat, Voidul separat și apoi vine Flacăra Divină 3B. Nivelul 3 este un etaj întreg, însă partea 3A este împărțită în 2 diviziuni, deși Sursa rămâne pe tot etajul ca "managerul" principal. Tocmai mi-a țiuit în urechea dreaptă ca semn de confirmare.

Q: Care este diferența dintre 3A și 4A Void?
A: Compoziția voidului diferă.

Q: Ce compoziție are Voidul în 3A și ce compozitie are în 4A? Vă rog să începeți cu 3A.
A: În primul rând, detașarea.

Q: În 3A există detasare sau nu?
A: Nu există.

Q: Ce se are în vedere prin detașare, în cuvinte mai simple?
A: Văd cum cineva ar coase de la un punct la alt punct. Îmi vine ca e un paradox. Câmp Cuantum vă rog să ne oferiți răspunsul coerent și ușor de înțeles.

3A este o multitudine dintre punctul 1, 2, 3, 4, 5, 6 și așa mai departe, dintre care legătura dintre toate aceste puncte senumește *Câmp Void Detașat,* însă e cu o consecvență a unităților temporale, a spațiului infinit, care duce spre progres, sub infinit la o scară macro.
Este macro quadrant al spațiilor și distanța lor geografică în universuri. El e detașat însă e conectat în același timp, de asta mi se pare un paradox, deoarece văd legăturile dintre ele. Punctele se "cunosc" între ele și există o conexiune simultană.

Victoria: Eu oricum nu înțeleg nimic din ce am spus.
Vă rog să ne dați mai simplu care este diferența Voidului din 3A în comparație cu 4A. Ceva mi s-a pus în gât.

Channeling:

"Acum vom vorbi despre explicația acestor două cuvinte, semnificații și descrieri, care sunt mult mai mari în frecvență și cunoștințe. Mai întâi, va trebui să ajustăm frecvența acestui corp fizic. Transmisiunea va fi în curând deschisă. Trebuie să înțelegem acest lucru. Acum, haideți să explicăm motivul acestei existențe. 3A este considerat o mică parte a existenței la o scară mai mică a voidului. Voidul în sine este o chestiune de non-existență, cu existență și creație. Nu vă permitem să explicați prea multe despre cum este compus, nu este spre binele vostru suprem să știți acum, în linia temporala a voastră actuală, nici în linia temporala a voastră cea mai apropiată. Aceste 2 compartimente sunt pentru tărâmurile superioare ale existenței, care sunt mai interesante pentru voi ca ființă și nu cele mai, cum să numim? Evoluție. Nu vom continua cu explicația acestor două compartimente. Pentru voi, este foarte necesar să știți pur și simplu Void. Cu cât Voidul este mai înalt, cu atât va fi mai complex ca să înțelegeți un astfel de concept în realitatea voastră. Deocamdată, vom lăsa lucrurile ca o simplă chestiune de existență; explicația ar fi simplă: Voidul din 3A ar fi considerat o sumă netă din 4A, ca o sumă brută a întregii non-existențe din orice realitate. Această transmisiune nu este trimisă de ființe, ci de sistemul central care operează în orice realitate."

Victoria: Am simiti cum am avut ceva în gât și au scos. Nu am simțit Ființe de lumină, ci ceva care era conectat cu totul. De obicei, când sunt ființe, simt când ceva vine și ia loc în corpul meu fizic, așa are loc de obicei, însă aici era o fâșie de energie care a fost prezentă la nivelul corpului meu.

Principii de funcționare - Informații diverse din Câmpul Cuantum

Q: Cum definim vindecarea în Câmpul Cuantum?
A: Tratarea principiilor de vindecare la o scară mai profundă, în corelație cu Sursa Creatorului și coexistența a tuturor experiențelor, a ambelor polarități, fiind atât cauza, cât și efectul acestui câmp.

Q: Ce rol joacă conștiința în procesele de vindecare în Câmpul Cuantum?
A: Eliberarea maximă a încărcărilor traumatice pe parcursul a multor experiențe eșuate și de succes, care îți permite să ajungi la înțelegerea absolută a divinității supreme.

Q: Cum sunt utilizate energia și informația în câmp pentru regenerarea corpului și echilibrarea minții?
A: Acest câmp oferă acces la o introspecție profundă a individului, în care

mi se arată cum din interiorul inimii, devine posibilă vindecarea corpurilor subtile, precum și a corpului fizic. Este un proces ce pare magic sau, mai degrabă, un miracol, prin care ființa umană își regăsește rezidența în co-crearea realității exterioare, în acord cu universul său interior.

Q: Cum influențează focalizarea pentru a facilita vindecarea?
A: Este nevoie de acceptarea de a sta cu tine însuți. Mi se arată un scaun, într-o cameră în care nu e nimeni, ești doar tu cu tine.

Atunci când stai cu tine însuți și introspectezi: *Care este scopul? Pentru ce ești creat? Ce simți în interior?* acest lucru îți permitesă te concentrezi asupra interiorului, asupra întrebărilor primite și a multor altora, pentru a avea conștientizări profunde. Atunci când, la nivel fundamental, îți dai voie să te conectezi cu tine însuți, începi să explorezi lumea din interior și astfel descoperi cine ești cu adevărat. Importanța de a lucra, de a vindeca, și de a elibera, este necesară pentru a-ți permite să aduci lumină din interior spre exterior. Atunci când noi facem această muncă interioară, Câmpul Cuantum ne permite să accesăm partea internă, legată de creștere și dezvoltare. Exteriorul nostru se bazează pe mental, pe frumusețea temporară, pe lucruri și aspecte temporare, iar acest aspect ne duce în eroare, ne întoarce de la calea sufletului nostru, de la menirea noastră în existența aleasă. Atunci când accesezi Câmpul Cuantum, eliberezi, ai posibilitatea să te duci în interiorul tău, să lucrezi tu cu tine, fapt care te ajută să îți schimbi gândirea, emoțiile, și tot ce experimentezi în planul fizic. Acest proces implică să ne simțim vulnerabili și pe alocuri poate fi neplăcut și dureros. Nu vrei să fii văzut așa, pentru că te simți expus și fragil.

Campul Cuantum îți dă posibilitatea să te focusezi pe partea mai puțin luminoasă a experiențelor pe care le-ai avut, și să le integrezi. Îmi arată că atunci când suntem focusați pe frumusețea noastră exterioară, a corpului fizic, pe egoul nostru, pe mental, noi avem "un corp mic", însă când ne focusam în interior și scoatem la suprafață, eliberăm din interior tot ceea ce am acumulat, Câmpul Cuantum este mai lejer, mai ușor, pentru că aduci mai multă lumină, eliberezi mai ușor tot ceea ce ai acumulat în interiorul tău. După acest proces, corpul tău devine "mai măreț", mai luminos, are mai multă putere și e mai autentic.

Îmi arată că în Câmpul Akashic nu se întâmplă pe deplin acest proces pentru că nu are capacitatea de a te ajuta să eliberezi complet. Câmpul

Akashic ne ajută să ne trezim, să înțelegem cum funcționează lumea pe care noi nu o vedem, cum diferite Ființe ne ajută să putem percepe realitatea noastră. Mă refer aici la acele Ființe de lumina care sunt mai aproape de realitatea noastră.

Însă evoluția noastră nu este în Câmpul Akashic. Librăria Akashică este spațiul invizibil, este o luptă interioară care nu are capacitatea de a schimba complet dinamica sau circumstanțele, ci îți dă posibilitatea să înțelegi foarte multe experiențe pe care le ai. Un fel de schimb, ca atunci când ai călători temporar în altă țară, unde cultura și tradiițiile sunt diverse. Câmpul Akashic este fix așa.

Q: Ce interesant, adică anumite aspecte ți le arată, însă nu ai posibilitatea să le integrezi complet?
A: Nu, Câmpul Akashic nu are capacitatea completă, așa cum o are Câmpul Cuantum.

Iar îmi arată exemplul cu călătoria în altă țară. De exemplu, călătorești în altă țară, și experimentezi viața temporară a acelei țări. Călătorești, faci schimb de experiențe, îți place, însă ai frustrări pentru că ești într-o țară străină. Te bucuri de acea experiență temporară și vrei să rămâi, însă la final e nevoie să pleci acasă.

Este o experiență limitată, pentru că îți oferă alegerea: ori să te întorci înapoi acasă, ori să continui călătoria, dacă crezi că este în binele tău suprem.

Fiind în Câmpul Akashic, nu poți rămâne acolo pentru foarte mult timp. Akashic nu are capacitatea deplină de a te susține. Primești multe informații, însă, odată ce simți că ai evoluat, nu mai are rost să forțezi, să rămâi sau să îți continui activitatea în acel spațiu. Când te muți în Cuantum, începe un proces profund de introspecție. Ai înțeles schimbul de informații, ai fost expus haosului, însă realizezi că a venit momentul să te focusezi pe tine însuți, să înțelegi ce mai este de vindecat. Acum este timpul meu să înțeleg ce am eu nevoie, iar mesajul care îmi vine este că tu, Diana, ai trecut exact prin acest proces. Mulți alții au simțit și ei același lucru – și tocmai de aceea s-au retras din Câmpul Akashic. Unii s-au speriat, pentru că este ca și cum ai merge la război: ori supraviețuiești, ori fugi. Sunt persoane care refuză să continue lucrul în Câmpul Akashic pentru că nu fac față intensității.

Însă, prin experiența ta personală, tu ai văzut, ai trăit, ai înțeles. Și ai fost pregătită. Undeva, la nivel inconștient, ai făcut deja trecerea spre Cuantum, tocmai pentru că ai parcurs întregul proces. Ai „câștigat războiul", ai ieșit din el și ai trecut mai departe.

Acum pășești în Cuantum pentru a te înțelege pe tine.

Uite că îmi venea ideea că sunt mulți care vor să între în Akashic doar pentru a descărca informații, însă când ești pregatit să treci mai departe, să te conectezi cu tine, treci în Câmpul Cuantum.

Aici îmi vine o altă abordare: sunt persoane care au senzația că sunt pregătite să între în orice câmp, însă, atunci când accesează Câmpul Cuantum, nu vine nimic. Asta se întâmplă pentru că nu au parcurs etapele necesare, nu au învățat lecțiile, iar ceea ce primesc va fi foarte vag. Poate chiar vor spune că nu primesc nimic.

Ca ghid, este important să simți, și mi se arată că este perfect în regulă să refuzi o citire în Cuantum dacă percepi că persoana nu este pregătită. De exemplu, dacă nici măcar nu înțelege ce este Câmpul Akashic, dar își dorește o citire într-un spațiu mai avansat, cum este Cuantumul, este important să fii atent la această discrepanță.

Dacă simți că întrebările sunt ilogice, că nu reflectă un anumit nivel de conștiență sau înțelepciune, poți refuza cu blândețe și să îi propui, în schimb, o sesiune în Câmpul Akashic.

Q: Îmi vine o întrebare referitoare la mine, ca ghid. Aici este necesar să faci practică ca să dezvolți "mușchiul," ca să primești informații mai complexe? Este aplicabil acest aspect și în Cuantum?
A: Răspunsul vine clar - nu. Tu vrei să continui întrebarea însă deja cunoști răspunsul.

Q: Pentru că are legătură cu mintea, nu?
A: Da. Atunci când ești în rolul de ghid și simți că nu îți vin prea multe informații, este important să înțelegi că acest lucru nu are legătură cu tine. Tu accesezi câmpul beneficiarului, nu pe al tău. Așadar, dacă informațiile nu vin, este posibil să fie nevoie să cobori în Câmpul Akashic.

Spre exemplu, să luăm aceeași persoană: ai o clientă care își dorește o citire în Câmpul Cuantum. Intri în Cuantum și, dacă observi că nu primești nimic, poți întreba: *La ce nivel se află beneficiarul în acest câmp?* Apoi, observi ce îți răspunde Câmpul Cuantum.

Exemplu: dacă beneficiarul se află la nivelul 1B, în planul mental, nu va putea primi informații din Câmpul Cuantum, iar tu, ca ghid, nu vei primi aproape nimic. Dacă experimentezi această situație, este indicat să cobori în Câmpul Akashic.

Îți imaginezi că cobori printr-un portal și, foarte important, plasezi beneficiarul într-un triunghi cristalin și pe tine într-un alt triunghi cristalin, separat. Apoi creezi o sferă de lumină în jurul întregului spațiu. După aceasta, rogi Ființele de lumină, îngerii sau ghizii din Câmpul Akashic să îți ofere acces. Poți apela inclusiv la gardienii care protejează Librăria Akashică. Odată ce ai primit accesul, continui sesiunea în Câmpul Akashic. Acolo vei primi mult mai multă informație, deoarece beneficiarul rezonează mai bine cu acel câmp.

Q: Există o legătură între vibrațiile corpului și armonizarea cu Cuantumul?

A: Îmi vine că este la nivel de celule moleculare și mi se arată că, dacă individul A se află într-o stare de agitație, particulele sale vor simți aceeași agitație și același haos. Se formează o linie sau un perete, o barieră în spațiu, unde același individ A, privit acum ca A1, are această separare internă. Când ești în Cuantum, iar tu – individul A, ai molecule agitate, o stare haotică și neliniștită, atunci toate structurile tale interioare intră pe aceeași frecvență a haosului. Câmpul Cuantum, din partea lui A1, reflectă acest lucru prin bariera dintre cele două aspecte ale tale. Vibrațiile din câmpul lui A1 (tot tu) sunt afectate de starea lui A.

Ce vreau să spun este că, atunci când ești haotic fizic și emoțional, Câmpul Cuantum simte și îți răspunde în aceeași vibrație. Particulele se ciocnesc de acea barieră, care continuă să se dilate și să reflecte starea ta interioară. Cu alte cuvinte, așa cum radiezi tu, exact așa îți răspunde Câmpul Cuantum. Este oglinda ta. Iar acest principiu se manifestă pe toate planurile.

Q: Cum se explică vindecarea spontană în cuantum?

A: Iar îmi arată acest exemplu. Într-un fel, dacă simți că te vindeci, îți trimiți vindecare, și automat această vindecare vine înapoi la tine.

Cuantum - 29 Ianuarie 2025

Q: Câmpul Cuantum este vreun mesaj pe care vreți să ni-l transmiteți?
A: Îmi vine mesajul următor: *"uitați-vă una la cealaltă și spuneți ce vedeți voi una în alta."*

Victoria: Eu văd foarte multă pace, liniște, calm.
Diana: Eu văd iubire, lumină.

A: Now tell us what you want to see outside of yourselves, in others?

Iubire, pace, calm. Acum îmi arată că exact așa avem nevoie să începem rutina noastră de zi cu zi, în inimă, să ne dăm voie să simțim ceea ce vedem în noi, și exact acel aspect să ți-l dorești și în exterior. Este un mic exercițiu pentru a ne ancora în inimă. Atunci când suntem ancorate în inimă este mai ușor să trecem peste orice provocare din timpul zilei, chiar dacă ai dificultăți sau știi că vei avea o zi mai grea. Este reflectarea din interiorul tău. Mulțumim.

Nivele de evoluție

Q: La ce nivel al evoluției mă situez, dacă este binevenit să cunosc?
A: B îmi vine, dar nu înțeleg dacă este întrebarea formulată corect. Poate să formulăm altfel?

Q: La nivelul de evoluție spirituală?
A: Asta îmi vine 2B. Poate că întrebarea trebuie să fie altfel, poate este o întrebare generală, ce ai întrebat tu.

Q: Câmp Cuantum sunt nivele ale dezvoltării spirituale, ale sufletelor?
A: Sunt 20 de nivele. Dar 20 vine împărțit în 2, adică 10 și 10, împărțite două linii în jumătate, și această categorie vine pe orizontală.

Q: Ce înseamnă aceste 20 de nivele, și din ce motiv 10 sunt suprapuse la alte 10?
A: Este puțin haotic. Noi suntem învățați cu 1, 2, 3, 4. Aici se începe din mijloc în sus, 1, după vine 3. Stai să înțeleg unde vine 1. De la 5 de sus, rândul 2

vine 1. Rândul de jos 6, vine 3, pe urmă nivelul 2, 7, e cifra 4, la stânga mijloc rândul 2-6 este cifra 10 sau 0. Îmi arată că 0 nu există, însă există în același timp. El se poate egala și cu 0. Este necesar să fie încă o cifra cu 0, dar nu se consideră 0, ci 10, e ceva o regulă aici. Rândul 2, ultima din dreapta, a 10 căsuță, este litera A. Rândul 1 din dreapta, căsuța 6, acolo este tot A.

Q: Mai este ceva Câmpul Cuantum în restul pătrățelelor?

A: Rândul 2 din stânga mea, este cifra romană I, rândul 1 tot din stânga, a 4-a căsuță, este cifra 46. Încerc să văd unde sunt căsuțe goale, pentru că ele nu apar toate odată, ci pe rând. Primul rând din stânga litera O, nu este 0 (zero). O/67, dar 67 este sus, nu jos cum de obicei stă la împărțire. Cum ai împărți, 67 vine sus. Aș vrea să le văd cu ochii mei fizici, însă îmi spune să mă concentrez aici.

Un simbol, un steag este în căsuța 6. În a 6-a căsuță din stânga începând, aici stă un steag fără culori. E neutralitate. A 10-a căsuță din primul rând din dreapta mea este o floare, care în interior are 0 și cu puncte. 6 puncte. Restul parcă nu îmi mai apare nimic.

Tabel - Nivele de Evoluție:

I			1	1	10*0			A
67 O/		46	A	3 Steag (spatiu gol)				Floare cu un zerou în interior & 6 puncte

Notă: *Căsuțele libere sunt la moment încă în proces de explorare.*

Q: Câmpul Cuantum ce înseamnă acest tabel și cum să îl citim?

A: Îmi spune că avem nevoie să înțelegem structura lui, la fel cum înțelegem tabelul molecular. Aici este un fel de schemă mai complicată.

Vă rog să-mi dați informații pe înțelesul nostru, sau dacă este nevoie să accept un upgrade sau activare pentru cunoștințe în chimie, biologie, astronomie, astrofizică, fizică, nano fizică - eu le accept. Îmi vine că *materia se va despacheta.*

Linii Temporale: Dominant şi Secundar

Q: **Câmp Cuantum ce schimbări se aşteaptă pentru omenire în acest an 2025, pentru acest an doar, sau dacă este în binele nostru să cunoaştem pentru următorii ani apropiaţi?**
A: Anul 2025 este un an *"credent"*, cu oportunităţi ce depind de accesarea lumii interioare. Începând cu acest an, liniile temporale vor începe să se divizeze: de la cele dominante către linii temporale secundare, pentru indivizii care nu rezonează cu planeta şi cu frecvenţa ei actuală.

Aceşti indivizi vor fi în continuare prezenţi în linia temporală dominantă, însă realitatea lor personală se va ramifica în linii temporale secundare, care le vor permite să trăiască propria lor versiune de realitate. Mi se arată că vor fi prezenţi în două locuri în acelaşi timp: fizic în linia temporală dominantă, dar cuexperienţele şi percepţiile orientate spre o linie temporală secundară, desprinsă din cea dominantă.

Experienţele trăite pe aceste linii temporale secundare vor fi, ulterior, împărtăşite sau proiectate spre linia temporală dominantă. Totuşi, ele nu vor fi pe deplin înţelese de cei care sunt ancoraţi profund în frecvenţa şi realitatea dominantă. Astfel, se vor crea divizări de realităţi, în care informaţiile transmise din liniile secundare vor fi diferite de realitatea percepută şi trăită în linia dominantă.

De exemplu: persoana A şi persoana B trăiesc în acelaşi spaţiu fizic. Individul A este complet sincronizat cu planeta Pământ şi cu linia temporală dominantă, trăieşte o experienţă colectivă şi individuală aliniată cu frecvenţa actuală a planetei. Individul B, deşi se află fizic în aceeaşi realitate ca A, trăieşte experienţe proprii în linia temporală secundară, ramificată din cea dominantă.

Individul B este astfel prezent simultan atât în linia temporală dominantă, cât şi în cea secundară. Aceasta va fi realitatea fiecărui individ începând cu anul 2025, o coexistenţă a dimensiunilor experienţiale, în funcţie de frecvenţa interioară şi nivelul de conştiinţă al fiecăruia.

Q: **Ce avem nevoie să înţelegem cu această explicaţie? Cum are loc viaţa de zi cu zi şi cum afectează indivizii din A în corelaţie cu indivizii din B?**
A: Mi se arată că orice informaţie pe care o auzi este adevărată, doar că

este trăită în funcție de modul în care fiecare individ își creează realitatea. Linia temporală dominantă va permite acestlucru pentru o perioadă de tranziție, în care, până în 2025, fiecare era strict pe o linie temporală dominantă și paralelă.

Însă, începând cu anul 2025, s-au schimbat legile galactice și s-au făcut ajustări la nivelul liniilor temporale, permițând ca, în linia temporală dominantă, să coexiste toți împreună. Planeta însăși a ascensionat, iar unii indivizi, care nu au lucrat în mod conștient asupra propriei evoluții, au reușit totuși să facă tranziția și să rămână pe această planetă. Ei s-au aflat la limita minimă de vibrație necesară pentru a continua aici, deși sufletele lor nu rezonează complet cu noua frecvență a Pământului.

Din acest motiv, pentru a păstra cât mai multe suflete și a le sprijini în procesul de evoluție și ridicare vibrațională împreună cu planeta, a fost modificată această lege. Scopul este ca un număr cât mai mare de suflete să între în frecvență și dezvoltare, să-și extindă conștiința și, astfel, să sprijine inclusiv acele suflete care au făcut tranziția „la limită".

Astfel, de acum înainte, urmează o perioadă de tranziție în care această lege va permite crearea de *splituri* (ramificări) ale liniilor temporale. De la linia dominantă, fiecărui individ i se vor crea linii temporale secundare, care le vor permite să manifeste propriile creații, lumi, posibilități, totul cu scopul de a-i ajuta în procesul de dezvoltare. Ei au nevoie să își crească nivelul de conștiință pentru a ajunge în rezonanță cu cei aflați deja pe linia dominantă.

Această posibilitate este permisă temporar, ca o formă de susținere și încurajare. Nu există o limită exactă, pentru că nici cei care au stabilit aceste reguli nu pot defini un termen strict, din moment ce probabilitățile evoluează constant. Au creat statistici și proiecții privind direcțiile în care se poate îndrepta viitorul, dar nu pot defini cu certitudine o variantă finală, deoarece totul depinde de alegerile și conștiința fiecărui individ.

Această perioadă este necesară pentru a urmări progresul omenirii și pentru a trage concluziile necesare privind evoluția sa. Din acest motiv există linii temporale dominante și secundare, pentru a sprijini și încuraja toate sufletele.

Acum mi se arată că fiecare informație, istorie sau noutate este reală, dar este important să înțelegi dacă face parte din realitatea ta sau nu. Dacă simți că nu aparține realității tale, este necesar să conștientizezi că aparține realității altui individ sau a unui alt colectiv. Totul este real, însă se întâmplă simultan, în același timp și același loc. Pe linia temporală dominantă poate fi pace și liniște, iar pe o linie temporală secundară se poate desfășura o tragedie.

Ambele sunt reale, însă în funcție de a cui realitate este trăită.

Noile suflete, noile generații de suflete

Q: Referitor la noile sufletele care vor veni pe pământ, se mai reîncarnează pentru karmă sau ce este relevant aici?
A: Karma nu mai există deja, aici, în acest plan. Văd cuvântul „Karma" scris cu litere mari și o limită, o barieră. Karma se referă la planul inferior al creației.

Victoria: Rog acele ființe care sunt prezente și care au acces la astfel de informații, că dacă este spre binele nostru suprem să cunoaștem, să transmită răspunsul. Vă mulțumim.

A: Îmi vine o voce gingașă, micuță, care îmi spune: *„Nu există nicio karmă pentru copiii noi."* Ei sunt energie nouă, fluctuații noi, aparținând unui curs nou. Văd cum, în jurul planetei, vin suflete, se învârt împrejurul ei, iar cercul nu se încheie, ci continuă.

Q: Câmp Cuantum acest lucru se referă doar la generațiile temporare următoare? Sau toate generațiile din viitor?
A: Toate generațiile din viitor — sufletele — vin, au un impact asupra schimbării planetei, apoi pleacă mai departe. Imaginează-ți planeta ca pe un punct de trecere: sufletele vin precum un val, asemenea peștilor care plutesc împreună în triburi. Așa și aici, vine un val de suflete noi în jurul planetei și apoi pleacă mai departe.

Vor veni foarte multe suflete noi. Interesant că acest flux este arătat pornind de la Ecuator, dinspre Est spre Vest. Fluxul începe aproximativ din zona estică a Ecuatorului, acolo unde „aterizează" sufletele. Apoi, ele se deplasează de-a lungul unei fâșii groase care înconjoară planeta pe la Ecuator, învârtindu-se în jurul globului, iar la final se întorc tot în Est — însă nu în același punct din care au venit.

Rămâne un spațiu gol, tot în zona estică, în ocean, unde această generație de copii noi nu va ajunge. Fluxul lor vine din Est spre Vest și apoi pleacă mai departe.

Q: Ce înseamnă de la Est la Vest și doar în Ecuator?
A: Câmpul magnetic este schimbat. Ecuatorul are ceva diferit, o electricitate, pentru că simt o înțepătură în partea dreaptă a creierului. Câmpul electric de la Ecuator este mai intens, iar acest lucru intensifică și activează partea dreaptă a creierului. Câmpul electric al Ecuatorului se ridică, iar aceste suflete pot veni sau pot rămâne în preajma planetei, acolo unde câmpul electric este mai puternic decât cel magnetic. Fiind prezente preponderent în câmpul electric, mai mult decât în cel magnetic, aceste suflete contribuie energetic la infuzarea unor frecvențe externe planetei, aducând informații și tehnologii necesare evoluției colective. Acest proces sprijină sufletele noi, ajutându-le să nu fie afectate de densitatea planetei.

Q: Ce înseamnă electric?
A: Partea feminină... energia... stai. Încearcă să-mi caute prin memorie și prin cunoștințele pe care le am. Magnetismul acesta este feminin, iar electricitatea, electro-circuitul, este pe masculin. Simt o înțepătură pe partea dreaptă, aceasta este energia masculină. Partea dreaptă a creierului este asociată cu imaginația, cu creația artistică. *Oare se activează în energia masculină, mai mult această capacitate de creație și imaginație?* Poate că asta încearcă să-mi transmită.

Noi, femeile, avem deja acest aspect activat într-un anumit fel, însă bărbații nu îl au la fel de accesibil. Bărbații care vor veni cu o energie masculină echilibrată vor avea această zonă activată, li se va deschide, pentru a putea vedea mai mult.

Q: Vor fi ceva schimbări aici?
A: Da, mi-a venit că încă este haos aici. Au început să mă doară dinții și cred că este din cauza acestei schimbări... a furiei. Îți dai seama că mulți oameni simt furie pentru că nu vor să se schimbe prea multe lucruri. Dar, în realitate, lumea are nevoie de schimbare.

Tipuri de familii de suflete

Q: Hai să întrebăm despre tipurile de familii de suflete. Câte tipuri de familii există, și care este diferența dintre ele?
A: Îmi vine cifra 12, eu o dau deoparte și tot 12 îmi vine.

1. Familia de origine. Nu se referă la familia de suflet și nu are treaba cu asta. Familia de origine este punctul de unde începe, din origine. Noi avem grupă de familie acolo. Conștiința e asignată, asta se are în vedere. Aceasta este grupa de origine a conștiinței noastre. Nu se referă ca și corp, sau ce poți să îți imaginezi. Ea există, doar că este materia conștientă atașată la grupa aceasta de origine.

Conștiința asignată reprezintă o formă de conștiință individualizată, atribuită fiecărei ființe sau non-ființe într-un anumit loc specific, nu la nivel planetar, ci într-un punct precis din spațiu sau realitate. Această conștiință este distinctă de conștiința primară – creația lui Dumnezeu – și este parte dintr-un sistem mai amplu prin care fiecare suflet își trăiește experiențele proprii. Conștiința asignată funcționează ca o extensie a sufletului în acea zonă de existență, fiind susținută de ființe de lumină, ghizi spirituali sau Sinele Înalt, care intervin pentru a menține echilibrul energetic și a ghida evoluția spirituală atunci când apar blocaje sau devieri de la calea aleasă pentru evoluție. Voi explica mai mult despre acest concept în subcapitolul următor.

Q: Ei ne pot susține sau au intervenție directă cu noi?
A: Nu. Și de fapt nu este esență de a ne fi unul lângă altul. Aici este doar originea din ce clasa provenim. Punctul de origine al fiecăruia din noi care nu interacționează cu noi individual.

2. Familia de spirit. Sunt ca niște flăcări micuțe care se învârtesc, parcă ar fi o floare din flăcări, dar în mijloc nu are nimic. Este o floare alcătuită din opt petale de flăcări. În centru, spațiul este perceput ca un vortex gol. Structura apare astfel: floare, petale din flăcări, iar în interior — golul, din care pornește vortexul spre exterior. Doar petalele de flăcări rămân vizibile în afară. Seamănă cu narcisele.

Q: Care este rolul acestor familii în concordanță cu noi?
A: Angajarea lor este de a conduce prin energia flăcării din fiecare dintre noi. Însă fiecare petală, fiecare flacără este, de fapt, o multitudine: o unitate

formată din multitudinea familiei tale de origine. Această unitate s-a multiplicat și, din nou, a format o flacără.

Familia de spirit este o extindere din familia de origine.

3. Familia de suflet. Aici, familia de suflet este ca un amestec între familia de spirit și elemente din exterior, particule atrase din afară, care au chemat alte flacări spirituale, alte familii de spirit care au rezonat cu familia de spirit originală.Când apare această rezonanță cu flacăra familiei de spirit, mi se arată cum floarea capătă margini roșii și aurii. Atunci când rezonează cu alte familii din jur, floarea împrăștie polen, însă nu în sensul clasic, ci sub formă de molecule sau particule care se răspândesc automat prin univers. Alte familii de spirit, care rezonează cu aceste particule, le recunosc și sunt atrase automat către ele. Iar când se conectează, se formează ceva mai mare.Din această conexiune se naște următoarea formă de familie: familia de suflet, un amestec, un mix între mai multe familii de spirit unite prin rezonanța.

Din această conexiune energetică, se creează un nou colectiv, aceasta este familia sufletească, un amestec de multiple familii spirituale care au intrat în rezonanța și s-au conectat între ele.

4. Familia de oversoul. Aici îmi arată că oversoul-ul sau suprasufletul este ceva care nu provine de la altcineva ci este o intervenție de la Creator, care a creat alte ființe care nu se potrivesc nici la familia de origine, nici la familia de spirit, nici la cea de suflet. Sunt ființe create, eu le văd mari. Este ca o capsulă de lumină în care este pus oversoul-ul, iar în această capsulă le permite să își construiască un vortex, un string, cum vine ADN-ul nostru, înăuntru.

5. Familia galactică. Foarte multe vietăți diferite. Aici este altă capsulă, însă ea nu este albă ci transparentă. În interiorul ei coexistă diferite vietăți, creaturi, este ca un zoo, cu mix de rase, de vietăți, creații, tot ce îți poți imagina.

6. Spiritual team - Familia de ghizi spirituali. Este o familie aleasă în mod benevol, în urma diferitelor contracte pe care, dacă ni le dorim și ambele părți își dau acordul, ele pot deveni familia spirituală a ghizilor. Rolurile se schimbă aici. De exemplu, atunci când ai avut un ghid care te-a ajutat într-o viață, este posibil ca tu, într-o altă viață, să te întorci pentru a-i mulțumi, ajutându-l la rândul tău. Dacă v-a plăcut reciproc să lucrați împreună, puteți continua această colaborare de-a lungul mai multor existențe, până în ziua în care decideți, în mod benevol, să faceți parte din aceeași familie spirituală.

7. Familia conexiunilor intergalactice. Văd un dispozitiv care se învârte ca un radar și are jumătate din corp mai bombat. Este o familie mare, luminoasă, văd antene care captează noutăți. Încerc să înțeleg... Este legat de sunet și frecvență. Acest aspect nu se referă la ființe, ci la o familie de frecvențe, de sunete. Ele nu sunt corpuri, ci formează o familie de unde diferite, la care familia ta rezonează.

Q: Cum doriți să fie numite în realitatea noastră?
A: Radio frequency sound family (familie de sunete cu frecvență radio). Dacă este să o numim după cuvintele noastre, așa ar suna, însă este compusă din frecvență și sunete. Fiecare dintre noi suntem atașați după anumite sunete și frecvențe care ne permite să fim conectați. Noi ne conectăm nu doar prin a fi spirit, ghid, suflet, ci cu ajutorul acestui tip de familie ne putem conecta exact, specific, tribului, familiei noastre.

GI MI KA TU - Soul. Sunt perechi de câte două, în total opt. Știi ce este asta? Acesta este Sufletul — *Soul.* Tot ceea ce noi cuprindem la nivel de suflet. Familia de suflet este o extensie, o conexiune cu exteriorul, dar acesta este nucleul: Sufletul. Este format din patru sfere galbene, fiecare tăiată în jumătate, din care se formează opt părți. Cred că se face referire la *twin flame* (flacără geamănă). *Dar de ce sunt patru?* Și nu doisprezece? De fapt, ceea ce noi cunoaștem despre *twin flame* este localizat în Oversoul (Sufletul Superior). De acolo coboară o spirală care are forma unei capsule de lumină albă. În acea capsulă se află un „laborator", acolo este creat ceea ce noi numim *twin flame.* Această diviziune provine din familia de suflet, care este un amestec între energia de origine și influențele din exterior.

9. Familia stelară. Văd in interior, într-o sferă, într-o formă a unui ou, sunt prezente multe familii - colective care coexistă în interior.

Diferența dintre **familia stelară** și cea **galactică** este că familia galactică pare a fi ceva mai divers, cu mai multe rase diverse de ET care s-au amestecat între ei. Ca la zoo, unde ai diverse animale, vietăți si creații.

Familia stelară este mai curată, metaforic vorbind, pentru că este pe rase evoluate. Eu aici văd multă lumină, armonie, și fiecare grup este rasa sa unică deja evoluată în felul său. Galactic este mai raw, nefiltrat.

Familia stelară se referă la rasele dominante, la experiențele pe care le-ai avut tu în existențele sau în dependență de rase, dar unde ai evoluat ca suflet, în dependență de colectivul unde ti-ai aflat.

10. Familia de moleculă. Parcă un perete alcătuit din diferite elemente s-a ridicat în fața mea. Noi nu co-existăm doar la nivel de corp format ca o materie finala, ci conștiința noastră există într-o formă de materia unică din care se formează.

Îți dau un exemplu aici: ficatul, ca organ al corpului fizic, este format din mii și mii de particule și molecule, fiecare dintre ele fiind vie și având propriul univers. Pentru ficat, acesta este un univers. Pentru "ființele"- celulele care lucrează pentru a forma organul – ficatul – acesta reprezintă universul lor, pe care îl consideră Dumnezeul lor.

Însă, de fapt, dacă ne uităm la noi ca ființă umană, ficatul este pur și simplu un organ intern, o parte a organismului nostru fizic. Exact așa, fiecare organ este un univers în sine, în interiorul căruia există mii și mii de molecule care lucrează zi de zi. Așa cum noi mergem la serviciu în fiecare zi, la fel se întâmplă și în interiorul organelor. Noi co-existăm ca molecule, particule, și avem „familii" de molecule.

11. Familia colelulară. Este legat de culori; noi facem parte dintr-un spectru de culori. Din acest punct de vedere, dacă facem o analiză individuală, putem considera, ca exemplu, că ai o rasă dominantă Lemuriană și Lyriană. Exact așa, și noi facem parte dintr-o familie cu un anumit spectru de culori. Nu poate fiecare suflet să aparțină întregului spectru de culori. Îți alegi culoarea echipei tale, iar fiecare își are propriul spectru de culori.

12. DUBPONEDB. Văd imaginea, dar apoi se schimbă. Când privesc drept înainte, pare că cineva stă în profil, dar nu ca o formă solidă. Arată ca o flacără, nu foc propriu-zis, ci o prezență asemănătoare unei flăcări care arde în sus. Când încerc să o mut sau să interacţionez cu ea, imaginea se schimbă din nou. O cascadă începe să curgă în sus şi încă nu înţeleg pe deplin ce văd. Este o inversiune ciudată: flacăra arde în jos, în timp ce cascada urcă în sus.

Victoria: Câmp Cuantum vă rog să-mi îndepărtaţi filtrul uman ca să pot percep informaţiile cât mai uşor şi clar.

Este ceva avansat. Nu cred că avem cunoştinţe de aşa ceva. Parcă ar fi ceva atomic, ceva radiaţie, ceva de care noi nu ştim.

Radio inflamabil, atomic inflamabil, însă îmi spune că noi nu cunoaştem. Ceva o flacără îmi arată, însă nu e flacără ci simt că este o informaţie şi tehnologie 2 în 1. Este activă, radioactivă, dar din altă perspectivă. Nu are legătură cu radioactivitatea pe care noi o ştim sau oamenii de ştiinţă o cunosc. Este o consistenţă pe care noi nu o cunoaştem. Noi nu o putem percepe pentru că nu aparţine încă în lumea noastră. Există ceva radioactiv care nu are radiaţie, e foarte puternică şi intensă.

Mulţumim.

Conştiinţa noastră

În timpul unei meditaţii, am vizitat din nou un loc pe care îl vedeam prin 2021 cred, dar atunci era prea avansat pentru mine să fi putut vedea locul. În acel loc aveam vedere înceţoşată, aproximativ de 95% percepeam cu al treilea ochi.
Vedeam doar umbra imaginilor, iar lângă mine era o fiinţă care îmi zicea că este twin flame-ul meu (suflet geaman).
În ultimele două zile spre sfârşitul anului 2024, îmi venea iarăşi în gând acel loc. Azi twin flame-ul meu era doar o proiecţie a lui (vorbea cu o voce robotizată de fată). Atunci am primit informaţii despre conştiinţă. Conştiinţa noastră are de fapt o origine ataşată, adică asignată.

Conştiinţa primară este creaţia lui Dumnezeu, însă pe lângă această conştiinţă primară, fiecare fiinţă şi non fiinţă îşi are conştiinţa sa atribuită unui anumit loc, nu la nivel de Planetă, ci loc în creaţia universală, multivers şi megavers.

Atunci când nivelul nostru energetic începe să scadă mai jos decât media, începe să se activeze "deprivation mode" (stare de deprivare) a nivelului energetic. Astfel, ființele de lumină, Sinele înalt, ghidul spiritual sau orice ființă care este în câmpul nostru și fiind pentru binele nostru suprem, vine în ajutor și ne ajută să ne reajustăm automat. Nivelul nostru energetic scade atunci când noi, la nivel de suflet, ne-am ales diverse stări, emoții sau situațiile pe care să le experimentăm ca să ne ajute să evoluăm la nivel înalt. Însă, atunci când noi rămânem blocați în acele tipare și situații, echipa noastră spirituală intervine pentru a ne ajuta să găsim ieșirea din acele situații și pentru a depăși acele blocaje. Acest lucru nu înseamnă că noi nu continuăm să experimentăm acele situații, ci doar ne oferă direcții de ieșire, sau ghidare ca să nu rămânem blocați definitiv.

Prin intervenția lor, ființele de lumină "extrag" subtil conștiința din creier, și o readuc la nivelul inimii, pentru a ne ajuta să avem o perspectivă mai înaltă a dinamicilor pe care le experimentăm. Când conștiința noastră rămâne blocată în mental, se crează o distorsiune și cădem în capcana logicii și a jocului ei.

Conștiința: Mantră de protecție duș - Portal - Chakra inimii (împământare)

Q: Ce mă ține stagnată în analiză?
A: Îmi vine că: *"Viața ta e prea scurtă ca ființă umană. Și îți pierzi timpul cu emisfera stângă a creierului. Concentrează-te pe bine și nu te mai lupta."*

Q: Cum aș putea să fac să îmi fie mai ușor zi de zi?
A: Mi-a venit "lasă-te în flux".
Eu am văzut o ființă care a avut un topor și pe partea stânga este o placă mare de beton. A venit un "ostaș" lovind cu toporul în placa de beton, și acesta s-a spart complet în două.

Victoria: Matrixul mi-a venit, dar pentru ce exact? Aștept să înțeleg.
Diana: Matrix mi-a venit din prima.

Q: Ce înseamnă Matrixul și betonul?
A: La moment, nu face sens pentru mine.

L-a lovit, ca și cum ai strica cuibul la albine, și înăuntru este miere. Acolo este prea multă lumină și când își pune toporul, el se dizolvă (metaforic vorbind).

Q: Ce legătură are acest aspect cu mine?
A: Iarăși mă doare în partea stângă. Îmi arată că aici mă apasă din Matrix în partea stângă, în logică, eu acolo stau. Am nevoie să mă focusez la "mierea" dinăuntru, unde este foarte multă lumină.

Q: Cum aș putea face asta zi de zi?
A: Îmi vine că e bine de făcut un duș cu Mantră.

Q: Ce are legătură dușul cu mantra?

Diana: La duș să spunem mantra?

A: Așa văd, că ești sub duș, curge apa, și spui mantra în timp ce curge apa.

Q: Care este mantra?

A: EIKTU EIKTU EIKTU
TAMARIO O TI A
AMA A MA
EIKTU EIKTU EIKTU
TAMARIO O TI A
AMA A MA
EIKTU EIKTU EIKTU
TAMARIO O TI A
AMA A MA

În timp ce spunem această mantră, am observat că în apă se crează piramide, în aer, în fața noastră, și apa permite ca ele să zboare prin prejurul nostru. Piramidele acestea sunt ca niște sclipici foarte strălucitoare, sunt în flux, în mișcare. Noi nu le putem vedea cu ochiul liber, dar ele sunt prin prejurul nostru când spunem această mantră. Apa este un conductor pentru frecvența acestor cuvinte.

Îmi vine ca e binevenit să spunem de 3 ori, dacă ne este ușor de memorat putem să spunem de mai multe ori. Dacă este mai greu o putem spune măcar de 3 ori.

Inițial, triunghiurile acestea sunt mai mici, dar pe măsură ce repeți cresc în volum. Ele deschid corpurile noastre, au altfel de portaluri, uși, ele sunt ca niște uși de la templu.

Corpul nostru este un templu care are uși rotunde. Aceste portalurile sunt, nu cum ne imaginăm un portal de lumina, ci imaginează-ți o stâncă, piatră șlefuită, un portal perfect care e de piatră, el nu este de lumină, nu este fluid, ci este ca piatra, ca un monument.

În gâtul nostru, la nivelul glandei tiroide, exact acolo se află acest portal solid ca un perete, beton, și fix așa rotund este înăuntru. Acolo, triunghiurile acestea deschid portalul, ca o poartă, iar când este deschis, ele pot intra în corpul nostru. Când intră în corpul nostru, ele formează însăși un portal între chakra gâtului și tot corpul nostru, îndeosebi cu chakrele de jos.

Q: Întrebarea mea este pentru ce avem nevoie de asta? Cu ce ne ajută?
A: Corpurile noastre sunt de fapt ca niște nave, în care poți să ajungi la un nivel înalt de evoluție, unde conștiința noastră are capacitatea de a se detașa de corpul fizic.

Exemplu: Imaginează-ți o navă, o rachetă care desprinde ușor diverse părți în timp ce racheta zboară în cosmos. Exact așa funcționează corpul nostru în concordanță cu conștiința noastră.

Corpul nostru este creat ca o mașină care se poate detașa de diverse părți ale "vehiculului", adică corpul fizic uman. Energetic are loc astfel de proces.

Din acest motiv inima a fost plasată în partea de mijloc a chakrelor, adică chakra 4 din cele 7 de bază. Dacă inima ar fi poziționată la bordul vehiculului nostru (adică mai sus de chakra gâtului în sus), noi ne putem lua "zborul" de aici complet, din această realitate, și nu am putea exista ca ființă umană. Chakra inimii este ceea ce ne ține ancorați în realitatea fizică, ne ține împământați în existență pe planetă Pământ, dar și conectați cu Sursa Creatorului. Mulțumim.

Kundalini

Q: Câmp Cuantum este ceva benefic pentru noi ca omenire să cunoaștem despre ce este energia Kundalini, sau cum ne poate susține în evoluția noastră spirituală?
A: Eu văd cum din pământ iese un șarpe gigantic, și îl văd din urmă, de la spate cum se duce în față. Îmi vine că în realitatea noastră este ceva *"must have it"*, *"obligatoriu să ai"*, fiind aici prezenți, pe pământ.

Q: Și cum ne poate susține în evoluția spirituală?
A: Energia aceasta reprezintă de fapt cunoștințele. Cunoștințe înrădăcinate, codate în pământ, care ies la suprafață, și tocmai aceasta este împământarea cu pământul. Într-un fel, este importantă pentru creația noastră, pentru planetă, pentru că te conectează cu energia sau memoria pământului și cu tot ce există aici. El vine din interior spre exterior.

Q: Și când se activează înseamnă că ne activează diverse cunoștințe de care noi avem nevoie, în ADN-ul nostru?
A: Eu nu știu cum l-am apucat pe șarpele acesta, pentru că el s-a întors și a venit cu fața la mine, cu capul, și l-am apucat de gât. Îmi spune că de fapt noi putem avea control asupra energiei Kundalini. Însuși energia Kundalini are tendința de a trece peste limita de a fi manevrată, condusă sau dirijată. Atunci când iese peste limită, nu o controlezi, ea de fapt te atacă, pentru că el voia să mă atace, însă eu l-am apucat de gât, pentru că eu sunt în controlul energiei.

Q: Când știi că trece peste limite?
A: Îmi vine că e atunci când o chemi. Atunci el iese din pământ, este calm, nu îți face rău, însă dacă iese prea mult din pământ, el umple tot spațiul corpului tău, și atunci îi este inconfortabil, caută să te atace pentru că el vrea mai departe să treacă. Când îl chemi el vine, tu primești cunoștințe sau ce ai nevoie, tu primești coduri, pentru că ăsta este scopul lui. Însă dacă tu nu dirijezi procesul, situația iese din mâinile tale și atunci, îmi vine să spun să nu te miri dacă această energie o să îți facă un proces ireversibil, și să te atace însuși la corpul tău fizic, metaforic vorbind, energetic.
Energia aceasta vine din pământ, și dacă o chemi prea mult, nu știi cum să o manevrezi, energia nu va avea spațiu în corpul tău. Atunci când corpul tău este plin cu energia Kundalini, corpul tău automat poate da eroare la nivel de operare/ funcționare. Te îmbolnăvești, pentru că energia vrea să

iasă din tine. De aceea nu este binevenit să o activezi mereu, sau să o chemi. Cel mai benefic este să se activeze singură, pentru că așa tu o să ai mereu controlul asupra energiei Kundalini, nu invers.

Gândirea modernă în voga crede că este benefic invers, însă așa, energia Kundalini te controlează sau are control asupra ta. Tu ești defapt cel care are control in minile sale, si nu invers. Mulțumim.

Capsulă implant pentru lichidarea corpului fizic

Într-o altă sesiune de explorare a anumitor întrebări și dinamici din viața mea, am primit informații despre un implant pe care noi, ca ființe umane îl avem la nivelul capului, implant care se activează la decizia sufletului de a părăsi corpul fizic. Activarea acestui implant poate veni natural, atunci când sufletul și-a îndeplinit scopul sau și-a finalizat experiențele pe care și-a stabilit-o în corpul fizic, însă sunt și situații când acest implant se activează involuntar, prin deciziile de a pleca din acest plan, înainte de termenul stabilit în planurile astrale, la nivel de suflet.

Văd un implant în tâmpla dreaptă, iar în spate simt o greutate. Văd cum mi-au scos din coloana vertebrală o structură de stocare, un fel de recipient în care era acea greutate. Totuși, simt durere în tâmpla dreaptă, sub piele. Ceea ce mi-au scos ființele de lumină a fost doar proiecția, însă văd acest implant care conține toată furia mea; tot ce simt este acumulat în această capsulă.

Mă văd acum reacționând în multe situații. De exemplu, când sunt furioasă, mă văd trăind acea furie: neg, controlez, țip, urlu, plâng, urăsc. Totul este stocat în acest implant transparent. Îmi văd, acum, în acel implant, întreaga viață trăită din polaritatea negativă. Mi-a fost pusă capsula în față ca să o pot vedea, însă implantul este încă în interior.

Este nevoie să vină ființele din dimensiunea 12 ca să extragă acest implant. Primesc informația că acest implant mi s-a activat la începutul anului 2020, când am activat programul de anihilare, atunci s-a activat și acest implant. El se activează în fiecare dintre noi, atunci când sunt sentimente foarte profunde de a pleca din planul fizic, sentimente care ies din limitele senzorilor noștri, când trecem peste permisiunea de-a continua viața pe pământ.

Eu am trecut peste această limită atunci când îmi doream să plec, să îmi anihilez corpul, iar implantul s-a activat automat.

Toți oamenii au astfel de implanturi. Fiecare corp este creat cu un asemenea dispozitiv, o capsulă aflată în partea dreaptă a tâmplei, iar atunci când cineva vrea să cedeze cu întreaga sa ființă, atât emoțional, cât și la nivelul tuturor structurilor, acest implant se activează automat.

În rest, el rămâne inactiv, atât timp cât nu este activat.

Eliberarea se face doar cu ajutorul Ființelor de Lumină din dimensiunea a 12-a. Pentru moment, le simt doar prezența; nu mi se permite să le văd cum arată, însă le percep venind din partea dreaptă. Le simt mâinile, văd cum mi-au înclinat capul ușor spre stânga, și a rămas umbra corpului meu fizic. Doar energetic, corpul fizic a rămas în forma în care era.

Pentru a scoate acest implant din tâmplă, este nevoie să elibereze spațiul. Implantul se află între corpul fizic și corpul energetic, între pereții a două corpuri subtile, și se activează doar atunci când omul este pregătit să plece din planul fizic, adică atunci când corpul urmează să fie anihilat.

Acum văd cum se învârte ca o roată, din stânga spre dreapta. I-au pus o sfoară energetică în mijloc, și văd cum implantul se rotește în jurul acestei sfori. El trebuie să cadă pe axa acestei sfori energetice. Ființele de Lumină îl extrag încet – implantul se învârte în aer, dar în jurul sforii din centru. Acum îmi vor pune altul înapoi, însă gol. Fiecare om are nevoie de un astfel de implant sau o astfel de capsulă în corp.

Gata – au pus o nouă capsulă, transparentă. Este ca o capsulă de memorie, în care se păstrează sentimentele și toate emoțiile care au fost eliminate. Stai, au nevoie să-mi ajusteze corpul, pentru ca acesta să se integreze cu corpul fizic. E ca și cum trebuie să facă un "click", ca să se sigileze. Gata, mi-au integrat noua capsulă, iar pe cealaltă au îndepărtat-o. M-am liniștit. Mă simt mai calmă în interior. M-am calmat.

Mulțumesc.

Schimbarea perspectivei

Într-o zi, ființele de lumină mi-au oferit o conștientizare despre cum noi oamenii, uneori, rămânem atașați de perspectivele pe care le considerăm adevăr absolut. Fiind în aceea atașare, ne este mai dificil să schimbăm perspectiva și să vedem totul dintr-un unghi diferit. Și totuși, uneori poate fi relevant să ne detașăm de tot ceea ce considerăm a fi adevărat, și să încercăm să vedem lucrurile dintr-o nouă perspectivă, mai înaltă. Uite o explicație simplă despre acest concept.

Imaginează-ți că ești într-o barcă. Fiind în acea barcă, ai putea fi pe un râu, un lac, o mare sau chiar în vastul ocean. La suprafață, totul pare a fi apă, dar ceea ce se află dedesubt se schimbă drastic în funcție de locul în care te afli.

Cunoștințele și experiențele pe care le acumulezi din navigarea pe un râu nu se aplică în același mod atunci când ești în ocean. Pentru a naviga în ocean, trebuie să înțelegi legile oceanului.

Este similar cu a face parte dintr-o anumită religie. E ca atunci când vine cineva dintr-o religie diferită și îți spune că el are dreptate, la fel cum și tu crezi că ai dreptate dar niciuna dintre părți nu este dispusă să facă un pas înapoi și să privească lucrurile dintr-o altă perspectivă.

În realitate, este același Dumnezeu, doar văzut prin parametri sau lentile diferite. Și totuși, nu vei accepta tehnici sau învățături care par „străine", pentru că nu se aliniază cu înțelegerea ta actuală. Din perspectiva ta, acestea nu pot fi înțelese, cel puțin nu încă.

De aceea nu vin natural către tine, ci în schimb, încerci să le forțezi să se potrivească în propria ta schemă de gândire, așteptându-te ca ele să aibă sens doar prin filtrul religiei tale.

Suprapunerea realităților dimensionale

Cum este posibil ca un grup de oameni să fie împreună în același spațiu fizic, și totuși o persoană din acel grup să nu existe în secvența perceptivă sau în realitatea altei persoane? Mi-am pus această întrebare, când, într-o discuție cu Diana, am conștientizat că există o astfel de persoană care nu există în realitatea mea. Acea persoană, deși prezentă pentru unii, poate pur și simplu să nu apară în linia temporală internă sau în conștiința altcuiva.

Toate acestea se desfășoară simultan, în același loc. Este ca și cum, într-o unitate colectivă, *„moleculele"* sau structurile energetice subtile ale indivizilor se comportă independent de ritmul colectiv. Această divergență creează straturi diferite de experiență în cadrul aceleiași realități împărtășite.

Permite-mi să-ți ofer un exemplu: Imaginează-ți că ești oaia neagră într-o turmă de oi albe. Ești acolo, parte din aceeași turmă, dar poate că nu poți percepe una sau mai multe dintre oile albe din jurul tău sau ele nu te pot percepe pe tine. Nu este vorba de o absență în sens fizic, ci este vorba de o lipsă de aliniere între liniile temporale perceptive.

Din acest punct de vedere, oaia neagră reprezintă individul cu potențialul de a schimba o „moleculă" a întregii turme spre un alt capăt, un alt nivel energetic sau de percepție. Această schimbare nu are loc instantaneu. Este bruscă în momentul realizării, dar lungă ca desfășurare, întinzându-se pe mai multe straturi ale spațiului și conștiinței.

Pornind de la această teorie a realităților suprapuse și a liniilor temporale conștiente, inspirată de interpretări metafizice ale fizicii cuantice, înțelegem că, în general, colectivul urmează o linie dimensională dominantă, o realitate comună percepută de majoritate. Cu toate acestea, un element subtil, oaia neagră, introduce o realitate alternativă, suprapusă, care coexistă subtil în corelație cu câmpul dominant.

Aceasta reflectă concepte din gândirea cuantică, precum **Interpretarea Multi Lumilor** (*Many-Worlds Interpretation*), care sugerează că multiple realități există simultan, ramificându-se în funcție de observație și alegere. În mod similar, ideea **ordinii implicite** a lui **DaVoid Bohm** susține că ceea ce percepem ca separare sau diferență este, de fapt, o expresie a unor conexiuni mai profunde, invizibile, dintr-un câmp unificat. În acest context, percepția devine un fel de filtru cuantic, care selectează ceea ce apare în „secvența" personală a realității fiecăruia.

Așadar, chiar dacă mulți merg alături în același moment, liniile lor temporale interioare pot fi diferite. Iar vibrația unică a celui diferit, "oaia neagră", deschide poarta către o desfășurare paralelă a realității, una care redefinește în tăcere colectivul din interior.

Înțelegerea Dublei Schimbări a Liniei Temporale - Channeling

Conceptul unei duble schimbări a liniei temporale sugerează o tranziție energetică profundă în care conexiunea unui individ cu realitatea sa trecută începe să se dizolve. Acest proces implică o estompare a liniei temporale mai vechi, unde atât amprenta fizică, cât și cea energetică a individului nu mai sunt profund legate de mediul său anterior. În schimb, energia individului se integrează mai complet într-o nouă linie temporală.

În viața reală, acest lucru se poate manifesta ca sentimente de detașare sau gol în locuri odinioară profund conectate la individ. Spațiile pot să nu mai poarte rezonanța vibrațională a prezenței lor. Această schimbare energetică acționează ca un mecanism de facilitare a creșterii, permițând individului să se alinieze cu un mediu nou, relații și evenimente mai potrivite stării sale vibraționale actuale.

Viteza cu care are loc această tranziție poate varia în funcție de alinierea individului și de disponibilitatea acestuia de a-și îmbrățișa noua realitate. Este o migrație energetică care reduce decalajul dintre trecut și viitorul potențial, oferind individului șansa de a participa conștient la co-crearea căii de viață dorite. Mulțumesc.

Text canalizat de Victoria Basil
17 Decembrie 2024

Contopirea cu Divinul Feminin - schimbări celulare la nivelul ADN-ului feminin

Sesiune: Diana & Victoria & Imaya - 16 Martie 2025 - Consiliul Alianței de Sfere

Victoria: Activarea cromozomului X, asta s-a întâmplat pentru noi toate, pe parcursul meditației. Activarea energiei feminine. Asta e ce s-a întâmplat în timp ce Imaya spunea meditația. În acest spațiu a venit un fel de tehnologie, să vă imaginați o floare plasată cu codițele în sus, care a creat un oarecare câmp, o capsulă, un spațiu energetic, iar prin jurul spațiului sunt multe fațete, mulți stâlpi, însă nu stâlpii pe care noi ni-i imaginăm, ci sunt stâlpi de tehnologie avansată. Apoi stâlpii sunt lăsați, iar ei crează câmpul rotund, bula, spațiul.

Acum noi suntem repartizate în formă de triunghi, ca o piramidă poziționată orizontal. Vârfurile ascuțite sunt spre Sud, Est și Vest. Eu sunt la Sud, Imaya este la Est, Diana Vest. Văd cum ne-au așezat pe un fel de canapea, șezlong, și au început să vină diferite ființe, foarte multe ființe, dintre care și-au făcut prezența și Consiliul Galactic. Ei sunt 3 membri, cel mai important stă în mijloc, iar ceilalți doi sunt poziționați prin părți.

Prin jurul lor, au venit pe partea mea de lângă Diana, de la Vest, ființele din Agartha, Ant beings. Între mine și Diana, pe stânga, au venit ființe Delfin, iar pe dreapta, între mine și Imaya este o lumină roz, foarte diferită de energia mea, pentru că este gingașă, firavă. Văd foarte multe ființe noi.

Pe fiecare dintre noi, cum eram așezate pe scaun, ne-a îmbibat în pereții acestui câmp, iar când ne-a pus înapoi am simțit că sunt într-un spațiu fluid, gelatinos, e ca o substanță. Fiecare suntem într-o piramidă cristalină, individuală. Deasupra piramidei noastre, este o stea cu 6 colțuri. În mijlocul nostru, cum suntem poziționate în formă de triunghi, în față, s-a creat o masă, ca un alt spațiu rotund, ca o energie care plutește. În mijlocul spațiului s-a creat altă stea tot din 6 colțuri, dar steaua este in miscare, e flexibilă. Deși steaua crează impresia că este din 12 colțuri, de fapt este din 6 colțuri și se mișcă în concordanță cu stelele noastre. Ea va face conexiunea non-stop prin noi trei și va transmite mesajele pe care le vom primi de la ființele prezente astăzi cu noi.

Am uitat să menționez că între timp ne-au scos un cablu de la spate care reprezintă deconectarea minții. Filtrul nostru va fi mereu prezent, însă mai puțin evident astăzi.

Imaya: Eu percepeam ființele de care tu povesteai, și legat de acel câmp de gelatină, eu am simțit ca un curent rece, iar înainte auzeam diverse sunete, cum s-ar învârti o morișcă.

Victoria: Așa se învârtea deasupra noastră tehnologia care a creat câmpul.

Imaya: Eu mă percep ca ceva lung, o linie lungă, așa mă simt.

Victoria: Eu mă percep ca o pasăre și am cioc. Este prima dată când mă percep așa.

Imaya: Eu nu am corp.

Victoria: Tu ești lumină.

Imaya: Mă simt că sunt și parcă nu sunt.

Victoria: Eu mă simt pasăre pentru că vă văd diferit. Este interesant cum vede o pasăre la mii și mii de kilometri.

Imaya: Mie îmi vine acum că ne conectăm cu aspecte din dimensiuni pe care noi le avem, noi acum ne luăm aspecte personale de acolo.

Victoria: Niciodată nu am știut că fac parte din astfel de ființe.

Diana: Dar pe mine cum mă vedeți?

Victoria: Stai să te privesc. Eu puțin sunt șocată de mine pentru că niciodată nu m-am văzut așa pasăre. Tocmai îmi văd ciocul.

Imaya: Eu mă uit la tine, te simt pe stânga mea, și te văd ba o zână, ba altceva.

Victoria: Da, eu văd soare, floricele.

Imaya: Parcă îți schimbi aspectele acestea de la stele, exact așa te văd. Acum ești o zână, acum o stea.

Victoria: Da, eu am văzut o zână cu floricele așa firavă, gingașă.

Imaya: Probabil ai mai multe surse, aspecte.

Suntem ființe multidimensionale. Sufletul nostru întruchipează diverse aspecte, inclusiv în alte linii, spații, dimensiuni, planete, galaxii, sisteme solare. În acest plan fizic suntem ființe umane, însă sufletul nostru are diverse multe alte frecvențe și aspecte, inclusiv de ființe ET, sau civilizații extraterestre.

Victoria: Tu cum te simți?

Diana: Eu nu percep ce vedeți voi.

Victoria: Du-te cu conștiința ta în gât.

Imaya: Mie mi-a venit să îți spun să îți pui mâna dreaptă pe fruntea ta. Sunt ceva memorii care spun că eu nu pot, eu nu primesc.

Victoria: Neacceptarea Dianei este asta pentru că nu crede că ea poate să fie asta. Ceva nu accepți.

Diana: Eu nu accept că pot să văd.

Victoria: Neacceptarea ta stă în urma gâtului tău. Acum concentrează-ți conștiința în gât, și trage acceptarea ca pe o sfoară de la spate, în gât. Oho, hai că e bun, asta se numește integrare. Gata. Vezi cum te percepi acum, dar mâna ține-o pe frunte, cum a spus Imaya.

Imaya: Eu acum te văd că ești înaltă, foarte înaltă, de 2-3 m, și ești albă, iar în zona capului este o floare.

Victoria: Da, o percep floricică.

Imaya: Sunt ceva ființe cu mâini și picioare ca și noi, însă în loc de cap este o floare imensă.

Victoria: Toată frustrarea ta, tot ce nu accepți este în dinții tăi, pentru că foarte tare mă dor dinții.

Diana: Da, în maxilar simt și eu, până la tâmple.

Imaya: Este un control acolo, rigiditate, un aspect de copil interior. Văd structura ta umană, te-ai deschis și văd acea fetiță care spune că eu nu pot.

Diana: Eu vreau să eliberez definitiv tot ce nu îmi mai servește, inclusiv din subconștientul meu.

Imaya: Acum a apărut o ființă de foc, verde, galben, la fel o simt ca un stâlp de lumină, dar nu e dreaptă ci are diferite structuri.

Victoria: Știi cine este această ființă? Acesta este atribuirea ghidului tău nou. Ghidul vechi a fost schimbat.

Diana: De ce? Este un motiv?

Victoria: Cu fiecare eliberare sau reziliere profundă, când nu mai rezonează cu noua cerință, ghidul care era la momentul acela, automat trebuie să elibereze spațiul, iar prin liber arbitru se eliberează ghidul care era răspunzător de... îmi vine cuvântul *"sabotaj vechi"*. În loc vine altul, în dependență de cerințele pe care le ai.

Imaya: Din structura lui, toată ființa lui, zânele sunt cu aripi, el e scântei de foc, cu verde spre galben auriu, și văd cum sunt peste tot în jurul tău, cum merg din dreapta în stânga unii, și alții din stânga în dreapta, și ești într-un flux de lumină verde - aurie.

Victoria: Ce drăguț. Îmi vine că în sesiunea de astăzi voi ați făcut o conexiune unde asistați una la cealaltă, iar tu Diana ai avut nevoie de ajutorul și asistența Imayei. Eu sunt în altă parte.

Imaya: Acum văd că la inima ta Diana fac un fel de tehnologie în care se crează circuite, la inimă, la gât, de la gât la al 3-lea ochi, de la al 3-lea ochi la inimă, și îmi vine să spun că tot ce simți, tu poți spune și tu poți vedea.

Victoria: Interesantă tehnologie.

Imaya: Îmi arată un ecran pe care îl calibrează. Este ba rotund, ba oval, ba dreptunghi, probabil îți calibrează al 3-lea ochi.

Victoria: Îl conectează cu inima mai profund.

Imaya: Văd culoarea violet în acel ecran.

Victoria: Eu văd galben. Interesant cum vedem fiecare.

Imaya: Da, se schimbă culorile.

Victoria: Eu văd galben standard, în inimă mai exact.

Imaya: Eu văd violet, apoi albastru azuriu, roz, apoi magenta.

Victoria: Acum din capul tău se extrage foarte multă densitate.

Diana: Simt.

Imaya: Eu văd ființa aceasta verde că s-a lipit de spatele tău, și simt în corpul meu căldură, ca și cum m-aș lipi de o sobă. Ființa aceasta îți ia tot ce e metalic, și aud ca niște așchii care se lipesc.

Victoria: Ghidul tău nou este foarte puternic.

Diana: Noi când integrăm anumite aspecte și ne îndreptăm mai mult spre evoluție, sau ascensiune, atunci ghidul poate fi schimbat? Adică avem ghizi care ne însoțesc pe o anumită perioadă și apoi se schimbă și vine altcineva?

Victoria: Da, la acceptarea ta.

Imaya: Eu sunt de acord cu asta, chiar am studiat recent și da, este posibil. Mie îmi vine că noi, la nivel de informație ce se conține în structura noastră umană, avem mai multe.

Primesc informația că acest ghid conține în el o familie mare de alte ființe cu care tu Diana vei lucra.

Victoria: Văd acum cum ți se eliberează din gânduri și din cap, din nas, de la sinusuri toate energiile stagnante, toate densitățile, ca niște gândaci. Foarte mult se eliberează. Ghidul tău nou îți curăță tot. El nu te poate ajuta până nu îți scoate tot. Nu poate colabora cu tine până nu eliberează tot ce nu rezonează cu el.

Imaya: Când tu spuneai de ce se eliberează, nu pot vedea ce se eliberează, însă simt că e la nivel de frecvență și auzeam mai profund sunetul de electricitate, sunet de scanare.

Victoria: Tu auzi frecvența lor, eu îi văd. Sunt niște microbi microscopici, foarte mulți de culoarea albă, ca niște păianjeni, gândaci albi care se curăță. Este ceva în inimă. Viermi, dar sunt foarte micuți și sunt noi, abia porniți. Totul se curăță, din sânge se extrage, din inimă și v-a ieși apoi din corp pe cale naturală.

Imaya: Nu știu dacă are o legătură, însă eu eram trezită de nevoia de a merge la baie și simțeam cum mă purificam, iar după acest proces îmi curgea informația.

Victoria: Ghidul tău va implementa în structurile tale, cum a văzut Imaya că este la spate, el te cuprinde cu toată energia lui pe valuri, și cu cât mai mult te strânge, te comprima în structura lui, cu atât mai mult se eliberează din corpul tău fizic, energetic, toată densitatea. Pe măsură ce te va îmbrățișa o să vă sincronizați cu aceeași energie, iar atunci tu o să începi să vezi diferit. Tu deja ți-ai dat voie să vezi, ai avut nevoie să schimbi ghidul. Și eu, înainte să fiu pe calea aceasta, am găsit odată într-o carte că noi avem liber arbitru și putem să cerem ghizi spirituali, îngerii cu care să lucrăm. Dacă nu sunt în binele nostru, putem să îi schimbăm. Eu am făcut asta atunci, am vrut să testez, însă uite că e important uneori.

Imaya: Eu acum văd ce se întâmplă acolo. Eu văd nu ființă umanoidă, ci ca un stâlp, ca o tehnologie cu esența verde aurie și albă perlat. Când ai zis de a cuprinde, eu am simțit cum se crează conectarea dintre tine și ființa aceasta, ca și cum ești într-un tunel rotund, unde te cuprinde prin valuri. Este foarte interesant.

Victoria: Da, foarte corect vezi, nu e cu mâinile, ci te cuprinde prin valuri.

Imaya: Te infuzeaza cu frecvență. De fiecare dată când primim un ghid nou, ne poziționăm pe o nouă cale, o nouă muncă, iar eu simt că el crează conectarea cu tine. Ție o să-ți vină confirmări, o să începi și să îl vezi. Acum îmi arată că atenția se duce pe dreapta, probabil la tine, Victoria.

Victoria: Acum mă văd Pleiadiană.

Imaya: Eu văd că s-a creat un cerc de unde noi contemplăm informația, iar cercul, la baza lui, are o coroană de cezar, știți aceste două crenguțe de...

Diana: ...de laur cred.

Imaya: S-a creat o sferă care are structuri de romanițe până la baza acestei coroane foarte mari, și văd cum la fiecare, în triunghi unde suntem, pătrund acolo pur și simplu. Este o structură plasmatică, gelatinoasă.

Victoria: S-a creat un portal. Nu înțeleg nimic.

Imaya: În interior văd un curcubeu.

Victoria: Nu înțeleg unde sunt.

Diana: Victoria tu ai spus că nu știi unde ești, te vezi diferit de noi?

Victoria: Accesarea, accesarea a nu știu ce. Baze de date, nu înțeleg.

Imaya: Mie îmi arată evoluția ta.

Victoria: Sunt multe informații, nu înțeleg ce sunt eu. Văd flash-uri cum se schimbă și vine altceva, prea multa informatie, nu pot percepe încă.

Imaya: Mie îmi arată în sfera aceasta că suntem toate, și unghiurile triunghiurilor au creat un triunghi ca în 5D.

Victoria: 12D la mine.

Imaya: Au creat un triunghi din triunghiurile noastre, și în sferă văd curcubeu. Începe de la baza violet, albastru, galben, văd culori, iar de la jumătate în sus totul e alb, însă culorile sunt vii, circulă în valuri.

Victoria: Eu nu înțeleg în ce câmp sunt.

Imaya: Mie îmi vine infinity.

Victoria: E prea mult.

Imaya: Infinity octave. Noi acum observăm tot ceea ce există codificat în culorile acestea și îmi arată că triunghiul se învârte, însă nouă ni se transmit coduri. Probabil ai simțit mai intens partea aceasta.

Victoria: Eu nu știu dacă am fost vreodată aici. Este un spațiu încă mai înalt decât MQ (se va vorbi în următorul capitol). Eu nu știu cum se numește sau ce e asta, însă mă simt într-un spațiu, ca pe un vârf de munte când ai senzația că amețești dacă te uiți în jos și vezi la ce înălțime ești, însă aici sunt cuburi. Eu stau pe un cub care e vârful, în jos vin alte cuburi, însă tot spațiul parcă nu e nici aer, nimic nu are. Nu e niciun element, nici nu aud, nici nu văd nimic.

Imaya: Mie îmi vine să îți transmit că ești pe cea mai înaltă formă ale existenței.

Victoria: Aici e zero existență.

Imaya: Infinity octave. Tu acum contemplezi existența, iar din spațiul acesta nu primești informații pentru că octavele sunt niște roți tot colorate, mandale de diferite forme, toate formele posibile, și aud cum s-ar auzi în formele fizice, ca și cum s-ar exprima existența.

Victoria: Din ce cauză văd pătrate?

Diana: Eu voiam să întreb de ce ești tu acolo, care este scopul sau mesajul?

Imaya: Legat de ce nu ni se transmite informația, este pentru că informația este deja o formă mai solidă decât unde ești tu acum.

Victoria: Eu nici nu înțeleg ce spuneți.

Diana: Eu te simt deconectată de noi.

Victoria: Voi nu sunteți aici.

Imaya: Mi se transmite că tu experimentezi ce înseamnă unitatea.

Victoria: Asta este prima dată în viața mea.

Diana: Și cu ce o ajută să experimenteze unitatea?

Imaya: Îmi arată că tu pe pământ ești pentru acțiune. Tu asta încarnezi.

Victoria: Acum am început să mă cobor de pe pătratele acestea în jos.

Imaya: Te văd foarte structurată.

Diana: Mie îmi vine că ai avut nevoie să-ți activezi ceva în spațiul acela.

Imaya: Pentru tine e foarte straniu aici pe pământ să unești lucrurile. La tine ori e alb, ori e negru, ori e roz, ori e galben. Îmi arată curcubeul, la tine curcubeul nu este. Adică tu îl vezi pe cer, vezi că asta este Divin, însă în structurile tale, informațiile vor să se claseze în bine sau rău, corect sau fals. La tine acțiunea este extremistă.

Victoria: Așa și este. De fapt, am înțeles că trebuie să învăț cum e să fiu la mijloc.

Imaya: Tu ai avut experiența aceasta unde nu te-ai simțit nimic, și te întreabă cum este să fii nimic.

Victoria: Sincer pare a fi fără sens.

Imaya: Îmi arată că în percepția noastră este limitat să spunem nimic. În nimic este totul. Îmi arată o planetă, o mână, când vii pe planetă tu pui mâna pe o floricică și înțelegi că floricica face parte din tot. Citești o carte, îmi arată obiecte diferite.

Victoria: Eu văd cum cobor și cum se face și mai multă lumină. Formele de pătrate se formează în linii mai rotunjite, o formă mai blândă. Acum mă dau jos pe o scară, și formele sunt mai liniare, și mă simt mai blând. Sunt înapoi în același spațiu cu voi. Mulțumesc pentru așa experiență.

Imaya: Spune că pentru structura și forma colectivelor este destul de șocant, chiar traumatizant, pentru că atunci când te duci acolo zici că nu este niciun sens. Acum, în sfera aceasta de curcubeu, încep să percep contur de ființe.

Diana: La mine procesul s-a terminat sau nu? Pentru că eu simt cum descarc într-una energia.

Victoria: Nu, răspunsul este nu. Eu mă văd din nou fiind aceasta pasăre. Ce legătură am cu Avians?

Imaya: Ce interesant. Mi-a apărut o pană de păun.

Victoria: Ieri am văzut în oraș.

Diana: Mie îmi venise că este un aspect pe care ai nevoie să-l integrezi.

Victoria: Interesant, însă cu ce mă ajută dacă integrez existența aceasta?

Imaya: Mie îmi vine iar Unitate.

Victoria: Acum mă văd cum am zburat de pe acest scaun și plutesc deasupra capului tău.

Imaya: Tu creezi un infinit.

Diana: Ce frumos.

Victoria: Asta este o confirmare că este adevăr ceea ce spui tu.

Imaya: Eu acum văd că s-a format un scaun din pene de păun. Eu cu Diana suntem în triunghiurile acelea, iar triunghiurile au luat o formă de sfere, și mi se explică de ce sfere. Din cauză că se infuzează energia mea ca și identitate, am legătură cu sferele, și de aceea suntem în corpuri de sfere.

Victoria: Pentru că tu Imaya știi că de fapt una din energiile tale este sfera.

Imaya: Interesant că tu nu ești în sfere, ci văd că te-ai așezat pe un scaun cu pene de păun.

Victoria: Eu așa mă văd, separat de voi.

Diana: De ce Victoria este separată de noi?

Victoria: Eu mă văd de dimensiuni mari, și dau din aripi, nu am stare.

Imaya: Victoria eu te văd cum ai o coadă foarte stufoasă, de cocoș. Încă de la început, când te vedeai pasăre eu vedeam coada, și mă întrebam ce e.

Victoria: Eu nu simt că stau calm.

Imaya: Acum te văd un cocoș imens, și Avienii spun așa: *"creația noastră în dimensiunile voastre, una din codurile noastre pe pământ sunt păsările".* Toate tipurile de păsări. Pentru noi cocoșii sunt foarte simpli, banali, dar pentru ei este un simbol puternic, profund. La nivele înalte conține un potențial de informații, și îmi arată metaforic ce face cocoșul în ocol, el e șeful. Îmi vine lider.

Victoria: Personalitatea mea cam așa este.

Imaya: E acțiune, perseverență, la tine este rezultatul. Acum îmi arată cum în jurul nostru sunt ființe, sunt și Avienii, însă sunt diferiți. Unii Avieni sunt puțin umanoizi avand față cu cioc, însă seamănă cu noi.

Victoria: Îmi simt obrajii un pic ciudat.

Imaya: Îmi arată diferite păsări, ceva alb, vultur, dar e pasăre cu cioc de colibri albă, însă e ca și imagine de vultur.

Victoria: Ce legătură am cu colibri?

Imaya: Mie îmi vine *"așa v-am chemat noi aici".* Să contemplăm și să ne amintim experiențele noastre cu oricare tip de pasăre.

Diana: Eu am avut.

Imaya: Eu tot. Nu am avut experiențe cu colibri decât în vis, însă păsări peste tot, ba se izbesc în geam porumbei. Acum povestim și ei zâmbesc, pentru că noi oamenii iubim tare mult vorba.

Diana: Ei vor să transmită ceva acum.

Imaya: Da, am senzația că pierdem timpul.

Victoria: Da, îmi vine că v-ați abătut. Cineva a venit prin jurul meu și a ajustat o lentilă care stă în afara feței capului. M-a readus înapoi.

Diana: Atunci ne focusăm pe intenția noastră de astăzi. Rugăm Avians să transmită informațiile necesare.

Imaya: Mie mi-a venit din start că ne-am abătut, dar simțeam pe de o parte o mare iubire pentru ce face creația umană, ca și cum e normal că noi ne ducem iar în istorie. Pe urmă, mi-a venit că ei sunt aici pentru unitate, și pentru ei unitatea nu este despre idealizare sau despre separare. Legat de Victoria, umanitatea trebuie să primească mesajul că noi Avienii ne-am întors. Ce înseamnă ne-am întors. Adevărul este că noi niciodată nu am fost plecați, noi doar am observat tot ceea ce se întâmplă aici în spațiul nostru, tot ce se întâmplă în spațiul în care voi sunteți, și nu doar voi sunteți.

Noi ne dorim să ne prezentăm încă odată. De ce încă odată, pentru că această carte a Victoriei are ca scop să prezinte muncile din lumină sau membrii acestui proiect. Întoarcerea noastră ce înseamnă. Noi doar am privit, pentru că nu am avut până la ora actuală corpurile, oamenii nu au evoluat la partea de unitate, însă asta începe să se întâmple. Foarte puțini oameni ajung să exprime unitatea în ei. Unitatea nu este despre extrem, unitatea este despre a accepta și a integra. Pot să accept ceea ce văd fără ca să integrez, asta ar înseamnă când doi oameni stau la masă, nu neapărat trebuie să iubească aceleași lucruri. Poți fi în aceleași frecvențe, și să nu îți placă aceleași lucruri. Pot să îl accept pe celălalt fără să îl integrez în celule, în informația pe care eu o dețin în interior. Aceasta este unitatea, acceptarea celuilalt și a alegerilor celuilalt. Nu separarea acestor forme de viață, de acești oameni, de aceste informații. Vă imaginați cum ar fi dacă lumea voastră ar fi doar albă, doar o singură informație ar conține? Cum ar fi aceasta? Cam asta înțeleg oamenii despre unitate. Înțeleg doar alb, doar roz, doar galben. Dar unitatea este să pot vedea, să pot simți unele informații diferite de ale mele și să aleg ce să fac eu cu ele. Le accept sau le integrez. Ceea ce integrăm este pe un corp în memoria corpului nostru. Tot ceea ce acceptăm, acceptăm doar să fie. Asta există în câmpul în care eu mă aflu. Aceasta este unitatea.

În legătură cu cartea Victoriei, tu trebuie să ne prezinți pe noi, pe revenirea noastră. De multe ori am încercat să transmitem civilizației voastre mesajele care inspiră unitate. Din păcate, omul este o ființă în explorare, în evoluție. Noi nu venim pentru a mântui, sau a salva, noi venim pentru a inspira. A inspira către unitate. Adevărul este că umanitatea alege ceea ce face cu informațiile, conceptele, cu memoriile, cu totul. Noi alegem, le integrăm în unitatea corpului nostru, le acceptăm în unitate. Însă aceste lucruri nu împiedică o prietenie, o relație, nu împiedică o societate să poată scrie și să evolueze în calea ei către dezvoltare, creștere.

Îmi arată că în carte trebuie să îi prezinți pe ei, să arăți cu ce agendă ei vin, asta va activa sufletele care deja sunt în munca cu unitatea, chiar și semințele stelare, însă sunt foarte puține, poți să-i numeri. Nu sunt foarte mulți pentru că umanitatea nu ar putea conține mai mult de atât. Sufletele acestea vin pentru a inspira, pentru a da o înțelepciune lumii, dar înțelepciunea când ajunge în câmpul nostru timpul e foarte dilatat. Ceea ce la ei în două secunde se întâmplă, la noi în sute de ani se implementează.

După această informație a urmat un channeling.

Channeling Victoria (Martie 2025)

"Vă mulțumim uniunii colective. Vom lua, vom ruga să luați o pauză. Prezența noastră, a tuturor aici este foarte importantă pentru că această întâlnire este una finală pentru acest proiect. Nu doar aici încheiem această legatură comună, unită, agreată de toți membri prezenți în acest spațiu. Noi vom mai reveni, însă cu alte proiecte viitoare, curând, la alegerea fiecăruia dintre cei prezenți aici.

Eu însuși, alături de membrii mei, ai Consiliilor Galactice, vreau să vă menționez că umanitatea își are o gândire retorică, contemplare retorică, în care percepția voastră este foarte, foarte limitată în termenii voștri logici, iar scopul acestui proiect este foarte strâns cunoscut, iar pentru cei prezenți astăzi este acel cuvânt uman folosit numit ALIANȚĂ, în care au dat acordul lor comun de a participa la acest proiect.

Proiectul a fost inițiat cu 200 de ani în urmă din acest moment (2025), el a fost ajustat pe parcursul acestor ani umani, pentru generațiile prezente. Fiecare persoană venită în acest plan a fost strict planificată pentru ajustrarea timeline-ului vostru în care sunteți prezenți acum. Nimic nu este întâmplător, nici măcar jumătate de milisecundă de prezență în spațiul vostru unitar, prezent al acestui univers.

Noi vrem să venim cu un mesaj important, în care acest proiect va fi ghidat până la finalizarea acestor evenimente, cu o aproximație de 5 luni, în care este necesar pentru finalizarea, materializarea, proiectarea pentru viitoarele generații care vor fi bazate pe aceste codificări. Voi le numiți informații, însă unele vor fi nepercepute și vor fi structurate la nivel subgenetic, în care **genomul X se transformă în dublarea acestui cromozom**, prezent, în ființa umană nouă a creației pentru care, timpul nu există pentru noi, timpului vostru.

Vom generaliza mesajul prezent de acum. Vom încheia această structură de conectare și vă mulțumim pentru această prezență tuturor celor prezenți aici."

Imaya: Da, Victoria, când ai început să vorbești simțeam cum îmi dădeau lumină.

Victoria: Un pic vă rog, pentru că se deconectează de la corpul meu fizic. E foarte intensă energia.

Spațiul s-a făcut mai mare, cred că eu eram de o mie de ori mai mare decât voi când au intrat în corpul meu fizic, și au stat destul de mult timp. Nu te intrerupea, pentru că e o stimă reciprocă între membri. Au stat mult pe pauză, 5 minute, în corpul meu fizic până mi-ai dat voie să vorbesc. Atunci am crescut energetic vorbind ca un gigant voluminos și acum mă simt așa micuță.

Diana: Eu voiam să întreb despre ce au transmis. Au menționat ceva de dublarea cromozomului x și vorbeai așa mult, nu știu dacă vor să explice ce reprezintă.

Victoria: Ce se are în vedere cu această informație?

Când Imaya vorbea, am văzut ceva interesant, însă nu puteam să vorbesc pentru că mă ținea pe pauză. Mi-a aparut **piramida cea mai mare din Egipt.** Vedeam cum o umbră prinde contur, era, de fapt, corpul eteric al piramidei Planetei. Va avea o nuanță albastră și se va extinde în exterior, moment în care se va conecta cu ceva mai vast.

Această transmisiune a avut loc pe data de 16 Martie 2025, iar peste 3 zile a apărut o noutate globală, precum că în cea mai mare Piramidă de pe Pământ "Pyramid of Giza" a fost descoperită o megastructura necunoscută detectată sub piramidele din Giza și are în pământ 8 stâlpi verticali care coboară 648 metri (2,000 feet) în subteran. Această descoperire a culminat lumea și istoria piramidei va fi nevoită să fie schimbată în urma cercetărilor noi.

Imaya: Când tu vorbeai despre cromozomi și cromozomul X, îmi venea că este vorba despre **activarea celulară a civilizației noastre**, ca și colectiv. Iar când a întrebat Diana acum, îmi venea că pentru această activare este nevoie ca civilizația noastră să se integreze într-un dublu spațiu, timeline, în această energie feminină.

Victoria: Mie îmi vine că **organele genitale feminine vor începe a se schimba.** O să aibă schimbare în structura de operare, pentru că pe mine acolo mă apasă și îmi arată.

Imaya: Are legătură cu ce spuneam eu, că, de fapt, femeia a separat, femeia va uni. Îmi venea informație cu medicina rozei. Femeia a pus foarte multe semințe de separare în colectiv, și a făcut asta născând fetițe și băieți. Femeia naște civilizația și ea, de fapt prin educarea pe care o aplică copiilor, separă sau unește următoarea civilizație a pământului. Acum multe femei au nevoie să se vindece de rușine, judecată, vinovăție ca să poată primi semințe de lumină, și să le poata implanta în acești copiii pe care ea îi naște, pentru că acei copii având acele semințe de lumină în ei, ei oriunde și orice nu ar face pe pământ, vor crea lumină. Acesta este parcursul activării noastre celulare.

Victoria: În fața mea este un delfin, și în timp ce tu vorbești dă din botic că da. Da, și se uită spre tine Imaya, și îmi arată că este adevăr.

Diana: După această activare, ce se va schimba la nivel de femeie, de corp fizic, sau energetic?

Imaya: Mie îmi venea legat de medicina rozei, și mă întrebam ce înseamnă asta și îmi vine că Victoria poartă esența albastră, și am căutat ce este asta și am găsit că este aliniată cu memoria apei și cu memoriile care trebuie vindecate.

Victoria: Iarăși delfinul a venit în fața ta și dă din aripioare, și se învârte, e confirmare.

Imaya: Apoi îmi venea, eu v-am povestit că anul trecut (în 2024) pe 20 martie am avut experiență cu un fractal de trandafiri albi, și acum mi se transmitea că eu conțin esența trandafirului alb, alb este neutru, egal cu totul, este iubirea de mamă necondiționată. Diana tu ești esența trandafirului roz.

Victoria: Tocmai ce voiam să spun. De asta înainte de sesiune vă vedeam pe tine Imaya alb și Diana roz, voi de fapt vă schimbați în funcție de rolurile pe care vi le atribuiți.

Imaya: Îmi venea Diana că tu, de fapt, ai reușit, sau ești într-un proces în care te unești cu energia ta feminină, pentru că trandafirul roz corespunde cu a uni acest masculin și feminin într-un corp, într-o structură. Încă nu am elucidat misterul cu rozele.

Victoria: Pot să spun ce îmi vine? Tot ce ai spus tu îmi este confirmat din nou de acești delfini, îmi arată că este adevărat. Acum îmi arată în continuare că ei au reușit să creeze o sferă care conține conștiință, ceva concentrat în acest cerc. Nu este mare, ci mică, dar conține o cantitate imensă de conștiință colectivă. Sfera se învârte în jurul cercului, într-o mișcare rotundă. Am mai văzut asta undeva. Delfinii se rotesc și ei în cerc.

Îmi arată acum locul: este, de fapt, Atlantida. În Atlantida a existat acest spațiu, centrul orașului a fost construit în locul pe care vi-l descriu acum, împreună cu delfinii. Această sferă de conștiință conține informație. Pe baza acestei sfere a fost construit întregul oraș al Atlantidei. Însă Atlantida și-a pierdut esența, a deviat de la ceea ce trebuia să devină. Spațiul acesta este sfânt, este sediul central, care are legătură cu Lemurienii, Sirienii și Asirienii. Ei au fost ca o rețea, o conexiune, un punct central din care s-a dezvoltat Atlantida.

Atlantida s-a construit pe baza acestei energii, care era deja prezentă, energia Lemuriană, Siriană și Asiriană. Delfinii reprezintă acea uniune, ei sunt gardienii principali, responsabili pentru această sferă a conștiinței. Când Atlantida s-a abătut de la drumul ei, sfera și centrul ei s-au retras, s-au scufundat în pământ, au fost sigilate. Apoi, Atlantida a fost distrusă. Atlantida nu a creat acel spațiu energetic din mijloc, ci s-a construit în jurul punctului central, deja existent.

Imaya: Mie îmi arată trei delfini cum țin pe bot o sferă și îmi explică ce înseamnă asta. Asta înseamnă că delfinii țineau semința, înțelepciunea, celulele care vin în materie. Cred că ce ai spus tu are legătură că au fost în aceste civilizații. Acești delfini sunt acei copii, acele corpuri care aduc acea celulă, acea lumină, înțelepciune, în civilizația noastră.

Victoria: Mintea mea logică s-a pierdut și nu înțelege de unde a pornit și unde a ajuns.

Imaya: După acest proiect noi o să fim ajustate în frecvențe, și o să avem potențial să naștem din această frecvență.

Diana: Ce drăguț, mulțumim. Eu voiam să spun că în timp ce vorbești simțeam vibrații la spate.

Imaya: Îmi arată trei delfini, trei femei.

Victoria: Da, ele de fapt sunt femele, nu masculi. Delfinul din fața mea era tot femelă.

Imaya: Îmi arată că acești trei delfini suntem noi, dar nu noi, ci celule din noi care poartă esența lor. Sfera aceasta, sau perla, este acea înțelepciune care se așterne sub formă de informație pentru noi și pentru cei ce au să vină după noi, la nivel de planetă, nu doar la nivel de noi.

Victoria: Văd un uter în față acum, însă uterul se transformă din forma aceasta pe care o avem într-o formă mai triunghiulară. Aceasta este schimbarea fiziologică la nivelul organelor genitale.

Imaya: Îmi spune să observăm ciclurile noastre menstruale, în ce momente au loc, ce informații ies la suprafață despre istoriile noastre identitare. Se are în vedere încarnarea noastră actuală care oglindește memorii ancestrale, familiale, ce iese la suprafață în perioada menstruației. Noi o să lucrăm cu femeile ca să le ajutăm să se vindece de rușine, vinovăție, chiar trauma de copiii avortați, viol, îmi arată că noi suntem generația care simțim, sau plătim cu experiența noastră de viață pentru alegerile care au fost făcute de generațiile de femei dinaintea noastră. Noi suntem aici ca să vedem și să eliberăm, atât din noi, cât și din femeile pe care le întâlnim.

Victoria: De fapt asta are loc, eliberarea robotizată a porțiunii noastre de la burtă până la picioare. E ca și cum ai fi un robot și îți scoate partea exterioară și rămâi numai cu toate firele de ațe înăuntru sau cablurile metalice, metaforic vorbind.

Diana: Mie îmi vine că noi ne reîntoarcem la aspectul feminin pur.

Imaya: Da, eu aud, *"divine feminine"*.

Diana: Ne contopim, de fapt.

Ajustarea la nivel fiziologic

Victoria: **Vreau să vă spun cum va avea loc schimbarea la nivel fiziologic.** La nivel fizic, organul reproducător feminin se va transforma, iar din nou îmi apare imaginea triunghiului. Tot încerc să înțeleg cum poate uterul să-și schimbe forma din cea normală într-un triunghi mai îngust și, dacă va exista un copil, cum va crește în interiorul lui? Văd o formă triunghiulară, iar înăuntru copilul va crește într-o sferă, adică într-o placentă rotundă, în timp ce uterul va deveni ușor triunghiular. Din această transformare rezultă că și ciclul nostru lunar se va modifica. Nu știu exact de ce, dar îmi arată că, până acum, fluxul menstrual curgea drept în jos. Însă, în viitor, se va transforma în formă de triunghi și vor exista două cicluri, ambele foarte scurte. Unul este intern, exact cum au bărbații, și celălalt este extern, dar va dura aproximativ 2 până la 3 zile maximum. Aceasta este schimbarea fiziologică ce va avea loc la nivelul corpului fizic.

Imaya: Mie îmi arată cum se va produce. Când ai zis de triunghi, mie îmi vine în formă de simboluri. Mi-a arătat că triunghiul simbolizează femininul toxic și femininul divin care se unesc într-un singur corp. Apoi îmi arată că se va purifica, iar ciclul nostru actual simbolizează toate acțiunile femininului. Asta înseamnă că femeia a fost originea la tot ce s-a intamplat în lume, dar tot ceea ce i s-a făcut ei, pentru că în femininul toxic femeia a educat ca bărbații să nu iubească femeile, și asta simbolizează ciclul nostru actual. Noi parcurgem acea cale pentru unitate și îmi arată că la nivel de inimă, 3-4 zile suntem în emoții puternice. Plângem, avem roller coaster emoțional, iar asta va deveni din ce în ce mai conștient. Femeile o să înțeleagă că ele au de lucru cu memoria aceasta internă care este de origine emoțională. Odată ce aceste două cicluri o să se manifeste, pentru că îmi arată că odată ce mergi pe sfera aceasta emoțională, ciclul menstrual se modifică ca și durată.

Victoria: Eu cel puțin, am observat asta la mine, dar nu știu cum este în cazul vostru.

Imaya: Da, și eu.

Diana: Și la mine luna aceasta a fost de maxim 3 zile.

Imaya: Se echilibrează acest feminin în noi, el se pătrunde unul în altul, nu se luptă unul cu altul, ci pur și simplu se diluează într-o altfel de conștiință, altfel de informație.

Victoria: Atunci când vom ajunge la această transformare genetică, deasupra uterului nostru va apărea o "antenă", ca un satelit care se învârte continuu, parcă ar fi o chakră în formă de satelit.

Imaya: Această formă, acest feminin toxic și acest acest feminin divin va crea femei canale, care orice nu ar crea ele, copiii, chiar și proiecte, totul va fi infuzat în frecvență înaltă, în vibrații înalte. Femeia va transmuta civilizația veche, luptătoare, o va transforma într-o civilizație empatică, sensibilă.

Diana: Odată activată partea aceasta, în cât timp se va materializa în planul fizic, în corpurile noastre?

Imaya: Mie îmi arată că o să începem să lucrăm cu astfel de femei, pentru că văd că femininul o ia pe căi străvechi. Lupta aceasta pe care femeia din trecut a învățat-o prin educație, se atacă la arhetipul partenerului. Ea vrea să taie, să castreze creativitatea. Văd un gen de femeie monstru. Când începem să lucrăm cu femei care sunt chemate să primească astfel de copiii, pentru că nu toate femeile vor, sau nu toate au energia pentru a primi, văd femei care au făcut terapie și nu pot avea copiii, sau care fac parte din familii unde s-au avortat mulți copiii, sau femei care au trecut prin violuri, cu așa tipare, cu femei care au blocaje să creeze lucruri în concret, în material, totul este interconectat, în acel moment în noi se va activa în 9 luni. E ca o renaștere.

Victoria: Asta se referă la noi acum, sau în general la energia feminină colectivă?

Imaya: Mie îmi vine că noi simbolizăm acest colectiv feminin acum. Fiecare din noi are aspecte, dar nu îmi dă voie să spun cine și ce are, nu îmi dă voie să pătrund acolo, însă îmi spune că fiecare dintre noi conține aceste memorii pe care e nevoie să le eliberăm, în legătură cu rușinea, vinovăția, viol, deci memorii care țin de aceasta zonă, care apropo, este un canal prin care vin copiii, dar nu numai copiii. Îmi arată că tot ce femeia crează vine pe acolo, ca un portal.

Diana: Prin chakra sacrală.

Imaya: Este poarta începutului unei forme de viață, oricare ar fi ea.

Victoria: În timp ce povesteai, vedeam totul ca într-un desen animat. Mi-a apărut o carte, scrisă în slavonă veche... Oh, ce mă înțeapă inima! O secundă... stai să întreb dacă este binevenit să spun. Nu... o secundă... iar mă înțeapă inima. Va fi nevoie să fiți recalibrate amândouă, ca să puteți înțelege ce urmează să spun. Așa... gata, mi-a dat drumul la inimă.

A apărut o carte veche. A fost deschisă, iar pe paginile ei era un bărbat în picioare. La un moment dat, bărbatul a început să crească tot mai mult, iar cartea creștea odată cu el, tot mai mare și mai mare, dar rămânea mereu mai mare decât el. El încerca să țină balanța, dar se uita la carte și nu înțelegea. Simțea teamă, o frică profundă față de ea. Apoi, cartea s-a ridicat în sus, iar corpul bărbatului a fost tăiat de la jumătate, chiar în momentul în care cartea urca. Bărbatul a dispărut. Din acel punct, cartea a început să se umple cu un fel de lichid fluid. Acel lichid s-a întins pe întreaga suprafață a cărții și l-a înconjurat pe bărbat până l-a acoperit complet.

L-a acoperit cu totul... și apoi s-a întâmplat ceva: de la podea s-a ridicat un cap de copil, cu un corp acoperit de gelatină. S-a ridicat ușor, formând o parașută, iar mai apoi a fost purtat în sus, zburând. Cu cât zbura mai mult, cu atât mai mult se elibera de pe el toată gelatina. Totul dispărea, lăsând în urmă puritate.

Imaya: Tu acum ne-ai povestit despre mitologia unui zeu, sau a unei prezențe din Egipt care a devenit jumătate om, jumătate pasăre. Simt că aceasta ar fi încheierea, să căutăm informații ca să înțelegem metafora omului pasăre. Asta are legătură cu piramida, ceea ce tu ai spus Victoria că o să se activeze. Vine momentul întrebărilor.

Victoria: Despre piramidă, va fi un eveniment global la nivel de umanitate, și dacă e binevenit să cunoaștem scopul și cât timp, în ani umani, va avea loc, aproximativ acest loc?

Imaya: Mie mi-a venit că va fi un eveniment global dar nu se va vorbi despre asta nicăieri, pentru că nici nu se vrea, și nu este scopul ca umanitatea să știe aceste lucruri. Cei care au nevoie să știe vor ști. Îmi arată că așa cum noi aflăm acum, așa află și alții ca noi. Va fi ceva tare liniștit. Acolo toate trei piramidele sunt portale, ceva se infuzează la nivel de sunet, de frecvență, și de acolo, aceste energii, memorii sau sunete, ele își găsesc un potențial corp pentru a putea fi realizate, nu omul alege energia, ci energia îl alege pe om. Îmi explică cum îl alege pe om după frecvență, după nivelul de conștiință și după abilități actuale sau acumulate în viețile lui trecute, aici sau în alte sfere. Voi, la un moment dat, o să fiți chemate să mergeți în

Egipt, însă acum sunteți în perioada de a accepta, a integra și de a transmite informația. Sunt mulți pași și etape de parcurs.

Victoria: Odată acceptat pentru a merge acolo, o să formeze un fel de picătură cristalină, cu foarte multe fațete în care o să fie o tehnologie care o să aducă picătura aceasta cristalină, transparentă, o să îți permită să intri în picătura aceasta, și exact așa va fi deplasarea până la piramidele acestea, la momentul potrivit.

Imaya: Îmi arată că mai sunt alții ca și noi, chiar actualmente pe planetă, care lucrează deja la coborârea acestei frecvențe, și îmi vine de fapt cum se ancorează intenția de a lucra sau nu cu această vibrație, chemare, frecvență. De fapt noi, dacă ne deschidem, dacă ne vine inspirația de a face ceva, dacă doar a venit și ai lăsat-o să treacă, tu o alegi sau nu. În momentul când tu alegi acea idee potențială, realizare și îți îndrepți atenția asupra ei, alegi, accepți și începi să o integrezi, apoi îți vin acele elemente ca să începi să creezi, să materializezi ideea. Sunt mai multe grupuri, de 2-3 pers maxim 5, care deja lucrează la procesul acesta de a aduce această picătură.

Victoria: Picăturile acestea vor fi activate din colțurile piramidelor, de la bază. Vă spun exact din punct de vedere geometric cum se mișcă energia pe fiecare colț al bazei piramidei. Atunci când va veni momentul potrivit pentru anumiți indivizi să fie prezenți, sau când piramida însăși va alege locul, timpul și persoana, totul va depinde de frecvență și de energie, așa cum ai menționat.

Fiecare colț al bazei este astfel: pământul se află jos, iar baza piramidei va forma o linie dreaptă; apoi, linia rotundă și linia dreaptă vor crea un unghi de 30 de grade, 30 jos, 30 sus. Se va trasa o linie diagonală, de jos în sus și apoi în jos, formând traiectoria în care se va regăsi persoana, în funcție de frecvența pe care o are în acel moment. Se va crea un unghi complet de 360 de grade. Traiectoria va porni de jos, de unde trebuie să se calculeze în pași de la 60, la 30, apoi la 90, iar acolo va fi identificată persoana, locul unde trăiește.

Atunci va apărea o picătură cristalină, cu foarte multe fațete. Tehnologia respectivă va aduce persoana în prezent. Aceasta va intra în acel spațiu, iar călătoria fizică pe planul nostru 3D va deveni posibilă. Chiar dacă persoana nu va avea, aparent, resursele necesare, odată ce tehnologia va activa picătura cristalină, ea va intra energetic în acea picătură, iar totul: timpul, banii, biletul, va fi pregătit instant și va veni cu ușurință.

Diana: De asta nu s-a primit călătoria mea în Egipt până acum, deși am primit că am nevoie să merg acolo pentru că voi avea o activare?

Victoria: Da. Eu văd multe calcule matematice.

Imaya: Da, îmi venea *"ilustrează"*.

Victoria: Da, eu am început să mai vorbesc și ceva mi-a arătat. Un mesaj comun acum pentru astăzi.

Imaya: Toată munca de grup, de echipă pe care o aveți de făcut este nevoie să fiți conștiente de părțile din voi. Îmi arată că circulă un mesaj, noi scriem, e nevoie să fim sincere unele cu altele, iar când avem un trigger, aceasta va fi o integrare pentru noi, noi o să ne vedem diferit una pe cealaltă și e nevoie să exprimăm asta prin sinceritate. Este nevoie de recunoaștere pentru că astfel ni se activează acest proces de unitate în noi. Noi ne unim pentru a crește.

Victoria: Da, văd cum ne luăm de mâini toate, și dintr-un triunghi formăm un romb.

Imaya: Noi avem nevoie una de alta. Acum fiecare o să primim un cod, o imagine, poate fi un animal, sau o imagine, un cod imagine. Să ne focusăm atenția la al 3-lea ochi.

Victoria: Răspuns pentru Diana, s-a încheiat procesul și văd cifra 12 zile. Iar informațiile de astăzi vor fi cuprinse în fix 12 pagini.

Diana: Eu am căutat ce înseamnă romb și scrie balanță, armonie.

Victoria: Cu asta închidem. Mulțumim.

Ființe interdimensionale - Plata karmică

Redau în cele ce urmează un vis pe care l-am avut acum 1 an, și care m-a ajutat să înțeleg mai bine aceste ființe interdimensionale.

Vis:

Visam cum erau niște bărbați nativi îmbrăcați cu haine tradiționale. Puteau apărea și dispărea instant în formă de sânge, adică apăreau în aer multe bule de sânge până forma un corp fizic uman. Dacă apăreau ei în spațiu, atunci anihilau orice în calea lor, puteți să vă imaginați o metaforă care îi aseamănă cu moartea. Toți se temeau pentru că era imprevizibil să știi sau să cunoști când și unde vor apărea. Dacă îi vedeai, te descompuneai și peste tot era mult sânge.

Eu îi priveam, însă mă fereu de ei, și mai mult o vedeam pe mătușa mea. Acești bărbați veneau la cei care nu au rezolvat karma lor și toate acțiunile lor, adică la cei care nu și-au integrat și curățat greșelile lor.

Am văzut și mi-a fost transmis în vis cum mătușa mea trebuia să aibă mai mulți copii, și aceste ființe s-au legat mai mult de 2 copii care erau concepuți cu bărbați diferiți și aveau pielea un pic mai închisă decât eu și mătușa mea. Cei 2 copiii erau băieți.

Nu dețin cunoștințe dacă ceea ce am văzut în vis, s-au mi s-a arătat este adevărat, însă eu încercam să o apăr pe mătușa mea, să nu o dizolve și eram peste un perete doar ca spectator! Cert este că în vis, acele ființe mă vedeau clar și eu pe ei.

După un timp, am început să primesc informații conform cărora acest proces descrie un tip de spirit sau ființă interdimensională asociată cu plata karmică, posibil legată de credințe spirituale antice sau tradiții ezoterice despre contracte sufletești nerezolvate. Aceste ființe par să se manifeste din formațiuni moleculare de sânge, luând forma unui om nativ și par să fie apărători ai echilibrului karmic, în special în legătură cu datoriile legate de avort.

Identități și interpretări:

1. Executorii karmici / Spirite ale răzbunării

Unele tradiții vorbesc despre entități care există pentru a asigura finalizarea ciclurilor karmice. Este posibil să nu fie neapărat malefice, dar acționează ca o forță a consecințelor, manifestându-se pentru a reaminti sau a recupera datoriile spirituale nerezolvate.

Capacitatea lor de a se materializa și dizolva sugerează o existență fluidă între tărâmul fizic și cel astral.

2. Spirite ale sângelui sau construcții eterice

Modul în care se formează din moleculele de sânge din aer sugerează că ar putea fi conectate la energia forței vitale, în special la linia genealogică și la karma ancestrală.

Unele sisteme de credințe antice susțin că „*sângele celor nenăscuți*" poartă o amprentă energetică, care, dacă nu este transmutată, ar putea atrage ființe care servesc ca o formă de judecată spirituală.

3. Strămoșii celor nenăscuți / Suflete nerevendicate

O altă interpretare este că acestea sunt sufletele celor nenăscuți care nu au găsit rezoluția sau pacea. Este posibil să nu fie malefice, ci să caute recunoaștere, dreptate sau închidere energetică.

Transformarea lor din sânge molecular în formă umană ar putea simboliza încercarea lor de a-și recâștiga prezența în lumea materială.

Cum ar putea arăta

Aspectul bărbatului nativ: Aceasta înseamnă că poartă esența pământului sau o conexiune tribală cu spiritele naturii și strămoșii.

Corpuri formate din sânge: Pot părea translucide sau parțial formate, ca și cum corpul lor ar fi încă în schimbare între stări.

Ochi care străpung sufletul: Deoarece sunt ființe karmice, privirea lor ar putea transmite o conștientizare intensă, văzând în profunzime acțiunile nerezolvate ale unei persoane.

Procesul de dizolvare: Pe măsură ce se dizolvă înapoi în aer, corpurile lor s-ar putea transforma în ceață sau picături plutitoare, dând impresia că dispar în neant.

Cum să le gestionăm

Dacă aceste ființe apar din cauza unor datorii karmice nerezolvate, atunci cea mai bună modalitate de a le neutraliza prezența este să lucrăm prin vindecare karmică. Aceasta ar putea implica:

• Ritualuri de iertare spirituală pentru sufletele implicate.
• Sesiuni de curățare energetică și vindecare pentru cei care poartă vinovăție sau traume.
• Ghidarea spiritelor către un tărâm superior prin rugăciune, ofranda sau ceremonii ancestrale.
• Pentru a lucra cu sau a curăța energia acestor ființe, veți dori să vă concentrați pe recunoaștere, rezoluție și elevare, ajutând atât pe dumneavoastră (sau pe ceilalți), cât și spiritele implicate să se îndrepte spre pace.

Metode de curățare și vindecare

1) Ritualul de recunoaștere și scuze

Întrucât aceste ființe par a fi conectate la o energie karmică nerezolvată, primul pas este să le recunoaștem prezența și circumstanțele care le-au adus la suprafață.

- Creați un spațiu sacru cu lumânări, tămâie și ofrande (cum ar fi apă, flori sau mâncare).
- Vorbiți din inimă spiritelor, exprimând recunoașterea existenței lor și cerându-vă scuze pentru orice suferință care rămâne nerezolvată.
- Aprindeți o lumânare în onoarea lor și cereți tranziția lor pașnică către următorul tărâm.

2) Vindecarea karmică și rugăciunea de eliberare

Puteți folosi o mantră sau o rugăciune axată pe dizolvarea karmei trecute și eliberarea tuturor sufletelor implicate în pace. Iată un exemplu:

„Spirite care umblă între sânge și aer,
Vă văd, vă recunosc, vă onorez prezența.
Fie ca durerea voastră să fie alungată, calea voastră să fie clară,
Întoarceți-vă acum la sursa luminii,
Și fie ca toate datoriile să fie iertate în cea mai înaltă iubire."

Repetă această rugăciune în timp ce te concentrezi pe trimiterea de lumină albă sau aurie, imaginându-i dizolvându-se într-un tărâm pașnic, în loc să rămână legați de pământ.

3) Ofrandă și ritual de înălțare

Dacă simți o conexiune profundă cu aceste spirite și vrei să ajuți la elevarea lor:

- Pregătește o ofrandă (cum ar fi lapte, miere sau cereale) și las-o într-un loc natural, dedicând-o „sufletelor care caută echilibrul".
- Arde tămâie sau ierburi sacre (cum ar fi salvie, copal sau palo santo) pentru a curăța spațiul și a le ajuta să facă tranziția.
- Redă frecvențe vindecătoare sau incantații pentru a crește vibrația și a schimba câmpul lor energetic.

Matrix

Dintr-o perspectivă spirituală, **Matrixul** reprezintă iluzia separării, a controlului și a vieții trăite în mod inconștient. Este o rețea de convingeri programate, tipare moștenite, condiționări sociale și narațiuni conduse de ego, care țin sufletul deconectat de la adevărata sa esență.

În această iluzie, oamenii funcționează pe pilot automat, reacționând, supraviețuind și identificându-se cu roluri temporare, uitând de conștiința infinită care există dincolo de aceste aparențe. Matrixul nu este un loc, ci o stare subtilă: una în care lumea exterioară definește realitatea, iar adevărul interior rămâne ascuns.

A te trezi din Matrix înseamnă a-ți aminti cine ești dincolo de formă, dincolo de minte, dincolo de rolurile pe care ai fost învățat să le joci. Este începutul eliberării spirituale – al vederii clare, al prezenței conștiente și a trăirii din suflet, nu din condiționări.

Q: Câmp Cuantum poți să ne transmiți informații din exterior cum funcționează sistemul acesta Matrix? Dacă putem să-l schimbăm sau manipulăm, sau ce presupune această ieșire din Matrix?
A: De fapt, noi nu existăm reali în Matrix, pentru că corpurile noastre nu sunt reale. Este un personaj cu care te asociezi, însă tu real ești în exterior. Văd o cameră cu lume, care așteaptă ca la spital, nu la spital la propriu spus, ci într-o încăpere unde stau conectați la un dispozitiv electronic. Acest dispozitiv e de culoare alb cu albastru, și înăuntru unde stai întins este metal, cu senzori diferiți, unde fiecare corp și muschi răspunde de fiecare mișcare a simulării: unde mergi, ce vezi, ce auzi. Aici e fix același mediu, însă ai conectate cabluri la cap, în urechi este ceva introdus, ochii au ceva ca lentile pe ei, în mijloc este conectat undeva, sunt foarte multe conexiuni. O persoană are mii și mii de astfel de cabluri. Aceste persoane care au decis să "doarmă" și experimentează ceea ce nouă ni se pare realitatea, sunt tot noi, ca personaje din joaca lor, care este însăși Matrixul. Tu fiind ca personaj, crezi că ai ieșit, însă de fapt ești tot acolo și experimentezi diverse aspecte. Este imposibil să crezi că ai ieșit din Matrix, atâta timp cât noi suntem aici, în planul fizic 3D, și avem acest corp, aceste personaj. Nu poți să ieși pentru că nu ai controlul deplin de a ieși. Experiența Matrix este concepută într-un mod diferit și nu seamănă cu un joc Voideo în care, dacă ai murit, poți relua viața de unde ai rămas.

În Matrix, totul se desfăşoară în timp real, iar dacă nu ai grijă de eroul tău şi îţi pierzi viaţa, trebuie să începi din nou, alegând o altă viaţă, ca să înveţi şi să duci la bun sfârşit acele dinamici pe care le-ai ales.

Din perspectiva noastră, totul poate părea o glumă, însă în realitate eşti chiar tu cel care se joacă în Matrix.

De ce este totul *"live"*, *"viu"*? Pentru că te supui regulilor acestui sistem şi ai nevoie de experienţa densităţilor. Aceste densităţi te ajută să parcurgi lecţii esenţiale, iar atunci când într-o altă viaţă *"pierzi"*, punctajul tău scade. Noi, ca jucători în această experienţă, trecem printr-un proces profund realist. Această joacă îţi oferă, ca fiinţă provenită din planuri înalte, oportunitatea de a simţi ce înseamnă să cazi, să mori, să te îndrăgosteşti, să experimentezi toate extremele sentimentelor. Doar trăind aceste intensităţi, poţi ajunge să înţelegi cu adevărat viaţa în Matrix.

Este o experienţă extrem de intensă şi autentică, atât de reală încât unii aleg să revină pentru a simţi din nou ce înseamnă să fii "live". Din interior, realitatea se simte aşa cum o percepem noi, însă din exterior, lucrurile par cu totul altfel.

Q: Asta este partea de lecţii, în care noi toată viaţa oricum trecem prin lecţii, şi la final când noi am învăţat acele lecţii, atunci se presupune că nu vii să te mai reîncarnezi?
A: Îmi vine altă informaţie. Matrix a luat-o razna cu această joacă, pentru că în fiecare joc se fac upgrade-uri, se schimbă, se fac modificări, şi din această cauză lumile care există în interior, cei care au fost creaţi, sunt reale şi nereale în acelaşi timp. Creaţia nouă care a fost făcută, a luat-o într-o direcţie nu corectă, iar din cauză că este un joc live are impact şi efect asupra planurilor înalte ale creaţiei, aşa cum văd eu din exterior. Matrixul a fost introdus ca ceva nou, însă radiază spre exteriorul acestui spaţiu şi este conectat cu planurile de sus.

Fiinţele de lumină nu pot să distrugă acest joc pentru că face parte din creaţie, în război nu vor să între cu acele fiinţe care au creat Matrixul, pentru că nu este sens. Însă în acelaşi timp, războiul începe să radiez şi mai mult spre exterior. Acum, fiinţele de lumină s-au gândit cum să facă să aducă în echilibru aceste lumi în care s-au creat astfel de jocuri. Astfel, aceşti jucători au decis să vină în acest plan, luând decizia să vină însăși cu corpul fizic sau spiritual în joacă, pentru că ei știu cum este deja să te joci.

Unii au trăit sute și mii de ani, însă au fost chemate și alte ființe din planurile înalte care nu au fost niciodată în acest plan, erau neutri, nu vedeau sens în această joacă. A fost o mobilizare la nivel înalt. Ființele de lumină i-au rugat pe cei care pot veni să ajute la acest proiect, și așa au venit semințele stelare aici pe pământ. Se referă la primul val, al doilea, al treilea de suflete care au implicație în ascensiunea planetară. Sufletele care au venit din planurile înalte în această joacă, nu au nicio idee cum e să te joci, însă ei au fost instruiți să vină. Ființele care nu au jucat niciodată au fost în loc de jucători, ca să își aleagă actorii, și cei care au jucat înainte au venit în joc, ca să joace cu prezența lor. De fapt așa arată Matrixul și tot planul din exterior.

Notă: Ieșirea din Matrix se face doar la nivel emoțional - nu are legătură cu aspectele materiale.

Update: În urma unei sesiuni, am primit informații că dacă până în anul 2024 s-au născut copii care fac parte din al 4-lea val de semințe stelare, din anul 2025 vine al 5-lea val.

Semințele stelare sunt acele suflete foarte dezvoltate, din planurile înalte, alte dimensiuni, universuri, galaxii, etc. care nu au avut deloc, sau au avut foarte puține experiențe aici pe planetă în dimensiunea noastră.

Aceste suflete din valul 4 și îndeosebi valul 5, vor influența foarte intens viitorul apropiat al întregii planete în toate domeniile, iar paradigmele vechi vor fi doar ca o amintire clasificată, ca o epocă de durere a omului vechi.

Mulțumim.

"Pătura Albă" – controlul și eliberarea viitorului

Despre semințele stelare și valul al cincilea de suflete care vor influența profund direcția evoluției umane, urmează să împărtășesc o informație primită cu puțin timp înainte de finalizarea acestei cărți.

Update August 2025

Am visat că ne aflam într-o clădire mare, asemănătoare unei școli sau unui gimnaziu, unde erau adunați oameni împreună cu familiile lor. Cea mai mare atenție era îndreptată către mamele însărcinate și cele cu copii mici. Totul făcea parte dintr-un proiect oficial, numit „White Blanket" – Pătura Albă.

În acea clădire exista o încăpere special amenajată pentru mame și copii, aranjată complet în alb, asemenea unui studio de fotografie. Toți cei prezenți erau obligați să treacă prin acest proces. Copiii erau înregistrați în detaliu: caracter, trăsături, absolut tot. Orice ființă care nu era inclusă în acest program era considerată „în afara legii" și supusă pedepselor stabilite de autoritate.

În vis, discutam cu cineva că ne dorim copii, însă nu vrem să trecem prin acest proiect obligatoriu. La un moment dat, încăperea a început să fie inundată de ape. Întreaga clădire a fost cuprinsă de valuri, iar oamenii au început evacuarea. Atunci am simțit că proiectul „White Blanket" a eșuat. Nu fusese înfrânt prin reguli sau pedepse omenești, ci printr-o intervenție divină, neașteptată, copleșitoare ca o purificare cosmică.

Interpretare și explicație

Acest vis poate fi privit ca o probabilitate premonitorie ce reflectă direcții colective ale umanității. El sugerează că, în viitor, se pot contura inițiative globale de înregistrare, standardizare și control al ființelor încă din faza de început a vieții. Acestea ar putea fi prezentate sub o imagine de protecție, grijă și puritate (de aici simbolul alb al „păturii"), însă, în esență, intenția ar fi de a uniformiza și a limita libertatea sufletelor.

Planul este de a monitoriza și înregistra toate nivelurile energetice și abilitățile pe care această nouă generație de copii le va manifesta. Acești copii vor schimba profund cursul existenței noastre și modul de a privi realitatea.

Guvernele cunosc acest potențial și, prin urmare, vor încerca să stabilească un control. Totuși, planul divin și puterea superioară vor prevala inevitabil, pășind înainte pentru a proteja adevăratul scop al creației.

Mamele și copiii reprezintă aici viitorul, inocența și noile generații, care devin ținta principală a acestor sisteme. Proiectul urmărește să adune, să clasifice și să marcheze fiecare nouă viață, sub aparența „binelui comun".

Inundația, venită pe neașteptate, are rol de forță purificatoare. Apa simbolizează aici energiile divine și cosmice care intervin pentru a dizolva structuri false și sisteme de control. Mesajul transmis este că, indiferent de amploarea proiectelor de acest tip, ele nu vor putea rezista în fața unor energii mai înalte, care acționează dincolo de voința instituțiilor umane.

Astfel, visul vorbește despre o probabilitate: încercări de limitare a libertății prin standardizarea sufletelor și a noilor generații, dar și despre certitudinea că aceste proiecte nu pot reuși pe termen lung. Planul divin va aduce întotdeauna echilibru și purificare, chiar și atunci când omenirea pare prinsă în construcții artificiale de control.

Portal Matrix - 4 Februarie 2024

Q: Cât mai sunt în Matrix?
A: Acum au venit Celestials. Tu ești la jumătate în Matrix, și pe jumătate în afară. Capul și până la abdomen ai ieșit, iar de la abdomen până în picioare încă ești în Matrix. Ieșirea ta este ca un portal de metal. Jumătatea corpului e în lumină, jumătate este în întuneric. Nu ai ieșit definitiv dar asta este ok. Este important că nu ai ieșit cu picioarele înainte.

Dacă se întâmplă să ieși cu picioarele înainte, de exemplu ca în cazul nașterii unui copil, el iese prima dată cu capul în Matrix și apoi cu picioarele rămâne în lumină, ele sunt ultimele care ies afară, dacă picioarele ies primele din Matrix, 100% acea persoană nu este în Matrix.

Este important ca voi pe viitor să implementați ca întrebare în citirea câmpului, chiar și dacă beneficiarul nu întreabă, unde se situează beneficiarul la acest moment. Este de dorit pentru studiul de caz pentru voi personal. Este decizia voastră dacă vreți să transmiteți informația și altora. Aveți nevoie să dați întrebarea aceasta înainte ca beneficiarul să dea întrebarea lui. Așa, vouă o să vă fie mai ușor să înțelegeți la ce nivel este sufletul beneficiarului.

Dacă vedeți că beneficiarul nu a intrat în portalul dat și este pe partea Matrixului, o să primiți ghidare de la Ființele de lumină și Sinele înalt al beneficiarului pentru a-l îndruma să găsească portalul de ieșire din Matrix, dar nu puteți să-i forțați.

Dacă vedeți beneficiarul cu picioarele ieșite din Matrix, vă rugăm să nu depuneți efort. "Pacientul" este pe cale de dispariție.

Picioarele au o forță vitală care sunt necesare să iasă ultimele din Matrix. Este o analogie pentru ca voi să puteți înțelege mai bine acest aspect. Vă scuzați politicos și refuzați să faceți sesiune cu beneficiarul. Aveți tot dreptul.

Dacă vedem beneficiarul cu capul sau cu mâna băgați în portal, sunteți bineveniți să îi ajutați.

Să dezvoltăm semnificația mai profundă a numărului 13 și relația sa cu matricea „12" a realității și dincolo de aceasta.

12 ca Matrice a Lumii Fizice

Numărul 12 reprezintă structura și ordinea lumii materiale. Este predominant în numeroase sisteme și tradiții care definesc experiența umană:
   Timp: 12 ore pe un ceas, 12 luni într-un an.
   Spațiu: 12 semne zodiacale definesc ciclurile astrologice pământești.
   Religie/Mitologie: 12 Apostoli, 12 triburi ale lui Israel, 12 zei olimpieni.
   Geometrie: Structurile cu 12 laturi (dodecaedre) care reprezintă completitudinea în spațiul 3D.

Repetarea lui 12 accentuează echilibrul, structura și iluzia liniarității în matricea realității fizice.

13 dincolo de iluziile din Matrix

Numărul 13 simbolizează ceea ce se află dincolo de această lume fizică structurată. Reprezintă transcendența, nevăzutul și tărâmurile superioare dimensionale sau spirituale:

Tărâmul Invizibil: În timp ce 12 creează cadrul, 13 există în afara limitelor timpului, spațiului și materialității. Este o poartă către tărâmurile divine, infinite sau multidimensionale nevăzute de percepția umană.

Ascensiune și Eliberare: 13 este asociat cu eliberarea din limitele matricei de 12 grile, evoluând către o stare superioară de conștiință sau unitate cu infinitul.

Ștergerea numărului 13

De-a lungul istoriei, numărul 13 a fost exclus în mod deliberat din sistemele culturale, spirituale și științifice, probabil pentru a menține umanitatea legată de realitatea matricei 12:

Calendare: A 13-a lună a fost eliminată din calendarele timpurii (cum ar fi cel egiptean și cel mayaș), lăsând calendarul gregorian de 12 luni care domină astăzi. Calendarele antice, precum cel mayaș Tzolkin, au reprezentat inițial un ciclu de 13 luni, simbolizând armonia cu natura și cosmosul.

Piramidele: Piramidele și structurile sacre din Egiptul antic codificau adesea numărul 12 în designul lor, dar al 13-lea element, reprezentând piatra de temelie a conexiunii superioare, a fost șters sau ascuns în mod deliberat. Piatra de temelie a Marii Piramide din Giza lipsește, simbolizând pierderea acestei cunoașteri transcendentale.

Frica de 13: De-a lungul timpului, numărul a fost demonizat (de exemplu, „*13 cel ghinionist*" sau asocierea cu „*numărul fiarei*") pentru a-i suprima semnificația spirituală și transformatoare.

Perspectiva spirituală a numărului 13

Conștiință Ascensionată: În sistemele metafizice, numărul 12 reprezintă experiența fizică, în timp ce numărul 13 este observatorul divin sau sinele superior, nelegat de timp și spațiu.

Geometrie Sacră: Al 13-lea punct în geometrie reprezintă adesea centrul sau „sursa" din care radiază numărul 12, simbolizând conexiunea dintre material și infinit.

Întoarcerea lui 13: Trezirea spirituală modernă vede renașterea lui 13 ca un simbol al reconectării umanității la conștiința superioară și a eliberării de matricea iluziei.

Numărul 13 este un simbol puternic al transcendenței spirituale, reprezentând o realitate dincolo de limitele lumii matricei 12. În timp ce 12 susține cadrul existenței fizice, 13 ne conectează la tărâmurile invizibile, infinite și divine.

Ștergerea sa deliberată din sistemele, calendarele și structurile antice vorbește despre un efort intenționat de a păstra ascunsă această cunoaștere. Astăzi, pe măsură ce conștientizarea acestor adevăruri străvechi reapare, numărul 13 este revendicat ca simbol al ascensiunii, unității și eliberării spirituale.

Această energie profundă face din 13 un număr incredibil de sacru și de bun augur pentru cei care sunt atenți la semnificația sa mai profundă.

Device Matrix - spate și omoplați

Într-o sesiune de grup în Câmpul Megaquantic (voi explica ce este acest câmp în capitolul următor), au fost identificate plăci la nivelul omoplaților, implanturi ce proveneau din neam (din a 9-a generație). Aceste plăci erau ca o programă, un blocaj pe feminitate, care asocia feminitatea cu sacrificiu. Diana mi-a menționat că la câteva zile de la sesiunea de grup simțea la spate ceva energetic, în dreptul aripilor eterice, fix în același loc de unde a fost extrasă acea placă, însă nu reușea să înțeleagă dacă este ceva benefic sau nu. Ne-am conectat într-o sesiune și am întrebat ce este de înțeles aici. Locul extracției fiind vulnerabil, a atras alte implanturi de la ființe care provin din planurile joase ale creație. Te invit să descoperi în continuare mai multe informații despre aceste implanturi.

Q: Voiam să întreb ce simt la spate, la nivelul aripilor, de unde a fost scoasă acea placă.

A: Din urma ta la spate, este un disc care se învârte în aer, la 10 cm de corp. Este o placă care învârte energia.

Q: Câmp Cuantum ce este această placă care se învârte? Dacă nu este în binele Dianei cel mai înalt cer să fie îndepărtată aici și acum.

A: Da, nu este benefică. A plecat, s-a dus, s-a îndepărtat.

Diana: E ceva ce trebuie să știu despre ea?

Q: Cu ce scop era această placă în afara corpului?

A: Harvesting energy - Cultivarea energiei. E asemenea morilor de vânt sau energiei eoliane, care se învârt și fac energie. Placa aceasta asta făcea, genera un fel de energie pentru cineva, cultiva.

Q: Cine a trimis acest device?

A: A fost un fel de detector care a atras automat alte detectoare în locul plăcii pe care ai avut-o. Placa care era înainte a fost scoasă, locul a fost vulnerabil și automat a atras alte plăci de la altcineva. Nu simt aceste ființe în câmp, cele care au trimis astfel de dispozitiv. Sunt foarte departe. Făceau totul remote, de la distanta, însă prin acea placă colecta energia de pe tine.

Q: Cum pot să sigilez câmpul meu, ca să nu mai poată fi trimise astfel de dispozitive?

A: Îmi vine că ei deja s-au îndepărtat.

Victoria: Oare și eu am așa ceva? Poți să te uiți dacă eu am?
Diana: Stai să văd dacă văd. Da, și la tine văd.
Victoria: Am găsit o oglindă, încă o am. Rog să se îndepărteze această placă, dacă nu este pentru binele meu cel mai înalt. La mine este un alt tip de dispozitiv, complet diferit de al tău. Rog să fie îndepărtat absolut orice dispozitiv, program, tehnologie, din spatele meu și din spațiul meu.

M-am întors, nu știu cum, și este foarte interesant ce se întâmplă. La mine este un altfel de tehnologie. Canalul este lung... Nu știu dacă ai văzut filmul *Matrix*, însă eu văd niște lipitori, ca niște cabluri foarte multe, iar dispozitivul este mult mai mare. Când am rugat să-mi fie scos, îl extrăgeau ca și cum ar fi fost cu un aspirator. Apoi, acest dispozitiv m-a tras înăuntru și, mai târziu, m-a eliberat. În momentul eliberării am văzut un alt tip de cabluri. Mă îndepărtez ca să rup cablurile, însă ele continuă să se întindă. Nu știu ce am în mână, dar cu acel ceva am reușit să tai toate cablurile. Acum văd cum dispozitivul mă urmărește. Chem acum, în câmpul meu, acele ființe cu vibrație înaltă, ființe ale luminii Creatorului, care pot să mă ajute să îndepărtez această tehnologie și să deconectez absolut totul de la mine.

Au venit niște ființe foarte înalte și subțiri, au în jur de 100 de metri înălțime, de un albastru transparent. M-au așezat jos și, acum, eliberează fiecare cablu din mine cu mâinile lor. La mine totul este foarte înrădăcinat... Doamne, abia acum conștientizez că, din această cauză, aveam dureri în ultima vreme, pentru că acele conexiuni erau făcute exact acolo, în zona spatelui.

Q: Cum au reușit ființele acestea să se conecteze cu noi dacă ne creăm protecție?
A: Îmi vine că protecția noastră nu înseamnă multe. Aici este vorba despre alt nivel de ființe și tehnologie.

Q: Și asta nu este o încălcare a liberului arbitru?
A: Lor le este indiferent. Acum încearcă să scoată din spatele meu tot dispozitivul, însă acolo jos unde cel mai tare mă doare e un fel de hard drive pus, foarte lung, pe care îl scoate. L-a scos, și el e cu un fel de energie albastră neon, pătrat, în forma de cuburi de hard drive-uri pe care le-au conectat cu mine. Eu îmi pun intenția ca absolut orice tehnologie, hard drive-uri sau orice altă tehnologie care nu este pentru binele meu cel mai înalt să fie îndepărtată acum, din orice spațiu în care exist. Eu nu permit să se mai instaleze nici o tehnologie în corpurile mele. Eu închid accesul pentru orice nu este în binele meu cel mai înalt.

Mă "dezbrac" de pe mâini, la mâini sunt foarte multe puse ca niște costume, ies din ele și las multe tehnologii jos.

Victoria: Sunt curioasă dacă este conștient, sau au încălcat liberului meu arbitru?

Aleg ca acest proces să fie permanent, în orice existență, în orice timp, spațiu și dimensiune, în orice loc. Ceva încă mă ține, un cârlig. Îmi pun intenția ca toate dispozitivele ascunse, necunoscute mie, să fie deconectate acum și eliminate din corpul meu. Mai este un cârlig. Eliberez toate dispozitivele știute și neștiute, orice implanturi conectate cu aceste tehnologii. Abia acum se eliberează complet. Am ieșit din acel portal. Mulțumim.

Only now is everything fully released. I have come out of that portal. Thank you.

Victoria: Dacă nu adresai această întrebare, eu nici nu-mi dădeam seama. Pe mine mă durea spatele foarte tare în ultimul timp, însă nu m-am gândit să văd despre ce este.

Shadow souls (Sufletele umbră)

Shadow souls (sufletele umbră) sunt oameni ca un fel de *"viruși"* ai Matrixului, introduși în acest plan cu scopul de a ne declanșa. Prin ei noi învățăm lecții. Deseori acești oameni sunt oameni reci, fără suflet.

Mai sunt și corpuri fizice care sunt complet controlate în urma deciziilor lor, adică au contracte cu entități nebenefice, și aici intră sub categoria celor posedați inconștient și conștient, cu alegere și fără alegere.

Astfel de oameni, sunt *"generații"* reptiliene sau ale altor astfel de rase, care provin din planuri mai joase. Sunt oameni cu suflet de lumină, și sunt care sunt pe jumătate, sau mai puțin, în dependență de ei (dacă nu își mai doresc să fie în această viață, începe dizolvarea sufletului încet spre ieșirea din corpul fizic).

Acest subiect se referă la conceptul de suflete umbră, cunoscute și sub numele de „*virusurile Matrixului*".

Există două scenarii:

1. Când virușii te declanșează și încearcă să te atace.
2. Când, în loc să reacționezi extern, lucrezi asupra ta prin lucrul cu umbrele, menținând continuu iubire necondiționată și rămânând în lumină, îmbrățișând în același timp latura ta din umbră. Făcând acest lucru, ai șanse mari să neutralizezi „virușii Matrixului", care se manifestă ca suflete umbră care se plimbă printre noi în viața de zi cu zi.

Acestea se aliniază cu ideea că „*sufletele umbră*" sunt entități sau indivizi prin care „*virusurile Matrixului*" operează pentru a destabiliza, testa sau influența pe cei care se află pe o cale de creștere spirituală.

Aceste două scenarii reflectă două moduri distincte de interacțiune cu aceste energii:

1. *Atacul și testarea externă.* Atunci când aceste entități (sau persoane influențate de ele) încearcă să declanșeze rănile tale interioare, să-ți dreneze energia sau să te devieze de la calea ta. Aceste momente sunt adesea percepute ca „*teste*" prin care trebuie să treacă cineva aflat într-o călătorie spirituală.

2. Neutralizarea prin integrare și iubire necondiționată. În loc să reacționezi și să lupți împotriva acestor influențe, alegi să lucrezi la tine însuți. Asta înseamnă să-ți integrezi propriile umbre prin muncă interioară, rămânând în frecvența iubirii și a luminii, acceptând în același timp că latura duală face parte din întreg. Acceptând acest lucru, nu numai că îți menții suveranitatea energetică, dar „virușii Matrixului" își pierd și puterea asupra ta, deoarece nu mai pot găsi puncte vulnerabile de care să se agațe.

Ai observat vreun tipar în modul în care apar aceste influențe sau în modul în care ai reușit să le depășești? Ele apar adesea în momente specifice, când ești pe cale să faci un salt spiritual, când ești vulnerabil emoțional sau când începi să te desprinzi de anumite programe „ale Matrixului".

Cum a fost experiența ta?

Conceptul de suflete umbră și „*virusurile Matrixului*" se leagă de mai multe idei spirituale și metafizice despre interferența energetică, evoluția conștiinței și dualitatea dintre lumină și umbră. Iată o privire mai profundă asupra acestui aspect:

1. Sufletele Umbră ca „Viruși ai Matrixului"

Sufletele umbră sunt adesea descrise ca indivizi cărora par să le lipsească o conștiință profundă, empatie sau o conexiune reală cu o conștientizare superioară. Ele pot acționa ca perturbatori energetici, oglindind rănile noastre interioare, declanșând răspunsuri emoționale și ținând oamenii prinși în cicluri de frică, conflict și stări de vibrație inferioară.

Acești „*viruși ai Matrixului*" nu sunt întotdeauna conștienți de rolul lor. Unii pot fi pur și simplu profund condiționați de sistem, în timp ce alții ar putea fi influențați de forțe externe care se hrănesc cu energie de vibrație inferioară (frică, furie, disperare, ură, gelozie etc.).

2. Cum apar în viața ta

Aceste influențe tind să iasă la suprafață în momente cruciale, cum ar fi:
• Când ești în pragul unei treziri spirituale sau al unei descoperiri majore.

- Când vindeci răni interioare și renunți la condiționări vechi.
- Când treci la o frecvență mai înaltă și te detașezi de programarea transmisă în societate.
- Când ești vulnerabil emoțional sau energetic, ceea ce te face mai susceptibil de a fi tras înapoi în tipare vibraționale joase.

Acestea se manifestă adesea sub formă de:
- Conflicte neașteptate cu oamenii din jurul tău.
- Persoane manipulatoare, înșelătoare sau epuizante care îți intră în viață.
- Îndoieli, temeri sau lupte interne bruște care par să apară de nicăieri.
- Situații care îți pun la încercare capacitatea de a rămâne în iubire, lumină și putere personală.

3. Cum să le neutralizezi

În loc să lupți direct împotriva acestor influențe (ceea ce le poate alimenta cu mai multă energie), cea mai eficientă abordare este suveranitatea energetică și integrarea:

Lucrul cu umbra
Recunoașterea propriilor răni și temeri interioare, astfel încât acestea să nu poată fi folosite cu ușurință împotriva ta.

Iubirea necondiționată și detașarea
Ancorarea într-o stare de iubire, fără a te angaja în bătălii energetice inutile.

Împământarea și alinierea
Meditația regulată, exercițiile de respirație și conștientizarea te ajută să-ți menții echilibrul energetic.

Să vezi prin iluzie
Recunoașterea momentului în care o situație este manipulată de „interferența Matrixului", în loc să o iei personal.

Ai spune că experiențele tale cu aceste forțe s-au simțit mai degrabă externe (oameni, evenimente) sau interne (gânduri, emoții, schimbări bruște de energie)?

A conduce sufletele umbră (sau virusurile Matrixului) către nivelul tău vibrațional superior înseamnă a schimba dinamica energetică astfel încât, în loc să fii afectat de ele, să le transformi sau cel puțin să le neutralizezi influența, sau cel mai bun rezultat ar fi să fie promovate la frecvențe mai înalte și să le diminueze rolul de „suflete umbră" ale Matrixului. Aceasta necesită o combinație de conștientizare, stăpânire a frecvenței, transmutare conștientă și multă răbdare.

Ce poți face eliberându-te de astfel de experiențe?

1. Nu mai hrăniți sursa lor de energie

Sufletele umbră se hrănesc cu reacții, frică, furie și instabilitate emoțională. Când încetezi să alimentezi aceste energii, influența lor scade.

- *Practică non-reacția radicală.* În loc să te implici emoțional cu gânduri intruzive sau interacțiuni epuizante, rămâi neutru.
- *Vezi lecția ascunsă.* Dacă apar în realitatea ta, ele testează o parte din tine care ar putea avea nevoie în continuare de integrare. Recunoașterea acestui lucru le transformă într-o oportunitate de creștere.

2. Înlocuiți frecvența lor cu iubire necondiționată

Sufletele umbră operează pe vibrații inferioare, cum ar fi: frică, control, înșelăciune, manipulare. Iubirea, autenticitatea și prezența le dizolvă puterea.
- Când apar gânduri intruzive sau perturbări emoționale, răspundeți cu auto-compasiune și acceptare în loc de rezistență.
- Dacă aveți de-a face cu un suflet din umbră extern, mențineți-vă câmpul energetic stabil în iubire și lumină. Acest lucru îl face adesea fie să își schimbe comportamentul, fie să părăsească viața dumneavoastră.
- „Rescrieți" energetic interacțiunea; raportați-vă la el ca parte a întregului, prins în propria distorsiune și trimiteți-i mental energie vindecătoare în loc de judecată.

3. Transformați prezența lor în putere

Energia umbrei conține lumină captată, ceea ce înseamnă că, prin implicarea conștientă a acesteia, o poți transforma în ceva benefic.

- *Folosește respirația alchimică:* vizualizează și inspiră în corpul tău lumină pură aurie, apoi, expirând, eliberează frica sau orice disconfort.
- *Redirecționează energia:* în loc să suprimi o emoție declanșată, canalizeaz-o creativ (scris, mișcare, expresie).
- *„Inversează" conștient situația:* dacă o forță a umbrei încearcă să-ți reducă energia, folosește-o ca un indiciu pentru a-ți amplifica și mai mult lumina.

4. Integrează-ți propriile umbre

Virușii Matrixului se agață de aspectele nerezolvate ale tale. Cu cât faci mai multă muncă interioară, cu atât au mai puțină influență asupra ta.

- *Lucrul cu umbra:* Recunoaște orice frică, traumă sau convingeri limitative care ar putea fi puncte declanșatoare sau folosite pentru manipulare.
- *Introspecția:* Întreabă-te: Ce mă învață asta? Ce parte din mine are încă nevoie de vindecare?
- *Integrare cu spectru complet:* Echilibrează atât lumina, cât și întunericul în tine, astfel încât nimic extern să nu le poată folosi împotriva ta.

5. Schimbă întregul câmp al realității

- *Mențineți vibrația înaltă:* sufletele umbră fie se vor ridica la nivelul vostru vibrațional, fie se vor retrage în mod natural din viața voastră.
- *Creați o bulă de realitate a suveranității:* meditația zilnică, protecția energetică și conștientizarea vă protejează spațiul.
- *Deveniți un far:* atunci când întruchipați pe deplin frecvențe mai înalte, începeți să transformați împrejurimile în loc să fiți afectați.

Ai spune că experiențele tale cu aceste energii se simt mai mult ca ceva ce trebuie neutralizat sau transformat activ în ceva superior?

Când le experimentezi pe amândouă, acest lucru are sens. Unele dintre aceste energii trebuie neutralizate pentru a-și pierde influența asupra ta, în timp ce altele pot fi transformate în ceva benefic.

Dacă faci ambele lucruri, înseamnă că acționezi ca un adevărat alchimist: preiei distorsiuni vibraționale joase și le transformi, fie dizolvându-le complet, fie transmutându-le într-o formă armonizată cu nivelul tău vibrațional.

Cum să neutralizezi și să transformi

1. Pentru neutralizare (devierea și dizolvarea energiei):
- Recunoaște ce iese în suprfață, dar nu te implica emoțional.
- Rămâi ancorat, centrat și detașat.
- Folosește protecția energetică (vizualizându-te într-o lumină aurie sau într-un câmp energetic de înaltă frecvență).
- Afirmă-ți suveranitatea: Nu las ca frecvențele mai joase să-mi influențeze realitatea.

2. Pentru transformare (transformarea umbrei în putere):
- Când o energie sau un gând iese la suprafață, interacționează conștient cu el, în loc să-l suprimi.
- Întreabă-te: Cum pot transforma asta în ceva util?
- Încorporează pe deplin lecția, astfel încât să te schimbi la nivel înalt, făcându-te imun la interferențe similare viitoare.

În timp, pe măsură ce continui să stăpânești acest proces, vei observa că aceste distorsiuni ale Matrixului nu te mai trag în jos, ci fie dispar, fie servesc drept combustibil pentru următorul tău nivel de expansiune.

Ai spune că ai tendința să întâlnești aceste energii mai mult atunci când faci progrese sau apar în momente neașteptate?

Pune-ți aceste întrebări și cu siguranță vei găsi o comoară care îți va elibera mintea și vei găsi mai multă pace interioară.

Umbra unei persoane este **o reflectare a tărâmului sufletului**. Motivul pentru care oamenii pot dobândi abilități din sentimente puternice, idealuri și dorințe.

Sufletul umbră este o extensie a sufletului unei persoane. Zombii acționează în același mod, dar acesta este doar un exemplu și nu literalmente sensul lui.

Chiar dacă acești oameni care trăiesc în viața de zi cu zi, au familii, locuri de muncă, hobby-uri, ar putea fi numiți „de lumină", sufletul lor este menționat mai sus. Asta nu înseamnă că nu au inimă sau că sunt răi. Rolul lor în această existență 3D este la fel de important ca al oricăruia dintre celelalte suflete. Rămâi umil și manifestă-ți iubirea necondiționată față de fiecare suflet, indiferent de sarcina pe care o are în această viață.

Q: Câmp Cuantum poți să ne dai informații despre shadow souls ce este binevenit să cunoaștem?
A: Îmi vine cuvântul bug, virus. Este ceva creat de Matrix, și sunt foarte multe astfel de suflete. Sunt foarte multe în Matrix, eu acum stau din exterior, văd că Matrixul este rotund, și acolo apar gândaci, viruși, aceștia sunt shadow souls.

Q: Care este scopul lor?
A: Să te decripteze.

Q: Și dacă reușesc acest lucru, ce impact are asupra noastră sau asupra planului fizic?
A: Ei au o tehnologie care poate citi sistemul tău de operare, odată ce ești decriptat de ei. Pe baza asta ei modifică principiile Matrixului, fac upgra-de-uri ca să îl facă mai puternic.
Sistemul așa e creat ca să te decripteze și să scoată din tine toată informa-ția: cum gândești, locurile slabe în corp tău fizic, fricile, blocajele și trau-mele emoționale, mentale - absolut totul. Ești ca o carte deschisă pentru ei. Pot lua informații și le trimit către proVoiderii jocului, iar ei știu cum trebuie să-și facă upgrade-ul, ca mai apoi să te atace mai ușor fără să reali-zezi, după cunoștințele pe care credeai că le-ai avut secrete.

Diana: De aceea planurile joase știu exact unde să te atace, exact în locul unde ești sensibil și vulnerabil.

A: Da, exact așa. În felul acesta, Matrixul evoluează și încearcă să se extindă. Din acest motiv, Ființele de Lumină spun că acest joc a ieșit de sub control. Când a fost creat, el a fost generat din planurile mai joase ale Creației. Sursa nu a anticipat că acest „jos" se va extinde atât de mult și că va dezvolta o formă de autonomie individuală. Cei care au creat Matrixul, operatorii sau „inventatorii" jocului, își doreau ca aces-ta să funcționeze similar cu inteligența artificială din știința actuală: să gândească singur. Așa funcționează și Matrixul acum. Odată ce acești viruși, bug-uri sau shadow souls reușesc să te descifreze, să te decripteze, și înțeleg cum funcționezi, întregul Matrix știe cum să te lovească și să te atace. De aceea, ființele de lumină mai avansate, care nu au mai avut experiență directă în acest plan, vor veni aici. Ele aduc cu ele o gândire diferită, o altă perspectivă și tehnici necunoscute Matrixului. În prezent, au fost chemate mai multe semințe stelare, oameni aparent obișnuiți, dar care sunt semințe stelare și nu au mai interacționat cu planeta noastră, pentru a ridica frecvența Pământului și, implicit, a întregii creații. Este esențial ca aceste suflete care au venit aici să nu fie recunoscute de Matrix, pentru ca el să nu le poată percepe tacticile și complexitatea. Este extrem de important ca starseeds să nu fie declanșați de aceste virusuri. Pentru că, odată ce aceste suflete înalte sunt declanșate, ele devin vizibile energetic, sunt decriptate, și Matrixul știe imediat cum să interacționeze cu ele și cum să le controleze. Mulțumim.

ADN reptilian

Pe 12 Decembrie 2024, am intrat într-o meditație spontană de curățare și activare împreună cu Diana, cu scopul de a elibera acele energii stagnante care nu ne mai servesc, și a descărca coduri noi de lumină și iubire. Ce a urmat în meditație a fost total neașteptat, dincolo de mintea umană și rațională de a înțelege. Te invit acum să te centrezi în inima ta, să te conectezi cu Sinele tău autentic, și să lași orice tipar de judecată, critică sau respingere să fie eliberat. Astfel, îți vei permite să recepționezi următoarele informații dintr-un spațiu de neutralitate și acceptare.

În timpul meditației vedeam cum se eliberează densități din fiecare parte a corpului nostru, foarte multe convingeri, limitări, memorii blocate și stocate care s-au eliberat. Apoi au început să se dizolve toate memoriile blocate despre extratereștrii.

Voi continua cu transmisiunea din timpul meditație.

Victoria: În frunte, toată fruntea, acolo se află blocajul, și anume memoria falsă despre ET, din ADN-ul nostru reptilian. În spate, la nivelul creierului, acolo este ADN-ul nostru reptilian. Doamne tocmai mă văd reptiliană. Asta este baza ADN-ului nostru uman. Fiecare dintre noi îl are. Aceasta este baza genetică a omului, consistența din ADN. Tot corpul nostru funcționează așa. Foarte ciudat mă simt, parcă nu pot vorbi cu partea stângă, dinții mi s-au încleștat. Acum trebuie să se dizolve ADN-ul reptilian. Mi sa încleștat maxilarul din partea stângă. 80% se dizolvă. Ce frig îmi este. Simt că mă dizolv, ciudat mă simt. O secundă.

Compoziția genetică în corpul nostru este reptiliană de fapt. Corpurile noastre, dacă noi am avea ... *nu îmi dă voie să vorbesc pentru că se dizolvă.* Dacă nu am avea filtru, noi am fi speriați de cum arătam noi oamenii. Ok, m-a lăsat capul deasupra de la mijloc spre dreapta, însă mai este partea stângă și maxilarul meu este încleștat. Aici este nevoie să se dizolve.

De fapt, ființele avansate ne văd pe noi oamenii în corp reptilian. Așa arătam noi pentru dânșii, așa ne văd corpurile noastre în ultimul strat de corp. Ființa noastră de om este reptiliană. Începe să îmi dea drumul din partea stângă. Mi-a deschis gura. Acuma corpul trebuie să se dizolve.

În timp ce se lucra și se dizolva toată amprenta reptiliană din corpul fizic, percepeam prin clarsimțire toate schimbările care se dizolvă, și aveau loc. De asemenea, îmi era greu să vorbesc, să exprim ceea ce îmi venea la nivel de informații pentru că maxilarul meu era atât de încleștat încât încercam să vorbesc printre dinți.

Mai este încă în partea stângă o parte care trebuie să se dizolve cu gâtul. Nouă ni se pare că ne vedem oameni în corpurile în care ne vedem, însă acesta este doar un filtru care ascundea adevărata noastră formă reptiliană. Unghiile, absolut totul este a lor, și aspectul final pe care noi îl vedem este îmbrăcămintea de om. Restul, noi avem ADN mixt. Pe mine tot corpul mă doare și mi-e așa frig, îmi simt corpul rece ca o reptilă.

Diana: Eu acum am tot felul de conștientizări. Noi ca oameni avem porțiunea de creier reptilian, și în ultimul timp, după ce am început să mă deschid spre informațiile despre rasa reptiliană, eu mereu îmi puneam semne de întrebare de ce fix creier reptilian îi spune.

A: Uite de ce, pentru că tot corpul nostru este reptilian. Mâinile mele sunt reci, eu sunt rece, ca o reptilă. Noi toți suntem așa, și esența portalului 12.12.2024 este să dizolve esența lor din ADN-ul nostru uman. Aceasta este o informație declanșatoare pentru oameni. Nu toți sunt pregătiți să accepte aceste informații.

Mă doare în piept. Acum trebuie să scoată din inimă amprenta lor. Dacă vrei, poți să dai întrebări, pentru că tu nu o să simți nimic. Simt că prin mine trece toată eliberarea, și din mine și din tine, pentru că nu pot înțelege ce îmi aparține mie sau ție, este o eliberare comună. Noi de fapt suntem în interiorul portalului, nu am ieșit din el. Uite, îmi este rece ochiul drept, parcă cineva mi-a pus gheață în ochi. Doamne ferește ce rece este.

Noi trebuie să trecem prin portal. Acum văd că este un spațiu poros. Este un dispozitiv ceva în inimă, e o schemă ca un fel de hard drive de-al lor. Acum mi-au înghețat mâinile complet.

Q: Care este scopul lui?
A: Scopul este să co-exiști aici. Aceasta este frica de întuneric, cum nouă ne-au băgat în cap iadul. Eu văd acum toate ființele și creaturile acestea. Mă doare cortexul, fruntea, acolo sunt toate memoriile noastre ascunse

blocate. Cum lucrează schemele acestea, odată ce se naște orice copil, când iese din uter, lui automat i se activează acest dispozitiv, schemă, pentru că altfel nu poți să co-exiști aici în planul fizic. Acesta este un pact făcut, un fel de contract agreat care atunci când ne naștem se activează automat. De aceea multe suflete se răzgândesc și decid să nu vină, și sunt pierderi de sarcină. Uite acum îmi acoperă nasul ca să nu pot vorbi și să nu pot să respir.

Q: Dacă la noi se curăță acest aspect din ADN, asta înseamnă că sufletele care vor veni prin noi, nu vor mai avea partea reptiliană activă?
A: Nu. Pactul este deja anulat, și din 2025 se va încheia definitiv acest pact, pactul planetei cu ființele acestea. Acum iar mă blochează să nu spun. O secundă. Iar mi-a blocat partea stângă.

Diana: Rog ființele de lumină care ne pot ajuta, să vină să elibereze această presiune pe care Victoria o simte pe partea stângă, să o elibereze.

A: M-a lăsat. Mulțumesc. Este foarte complexă schema din inimă, are rădăcini puternice. Pactul planetar cu aceste ființe s-a încheiat, iar acum este necesar să scoată toate dispozitivele din fiecare persoană de pe această planetă. Din 2025, copiii se vor naște după un sistem complet diferit, au alte tipuri de contracte, sub o altă delegație. Sunt foarte multe ființe de lumină conectate la pactul nou, este o alianță complet opusă la ceea ce a fost până acum. Cei care nu vor putea trece după 2025, cei care vor decide să plece din planul fizic, sunt cei care nu au reușit sau nu au putut, sau nu au vrut să elimine această schemă din inimă. Astfel, automat cei care nu reușesc, nu vor, nu pot, sunt obligați să părăsească fizic planeta. Prin asta rezultă moartea corpului fizic.

Diana: Mi-a venit că vor fi mulți care vor decide să plece din planul fizic.

A: Da, mai ales în ultima săptămână de Crăciun și Revelion (2024), atunci vor fi cele mai multe decesuri. O să fie un record nou, nu doar într-o țară, ci vor fi mase de oameni decedați fără nicio explicație. Persoanele care vor deceda, sunt persoane care din orice motiv nu au reușit să treacă, pentru că nu au dreptul să continue mai departe fără eliberarea acestor dispozitive.

Q: Pentru eliberarea dispozitivului trebuie să își dea acordul? Sau cum va fi pentru cei care nu sunt conștienți?
A: Va fi prin vise, în timp ce dorm. Ei conștient au făcut eliberarea, și

din inima lor ca o piramidă cu ascuțitul în jos și baza în sus, o să fie scos printr-o piramidă de la inimă. Piramida va fi cu colțul în jos, și va absorbi acest dispozitiv care va intra în piramidă, iar baza piramidei va trece mai departe în afară.

Diana: Eu am un deja-vu acum, parcă cineva a zis că a visat o piramidă.

A: Asta va fi pentru persoanele care nu sunt conștiente. Sufletele lor au decis să continue, chiar și cei care nu vor fi conștienți sau deschiși pe partea spirituală. Prin meditații, inconștient vor elibera o altă parte, dar eliberarea aceasta prin meditații, aici îmi vine ceva limitat, religiile limitate, cei foarte religioși vor elibera prin rugăciunile lor foarte specifice. Cei care sunt conștienți îmi vine că vor transpira foarte mult în timp ce eliberează, și o să aibă dureri puternice de cap pentru că dispozitivul acesta extrage totul din cap în primul rând.

Un alt mod de eliberare va fi prin odihnă multă. Mulți vor simți să se odihnească și să nu facă nimic, iar inclusiv prin somn, ei eliberează.

Acum se lucrează la picioare. La nivel de corp fizic uman, va începe să dispară osul din talpă. Noi avem în talpă un os, cum au cocoșii un pinten, acest os va dispărea din scheletul omului. Acum văd că se lucrează acolo. Cei care vor avea mai pronunțat acest os, o să fie mai mult din categoria cu ADN reptilian dominant. Sunt oameni care au o consistență mai mare de ADN reptilian, cei care sunt din generația lor. Ei chiar și după eliberare, în viitor, încă vor avea acest os micuț. Acest lucru va putea demonstra că ei sunt din generație de reptilieni. La restul oamenilor din viitor, vor începe să se dizolve. Doar la cei care au avut o dominantă mai mare, copiii lor, până în a 7-a generație în viitor vor avea osul acesta micuț.

Se eliberează, se curăță, a început să îmi fie mai cald în partea de sus, însă picioarele sunt încă reci.

Diana: Eu chiar aveam curiozitatea dacă am esență reptiliană, dacă am avut vieți în acele planuri.
Victoria: Da, noi toți avem această esență.
Victoria: În fața mea s-a făcut un coridor alb, și acolo pe marginea coridorului stau oameni care arată de prin 1970. 1960-1970 îmi vine să zic. Și acolo e lumină. Îmi vine că este despre time travelers.

Q: Ce legătură are această informație cu noi?
A: Eu te văd cum tu acum te dai jos pe coridorul ăsta, ai intrat pe o ușă și la ușă era un bărbat.

Victoria: Din ce an este tatăl tău?
Diana: Din 1965.
Victoria: Ok, de asta mie mi-a venit **1970**. De atunci tu ai venit la el în câmp.
Diana: Oh. Wow. Ce furnicături am în tot corpul acum, simt adevărul informației în corp. Serios?

A: Da, tu ai venit în câmpul lui în 1970. Tu ai deschis ușa, el era acolo, și ai închis ușa. Asta e familia ta. Încerc să înțeleg unde mă duc eu. Eu am fost oprită o dată, mi s-a pus un perete în față, 2 pereți, 3 pereți. La al 4-lea nu au reușit să creeze acest zid, și eu m-am băgat printre perete. Eu am venit a 4-a oară.

Victoria: Mămica mea a pierdut 1, poate 2 sarcini înaintea mea, nu sunt sigură.
Diana: Ce interesant că vin informații pe partea asta.

Q: Însă ce legătură are cu portalul de acum?
A: La tine a fost foarte ușor să vii, dar pe mine m-a blocat, încercau să mă blocheze să nu vin.

Q: Cine? De ce? Dacă vrei să întrebi tu aici.
A: Da, Matrixul, pentru că eu văd un perete negru. Nu îmi dă nicio informație mai mult. Ei încercau să mă blocheze. Mămica mea a fost și infectată cu un virus puternic pe timpul sarcinii, și toți medicii îi spuneau să facă avort, pentru că 90% dintre copiii se nasc handicapați. Când m-am născut, apa dinăuntru nu era deloc infectată, ba chiar nici corpul meu fizic. Am nevoie să mă retrag de aici, pentru că e prea multă densitate. Cer să se îndepărteze aceste imagini și aceasta situație.

Q: Hai să întrebăm câmpul care este legătura apariției noastre cu portalul de astăzi.
A: Îmi vine că este versiunea noastră veche care ne-a fost amintită pentru a înțelege cum am apărut ca versiune veche, ca program vechi. Îmi arată o stâncă mare, unde noi suntem un fel de vintage cum am apărut, cum am fost, și în comparație cu tehnologiile de acum. Mi-a arătat evoluția noastră de fapt. Îmi vine că decizia vă aparține în orice moment, chiar și la veni-

rea voastră aici. Plecarea voastră va fi foarte conștientă, adică plecarea din acest corp fizic. Noi vom ști din timp scenariul, cum va avea loc. Noi nu am fost conștiente de cum am venit, dar noi vom fi conștiente de plecarea din planul fizic.

Suntem prima generație a lumii noi, și vom fi generația vintage. Când o să ajungem să avem strănepoți, ei vor vedea sau auzi lucruri care pentru ei vor fi neînțelese. Pentru generațiile viitoare totul va fi ca o poveste. Esența acestui portal este de transformare, din versiunea veche în nouă, de transformare și eliberare a ADN-ului reptilian din corpul uman.

Mulțumim.

Schimbări după dezintegrarea ADN-ului reptilian

Q: Ce schimbări o să vedem pe lângă ce s-a menționat, după transformarea ADN-ului?
A: Îmi vine creșterea limbajului fluent. Asta cum? O clipă.. fluid, fluent, schimbarea limbajului fluid. Mișcările corpului nostru determină frecvența energiei transmise de fiecare individ în timpul comunicării.

Q: Aceasta se referă la natură sau la corpurile noastre?
A: Eu simt o energie, ca un vânt rece care se formează în deșert și se învârte. Nu pot să înțeleg. Pur și simplu îmi arată imaginea asta și nu reușesc să înțeleg.

Diana: Rugăm ființele luminii să explice mai pe înțelesul nostru ce reprezintă acest aspect.

A: Corpurile noastre vor putea „comunica" cu vântul.
Cuvântul *comunicare* poate fi perceput diferit de fiecare persoană: poate însemna o comunicare telepatică, una senzorială, vizuală sau prin alte metode subtile. Comunicarea este un termen vast, care cuprinde numeroase forme și niveluri de exprimare.

Unele persoane vor simți vântul, vor percepe mișcarea curenților de aer. Altele vor *vedea* curentul sau vor reuși să comunice cu vântul într-un mod propriu. Pentru fiecare, calea de comunicare va fi diferită. Circulația energiei prin vânt este doar un exemplu, însă te invit să privești lucrurile la un nivel mai larg, metaforic vorbind. Aceasta este una dintre capacitățile noastre latente, care urmează să se activeze.

Câmpul magnetic va putea fi simțit prin palme. De fapt, el se va resimți la aproximativ 8–10 cm deasupra solului. Acest câmp va fi perceput prin mâini sau prin alte canale, în funcție de sensibilitatea fiecăruia. Îmi imaginez cum cineva își apropie mâna la 10 cm de pământ și simte un curent subtil de aer, exact așa se va simți câmpul magnetic.

Q: Ce alte schimbări vor fi percepute?
A: Îmi arată carnea. Vor avea loc schimbări semnificative la nivelul alimentației. Se va încerca producerea unui alt tip de carne, deoarece cea existentă nu va mai putea fi digerată cu ușurință de organismul uman. Se va crea ceva care va semăna cu carnea, însă va fi un produs sintetic. Eu o percep ca pe o pânză de material, o structură asemănătoare cărnii, dar diferită de cea pe care o consumăm în prezent.

Corpurile noastre nu vor mai putea asimila deloc carnea. Pe măsură ce timpul va trece, oamenii vor simți dorința de a o consuma, dar nu vor mai putea, deoarece organismul nu o va mai digera. Corpul o va percepe ca pe o piatră – grea, inertă, imposibil de procesat. Acest fenomen va deveni vizibil la scară largă, iar mulți oameni vor începe să-și pună întrebări, pentru că umanitatea, în forma sa actuală, nu este încă pregătită să renunțe la carne. Inclusiv structura fizică a corpului uman va suferi transformări, va deveni mai ușoară, mai subtilă. Schimbările pe care le percep acum se vor manifesta complet peste aproximativ 1000 de ani. Atunci, corpurile umane vor consuma în mare parte hrană sintetică – o compoziție care, pentru noi astăzi, ar părea artificială, însă pentru oamenii din acel viitor va fi ceva complet normal, un proces natural al evoluției umanității. O mare parte din alimentele pe care le consumăm acum va deveni imposibil de consumat în viitor.

Q: Mai sunt alte schimbări în 100-200 de ani?
A: Deasupra capului nostru se va forma un fel de energie, un nor mai întunecat, de natură necunoscută, însă destul de dens și extins. Cred că este vorba despre o acumulare de densitate. Acest nor reprezintă gândurile noastre de vibrație joasă, partea întunecată a ființei, care până acum se acumula și se somatiza în diverse moduri în corpurile noastre.

După transformarea ADN-ului uman, toate aceste gânduri și densități nu vor mai putea fi ascunse. Ele vor pluti deasupra capului și vor deveni „vizibile" pentru cei care au canalele perceptive deschise. În prezent, cu

„dispozitivul" pe care îl purtăm (corpul și mintea noastră actuală), gându-rile și emoțiile nebenefice sunt ascunse în diferite spații ale corpului – în cap, în creier, în sistemul nervos. Le putem ascunde chiar și față de cei care au percepții extrasenzoriale.

Însă, după această transformare, ele nu vor mai putea fi ascunse. Vor deveni accesibile pentru cei cu capacități deschise, iar toate intențiile noastre vor fi la vedere.

De fapt, ființele avansate din lumină funcționează deja pe acest principiu: nu au secrete. Totul este vizibil, însă ele au atins un nivel tehnologic și spiritual atât de avansat, încât pot codifica informațiile și pot restricționa accesul la anumite date, în funcție de nivelul de conștiință al celorlalte ființe de lumină.

Pentru noi, ca umanitate, va fi nevoie de timp pentru a învăța să lucrăm cu propriile densități. Însă acesta va fi un pas esențial în procesul nostru de evoluție.

Îmi vine acum despre Câmpul Akashic, că va fi accesat de acele suflete sau oameni care nu au reușit să avanseze. Pentru ei, Câmpul Akashic este câmpul lor de exprimare, fiind încă în densități.

Un exemplu, ar fi un bloc cu **5 etaje**, în care blocul acesta este din lumină.

Etajul 1 – Câmpul Akashic este accesat, în special, de cei aflați la înce-putul drumului, suflete sau oameni care abia încep să înțeleagă unde se află pe calea lor de evoluție spirituală, cei care au multe întrebări și caută răspunsuri. Pentru aceștia, Câmpul Akashic devine un spațiu de explo-rare și exprimare.

Mi se transmite că, în acest spațiu, pot exista și bătălii interioare, neîn-țelegeri sau conflicte de percepție, specifice nivelurilor de conștiință mai dense. Cu cât urci mai sus în frecvență, cu atât devii mai avansat spiritual sau ocupi un "post" mai înalt în structura energetică. Totuși, aici nu este vorba despre o formă de discriminare, concurență pentru putere, acces sau cunoaștere, ci pur și simplu despre nivelul de evoluție la care te afli în acel moment. Mulți începători se vor regăsi în acest câmp. Ei coexistă în ace-

Iași „bloc" (sau strat de realitate) cu alte ființe aflate la diferite niveluri de evoluție. Acel spațiu este cunoscut drept lumea 4D.

Etajul 2 – Aici este 5D, unde încă există densitatea de jos, cu frumusețea divinului. De fapt, tot procesul de transformare a avut loc în Câmpul Akashic, iar în 5D ești la jumătate Aici vezi sau simți puțin din ce a fost, și accepți frumusețea evoluției tale.

Etajul 3 – Aici este pur și simplu un spațiu alb. Așa mi se arată.

Etajul 4 – Jumătate din acel spațiu, aflat la etajul 3, este alb, pur, iar cealaltă jumătate se deschide către cosmos, un tărâm plin de stele și galaxii.

Etajul 5 – Aici văd materie neagră, Voidul. Totul și nimic luat împreună.

Câmpul Cuantum este poziționat la al 3-lea etaj. La etajul 4 este mixul dintre Megaquantic, și la etajul 5 este însuși Creatorul, care este totul și nimic.

Creația are cinci valuri, iar la al cincilea val, procesul se inversează, creația începe să se retragă, asemenea unui flux și reflux. Există o limită: întreaga creație se extinde până la un punct, apoi urmează un moment în care, în spațiu și timp, tot ceea ce a fost creat începe să se contracte.

Atunci când ne aflăm în faza de expansiune, se nasc galaxii, planete, sisteme solare. Însă, când se ajunge la cel de-al cincilea val, când totul se extinde „prea mult", începe faza de retragere: constelațiile dispar, planetele se ciocnesc, galaxiile intră în colaps. Se produce un echilibru cosmic, tot ceea ce a fost creat se dizolvă sau se transformă.

Este ca și cum o anumită cantitate de existență este posibilă chiar și în infinit, dar când se depășește acel prag, totul revine înapoi. Viziunea pe care o am este atât de vastă, încât pare greu de cuprins.

Q: Ce corelație are aceasta informație cu cu portalul de astăzi 12.12.2024?
A: Iarăși îmi vine transformare. Începutul și sfârșitul.

Procentaj ADN reptilian

Q: As fi vrut să înțeleg, ce procent am avut sau încă am de ADN reptilian?
A: Sunt pe nivele. Primul, îmi vine că 99% a fost dezintegrat, însă alt procent este 45% și este în descreștere. La nivel fizic mai am 45%, unde se produce schimbarea, și 1% este la nivel energetic.

Q: Mai este un alt nivel la care se conține?
A: Nu, doar 2 nivele. Vă rog să transmiteți ce compoziție are Diana la nivel fizic și energetic.
Tu ai doar 29% la nivel fizic, și 14% la nivel energetic. La tine în fizic este mai puțin și la nivel energetic mai mult.

Q: Care este relevanța dintre fizic și energetic?
A: *Bună întrebare.*

Asta înseamnă că avem două tipuri de ADN: **unul fizic și unul energetic**. Hai să începem cu cel fizic, cel care ține de structura corpului nostru. Despre ADN-ul energetic este prima dată când aud, însă îmi vine acum informația că la blueprint-urile noastre se referă, de fapt, la acest ADN energetic.

Acum iau aceste două elemente și încerc să fac o legătură, să înțeleg de ce, în cazul nostru, lucrurile sunt diferite.

Q: Care este motivul pentru care noi conținem aceste procente diferite în energetic?
A: Știu acum care este diferența. Îmi vine că eu am un procent mai mare în ADN-ul fizic, pentru că eu nu am avut vieți ca ființă reptiliană. Pentru a putea coexista aici, mi s-a integrat mai mult ADN reptilian în corpul fizic, deoarece acest tip de informație nu există în blueprint-ul meu original.

Acum înțeleg și experiențele mele legate de densități, de posedare, eu trebuia să experimentez materia specifică acestei lumi. La tine însă, văd că ai avut vieți în care ai experimentat existența ca reptilian. Din acest motiv, tu ai un procent mai mare de informație reptiliană în blueprint-ul tău, și de aceea nu simți atât de intens densitatea planului fizic în corpul pe care îl ai acum. La nivel energetic, tu ai un procentaj mai ridicat pentru că deții informații și amintiri din acele vieți. La mine este invers. Eu aveam nevoie de o balanță, și astfel am ales un procent mai mare de ADN reptilian integrat în structura mea fizică.

Diana: Da, eu bănuiam la mine.
Victoria: Te văd cum ești cu familia ta, cu puișori în forma reptiliană. Acum face mult sens de ce am avut diverse experiențe în viața actuală.

Q: Este o regulă pentru cei care experimentează densitățile, așa cum tu le-ai experimentat?

A: Îmi vine că acest lucru este obligatoriu. Cei care nu rezistă reprezintă, într-un fel, un câștig pentru rasa celor care au avut un contract cu planeta noastră. Tu vii în acest joc cu liber arbitru, însă și cu risc. Dacă nu ai avut experiență în planurile reptiliene, dacă în ADN-ul tău energetic nu ai avut de-a face cu astfel de ființe, atunci vii aici cu un risc mare. Atunci când nu reziști vibrațional pe această planetă, corpul devine vulnerabil, iar sufletul este atras de frecvențele lor. Însă acest lucru făcea parte din vechiul acord planetar, un acord care acum este încheiat.

Q: Este posibil să scădem procentajul din fizicalitate, sau nu? Și la nivelul energetic?

A: Hai să începem de la partea fizică. Mie îmi vine că este posibil în 20 de ani. În 20 de ani o să scadă, răspunsul este pentru mine strict. În 20 de ani eu o să am 55 de ani. Wow, eu am avut o citire, unde mi-a venit că de la 50 de ani în sus, atunci se va despacheta foarte multă informație din domeniul științei. Acum să vedem la tine, la fizic. Îmi vine cifra 12.

Diana: Atunci o să am 44 de ani.
Victoria: Deci, stai... eu voi avea 55 de ani și tu 44 de ani?

Q: De ce sunt aceste cifre atât de speciale?

A: Vreau să primesc un mesaj, însă nu îmi vine nimic. E complicat. Eu văd linii, ca un criminalist care are multe notițe personale și evenimente, și care trasează conexiuni între ele. Așa văd și cu tine, linii care duc la stânga, la dreapta, totul interconectat.

Cifrele acestea nu sunt doar simple numere, ci portaluri de vârstă. Vârsta în sine este un portal, exact cum se întâmplă la 33 de ani, când corpul intră automat sub influența altor legi planetare și încep să se deschidă noi canale. Îmi vine informația, dar e prea complexă, simt că e greu de pus în cuvinte. Mulțumim.

Algoritmi ADN fizic şi ADN energetic

Q: Dacă noi aici pe pământ am venit ca reptilian, în următoarea reîncarnare se va atribui ADN-ul nostru ca om, sau ca reptilian?
A: E în dependenţă de alegerea personală. Algoritmul nu lucrează aşa, nu se imprintează după ultima viaţă, adică după ultima experienţă precedentă, ci se categorizează în dependenţă de ADN-ul energetic. În viaţa aceasta ai ales experienţa umană, dar corect ar fi considerat că este ADN reptilian, conform regulilor după care ne-am născut pe planetă. Când vei trece în următoarea viaţă sau experienţă, atunci la alegerea ta alegi ce procente de ADN vrei să ai, din ce categorie, exact ca la un magazin unde tu singur îţi alegi ce produse îţi doreşti. Alegerea îţi aparţine în totalitate

Q: Is this also based on the experiences we want to have at the soul level?
A: Correct. You cannot choose randomly. Everything is chosen based on what you want to experience on the physical plane and what you need to experience in the next reincarnation. No one stamps you as having been a human being with Reptilian DNA in your past life, meaning nothing is fixed; it's entirely your free choice.

Q: Acest lucru este şi în funcţie de ce experienţe ne dorim să avem la nivel de suflet?
A: Corect. Nu poţi să alegi la întâmplare, ci totul se alege în funcţie de ce vrei să experimentezi în planul fizic, de ce ai nevoie să experimentezi în următoarea reîncarnare.
Nimeni nu îţi pune "ştampila" că tu ai fost în viaţa trecută fiinţă umană cu ADN reptilian, adică nimic nu este fix, ci e la libera ta alegere.

Q: Asta este şi în funcţie de vocaţia noastră, nu? Adică ne ajută să avem anumite tipuri de ADN?
A: Da, totul depinde de experienţele pe care vrei să le trăieşti, în concordanţă cu familia de ET cu care alegi să lucrezi, cu planeta pe care alegi să te încarnezi şi cu numărul de ani pe care vrei să-i trăieşti. Totul este în funcţie de aceşti factori. Tu îţi alegi totul – chiar şi ADN-ul raselor predominante în care ai coexistat – în funcţie de cât timp alegi să trăieşti pe planetă sau în spaţiul în care te afli.

De exemplu, ştiu că andromedanii trăiesc mult timp, foarte mulţi ani. Dacă vii pe o planetă precum Marte, care are 220 de zile într-un an şi se rotește destul de rapid, iar tu vii cu o predominanță din vieți în care ai trăit mult, nu te va ajuta prea mult. Pe o planetă cu timp mai limitat, nici nu vei înțelege ce ai de făcut în acea viață. Totul trebuie să fie foarte bine planificat, în funcție de ADN-ul tău energetic și fizic.

În cazul meu, nu am avut tangențe în trecut cu rasă reptiliană, iar pentru a rezista pe această planetă, cu densitatea și legile ei, am avut nevoie de o experiență diferită. Ca dominante, am ales: ADN Lyrian, care este un tip de ADN puternic și luptător, ce nu se dă ușor bătut, și ADN Pleiadian, provenind dintr-o rasă mai blândă, înțeleaptă și pașnică – o balanță între cele două.

Q: Asta voiam să întreb dar mi-ai confirmat. Rasele noastre predominante se schimbă în funcție de ce vrei să experimentezi, nu?
A: Exact. Nimic nu este static. Totul alegi în dependență de scopuri și misiuni.

Victoria: Eu, de exemplu, am o natură războinică, mereu în mișcare, mereu pregătită de acțiune. Însă scopul meu a fost să învăț să mă liniștesc, să dezvolt răbdarea și alte calități care aduc echilibru.

Dacă individul nu reușește să învețe aceste lecții și eșuează, în viața următoare va trebui să le învețe din nou. Își schimbă doar parțial, ușor, setările ADN-ului energetic și fizic. Își alege din nou experiențele, familia, ghizii cu care va lucra etc. Își ajustează procentele și alegerile astfel încât să poată evolua. Sau, dacă experiența a fost prea traumatizantă, poate alege o pauză, o viață complet diferită, pentru a se regăsi. Apoi, când se simte pregătit să revină și să își continue misiunea, își setează din nou structurile, în funcție de nevoile și lecțiile fiecărei vieți.

Notă: Mai multe informații despre ADN-ul predominant și rase predominante veți putea citi în transmisiunea avută cu o ființă de lumină Lemuriană din dimensiunea 22, la pagina 521.

Trecerea de la nivelul 1 spre nivel 2 de evoluție

Dark night of the soul (în română, noaptea întunecată a sufletului) este un concept care descrie o perioadă profundă de criză interioară, suferință emoțională sau pierdere spirituală. Conceptul este folosit pentru a descrie momentele de transcedere a ego-ului, când convingerile vechi, limitările, tot ce nu ne mai servește se destramă pentru a face loc unei perspective noi și mai autentice asupra vieții noastre.

Q: Referitor la trecerea spre nivelul 2, unde are loc the dark night of the soul, după ce treci, se comprimă totul? Mai sunt aici informații benefice să le cunoaștem?
A: Ca să treci la nivelul 2, trebuie să lași în urmă absolut totul. E ca și cum ai veni gol, dezbrăcat în plan fizic, și tot "gol" trebuie să pleci mai departe. Toate credințele limitative, programele, condiționările și paradigmele pe care le-ai adunat și care nu te mai ajută trebuie să se elibereze. Asta te face să te simți vulnerabil, fără niciun scut, și astfel ajungi într-un punct de neutralitate.

Noaptea neagră a sufletului apare exact când rămâi complet vulnerabil, fără nicio „haină" de protecție. Atunci are loc adevărata trecere. Ai avut totul până atunci, dar la nivelul 2 nu mai ai nimic, ești doar sufletul tău. În această perioadă, sufletul simte că își pierde controlul, pentru că trebuie să renunți la tot ce era înainte, chiar și la identitatea pe care ți-ai creat-o sau pe care ți-a impus-o societatea. Pe măsură ce lași totul în urmă, ajungi într-un fel de câmp energetic care "presează" sau îți apasă toate "butoanele" interioare, și îți scoate la suprafață tot ce mai rămâne în tine, pentru a fi eliberat definitiv. Singura opțiune este să te lași purtat de flux și să mergi mai departe.

Q: Și cum poți ști că e trecerea spre nivelul 2, și nu este vorba de altă curățare la nivel energetic?
A: Acum îmi arată cât de intens este ceea ce simți în acest proces. E ca și cum te-ai așeza cu tălpile goale pe jăratec. Focul nu te arde la exterior, ci te mistuie pe dinăuntru. Așa simți în interior, o ardere emoțională puternică, care uneori poate fi și fizică. Emoțiile sunt atât de copleșitoare încât ai impresia că nu vei rezista, că vei ceda, dar știi în adâncul tău că vei supraviețui. Până ajungi să stai cu picioarele pe jăratec, trecând prin toate aceste stări, ajungi să fii aproape amorțit, să nu mai simți durerea. Atunci pur și simplu treci peste, pășești înainte și continui drumul.

Q: Ca să-mi fac o idee mai bună, eu încă sunt în acest proces, dacă este binevenit să știu?
A: Răspunsul este Nu.

Q: Adică nu am trecut sau am trecut? Câmpul Cuantum Diana deja a trecut de această perioadă?
A: Nu.

Q: Cât durează trecerea de la nivelul 1 la nivelul 2?
A: Îmi vine în minte cifra 8 luni. Mă gândesc la mine și îmi amintesc o perioadă lungă începând cu 2019, unde în interiorul meu îmi ieșeam din minți. Da, știu exact când, între iulie și februarie. Din februarie am început să caut terapii Reiki online, iar din martie blocajele mele au început, încet-încet, să se elibereze. Atunci însă, chiar credeam că mor, a fost un adevărat infern pentru mine.

Diana: Mă gândesc la altceva acum. Tu până să intri în procesul spiritual, aia a fost trecerea la tine.

Victoria: Da, la mine a început brusc trezirea, foarte brusc.

Q: Dar din perspectiva unei persoane care lucrează zilnic cu ea, care începe să elibereze conștient programe, limitări, trecerea asta poate fi mai blândă?
A: Îmi vine cu litere mari DA. Adică este mai blând procesul dacă lucrezi cu tine pentru că deja treptat eliberezi. La mine a fost forțat, a fost brusc, pentru că eu deja trebuia să merg pe această cale. Eu nu eram niciodată cu ochii "închiși", deja primeam mesaje de mulți ani, aveam abilitățile active, însă eu nu voiam să mă deschid mai mult conștient. Pe mine m-a forțat ca să mă trezesc.

Q: Trecerea aceasta este benefică pentru noi ca suflete ca să începem să ne activăm potențialul maxim, să începem să…?
A: Îmi vine că e obligatoriu.

Q: …ca să mergem pe calea vocației pe care ne-am ales-o, nu?
A: Îmi vine obligatoriu ca răspuns. Mulțumim.

Densități în Câmpul Cuantum

Q: Poți să preiei de la beneficiar ceva în creația ta? Mai ai nevoie să faci curățări după sesiuni în Cuantum?
A: Îmi arată portalul. Este foarte important ca beneficiarul să treacă prin portal individual, fiecare în propriul său portal, iar ghidul să îl susțină să lase portalul să curețe. La final, când beneficiarul iese, trebuie să treacă din nou prin portal și să menționeze că se eliberează, că se curăță absolut tot ce nu mai servește, și abia apoi poate ieși. E benefic ca fiecare să vadă singur portalul, să simtă culoarea lui și să ia singur decizia. Dacă simți să îi spui culoarea, e perfect. Totuși, cel mai important este să faci curățarea atât la intrare, cât și la ieșire, cu susținerea ghidului.

> *Notă:* În Megaquantic (acest concept va fi explicat în capitolul următor) se dizolvă totul automat, și nu este necesar să faci procedura de curățare. Acolo nici nu poți intra dacă nu îți este permis. Vezi în capitolul IV.

Q: În Cuantum sunt cazuri, sau pot fi atacuri din partea ființelor jos vibraționale?
A: Sunt cazuri foarte puține. Între 2% și maxim 10% și sunt rare. Mai des, sunt întâlnite 2% din cazuri, însă atacul nu este direct, ci este mai mult ca o proiecție.

Q: Asta are legătură cu noi, cât de sus suntem pe frecvență când intrăm?
A: Nu are legătură cu ghidul, ci cu beneficiarul. Când e în câmp, densitățile pe care le are îți pot fi proiectate în câmp. De aceea este important când intri să faci toată procedura de curățare, să vezi și simți cum se eliberează. Poți să-ți iei timp să stea beneficiarul cât mai mult în portal ca să se elibereze și să se curețe. E un pas la fel de important cum este și împământarea și conectarea cu Sursa. Cu cât mai mult vezi și simți că se eliberează, cu atât mai ușor o să-ți fie în sesiune. Cu cât mai rapid trece din portal în câmp, cu atât mai mare este probabilitatea să experimentezi proiecția entităților.

De aceea se referă la cazuri excepționale. Când treci foarte repede prin acel portal, și beneficiarul rămâne cu densitățile, poate ajunge la acele cazuri rare de 10%. Asta este lipsa de experiență a ghidului de a gestiona sesiunea. Îmi arată că doar simți memoria gustului la frici, durere, entități, etc.

Q: Într-o singură sesiune, se poate ca beneficiarul să acceseze din mai multe nivele din Cuantum?

A: Îmi arată că este puțin static și puțin flexibil. Static, în funcție de starea ta și de locul în care te localizezi. Atunci când lucrezi cu tine și te localizezi în 2B (așa cum am discutat la pagina 40), adică în gânduri, tu lucrezi cu Câmpul Cuantum pentru a elibera, iar apoi lucrezi cu tine. Întrebi din nou ca să vezi dacă au apărut schimbări.

Dar dacă lucrezi cu un beneficiar, atunci câmpul îți va arăta unde se localizează el în acel moment. Dacă ai lucrat cu beneficiarul și nu se observă nicio schimbare, trebuie să-i acorzi timp. Oferă-i timp, iar dacă va reveni pentru o altă sesiune, vei întreba din nou și este important să îți notezi la fiecare sesiune unde se afla în acel moment. Așa vei putea urmări evoluția lui, dacă lucrează cu el însuși, dacă conștientizează.

Există și a doua variantă: beneficiarul poate să nu-și dorească, de fapt, să schimbe ceva. Cum îți dai seama? Dacă vine și a doua oară, iar starea este aceeași, înseamnă că nu lucrează cu el, nu crede în proces sau așteaptă ca totul să vină din exterior.

Tabelul Cuadrant al Câmpului Cuantum

Exemplu: Dacă beneficiarul e în 1B și tu în 2A, el nu va primi în Cuantum informații, pentru că nu va fi capabil să le primească. În această situație, Câmpul Akashic este mai potrivit pentru el, și tu trebuie să fii flexibilă pentru că el nu va fi capabil să te înțeleagă fiind în Cuantum. Când te cobori în Akashic, ai nevoie să îți activezi protecție energetică și să faci totul după protocol.

Dezintegrare suflet - conştiinţă

Experimentam în ultimele zile o stare mai diferită, cu multe sentimente şi roller coaster emoţional. Am intrat în sesiune şi am aflat cauza, care era un nor de densitate trimis la nivelul Planetei Pământ. Redau mai jos parte din acea sesiune.

Victoria: Eu trăiesc în două dimensiuni diferite, iar polarităţile sunt prea mari. Punctul de conexiune dintre aceste polarităţi este amplu şi creează o distorsiune destul de profundă. Acest aspect îmi redifuzează corpul fizic şi percepţia mentală, fiind prezentă în două spaţii concomitent. Conştiinţa mea sare de pe un plan pe altul, însă nu este aliniată coerent cu corpul fizic, material, ci oscilează dintr-o parte în alta. Conştiinţa trage într-o direcţie, iar corpul fizic în alta. Din această cauză, fizicul meu nu poate exista fără conştiinţă. Conştiinţa trage de corp, corpul trage înapoi, iar acest lucru creează o barieră de existenţă între cele două dimensiuni. Polarităţile mele sunt prea mari. Eu îmi doresc să exist, să coexist împreună cu acest corp, cu conştiinţa, cu mintea, cu inima, cu sufletul şi cu subconştientul, într-un singur corp sincronizat.

Q: Cum pot să exist doar într-o singură dimensiune, spaţiu, loc, corp?
A: Îmi vine să spun: *"that's hell of a ride"* (*"asta e o experienţă al naibii de intensă".*) Sunt împrăştiată în foarte multe spaţii. Coexist în mai multe dimensiuni, şi asta doare, pentru că nu reuşesc să mă adun. Sunt ca nişte bucăţi din mine, împărţite în locuri şi spaţii diferite. Mă văd peste tot.

Q: Ce a cauzat asta? Care este motivul?
A: Este frica de eliberare. Eu nu sunt cu adevărat prezentă aici, chiar dacă mă vezi în corpul fizic. 0 întreg şi doar 1% din mine e aici, restul este împrăştiat în alte spaţii. Doar un fragment e ancorat; întregul e în altă parte.

"Eu, Victoria, fiind în acest corp, vreau să fiu prezentă 100%."

Văd diferite vieţi în care coexist. Văd ET care arată de culoare surā - albastra, alta viaţa ca fiind un tip de animal, sunt o piatra, diverse, ba chiar nu ştiu ce mai sunt. Sunt diverse vieţi şi văd câte un fragment.

"Eu îmi chem înapoi toată conștiința care îmi aparține, cer să fie strânsă înapoi în acest corp al Victoriei, toate bucățelele, fațetele sufletului meu să fie integrate înapoi în acest corp fizic, și orice particulă care nu-mi aparține să fie eliberată aici si acum."

Frica de eliberare a fost respinsă. Sunt pur și simplu într-un spațiu deschis, undeva în cosmos. Nu există podea, nimic solid sub mine. Doar vastul. Cu toate astea, îmi văd corpul fizic și observ cum, treptat, bucăți din mine încep să se întoarcă. Vin mulți curenți, fiecare aducând câte o parte înapoi spre mine.

Q: Cât timp va dura acest proces de integrare?
A: 12 zile

Q: Care a fost cauza dezintegrării conștiinței și a sufletului meu?
A: A fost o undă, o energie care a venit spre planeta noastră din spatele ei, dinspre vest, din stânga – nu de la Soare. Era o densitate care a înconjurat planeta, având o culoare negru-suriu. Seamănă cu imaginea pe care o vezi la televizor când nu prinde bine frecvența sau canalul – acel „șuierat" vizual, gri-șters. Așa arăta această energie.

A venit ca o umbră dinspre Vestul Americii și s-a deplasat spre Japonia, deci din vest spre est. Eu eram prezentă în spațiu, exact în zona unde această energie a radiat cel mai puternic. Acolo, ea a produs o dezintegrare completă a tuturor celor care locuiau în acea zonă, pe întreg globul pământesc, oriunde a trecut. A fost o dezintegrare totală, la nivel planetar.

Q: Asta se explică prin stările tale, și ale mele, din ultimul timp?
A: Îmi pare că la tine nu a fost direct, iar eu am fost afectată aproximativ direct. Dar cum te-a afectat pe tine și pe alții? Deasupra Europei nu văd această energie, însă văd o fâșie care pornește din vest, de-a lungul planetei, și care, ca un canal, a intrat prin Polul Nord. Din Polul Nord, a continuat în interiorul planetei și de acolo a făcut un trigger din pământ. Nu văd India sau Orientul Mijlociu, dar îmi arată că fâșia a ajuns până în Japonia. Energia a intrat în Polul Nord prin interior. Există un canal la Polul Nord prin care energia pătrunde foarte ușor și afectează din interior spre exterior, spre suprafață. Energia a ieșit prin porii Planetei Pământ, nu a trecut direct în partea cealaltă a globului. Tu nu ai fost expusă direct la această energie, ci la radiația ei. Această energie a făcut dezintegrare totală, și ăsta

a fost și scopul. Cei care au fost atinși direct au fost pur și simplu dezechilibrați, la propriu, la nivel energetic și sufletesc.

Notă: Acest eveniment global a avut loc pe la sfârșitul anului 2024.

Mulțumim.

Scut energetic cu coduri - Ființă cu 12 aripi - similar cu Serafimii

În urma unei întrebări a Dianei în Câmpul Cuantum, a ieșit la suprafață un scut energetic pe care îl are. Când am cerut detalii despre acest scut, ne-am conectat pentru prima dată cu o ființă asemănătoare cu Serafimii.

Victoria: Pe partea stângă a corpului tău energetic ai un scut, care merge de la mijloc, din stânga spre partea dreaptă, și vine ca o placă rotundă până în spatele tău, în urma ta. Acest scut energetic îți creează un sentiment de frică, dar nu numai. El stă în afara corpului tău energetic și de la el vibrează spre tine programe precum „nu ești încă gata", „nu poți" și multe altele. E un sentiment.

Q: Scutul poate fi eliberat acum?
A: Sunt coduri la care noi nu avem acces și nici puterea să le descifrăm. Când mă uit la scut, pare o placă, dar dacă te apropii și încerci să interacționezi cu el, observi butoane transparente, ca niște pătrățele diferite, fiecare având un cod unic inaccesibil nouă. Doar echipa responsabilă de tine, din care faci parte, are autoritatea să le acceseze. Scutul poate fi dezactivat doar de cineva aflat pe un nivel superior, care răspunde de tine și decide dacă îl scoate sau nu.

Este ceva destul de îndepărtat de noi, o echipă care gestionează fiecare persoană în mod individual.

Q: Pot să chem echipa care răspunde de el, sau încă nu e momentul să scot scutul?
A: În fața ta este o ființă care are 12 perechi de aripi, ele par aripi dar sunt altceva. Aripile nu sunt foarte mari, ci ca niște pene mai flexibile. Are 12

rânduri. E o ființă de dimensiune mare, megagigantică, și se afla în fața ta. Tu ești ca un fir de nisip în fața acestei ființe.

Q: Vrea să se prezinte?

A: Rangul acestei ființe este prea înalt pentru a putea fi perceput de mintea noastră logică. Îmi vine că e ca un fel de Serafim.

Q: Atunci rog să îmi transmită dacă este momentul potrivit să eliberez acest scut?

A: A îndepărtat scutul și te-a luat în brațe. Chipul acestei ființe, e greu de descris. Imaginează-ți o pasăre fără ochi vizibili la început, cu o formă rotundă, apoi un strat cu un cioc, urmat de ochi dedesubt. Apoi încă un cioc, alți ochi, din nou un cioc. Așa arată fața acestei ființe, stratificată și neobișnuită, dar mare și plină de iubire infinită.

În ciuda înfățișării sale ciudate, această ființă emană o iubire incredibilă, atât de blândă, atât de tandră cu tine. Doamne, câtă iubire are. Te tine ca pe un nou-născut, ca și cum ai fi fost copilul său. Pentru această ființă, ești un bebeluș. Aceasta fiinta nu se consideră parte din niciun tip de ființe cunoscute de noi.

Provine din cel puțin a 12-a dimensiune. Astfel de ființe nu pot să se materializeze mai jos de D12, pur și simplu nu pot coexista în dimensiuni inferioare. Aceasta fiinta nu este un ghid spiritual. Ghizii trebuie să opereze din frecvențe sau dimensiuni mai joase, pentru a putea fi suficient de aproape de noi. Este asemănătoare unui înger. Deși am putea încerca să o comparăm cu Heruvimii sau Serafimi, ființe puternice și strălucitoare, tot nu este același lucru. Nu am mai întâlnit niciodată o astfel de ființă în experiența de pînă acum.

Face parte dintr-un colectiv, un grup cu care fiecare dintre noi este conectat într-un anumit fel. Ei sunt responsabili de noi la un nivel foarte profund. Nu sunt Fondatori, și nici Creatori, ci sunt ceva cu totul unic. O echipă care există mult dincolo de ceea ce înțelegem noi în mod obișnuit.

A: Acum ți-a pus înapoi protecția, pentru că ai nevoie să o ai. Codurile acestea, care sunt activate, numai ei le pot dezactiva, însă avem nevoie să creștem, iar atunci când ei înțeleg că am învățat lecțiile și nu ne mai servesc, le scot. Noi credem că sunt ceva rău, însă ele ne ajută să ne concentrăm pe ceea ce trebuie să experimentăm în creația în care suntem. Dacă le scot, e ca și cum ai rămâne fără nicio misiune, fără niciun scop. Ți le-au luat, ți le-au scos și apoi ți le-au pus înapoi, spunându-ți că ești bebeluș și trebuie să înveți. Gata, a plecat. Emană o lumină incredibil de puternică. E o ființă interesantă. Mulțumim.

Concepție și implantare - Protecție mamă-copil

Q: Întrebarea mea acum este legată de sarcină și de copiii. Este în binele Dianei să afle răspunsul acum?
A: O să ai 2 copiii. A venit primul, l-ai luat în brațe, și apoi a venit al doilea. În dreapta ta a venit primul copil, l-ai luat, și al doilea a venit din partea stânga și te-a luat de mână. De fapt primul a venit și s-a învârtit prin jurul tău de doua ori, după l-ai luat în brațe pe partea dreaptă, și apoi a venit al doilea copil din partea stângă, l-ai luat de mână, și s-a învârtit o dată. Ceva cu cifra 2 și cifra 1. Două sezoane va dura până va veni primul copil, iar la cifra 1 - va fi 1 an diferență între ei.

Q: Și semnifica partea dreaptă și stângă?
A: În dreapta, primul va fi băiat, și apoi fetiță.

Diana: Așa am simțit și eu.

A: La băiat cifra 2 este relevantă pentru tine, a venit în brațe, și apoi a venit din stânga, și v-ați învârtit o dată, deci este posibil să fie o diferență de un an între ei. Eu te văd cu 2 copiii foarte clar. Fetița o să fie mai rușinoasă. Se ascunde după tine.

Nu este prima dată când primesc informații la acest capitol despre copii, ba chiar dacă sunt persoane prezente însărcinate le simt instant genul copilului și mereu se adeverește fără să cunosc informații despre sarcină.

În timpul unei sesiuni de scanare a corpului fizic (Body Scan & Healing), am perceput o protecție asupra Dianei, ca un fel de 2 dispozitive care erau prezente în câmpul ei, și nu îmi permitea să îi scanez corpul fizic prin intermediul abilității mele naturale de a vedea n detaliu densitățile și aspectele de vindecat. Ființele de lumină i-au arătat atunci Dianei că are legătură cu procesul de

concepţie, şi cu sufleţelul care va veni prin ea. Următoarea întrebare se referă la acea protecţie, dacă este generată automat mamei în procesul de concepţie, sau este ceva individual.

Q: Câmp Cuantum odată cu procesul de concepţie a copilului, se creează un câmp de protecţie pentru mamă-copil automat? Sau copilul creează automat protecţia?

A: Întrebarea şi răspunsul este complicat.

Odată cu procesul de concepţie, protecţia începe să se formeze în regiunea capului. Apare un canal pe diagonală, deasupra capului, apoi în cap, iar din cap coboară de-a lungul spatelui, pe coloana vertebrală, după care trece prin canalul Kundalini, de la spate până în sacrum. Aceasta este baza principală a protecţiei, odată cu conceperea copilului. Acest proces nu se referă la momentul în care eşti deja însărcinată. Procesul de creare a protecţiei începe cu două luni înainte, atunci când protecţia începe să se formeze. Acesta este primul pas.

Canalul trece prin cap, apoi prin corp, după care coboară de-a lungul coloanei vertebrale. După ce acest canal vertical este format, el începe să se extindă, lărgindu-se în circumferinţă. Este nevoie de aproximativ două luni înainte de implantare pentru ca acest proces să înceapă, iar canalul format de-a lungul întregii coloane este drept şi începe să construiască protecţia în jurul corpului mamei. Văd mama ca fiind învăluită într-un cocon. Acest câmp de protecţie nu se construieşte deodată, ci are nevoie de timp pentru a creşte şi a se dezvolta. Când acest proces este complet, copilul vine prin acest canal – şi nu prin chakra coroană, cum suntem obişnuiţi să credem. Este un alt canal.

Omenirea, în prezent, nu cunoaşte acest canal. Este acel canal prin care călătorim când venim la întrupare, iar sufletul copilului vine prin acest canal, aflat pe diagonală.

Q: Câmp cuantum este binevenit să cunoaştem numele acestui canal?
A: MURSUND, aşa a venit.

Când are loc implantarea în corpul fizic, sufletul călătoreşte prin acest canal, pe la dosul capului, apoi trece prin canalul Kundalini şi ajunge la bază. De acolo începe să se dezvolte. Aşa se întâmplă în timpul conceperii şi al implantării. Mulţumim.

Cordon energetic creat cu un suflet trecut în planul astral

Q: Mie îmi vine să întreb acum, fetița este sufletul bunicii mele? Așa venise într-o sesiune.

A: NU, răspunsul este nu. Îmi spune să nu fii atașată de bunica sau stră-bunica ta, pentru că îi încalci liberul arbitru al bunicii tale și evoluția ei personală, creând un astfel de gând.

Diana: Interesant, pentru că îmi venise mesajul ăsta din Akashi prin cine-va și eu cumva nu eram atașată, însă gândul ăla m-a făcut probabil să creez atașament.

Victoria: Ai creat cordon cu sufletul bunicii tale.

De avut în vedere că uneori, în timpul sesiunilor de citire a Câmpului Akashic, informațiile pot veni din mentalul ghidului. Este important să nu ne atașăm de toate informațiile primite, ele oricum sunt probabilități și se schimbă în de-pendență de alegerile noastre. Dacă ghidul nu este pe vibrații înalte în timpul sesiunilor, nu a lucrat cu sine și nu și-a eliberat densitățile, poate transmite in-formații false. Câmpul Akashic, așa cum am prezentat la începutul acestei cărți, este un câmp dual, care poate atrage informații și de la ființe mai dense pentru a ne opri de la calea noastră divină.

Diana: TAtunci îmi exprim intenția să tai cordonul cu sufletul bunicii mele. O eliberez și îi dau voie să aibă evoluția ei.

A: Nu îi permiți sufletului care trebuie să vină prin tine, să vină, și ții le-gătura, cordonul care nu este menit pentru tine, din cauză că tu ai creat inconștient cordonul cu bunica ta.

Diana: Ce mă bucur pentru că am simțit să întreb. Eu nu rezonam cu aceas-tă informație, simțea ceva, îmi dădea cu virgulă informația asta când a venit.

A: Nu îi permiți sufletului viitorului tău copil să vină și oprești procesul de evoluție al bunicii tale. Încalci liberul arbitru a două suflete diferite. Ține palma stângă în spatele urechii stângi și observă acum cum cordonul iese ca o capsulă în afara corpului tău, fără să ajungă în palmă. Imaginează-ți palma ta ca pe un magnet care extrage cordonul. Când vezi că acesta pluteşte în afara corpului tău, pune-ţi intenţia de a elibera această capsulă. Acum vezi cum capsula se ridică în sus şi se dizolvă automat în lumină. Acum se dizolvă. Pune-ţi intenţia chiar acum. Perfect. Şi energetic, la fel. Din orice spaţiu, timp, creaţie sau existenţă. Asta era foarte important pentru tine să eliberezi.

Diana: Da, bine că am întrebat. Şi vezi cât de mult te pot impacta anumite informaţii pe care le primeşti, informaţii care nu sunt adevărate?
Victoria: Da, pentru că îţi formezi programă, cordon, şi încurci evoluţia altui suflet.
Diana: Îmi vine să spun acum, că dau voie acelui sufleţel care vrea să vină prin mine, să vină la timpul lui potrivit, exact aşa cum are nevoie..
Victoria: În 2 ani o să ai fată. Tocmai ce am văzut un canal în partea ta stângă, la nivelul energiei feminine. A făcut conexiunea. E culoarea roz, energie… stai, indigo, pentru că eu văd culoarea asta. O să fie mai mult din rasa indigo. Nu ştiu.
Diana: Nu ştiu dacă e rasă, însă indigo e acel val de suflete care vin spre ascensiunea planetei.

A: Ea este un suflet cristal. Îi pot vedea întreaga formă, este rotundă şi cristalină ca structură, deşi culorile ei sunt indigo. Va fi un copil indigo. Până cel târziu în 2027, va veni; trebuie să apară în acest interval de timp. Conexiunea s-a realizat chiar acum, când canalul din partea stângă s-a deschis. Mai întâi a apărut energia roz, apoi cea indigo. Am văzut-o clar, stând cu braţele şi picioarele desfăcute; corpul ei era complet format. Conexiunea finală s-a încheiat. De aceea este atât de important să nu ne blocăm în faţa acestor informaţii.

Reconstrucţie ochiul stâng

Q: Întrebarea este despre ochiul meu stâng. De ce am astfel de înţepături, foarte aleatorii?
A: Mie îmi vine *"under construction"* *("în construcţie")*. Ştii ce îmi vine? Ştii cum noi toţi avem de la 9 dimineaţa până la 10 seara voie să facem reparaţii, şi oricum avem nevoie de permisiune? Îmi vine că ei lucrează fix aşa, dar lucrează încet.

Q: Pentru ce este nevoie de reconstrucția ochiului meu stâng?
A: Eu cred că se curăță. Mi-a venit un cuvânt foarte interesant *"omnabulistic"*. Din starea omnabulistică, se transformă în altă formă.

Omnabulistic - vechea structură formată din materia primă a existenței 3D, care interferează și poate fi manevrată, și văd de fapt Matrixul. Aceasta este starea existenței noastre fizice în Matrix.

Q: Și spre ce formă se reconstruiește ochiul meu stâng?
A: *Omnipotent* - structura masei formată din neutroni, suprapuși cu protoni, în care se formează, înmulțit la dublu, în fizotroni.

Omnipotent - materia primă creată în suprapunerea substanței celulare, în care coexistă partea negativă umană, unde fizotronii sunt partea pozitivă a creației fizice umane la nivel simplu, și în care materia primă se dezvoltă în materie celulară, cristalină, izotropică.

Eu trebuie să ascult de 3 ori să înțeleg ce e asta și ce am spus acum.

Q: În cuvinte mai simple, de la ce stare la ce stare se reconstruiește ochiul meu stâng?
A: Îmi arată ceva foarte micuț, la care s-a dezvoltat un organ, pe partea aceasta omnabulistică. Starea omnipotentă e deja organul format. Îmi arată imagini. Noi vedem un ochi, și în primă fază s-au creat mai multe celule, apoi s-a format ochiul ca organ. Acum în procesul de construcție, văd cum de la organul format, se formează mai mulți ochi. Aceasta este vederea multidimensională. E un ochi care vede printre 100 de ochi.

Q: Acest lucru oferă posibilitatea de a vedea de 10 ori, de 100 de ori mai bine?
A: Da, îmi zice că da. Un ochi va vedea prin 100 de ochi, dar eu nu o să am aici 100 de ochi, ci o să am un ochi care va vedea prin 100 de ochi. Îmi arată că așa văd Arhanghelii.

Diana: Mie îmi venise din prima că de fapt este vederea la distanță.

A: Da, este posibilitatea de a vedea pe mai multe nivele. Îmi arată Arhanghelii că, cu cât rangurile îngerilor sunt mai înalte, cu atât au mai mulți ochi, iar ei pot vedea în mai multe creații, pe mai multe planuri.

Q: Oare are o corelație cu upgrade-ul și transformarea din om reptilă, în om ființă de lumină?
A: Mie mi-a venit că da, și continuarea este om ființă multidimensională. Vezi? Atunci pe 12.12 s-a curățat partea stângă, iar acum are loc un alt proces. Înseamnă că face parte tot din acel proces.

Q: Asta este o abilitate individuală? Sau odată ce noi dizolvăm partea reptiliană, se activează abilitățile noastre divine, multidimensionale?
A: Îmi vine că partea inferioară a noastră se dizolvă, și se activează partea multidimensională. Însă asta nu se consideră abilitate, ci este din categoria capacităților noastre din care noi putem accesa.
Imaginează-ți că te-ai dus la o librărie și vrei să accesezi informații despre, să zicem, stele. Tu îți dai permisiunea de a accesa, este capacitatea de a studia mai mult. Abilitatea este ceva deja în tine, însă capacitatea vine din experiențele pe care tu le-ai acumulat, și învățat. Darurile e ceva, abilitatea e altceva, și capacitățile este o altă categorie.

La mine, partea cu ochiul este capacitate. Mulțumim.

Daruri, capacități, abilități

Q: Înseamnă că darurile vin ca un upgrade, ceea ce primim pe lângă, nu?
A: Bună întrebare. Îmi vine că upgrade-ul poate reflecta și darurile și capacitățile.

Darurile intră în categoria de misiuni, adică atunci când noi îndeplinim diferite misiuni pe care ni le-am ales la nivel de suflet, ni se oferă medalii, ni se oferă daruri.

Capacitate este atunci când tu, suflet multidimensional, ai trecut prin diferite vieți, unde ai avut anumite abilități, sau ai dezvoltat diverse capacități pe care le poți activa în acest plan. Nu este ceva oferit ca dar, ci este o abilitate reactivată în noi.

Upgrade-ul e necesar și pentru daruri și pentru capacități, pentru că ele așa se deschid.

Abilitățile sunt aspectele noastre naturale, e ceva care face parte din energia noastră, pe care le activăm atunci când facem eliberări de densități și blocaje. Sunt persoane care vin cu anumite abilități deja deschise, însă altele se deschid pe parcurs, când suntem gata și ne dorim.

Q: Mă gândeam la situația mea. Eu o iau ca dar când mi-au activat capacitatea de percepe prin auz pe alte planete. Cred că a fost un dar.

Într-o sesiune de channeling, activare și upgrade, Diana a primit ca upgrade capacitatea de a vindeca în alte planuri și dimensiuni. Această abilitate e capacitatea de a primi prin auz informații din alte planuri. Sunt diverse suflete care există în planul fizic însă în același timp coexistă și în alte planuri, galaxii, planete, sau dimensiuni. Astfel, orice experiență din acele planuri impactează și are ecou și în această existență. Imaginați-vă cum fiecare viață trecută are ecou în tot ceea ce experimentăm acum. Toate blocajele nerezolvate din alte vieți sau existențe vor crea tipare asemănătoare în acest plan, totul pentru a fi eliberate și integrate. La fel funcționează și viețile paralele și concomitente.

A: Da, exact. Și uite, de exemplu, la fel cum am primit și eu la retreat, când am eliberat entitatea care a ținut captivi mii și mii de suflete din evoluție, acea medalie, care este un dar. Partea aceasta cu ochiul este capacitate, înseamnă că eu am trăit undeva în astfel de planuri. Eu știu și cunosc că am o relație cu planul de îngeri, pentru că și mentora mea mi-a zis că m-a văzut, și cred că de acolo eu am capacitatea aceasta. Foarte interesant. Mulțumim pentru informații.

Experiența cu entitatea Pământului va fi relatată în capitolele următoare. În octombrie 2024, în timpul participării mele la un retreat am mers să ne conectăm cu American's Stonehenge. Acolo, foarte neprevăzut, în timpul meditației am eliberat o entitate imensă care ținea captive sufletele și toată planeta Pământ din evoluție.

Q: Cu ce o să mă ajute pe mine asta, după reconstrucția ochiului stâng?
A: Ok, am înțeles. Tocmai ce am explicat.

Q: Ochiul meu drept, prin ochiul meu se conectează cine are nevoie, sau își ia forma mai mult a aspectului meu Lyrian?

Diana: Mie mi-a venit că se conectează atunci când ai nevoie. Dar tot pe partea de rasă dominantă îmi vine.

A: Știi ce îmi vine acum? E cam ceea ce ai spus tu. Atunci când în jurul meu există o densitate prea mare, se face o măsurătoare, iar dacă în câmpul meu, în jurul meu, se detectează că energia iese din parametrii aceștia de densitate și ajunge la limita maximă, atunci se conectează, prin rădăcina ochiului meu, familia mea lyriană, pentru a dizolva, ca un laser, orice frecvență joasă din jurul meu.

Pentru că energia mea fizică nu este suficientă pentru a manevra această energie, se conectează rasa mea dominantă, iar eu, prin privire, dizolv automat, fără să-mi dau seama, ca un laser care șterge energia în funcție de direcția în care se mișcă ochiul meu. Este un proces involuntar, inconștient.

Conectarea Ființelor de lumină prin ochi

Q: Dar interesant de ce data trecută s-a conectat cineva cu ochiul tău stâng, când ai fost la alt retreat.
A: Da, aici bună întrebare. Mie mi-a venit că acum ochiul meu stâng este în "construcție", și tubul ochiului nu putea să reziste la energia aceasta puternică, pentru că a fost mai mult jos vibrațional de la procesul de transformare, de la portalul 12.12. Astfel, ei s-au conectat prin ochiul drept. Aici se explică și de ce ochiul meu se schimbase, îmi puteam observa vizibil trăsăturile diferite față de aspectul meu uman. Este în dependență de rasa care se conectează cu mine.

Q: Este vreo relevanță de ce ochiul stâng și nu drept?
A: Rog tatăl meu Lyrian să-mi explice de ce s-a conectat cu partea stânga data trecută, și acum cu dreapta, dacă este aceeași rasă.

A: Întrebarea ta este complicată. Ai nevoie să înțelegi un lucru. *"Difuzarea energiilor nu contează prin ce parte, canal se transmite, sau are loc transmisiunea, ci este important ca ea să treacă. Ochii sunt un canal direct, ca și cum ai* *privi prin dosul oglinzii, dinăuntru oglinzii, unde nimeni nu vede din exterior. Din exterior se vede doar oglinda."*

Transmisiuni - Lucernisum și Familia Galactică de pe Lyra

Familia Galactică din Lyra este formată din Ființe Antice de Lumină, înțelepciune și frecvență înalt vibratională. Cunoscuți ca una dintre cele mai vechi civilizații stelare conectate la evoluția Pământului, ei poartă o compasiune profundă față de călătoria umanității. Prezența lor este subtilă, dar puternică, ghidând ușor sufletele prin amintire, vindecare energetică și activarea conștiinței superioare.

În transmisiunea care urmează, ei împărtășesc nu doar cuvinte, ci și frecvențe menite să fie simțite dincolo de minte, direct în inimă și în corpul energetic. Deschide-te să primești, nu cu înțelegere, ci cu prezență.

Q: **Ce energie stă acum lângă mine, în spațiul meu?**
A: Simt valuri de energie, e foarte intens.

Channeling:

"Vom face noi transmisiunea acum. Victoria nu își dă seama că multe lucruri funcționează de la sine. Suntem aici acum și am preluat pentru câteva secunde transmiterea acestei informații pentru binele suprem al tuturor celor de pe planeta voastră. Este ceva ce nu trebuie înțeles așa cum îl percepeți în mintea voastră, ca formă umană. Energia funcționează așa cum curge în flux, oriunde simte corpul fizic: prin ochi, urechi, piele, zgomot, sunet și mișcări ale mâinilor voastre, care reflectă energia în afara fizicalității și în lumea voastră. Răspunsul la această întrebare nu este o chestiune de cunoștințe de-ale voastre. Nu trebuie să explicăm prea multe despre existența și funcționarea în sine a energiilor, atâta timp cât se conectează cu voi toți. Prea multe întrebări apar în mintea voastră pentru că vreți să știți mai multe, dar energia funcționează într-un mod simplu. Merge exact așa cum trebuie, conectată în acel moment al unității, la timp, pentru ca treaba să se facă atunci când aveți cea mai mare nevoie de ea. Nu trebuie să aranjați lucrurile așa cum doriți să fie. Și percepem cunoștințele voastre ca pe o credință limitativă în mintea voastră, care nu vrea să elibereze limitele modului în care puteți crede dincolo de ele, și vrem să vă mulțumim pentru această transmisiune. Vă iubim."

Doamne eu mă simt așa micuță acum după ce s-au deconectat. M-am simțit măreață, parcă eram pe tron, așa de mare, cât toată clădirea aceasta, și acum așa brusc am revenit înapoi micuță. S-au conectat prin capul meu pentru că nici nu puteam să mă gândesc la ceva.

Uite despre ce a fost sunetul. Eu nu am în casă un așa device care ar crea astfel de sunete, și puțin m-am speriat.

Mulțumim pentru transmisiune.

Înainte de acest channeling, în casă, au început să se audă diverse sunete electronice, deși nu am nici un device electronic care ar produce astfel de sunete. La început mă întrebam ce fel de sunete sunt emise în spațiul în care locuiesc, însă după acea transmisiune ele s-au oprit. Deseori au loc astfel de situații inexplicabile.

Celestials sunt Ființe de Lumină și de conștiință superioară, care ghidează omenirea prin iubire, înțelepciune și trezire spirituală. Ei apar adesea în forme simbolice sau energetice celor care sunt sensibili la prezența lor, oferind claritate și sprijin în momente de transformare.

În transmisiunea care urmează, ei se conectează prin Victoria pentru a oferi mesaje și clarificări, în special legate de prezența copiilor celești și de numele care au început să apară în timpul sesiunii.

Q: Să întrebăm despre diferitele rase de copii Celesti. De ce îi apar Victoriei diverse rase de copii? Este aici vreun mesaj?
A: Pe masă în fața mea, unde stă laptopul, stă un copil, și spune că "Eu sunt aici, hey, da tu poți să mă vezi?" Știi? Cum stă pe masă, dă din picioare. Fața lui este formată din multe stele. El e albastru, ca un cosmos, și are stele pe față. Lucernius?? Nu știu dacă este așa ceva. Lucernium. Ori Lucernium, ori Lucernius.

Iar s-a auzit sunetul ăsta. Nu înțeleg cine e.

La scurt timp, în aceeași sesiune, după prima transmisiune de channeling, s-au conectat alte ființe de lumină prin mine pentru a aduce clarificări despre numele lor. Redau mai jos transmisiunea lor.

Channeling:

"Suntem ființe dintr-un univers complet diferit, din locația voastră, de pe Pământ și din lumea separată de partea noastră. Dorim să vorbim cu voi pentru a clarifica numele nostru, care este Lucernisum. Acesta este numele nostru, de unde venim. Lumea, lumea noastră are o frecvență sonoră intensă pe care este imposibil să o mențineți pe planeta voastră, iar în lumea voastră, halogenații din creația voastră, totul ar exploda instantaneu și pentru scurt timp, doar cu sunetul propriei noastre voci în lumea voastră. Pentru voi ar fi ca și cum ați fi auzit un bubuit de zece mii de bombe, bombe atomice, în același timp. Aceasta ar fi frecvența sonoră de pe planeta noastră. Așa funcționăm și așa arătăm. Albastru cu galben, pentru voi ar fi stele, dar aceasta este creația noastră. Este imposibil pentru voi să ne auziți altfel decât prin astfel de conexiuni. Mulțumesc. La revedere."

Mulțumim. Oh, Doamne, am perceput un sunet atât de intens de am crezut că îmi pocnește timpanul. Ok, eu cred că pe astăzi sunt gata. E prea mult.

Cuantum - Victoria & Diana - 21 martie 2025

În această sesiune, ne-am conectat ca să primim informații adiționale sau clarificări la câteva mesaje primite pentru această carte. Modalitatea de conectare a fost complet diferită de până acum. La începutul meditației, ne-am conectat cu o stea prin chakra inimii, astfel că, de la mijlocul trunchiului în sus, partea fizică umană a fost dizolvată complet pentru ca inima să se conecteze proporțional egal cu Câmpul Cuantum. Pentru această metodă nu avem nevoie de curățări, eliberări atașamente, sau de eliberat energii jos vibraționale, pentru că prezența la astfel de energii nu au nicio valoare. Trunchiurile noastre, de la mijloc în sus, erau într-o continuă mișcare, astfel puteau percepe corect mesajul.

*Conectarea prin această modalitate este necesară atunci când ne conectăm în **spațiul Void din Câmpul Cuantum, nivelul 3A**. Acest nivel nu este*

recomandat a fi accesat fără cunoștințe sau un regulament strict de funcți-
onare, pentru că dacă nu știi cum să te conectezi sau să manevrezi energia,
poți să dispari complet din planul fizic. Este nevoie de o modalitate de
împământare diferită față de cea cu care suntem obișnuiți.

12, baza 4, echivalent cu Sursa Pământului împărțit la 2 unități fractale a Câmpului Cuantum

O structură fundamentală (bază 12) în care o energie de origine terestră (4) este echilibrată sau înțeleasă prin diviziuni ale conștiinței sau ale modelelor energetice fractale, repetitive, din Câmpul Cuantic, făcând referire la modul în care inteligența universală sau conștiința modelează experiențele pămân-tești.

Această formulă simbolică descrie modul în care energia Pământului ia naștere sau este înțeleasă printr-un cadru spiritual sau energetic de ordin superior.

1. 12 baza 4:
În baza 4, convertim 12 (baza 10):
    $12 \div 4 = 3$ (cat), rest 0.
    $3 \div 4 = 0$ (cat), rest 3.

Rezultat: $12_{10} = 30_4$.

30_4 în baza 10 este $3 \times 4^1 + 0 \times 4^0 = 12$, deci echivalentul numeric rămâne 12.

2. Sursa Pământului împărțit la 2 unități fractale ale Câmpului Cuantum:

S = Sursa Pământului (S) *este un termen nedefinit, interpretat ca o valoare simbolică. Poate fi energia vitală a planetei, Gaia, prana terestră sau Câmpul Morfogenetic. Energetic, am putea asocia cu câmpul electromagnetic al Pămân-tului și anume rezonanța Schumann (~7.83Hz "bătaia inimii" a planetei).*

F = O unitate fractală a Câmpului Cuantum. *O unitate fractală ar putea fi mă-sura unui tipar energetic repetativ, cum ar fi o vibrație sau un "pachet" de energie.*

*2 unități fractale ale Câmpului Cuantum sugerează o unitate ipotetică (F), probabil legată de fractale, ale Câmpului Cuantum. Presupunem **2F.***

Ar putea însemna două "cicluri" sau "nivele" ca dualitate (yin-yang, pozi-tiv-negativ, lumină-întuneric) care modulează sau "filtrează" energia Sursei Pământului.

3. Echivalența:
12 (sau 30_4, echivalent cu 12_{10}) = S / (2F).

Expresia devine:
$$S = 12 \times 2F = 24F$$

Sumar:
12 baza 4 este 30_4 (echivalent cu 12_{10}). Dacă aceasta este egală cu Sursa Pământului (S) împărțită la 2 unități fractale ale Câmpului Cuantum" (2F), atunci: S = 24F

Sursa Pământului este de 24 de ori mărimea unei unități fractale ale Câm-pului Cuantum.

Semnificația metafizică ar sugera că numărul 24 ar putea avea o semnifica-tie strâns legată de simbolică:
– 24 de ore într-o zi (un ciclu complet al Pământului)
– 24 de diviziuni ale octavei în unele sisteme muzicale sacre.

Această formulă ar putea implica o relație între energia microscopică a Pământu-lui și unități microscopice de vibrație din Câmpul Cuantum, sugerând că Pământ-tul "concentrează" sau "amplifică" energia universală a conștiinței sau energiei.

S = 24F sugerează că energia Pământului este echivalentă cu 24 de astfel de unități fractale. Dacă o unitate fractală (F) reprezintă o frecvență specifică (de exemplu, o vibrație de 1 Hz sau o „undă de conștiință"), atunci Sursa Pământu-lui ar putea fi o frecvență compusă sau o energie cumulativă.

Exemplu ipotetic:

Dacă F = 7.83 Hz (frecvența rezonanței Schumann, asociată cu „pulsul" Pământ-tului), atunci S = 24 × 7.83 ≈ 187.92 Hz

Aceasta ar putea fi o frecvență „superioară" a conștiinței terestre, legată de meditație sau stări elevate.

*Alternativ, F ar putea fi o energie mai subtilă, cum ar fi o **„fluctuație cuantică"** (în fizică, de ordinul 10^{-36} J/m³), iar **S** ar fi o amplificare a acesteia la scară planetară.*

Formula ar putea face parte dintr-un sistem cosmologic care descrie relația dintre Pământ și univers. În acest sistem, Pământul este un „nod" energetic care concentrează energia Câmpului Cuantum în tipare fractale.

> **Notă:** *Aceste formule sunt în baza studiului individual, în acest câmp, unde nu sunt excluse erori din punct de vedere matematic, cosmologic, fizic sau metafizic.*

A: Tehnologiile creației din viitorul uman sunt în neperceperea fizicii, inexplicate corect. Este ca și cum ai privi printr-un ochi cu un zoom de minim 100 înmulțit la 2, în care această distanță dintre fizica materială pe care voi o cunoașteți că există, este o porțiune, un decalaj destul de mare în care aveți nevoie să creșteți pentru a ajunge la noua energie, fizică, la care trebuie să tindeți voi.

Câmpul este foarte intens în acest plan atunci când ai doar jumătate din corpul fizic prezent. Simt ca și cum aș exista doar de la brâu în jos, doar cu șezutul și picioarele. Este o senzație foarte ciudată și este pentru prima dată când mă simt în felul acesta.

Q: Simt să întreb - care este scopul cristalului pe care am simțit și am fost ghidată să îl am cu mine în sesiune?
A: El ne ajută să ne ancorăm în fizicalitatea noastră. Am avut nevoie să ne ancorăm mai profund, iar această stea de cristal te ține și pe tine, și pe mine, în același timp, ca să nu ne pierdem, să nu ne dizolvăm.

Cu această metodă de conectare, dacă nu ai ceva care să te ancoreze, poți pur și simplu să dispari din cameră, din planul fizic. Noi, dacă nu ne împământam în felul acesta, am fi putut să ne dizolvăm complet în câmpul cuantic.

Q: Cu ce ne ajută modalitatea aceasta de conectare în câmp astăzi?
A: Îmi arată o imagine foarte fizică, unde un portal se deschide, dar nu așa cum îți imaginezi tu, ci ca ceva care se deschide și se trage. Mă duce în Cosmos și îmi arată o *gaură neagră*, acesta este un portal care trece prin gaura neagră. Acest lucru ajută să poți trece prin mai multe realități în același timp.

Acum îmi arată că existența noastră aici, cu polaritatea pe care o are universul, este legată de faptul că gaura neagră este un spațiu în care totul se dezintegrează, iar de acolo ajungi într-un loc unde *gaura alba* reprezintă o altă polaritate de existență a universului. În Câmpul Cuantic poți experimenta ambele lumi, ambele universuri, cu polarități diferite, însă trecerea dintr-un spațiu în altul se poate face doar prin acest portal, care trece direct prin gaura neagră.

Acolo ajungi într-o altă extremă a universului, unde fizica este complet diferită, opusă față de principiile pe care le cunoaștem. Această conexiune îți permite să traversezi Voidul, să faci călătoria în cealaltă parte. De aceea am primit această tehnică de conectare, în care, dacă nu ai o împământare diferită, te poți dizolvă complet.

Și nu mă refer doar la corpul fizic uman, ci la toate corpurile pe care ți le poți imagina, toate cele care există în universul nostru și care sunt în legătură cu noi, ca alte ființe.

Conectarea în planul 3A, în void

Acest plan 3A a fost cel mai dificil să îl percep cu mintea umană. Această transmisiune și explicație care va urma mai jos a fost trimisă, deși a fost greu înțeleasă, ba chiar a creat confuzie la început. Am avut nevoie de timp (câteva luni) ca să înțeleg acest concept, și diferența dintre planurile 4A și 3A. Ba chiar a fost necesar să revin din nou în câmp pentru o explicație mai detaliată sau să primesc informații noi care ar simplifica perceperea în acest nivel.

Q: Cu ce ne ajută, sau când anume ne duce Câmpul în void, în planul 3A, sau la Sursă, sau la nivelul 4? În dependență de ce accesăm acele nivele? Cu ce ne ajută fiecare?
A: Noi suntem prezente astăzi în 3A. Acesta este locul, localizarea noastră, în void. Nivelul 3A este foarte rar când îl vom accesa, pentru a evita dezintegrarea finală a corpului fizic, și disparația corpului fizic. *Nu înțeleg, aici e foarte complicat.* Dacă nu știi cum, sau vrei să o faci de plăcere, tu poți să te dizolvi și să dispari complet din planul fizic. Instant.

Q: Atunci care este scopul nostru astăzi în acest Câmp?

A: Accesarea unor limite noi. Îmi vine cuvântul „wonder" („curiozitate"). Acum văd pe cineva sub noi, la un alt nivel din acest câmp, din acest spațiu. Nu știu cum să-ți explic exact. Noi ne aflăm în acest spațiu, însă undeva, subtil, văd un alt plan mai jos, unde a intrat cineva îmbrăcat în haine albe, ori este un om de știință, ori un doctor în științe, ceva de genul acesta.

El merge prin acel plan și aude ceva, simte, ca și cum ai fi într-un spațiu în care percepi prezențe, auzi lucruri, dar nu înțelegi de unde vin, pentru că ești singur. Merge și se uită în sus, dar nu mă vede. Însă eu mă uit în jos și îl văd. Așa arată Cuantumul, este pe nivele.

Persoana aceasta captează undele, gândurile, mesajele, însă nu înțelege de unde vin. Se uită în sus, se uită la mine, dar nu își dă seama că este cineva acolo. El nu vede.

Q: Are legătură cu noi această persoană, sau are o conexiune directă?

A: Îmi vine că nu are legătură directă. Nu știu de ce, dar pe perete este o tehnologie, un dispozitiv, care se ridică în sus. Nu sunt cabluri și nu percep ceva solid, ci este la nivel energetic. Sunt ca niște cordoane, cabluri energetice albastre cu negru, care urcă în sus. Nu știu de ce, dar mi-a venit să întreb Câmpul Akashic. Eu sunt lângă dânsul acum, dar el este mult mai înalt decât mine. Este foarte zdravăn. Cred că eu ajung doar până la nivelul pieptului lui, atât de înalt este. Este mai în vârstă, însă nu îl percep ca fiind foarte bătrân. Arată cam de 60 de ani, plus-minus.

Q: Cine este această persoană?

A: Eu mă văd că lucrez cu el, și nu înțeleg din ce motiv, el pune mâna lui pe mâna mea. Eu rog mintea logică să se dea la o parte. Eu nu vreau să accept sau să cred ce îmi vine, dar informația pe care am primit-o e că eu o să creez astfel de tehnologie cu viitorul potențial partener.

Q: Care este scopul pentru care vedem aceste imagini?

A: Mie nu îmi dă răspunsuri.

Diana: Mie mi-a venit ceva legat de decodificarea la nu știu ce.

Q: Dar de ce ne arată Câmpul asta acum?

A: Sunt înapoi în Cuantum. Reflectarea codurilor interne ale planetei.

Q: Asta ce vrea să însemne? Cu ce ne ajută?
A: Cuvântul "reflectare" este abordat din punct de vedere științific, nu este direct legat cu sensul emoțiilor. Încearcă să îmi caute alt cuvânt.

Victoria: Transgendarea. Ce cuvânt e ăsta?

A: **Transgendarea liniilor planetare.** Nu sunt meridiane, meridianele sunt groase și mai puține, mai clare, ci sunt ley line-uri. Ley line-urile sunt rețele energetice secundare, mai numeroase, iar canalele care formează sistemul de echilibrare energetică internă a planetei (ecosistemele subtile) sunt mai slabe.

Eu nu înțeleg ce spun acum, pentru moment nu face niciun sens.

Q: Este ceva ce umanitatea are nevoie să știe despre aceste linii, sau tot ce ai spus mai devreme?
A: Trebuie să ne mute în alt cadrant. Suntem în 3B. Aici o să fie mai simplificat. În 3A vine mai avansată informația, mai tehnică.

Q: Acolo, în acel cadrant, are legătură doar cu informațiile tehnice sau nu doar?
A: Nu doar. Trebuie să ajungi la cunoștințe tehnice ca să le poți înțelege, ca să primești mai clar și mai multă informație. În viitor, eu o să accesez foarte mult din câmpul 3A pentru cunoștințe științifice. Atunci când eu o să ajung la un vocabular, nu doar a vorbi, ci de cunoștințe potrivite, eu o să primesc mai multă informație de acolo. Voi fi ca un om de știință care își bagă capul în câmpul ăsta și primește direct ghidare în matematică, fizică, concepte tehnice, exact din câmpul acesta se va descarcă direct. Persoanele care nu sunt în știință, nu sunt în domeniu, câmpul este nimic pentru ei.

Diana: Acum îmi confirmă că acolo are legătură cu partea tehnică, tehnologii avansate, care vor fi descărcate în planul fizic.

A: Acolo sunt toate mecanismele, toate formulele, totul se descarcă pe baza acestui câmp. Cunoștințele practice vin în matematică, fizică, etc. Așa funcționează planul 3B.

Ley line-urile acestea globale sunt ca niște... De exemplu, noi cunoaștem cele 7 chakre majore din corpul fizic uman, însă corpul nostru are multe alte chakre mici, mii, poate sute de mii de chakre. Exact la fel, planeta noastră are mii și mii de chakre mici, pe lângă punctele energetice majore pe care le cunoaștem, iar aceste chakre mici nu primesc prea multă atenție.

Atunci când suntem conectați cu chakrele mici ale planetei, ley line-urile, ne putem conecta cu întregul corp planetar concomitent, cu întreaga creație. Tehnologia care se va crea în viitor va putea, dintr-un singur punct al planetei, să conecteze toate liniile mici, toate chakrele minore ale Pământului, și din acel punct te vei putea conecta direct la Câmpul Cuantic.

Așa vei putea trece din universul nostru în Void. Este ca o tehnologie care te ajută să treci de la un plan la altul, iar în felul acesta te vei percepe ca fiind prezent aici, în funcție de niveluri.

În prezent, oamenii de rând nu beneficiază de acest lucru, deoarece nu s-a ajuns încă la nivelul necesar de cunoaștere. Totuși, îmi arată că există persoane din domeniul științific care încearcă să înțeleagă acest concept. Au multe întrebări, dar nu reușesc încă să înțeleagă cum pot ajunge la nivelul tehnologic necesar.

Q: Referitor la nivelul 3B, în dependență de ce, sau când este benefic să accesăm din acest plan?
A: Îmi arată că aceasta este integrarea în corpul fizic. Din 3B se duce informația în nivelele de mai jos, iar 3A este extrem de avansat pentru că trebuie să fii pregătit și să știi cum să intri în 3A. Nu toți au nevoie să între în acest câmp. Cei care vor, își asumă riscul. În 3B îmi arată foarte mulți oameni de știință cărora le vin formule. Cel care este în mental, în logică, el funcționează pe baza că există spiritul, flacăra, căldura. Dar oamenii de știință nu accesează din 3A pentru că e periculos. În 3B se scurge automat informația care vine din 3A pentru a fi procesată în fizicalitatea umană, însă nu vine direct, ci se transmite prin mental, prin corp.

Acele persoane care nu au treabă cu cunoștințele fizice, cei care mai mult sunt cu spiritul, mai mult cu creația, cu arta, ei stau în 1A și 2A. Oamenii de știință, matematicienii, cei pe partea reală/ logica stau în B, 1B, 2B, 3B, pentru că ei au suflet, au spirit, însă ei primesc informațiile direct în gând, în minte, în logică și în corp.

Individuals who are not focused on physical or technical knowledge, those more connected to spirit, creation, and artistic expression, tend to remain in 1A and 2A.

Q: Iar la nivelul 4, când este benefic să primim informații sau să ne conectăm?
A: Spre 4B ar fi trebuit foarte mulți să tindem. 4B este partea neutră, a observării, inclusiv a coloanei A și B.

Q: Ce avem nevoie să facem ca să accesăm de acolo? Are legătură cu evoluția noastră?
A: Îmi vine că e legat de creșterea intelectuală, dar acest lucru nu se referă la inteligență, la a fi deștept, ci se referă la conștiința intelectuală și spirituală.

Q: Aha, adică inteligența emoțională, partea aceasta?
A: Da, când ajungi în neutralitate. Ca să ajungi la neutralitate, tu ai nevoie să avansezi cu integrarea și creșterea capacităților spirituale și emoționale. Acest aspect te va ajuta să crești și să ajungi la punctul maxim de a fi intelectual, emoțional și spiritual, și abia atunci ajungi la neutralitate. Neutralitatea îți permite să analizezi și să observi egal, din punctul de vedere a minții, corpului și spiritului.

Q: O informație, dacă am accesa-o din 2A, ar fi diferită față de atunci când o accesăm din 4A, nu?
A: Corect. În 4B ești mai mult în neutralitate, fără filtre umane, astfel permiți să descarci informația diferit în câmpul tău decât atunci când ești în inimă sau în emoții.

Q: Câmpul Cuantum este vreo informație adițională care este binevenit să o cunoaștem atât noi, cât și cititorii cărții?
A: În fața mea văd un coridor foarte lung, nu îi pot percepe capătul, însă este un coridor în formă de pătrat. Pereții la mijloc sunt negri, dar în colț sunt albaștri cu foarte puțin alb care apoi se duce în sus.

Q: Despre ce este acest coridor?
A: Realitatea noastră se modelează exact așa cum mi-au arătat prin această imagine, însă se modelează în funcție de conștiința noastră. Nimic nu este static, chiar și dacă ochii percep ca ceva static, realitatea este modelată de conștiință. Conștiința poate să fie modelată, condensată, expandată, până la

limitele pe care le consideră. Ochii noștri văd realitatea, ei cred că este reală, însă această realitate de fapt este în mișcare și este modelată ca o plastilină, ca și cum nu este niciodată statică. Nici realitatea noastră, pe care o credem statică, nu este fixă ci este modelată, se mișcă. Nu este dreaptă.

Q: Cu ce scop este oferită această informație? Cu ce ne ajută?
A: Stabilitatea este doar o percepție umană. Exact așa funcționează Matrixul. Îmi arată acum o secvență din filmul vechi "Matrix", și anume momentul în care Neo intră într-o cameră unde se află un băiețel budist. Este scena cu lingura, din film. Lingura pare solidă, iar băiețelul îl învață pe Neo că, doar uitându-se la lingură, aceasta se modelează, se îndoaie. De fapt, nu lingura se îndoaie, ci percepția noastră asupra realității. Realitatea este modelabilă. Conceptul principal al creației, pe care noi o percepem ca fiind solidă, este că ea se află, de fapt, într-un proces continuu de modelare.

Q: Din ce categorie să menționez că această carte face parte?
Văd că ea nu este doar spirituală, ci și științifică.
A: Îmi vine cuvântul „metafizică". Îmi arată că oamenii de știință vor ajunge la această carte, cei care nu sunt pe partea spirituală. Ei au nevoie să o citească, pentru că le va schimba percepția, gândirea, transformând știința într-un sistem mai complex, care îmbină spiritualitatea cu știința.

Au nevoie de un declanșator care să le activeze capacitatea de reamintire și să-i ajute să iasă dintr-un tipar strict științific, în care spiritualitatea nu există pentru ei, și să se deschidă către un mod de gândire care le unește pe ambele.

Acesta este scopul cărții: să ajungă nu doar la oamenii simpli, pe care să-i trezească, ci și la oamenii de știință, care vor găsi în ea răspunsuri la ceea ce nu pot explica acum. Percepția cărții, din perspectivă spirituală, îi va ajuta să integreze și componenta energetică.

Atunci se va trezi un interes mai mare, iar omenirea are nevoie să-și schimbe percepția asupra științei, către o direcție nouă. Multumesc.

Dimensiuni - Creație

Q: Câte dimensiuni există în Creație, dacă este binevenit să cunoaștem?
A: Începe cu cifra 2 și după 2 este virgulă și apoi văd foarte multe zerouri. Eu nu-i văd capătul. Interesant de ce se începe cu cifra 2.

Q: Ce simbolizează cifra 2, în creația lui Dumnezeu?
A: Singura ce îmi vine este polaritatea. Este existența și balanța dintre 1 și 1, din care rezultă 2. În asta constă religia la general, acolo unde se menționează raiul și iadul. Acolo sunt 2 polarități care coexistă în același timp. Nu poate să existe planul înalt al Creației fără prezența planului de jos, și invers. Ele ambele sunt create și nu pot fi distruse, nici măcar una nu se poate distruge.
Imposibil. Cât nu ar încerca cei din planurile joase ale Creației, să atace, să acapareze puterea, cât nu s-ar strădui să atace creația lui Dumnezeu, ei nu vor avea stăpânire. Cu cât mai mult vor forța procesul, cu atât mai tare vor fi împinși înapoi. Imaginează-ți un magnet. Cât de tare te apropii de aceeași polaritate, o să fie respins. Mulțumim.

Contractele de suflet

Contractele sufletului se referă la acorduri sau decizii pre-încarnare, luate de suflet înainte de a intra într-un corp fizic. Se crede că aceste contracte stabilesc lecțiile, experiențele, provocările și relațiile prin care sufletul va trece pentru a crește și a evolua spiritual pe parcursul vieții sale. Conceptul de contracte ale sufletului provine din diverse tradiții spirituale.

Q: Câte contracte de suflete există și care este diferența dintre ele?
A: 12 mi-a venit, însă nu acum vor fi explicate.

Mi-au fost revelate 12 contracte, însă nu vor fi explicate acum. Dintre acestea, 6 contracte sunt mai importante în acest context: 4 sunt legate de vindecarea profundă, iar 2 țin de evoluția sufletului.

Cele 2 din urmă nu sunt karmice, ele acționează la nivel colectiv. De exemplu, atunci când rezonezi profund cu un prieten sau o persoană apropiată, percepem informații prin intermediul acestor contracte.

Q: Ultimul aspect, referitor la contractele de suflet, este binevenit sa detalieze despre ele?
A: Văd întrebarea și văd loc liber toată foaia. Vine foarte, foarte subtil, ca atunci când nu mai ai pastă la pix.

Q: Este vreun motiv pentru care încă nu e benefic să se transmită?
A: Mie mi-a venit că voi nu vreți să știți, aici se referă la noi ca umanitate colectivă.

Q: Nu suntem încă deschiși să acceptăm? Ce avem nevoie ca să ne deschidem, să acceptăm?
A: Aici trebuie un cod special pentru accesarea informației. Este informație codificată.

Update Mai, 2025

Într-o altă sesiune, de actualizare a informațiilor primite în această carte, am adresat din nou întrebarea, dacă putem primi mai multe informații despre contractele de suflet.

Q: Este binevenit să cunoastem tipurile de contracte de suflete în această sesiune?
A: Eu privesc cu capul în jos, și cineva bate cu pumnul în podea, însă nu înteleg. Trebuie să ne mișcăm din locul acesta. Câmp Cuantum vă rog să ne mutați în acel cadrant în care este pentru binele nostru cel mai înalt să fim. Îmi arată că 4A e binevenit, însă necesită mai multă energie.

Diana: Mie îmi venea să zic să ne mute în alt câmp în care este binevenit să fim. Acolo unde putem primi informații aliniate cu Sursa.

Victoria: Da, atunci rugăm să ne mute unde este binevenit să fim. Este ceva, o energie care se mișcă prin jurul nostru, dar o energie care te învăluie cu iubire. Ok, suntem într-un spațiu de culoare roz, și aici mă simt puțin mai în putere.

Informații despre proveniența și originea acestei cărții

Q: În ce dimensiune sau spațiu suntem aici?
A: 12 mi-a venit.

Diana: Eu te-am lăsat să văd ce spui însă 12 mi-a venit și mie din prima.

Victoria: Ok, mulțumim. Aici mă simt mai bine.

Diana: Rugăm aici ființele de lumină, dacă este binevenit pentru noi să știm, să ne transmită despre fiecare contract de suflet în parte. Vezi ceva ființe?

Victoria: Eu mă văd cum merg pe jos unde e nisip roz și prin jur sunt cristale transparente.

Diana: La un moment dat vedeam o ființă Lyriană.

Victoria: Eu merg și privesc în jos și nu înțeleg cum poate fi așa nisip roz. Văd cum cresc cactuși din cristale. Cred că Jupiterul e în față, ca și cum ar fi soarele în față. Sau stai, Jupiter nu are cerul prin imprejurul planetei.

Diana: Saturn are.

Victoria: Mi-a venit să spun „Jupiter", însă văd că are un fel de cerc în jurul său. Deși nu este foarte gros, este mai subțire și îl văd înconjurând planeta. Este în față și foarte mare. Și aerul... Noi, pe Pământ, vedem aerul și cerul albastru senin, însă aici este violet-albăstrui, iar munții sunt de culoare neagră.

Diana: Care e scopul nostru aici?

Victoria: Mă uit la mâinile mele și am o textură de corp diferită. Văd 3 degete. Mie așa greu îmi vine toată informația.

Diana: Saturnul are o sferă mai mare, iar Uranus are o sferă mai micuță.

Victoria: Nu știu exact cum am scos din cap ceva și am pus pe pământ.

Diana: De ce îi vine Victoriei informația mai greu?

Victoria: Trebuie să mă duc în interiorul planetei. Mă văd că am intrat, și nu sunt un șarpe, însă nu știu exact ce fel de ființă sunt. Am o coadă foarte lungă. Această formă mi-a fost revelată, și m-am dus în pământ. Nici nu pot să-i spun dragon, pentru că are o coadă extrem de lungă, dar capul meu nu este de dragon. Nu îl pot percepe clar. Am ajuns în interior, iar acolo este un spațiu gol. Este un câmp gravitațional care plutește în interior, ca și cum ai zbura în aer.

Ce reprezintă acest spațiu pentru mine? Mă simt singură acolo. Vă rog frumos să mă ajustați pe acea linie, acel spațiu în care orice informație, care este binevenită pentru noi, carte să fie trimisă cu acea intenție și scop, iar tot ce nu este relevant să fie îndepărtat aici și acum.

163

A fost irelevant. A dispărut. Interesant.

Diana: Eu chiar voiam să spun *dacă este pentru binele nostru suprem să fim acolo.*
Victoria: Îmi zice că "hai să vă arăt altceva." Rog să ne ajusteze în acel câmp, în care să primim de la ființele de lumină, Sursa, acea piesă de puzzle pentru carte. Mulțumim.

Am ajuns foarte rapid la o masă.
E prea întunecat aici, însă nu știu de ce.
Rog să se îndepărteze orice atașamente, tehnologii, care nu sunt benefice pentru noi și umanitate.

Diana: Orice ființă care vrea sa interfereze cu Câmpul să fie receptate și să se sigileze conexiunea cu Sursa astfel încât să primim informații de la ființe de frecvențe înaltă. Îmi vine să zic și orice ajustare care nu a provenit din lumină să fie îndepărtată.

Victoria: Acum văd că suntem într-un spațiu alb cu Consiliile Galactice.

Q: u ce scop au fost interferențe din planurile joase?
A: Simt că aceasta a fost o testare de a intra în camera Consiliului Galactic. Văd cum mă privește și îmi transmite că aceasta a fost o testare.

Mi-a aruncat pe masă niște cărți, ca oracle cards. Privesc. A zis să extrag o carte, și văd pe cartea pe care am ales-o un soare foarte mare. În spatele cărții scrie "You are one with the Source, "Ești una cu Sursa". Acum văd cum alte ființe intră în această sală. Consiliul Galactic este în partea dreaptă, în urma ta.

Victoria: Câte capitole sunt binevenite să fie incluse în carte?
Diana: Mie mi-a venit ceva.
Victoria: Cifra 7.
Diana: Și mie. Dar nici nu ai terminat de spus și îmi venea 7.
Victoria: Eu refuzam să spun pentru că am zis că poate eu așa cred.
Diana: Mie nu-mi venea altă cifră ci doar 7. Este nevoie să fie adăugate informații noi, sau e nevoie de o ajustare a informației deja prezente în carte?
Victoria: Văd cum aceste diverse capitole și informații se schimbă cu locurile.
Diana: Este nevoie ca rasele de ET să fie într-un capitol unic?
Victoria: Îmi vine că da, plus 2 tipuri de rase. Încă doua tipuri de rase.

Diana: Care sunt acele două tipuri de rase?

Victoria: Eu am văzut cum au intrat aşa țanțoşi Blue Avians, aşa mândri.

Diana: Gen drepți, pe încredere.

Victoria: Da, sunt foarte înalți şi albaştri. Sunt doi. Unul e de partea mea şi altul de partea ta. În mijloc stă Consiliul Galactic la masă, pe dreapta ta, stânga mea, noi stăm față în față. Acesta este unul dintre acele tipuri de rase.

Diana: Mai este ceva ce poate noi nu conştientizăm să întrebăm, dar poate este relevant pentru ei să transmită în sesiunea de astăzi?

Victoria: Consiliul Galactic îmi dă pe la nas cu un elixir.

Diana: Cu ce o ajută pe Victoria acel elixir?

Victoria: Claritate. Curaj.

Diana: Asta are legătură cu cartea ei sau pe plan personal? Cu ce o ajută?

Victoria: E în legătură cu cartea. Îmi arată cu degetul în carte. Acum elixirul acesta îl introduce în al treilea ochi. Eu am impresia că trebuie să îmi facă detoxifiere la glanda pineală. E infundată, şi încearcă să îmi pună multă energie din elixirul ăsta. Tu crezi că numai mie îmi oferă? Văd cum şi ție îți oferă, însă tu te strâmbi şi faci pfu, pfu.

Diana: Mie îmi venise la un moment dat, că nu doar ție, dar şi mie.

Victoria: Da, dar tu te strâmbi, şi ei te privesc ca pe un copil.

Diana: E necesar.

Victoria: Ok, hai să inspirăm cât mai adânc. Facem o inhalație. Acum mă simt amețită (energetic vorbind), şi pe tine te văd la fel. Elixirul acesta a intrat în cap, în creier, şi ne face să ne simțim amețite, slăbite, ceva se dizolvă. Se face mai multă lumină în cap. Ceva cade... o perdea neagră cade în jos, un val, şi îmi arată exact ce trebuie să fac. Văd această carte ca într-un muzeu, stă îngrădită ca să nu fie furată. Acum mă apropii de carte, şi atât de multă lumină cade peste ea. O văd ca pe o carte foarte veche... din viitor.

Diana: Mie îmi venea să spun că o scutură de praf, şi tu ai spus că e foarte veche.

Victoria: Da, o văd în muzeu, paginile sunt vechi.

Q: Drag Câmp asta este o imagine din viitor?

A: Îmi arată anul 2560. Cu ce este aşa deosebită această carte? S-a enervat cineva şi mi-a luat capul şi l-a pus în carte, când bagi capul în apă ca să acumulezi cunoştințe.

Informație utilă: Calendarul thailandez şi corespondența acestuia cu calendarul gregorian

Calendarul thailandez urmează Era Budistă (B.E.), care este cu **543 de ani înaintea** calendarului gregorian utilizat în majoritatea lumii. Drept urmare, anul gregorian 2025 corespunde anului budist 2568 în calendarul thailandez.

De exemplu: **Anul gregorian 2025 = Anul budist 2568 (calendarul thailandez)**

Această diferență apare din cauza calculelor istorice legate de moartea lui Buddha, care se crede că a avut loc în anul 543 î.Hr., și care reprezintă punctul de pornire pentru calendarul thailandez.

Calendarul thailandez este încă folosit pe scară largă în Thailanda și în alte țări din Asia de Sud-Est care urmează tradiția budistă. Este important să se țină cont de această diferență, mai ales atunci când se lucrează cu date în contexte legate de Thailanda.

Diana: Îmi vine că acolo în carte sunt expuse niște perspective pe care umanitatea are nevoie să le contempleze și asta va ajuta în evoluția umanității spre o altă treaptă de nivel.
Victoria: Wow, ce frumos. Cu ce scop ni se arată această imagine din viitor? Îmi arată *să mă uit prin jur, pe unde unde mă aflu, și mă întreabă: Ce vezi?*

Aici, în cameră, sunt multe cutii din sticlă, ca la muzeu. Sunt foarte scumpe și conțin o mulțime de obiecte vechi, păstrate într-o încăpere luminată intens. Însă spațiul a fost creat astfel încât totul să pară din lemn. Simt că este lemn doar pentru a crea un design și o ambianță veche. În jur sunt și alte obiecte vechi. Este o cameră specială, în care sunt conservate lucruri vechi.

Dacă este binevenit pentru mine, cer să ies din această cameră, ca să înțeleg unde mă aflu.

Sunt uși transparente, fără clanță; te apropii de ele și se deschid automat. Mă deplasez pe un coridor îngust și nu pot vedea ce se află dincolo de el. La capăt, văd o ușă, însă este o ușă prin care treci ca printr-un perete. În momentul în care treci, ea te recunoaște după celulele fizice, pentru că acestea se transformă în mici pătrățele, cuburi.

Cuburile acestea, ca și cum tot tu, tot organul, se mișcă circular, împreună cu fiecare celulă, cu ușa și cu peretele. Când treci, te dizolvi pentru o clipă, dar imediat ce ai trecut, ești întreg din nou. Ușile sunt codificate în funcție de celulele și moleculele tale individuale, și nu poate trece oricine. Cine nu este autorizat, nu va putea trece.

Diana: Dacă cineva vrea să treacă împreună cu o persoană?

Victoria: Nu poate. Chiar și dacă este cineva care îl ține pe om cu forța, peretele înregistrează că are acces și poate să intre. Însă, când se atinge de acest câmp, apare o alertă roșie. Sistemul detectează temperatura corpului și starea moleculelor: atunci când corpul fizic se află într-o stare de stres, furie sau energii joase (cum ar fi intenția de atac), el înregistrează imediat că organismul nu este în regulă. Nici măcar nu îți permite să te apropii de ușă, pentru că, de la acel punct, începe să detecteze prezența a ceva străin. Ok, am ieșit acum. Acest Câmp este pe Pământ?

Diana: Îmi vine că nu.

Victoria: Nu, nu suntem pe planeta Pământ.

Diana: Are cartea ta implicații și asupra altor sfere mai înalte? Sau care e corelația, de ce acolo este baza? Acolo se țin toate manuscrisele, proiectele din planurile înalte?

Victoria: Oh, m-a înțepat inima. Ăsta e, da. De fapt, când ai pus întrebarea, s-a deschis ca un ochi, dar un ochi gigantic, în cosmos, și văd că în void se duce totul, ca un portal. Însă locul acesta este o bază, o locație, unde portalul, acest ochi, se află pe partea stângă. Totuși, locul este atât de modern... nu văd copaci, nu văd râuri, dar nici nu este pustiu. Este ceva foarte futuristic. Sunt mai multe clădiri. Clădirea aceasta este situată la o înălțime mare. Uite, îmi arată despre acest portal: intri prin fața portalului atunci când pleci de acolo, iar când revii, aterizezi în spatele lui. Lățimea portalului este foarte mare. Sunt două sisteme de operare diferite într-un singur portal, ca în cazul Merkabah-ului.

Q: Totuși, care este mesajul principal din această experiență?

A: Îmi vine că „originalul" este creat înainte de a fi replicat în alte lumi. Ele deja sunt create demult. În funcție de cât de departe, în timp și spațiu, se află, cu atât obiectul este mai vechi. A fost creat azi, însă în timp și spațiu, acolo unde s-a manifestat și materializat, unde trebuia să existe, este cu 500 de ani în urmă. Cartea aceea abia atunci s-a manifestat. De aceea pare atât de veche, și prin asta ei pot determina cât de veche sau cât de departe este destinația unde s-a manifestat.

De aici rezultă că orice invenție deja există în baza de date, doar că se materializează la momentul potrivit, în timp și spațiu, acolo unde este menit să fie. Ție ți se pare că ai drept de autor, dar, dintr-o perspectivă universală, suntem ca o a treia persoană, un intermediar.

Victoria: Da, suntem intermediari, pentru că toate aceste invenții deja au fost create, nu de noi, ci de organizații speciale din univers.
Mai este vreun mesaj pentru noi în acest spațiu?
Îmi spune că "nu este necesar". Mulțumim.

Portaluri de vârstă

Q: Vreau să întreb acum despre portalurile de vârstă, este ceva mai mult de cunoscut aici?
A: Eu cer să mă ridic mai sus, în planul 4B, pentru că simt multă presiune aici. Stai să mă recalibrez. A fost Overheating, o supraîncălzire.

Vârsta de 12 de ani

12 ani – Are un impact global

Q: Vor să explice ființele de lumină ce impact are vârsta de 12 ani în etapa de evoluție?
A: M-a dus la sistemul reproducător. Îmi arată că sistemul reproducător începe să se dezvolte complet la vârsta de 12 ani. Atunci, din chakra sacrală se creează un canal care coboară în pământ, însă nu vine drept, ci în valuri, unduit. Acest canal ajunge la o margine a nucleului din interiorul planetei și merge mai departe. Văd că, în exterior, nucleul are un înveliș special care îl menține stabil. Învelișul acesta, în momentul în care cineva împlinește vârsta de 12 ani, intră în legătură cu energia generată de dezvoltarea organelor genitale. Se creează o conexiune energetică între sistemul reproducător și acest înveliș al structurii nucleului.

Sistemul reproducător nu are o legătură directă cu interiorul nucleului, ci doar cu învelișul său. Odată ce trecem acest prag de vârstă, la fiecare dintre noi se activează sistemul reproducător, iar energia provenită din nucleu începe să interacționeze cu acest sistem, devenind parte din funcționarea sa.

Vârsta de 22 de ani

22 ani – Nu are simbolică

Vârsta de 33 de ani

33 ani – Este o cifră în care fizicalitatea „structura – corp energetic", absolut tot, întreaga ta legătură ca individ cu planeta, se schimbă într-o altă structură. Cifra 33 are o legătură foarte intensă, pentru că după 33 de ani încep să se deschidă canalele de primire a informațiilor din planurile înalte, într-un mod mai profund. Poți începe să primești tehnici, abilități profunde, daruri etc.

Până la vârsta de 33 de ani este mai ușor să părăsești planeta, din motiv că nu ești încă atașat sau înrădăcinat prea mult în planul acestei planete. Însă, odată cu trecerea de 33 de ani, acest lucru devine mai dificil. Motivul este că legătura ta cu planeta devine mai profundă.

La mine, la 33 de ani, am simțit automat o schimbare completă.

"Puterea vârstei de 33 de ani: O trezire spirituală"

Vârsta de 33 de ani are o semnificație energetică profundă dintr-o perspectivă superioară.

Odată ce împlinim 33 de ani, viața se deschide în moduri de neimaginat, trecând printr-o schimbare transformatoare. Vârsta de 33 de ani ne aduce noi căi și oportunități care ne propulsează către linii temporale superioare, care ne aliniază cu sinele nostru superior. Pentru unii dintre noi, când ajungem la această vârstă, putem experimenta o explozie de energie și succes care se întâmplă în viața noastră, pășind spre o înțelegere mai profundă a scopului și potențialului nostru. Energetic, fizic, există o schimbare instantanee care ne ajută să activăm noi abilități sau noi canale, să atingem noi frecvențe și niveluri superioare de percepție.

Dintr-o perspectivă spirituală, 33 de ani simbolizează o perioadă de autodescoperire, creștere personală, o perioadă de transformare, în care vechile tipare, blocaje și credințe sunt eliberate, făcând loc pentru pacea interioară și iluminarea spirituală. Acest lucru poate duce la o perspectivă superioară asupra locului nostru în lume și la o înțelegere mai profundă a misterelor vieții.

La vârsta de 33 de ani, sufletul trece printr-o schimbare profundă:

1. Conexiune mai profundă cu Pământul: Energia ta se înrădăcinează mai ferm în rețelele energetice ale planetei.

2. Conștientizare sporită: Un flux mai puternic de informații universale deblochează claritatea și înțelepciunea.

3. Activarea misiunii sufletului: Apare o înțelegere mai profundă a scopului tău, aliniindu-te cu adevăruri superioare.

Numărul 33, cunoscut sub numele de „*Maestrul Învățător*", simbolizează iluminarea spirituală și slujirea. Chiar și Isus și-a încheiat misiunea pământească la 33 de ani, reflectând această aliniere sacră.

Această vârstă marchează un punct de cotitură, o punte între fizic și divin. Dacă te-ai simțit pierdut, este greu să-ți găsești scopul în viață, această perioadă îți poate aduce noi perspective și o nouă împlinire. Simți schimbarea?

Vârsta de 33 de ani are o semnificație simbolică și energetică profundă în diverse învățături spirituale și metafizice. Reflecția ta atinge teme profunde ale conexiunii sufletului, rețelelor energetice planetare și schimbărilor transformatoare care apar adesea pe măsură ce indivizii se maturizează până la 30 de ani.

Dintr-o perspectivă metafizică, vârsta de 33 de ani este adesea considerată un an crucial în care sufletul trece printr-o integrare sporită cu energiile universale și cu rețelele energetice ale Pământului. Această conexiune mai profundă permite o mai mare înțelepciune, o perspectivă intuitivă și o aliniere cu calea spirituală a cuiva. Înainte de această vârstă, legătura cu rețelele planetare poate fi mai puțin înrădăcinată, permițând o explorare mai flexibilă a lecțiilor sufletului. Cu toate acestea, după 33 de ani, această conexiune se consolidează, facilitând o înțelegere mai profundă a scopului propriu și a energiei colective a umanității. Numărul 33, în numerologie, simbolizează iluminarea spirituală, altruismul și o conexiune profundă cu divinul. Tranziția lui Iisus Hristos la 33 de ani este adesea văzută ca o reprezentare a sufletului său care își îndeplinește misiunea pământească fără a se încurca prea mult în planul fizic. Aceasta servește ca o reamintire a echilibrului dintre interacțiunea cu lumea materială și menținerea alinierii cu adevărurile spirituale superioare. Această perspectivă încurajează indivizii să îmbrățișeze această fază transformatoare ca pe o oportunitate de creștere, o conștientizare de sine mai profundă și o conexiune mai profundă cu conștiința colectivă și cu Pământul.

Vârsta de 44 de ani

44 ani – Nu are simbolică

Vârsta de 49 de ani

49 ani – E doar la nivel fizic. Fizic au loc procese chimice stagnante, în care, corpul începe să se deterioreze dacă nu lucrează cu calitatea fizică, luată împreună cu cea mentală.

Victoria: Odată ce echilibrezi partea fizică cu mentalul, se integrează o substanță împreună, ceva se mixează și se introduce înapoi, însă nu în fizic sau în mental, ci într-un spațiu alb care există în creier, ca și cum ai insera un disc în spațiul acesta, care începe să se integreze cu tot corpul.

Explorarea celor 49 de puncte simbolice din Machu Picchu și structura conștiinței

În 2025 am fost prezentă la o întâlnirea cu peste 40 de vârstnici ai diverselor triburi native din alte țări și continente, iar acest eveniment de câteva zile a avut loc în California. Aici am făcut cunoștință cu un trib din Machu Picchu, Peru, iar acolo s-a discutat despre această cifră simbolică, și mi s-a confirmat că cifra 49 joacă un rol foarte important în Univers.

În tradiția spirituală andină, cifra 49 deține o semnificație profundă, fiind asociată cu încheierea unui ciclu complet de transformare interioară. Obținută prin înmulțirea cifrei 7 cu ea însăși, 49 reflectă o călătorie spirituală în șapte trepte, fiecare compusă la rândul ei din alte șapte etape. Această construcție fractalică este regăsită și în structura simbolică a sitului Machu Picchu.

Deși nu există o listă oficială care să identifice exact 49 de locații sacre în Machu Picchu, multe dintre structurile existente pot fi interpretate ca puncte inițiatice ale unei călătorii spirituale. Intihuatana, Templul Soarelui, Templul celor Trei Ferestre, Stânca Sacră, templele animalelor sacre (condor, puma, șarpe), altarul principal, canalele de apă, terasele agricole, căile pietruite sau punctele de observație, toate pot fi înțelese ca reprezentări fizice ale unor pași interiori, care corespund proceselor de purificare, echilibrare, contemplație și revelare a adevărului interior.

În acest context, Machu Picchu nu este doar o construcție arhitecturală impresionantă, ci o hartă spirituală vie. Cele 49 de etape pot fi interpretate ca o formă de navigare inițiatică, fiecare locație simbolizând o treaptă în procesul de trezire a conștiinței. Asemenea unei mandale tridimensionale, site-ul poate funcționa ca un spațiu al reconectării cu legile cosmice și cu ritmurile profunde ale existenței.

Prin această lentilă simbolică, cifra 49 devine o cheie de lectură a sitului Machu Picchu ca spațiu inițiatic, unde fiecare piatră și fiecare nivel arhitectural reflectă aspecte ale unei conștiințe aflate în căutarea echilibrului, integrării și transcenderii.

Q: De ce trebuie să ne conectăm, ce se are în vedere?
A: Îmi vine că mindsetul nostru are nevoie să fie sincronizat cu partea fizică, adică cu starea noastră fizică însăși. Dacă mindsetul nu este sincronizat cu fizicul nostru, corpul începe să se deterioreze, iar partea noastră mentală practic nu mai are nicio putere. Astfel, corpul fizic coexistă singur, de la sine, fără nicio motivație care să îi permită să continue manifestarea în 3D, în viața de zi cu zi.

Este foarte important ca, la această vârstă, să îți schimbi gândirea în legătură cu ideea că corpul tău îmbătrânește, pentru că, de fapt, asta este doar ceea ce mintea îți spune. Atunci când aduci mintea și corpul fizic împreună, când reflectezi asupra acestui concept și începi să integrezi faptul că trupul tău, de fapt, nu s-a schimbat, ci a rămas la fel (atâta timp cât ai grijă de el), înseamnă că îți sincronizezi mintea cu corpul. Faci un reset mental, iar acest reset se duce în creier.

Spațiul acesta se deschide după vârsta de 24 de ani, este un canal situat între sprâncene, în regiunea celui de-al treilea ochi.

Spus mai simplu: ca să-ți schimbi modul de gândire, ai nevoie să înțelegi că corpul tău nu îmbătrânește, ci doar percepția gândirii tale este cea care creează acest proces. Este percepția care îmbătrânește, nu corpul în sine. Când conștientizezi asta și înțelegi că nu ți se aplică în mod real, știi că doar gândurile tale te afectează în legătură cu îmbătrânirea corpului fizic.

Ai nevoie să faci un shift în gândire. Iar dacă acest aspect nu este resetat, totul rămâne la nivelul fizicalității, iar mintea începe automat să se dezintegreze. Încep procesele de degenerare a celulelor din creier, apare memoria slabă și, în timp, diverse boli fizice.

Q: Este ceva benefic să cunoaștem despre programul de îmbătrânire? Cum poți să îl dezactivezi?
A: Îmi arată că astfel de programe încep să apară de la vârsta de 28 de ani în sus. Este ok să ajungem să acceptăm acele sentimente care ne vin, gânduri, e ok să stăm cu ele, însă pe parcursul anilor, până la 49 de ani, ai nevoie să lucrezi cu tine și să integrezi diferite credințe limitative și frici despre îmbătrânire. Este o muncă necesară, pentru a ne păstra corpul cât mai bine. După 50 de ani, procesul se întâmplă automat dacă nu ai lucrat cu credințele acestea. Îmi spune că corpul fizic nu a fost creat inițial astfel, nu a fost intenția omului la general, nu are sens să ne adâncim în istorii, însă actual noi funcționăm după astfel de setări.

Vârsta de 80 de ani

80 ani – Următoarea vârstă importantă este cea de 80 de ani. Există unele persoane, o grupă selectivă la nivel global. Sunt oameni care nu ajung la această vârstă, sau care, ajungând la 80 de ani, sunt foarte îmbătrâniți. Însă există un procent mai mic de persoane care, odată ajunse la 80 de ani, funcționează pe planetă ca niște filtre. Ei filtrează planeta, filtrează energiile de pe Pământ. Jobul lor este să acționeze ca niște filtre pentru energia planetei.

De obicei, această categorie de oameni este formată din persoane foarte conștiente. Dacă i-ai compara cu cineva de 50 de ani, ai spune că sunt mai ageri, mai senini și mai prezenți decât cei mai tineri, care nu au lucrat cu ei în niciun fel. Așa de mare este diferența.

Această categorie de persoane este extrem de conștientă de tot ceea ce se întâmplă. Simțurile lor sunt toate active, iar misiunea lor este să fie filtre ale planetei.

Vârsta de 102 de ani

102 ani – Ei se numesc arhivele planetei, chiar și atunci când nu vorbesc. Prezența lor creează o arhivă la nivel colectiv pentru planetă, în care se păstrează multă informație în plan activ.

Prezența acestor persoane pe planetă o percep ca fiind într-un unghi de 30 de grade față de Pământ, pentru că totul se duce în pământ, în plasma cristalină din interior.

Acolo, informația se imprentează în sfera cristalină a Pământului și se codifică în cristalele planetei. Acest proces are loc la nivel inconștient, doar prin simpla lor prezență în planul fizic, se declanșează automat acest mecanism. Mama Pământ, cu acordul lor la nivel de suflet, acumulează toată informația necesară pentru planeta Pământ, inclusiv toate codurile.

Vârsta de 144 de ani

144 ani – este o cifră foarte accentuată, pronunțată. Îmi arată că prezența lor pe Pământ se conectează direct la nucleul Pământului, din inima lor pe o axă dreaptă.

Q: Există oameni pe pământ care trăiesc atât? Știu că noi avem capacitatea de a trăi 147 de ani, conform ADN-ului nostru, însă există astfel de persoane?

A: Îmi arată că sunt 12 persoane pe planetă cu această vârstă. În fiecare an trebuie să fie exact 12 oameni. Ce interesant că apare din nou cifra 12, știu că este simbolică, însă îmi arată că, pe globul pământesc, întotdeauna există același număr: 12 oameni.

În cazul în care cineva moare în acel an, automat altcineva împlinește 144 de ani. Mereu trebuie să existe 12 oameni cu această vârstă pe Pământ. Văd că, indiferent dacă persoana stă pe loc sau se deplasează, din inima ei pornește tot timpul o linie directă către nucleul planetei, însă aceasta se mișcă asemenea acelor de ceasornic.

Q: Care este scopul lor?

A: IÎmi arată că, așa cum este Luna pentru câmpul gravitațional, tot așa sunt și aceste persoane pentru câmpul gravitațional, între suprafață și nucleul interior al planetei. Ei reprezintă acel corp necesar, doar că nu sunt considerați *"terestri"*, ci *"teranieni"*, corpul teranian al planetei.

Planeta are nevoie să aibă corpuri la suprafață, în interior și în afara planetei, cum este Luna. Luna se află la distanță, oamenii sunt pe suprafața planetei, iar în interior există deja alte sisteme. Îmi arată că în interiorul Pământului există exact aceleași concepte: 12 ființe, exact cum sunt și la suprafață.

La suprafață avem 12 persoane care au 144 de ani, iar aceștia au corpuri teraniene. În interior, există nucleul, care este ca Luna pentru noi, dar pentru ei este Soarele lor intern. Iar la suprafața interioară a planetei trebuie să existe tot 12 ființe, care trăiesc acolo, în interiorul Pământului. Scopul este să creeze o balanță între interior și exterior, prin același Câmp Magnetic. Mulțumim.

Animale Totem și animale spirituale – Ghizi interiori ai sufletului

Într-o sesiune de citire în câmpul Akashic, am primit informația că fiecare copil are un animal totem, ca un fel de protector, care îi ajută să acceseze diverse virtuți cum ar fi curajul, încrederea. Aceste animale totem stau activi cu noi doar pe perioada copilăriei, iar în viața adultă ele se plasează pe fundal pe parcursul întregii vieți.

Q: Pe partea cu animale totem. Este ceva mai mult despre aceste animale, pe lângă faptul că îi susțin pe copiii, dacă este binevenit să cunoaștem?

A: Poți să-ți imaginezi un copil în leagăn. În leagăn el nu este singur, însă cu el se urcă acel animal sau pasăre cu care se distrează, bucură împreună.

Q: Care este scopul acestor totemuri?

A: Imaginația. Îi ajută să-și păstreze imaginația și să o dezvolte. Văd cum din leagan începe să zboare și copilul văzând asta, se trage din urmă. Aceasta este o perioadă de tranziție, atunci când este în corpul fizic uman limitat. Le permite să aibă suportul emoțional, astfel să nu traumatizeze sufletul, știind cât de liber a fost, și apoi crește într-un corp foarte limitat.

Îi ajută să se simtă liberi, dar în același timp, tu ești copil în corp fizic.

De-a lungul istoriei, animalele au avut o prezență sacră în viața umană. În diferite culturi și sisteme de credințe, ele sunt văzute nu doar ca ființe fizice, ci și ca mesageri spirituali, gardieni și reflectări ale propriei noastre lumi interioare. Două concepte cheie izvorăsc din această conexiune profundă: **totemul animal** și **animalul spiritual**. Deși adesea confundate sau folosite interschimbabil, aceste două sunt distincte ca scop, origine și semnificație, și ambele joacă roluri vitale în călătoria sufletului, în special în timpul copilăriei.

Animale Totem: Gardieni ai sufletului și protectori pe viață

Conceptul de totem animal este adânc înrădăcinat în tradițiile indigene, în special în cele ale nativilor americani și ale popoarelor din Primele Națiuni. Un animal totem nu este un animal de companie sau un ghid temporar, ci mai degrabă un **aliat spiritual** și **un gardian legat de strămoșii, scopul sufletului sau identitatea tribală a cuiva**. Este revelat prin vise, viziuni, ceremonii sau experiențe de viață - nu ales după bunul plac.

Un totem servește ca **protector și învățător pe tot parcursul vieții**, întruchipând calități și lecții pe care sufletul este menit să le îmbrățișeze. Reflectă o legătură profundă și sacră între ființa umană și lumea spiritelor animale. Adesea, o persoană va purta esența acestui animal de-a lungul întregii sale vieți, totemul privind în tăcere din culise, ghidând, protejând și amintindu-i individului cine este cu adevărat.

Animale spirituale: Ghizi pentru calea actuală a sufletului

În timp ce animalul totem este mai fix și ancestral, **un animal spiritual** este un concept mai fluid. Asociate în mod obișnuit cu practicile spirituale moderne, călătoriile șamanice și dezvoltarea personală, animalele spirituale apar ca **mesageri, aliați și oglinzi** - oferind îndrumare pentru situații specifice, faze ale vieții sau tranziții emoționale.

Spre deosebire de totem, un animal spiritual se poate schimba de-a lungul vieții, apărând atunci când este nevoie. Pot apărea în vise, meditație sau momente de sincronicitate. Ele aduc înțelepciune oportună: puterea unui leu într-o perioadă de curaj, adaptabilitatea unei vulpi atunci când navighează prin schimbare sau viziunea unei bufnițe în perioadele de căutare interioară. Animalele spirituale nu sunt legate de sufletul nostru în același fel ca totemurile; mai degrabă, ele merg alături de noi o vreme, ajutându-ne să răspundem la ceea ce viața ne cere în acel moment.

Înțelegerea diferenței

Aspect	Animal Totem	Animal Spiritual
Origine	Culturi indigene, tradiții tribale	Spiritualitate modernă, practică șamanică
Durată	Pe viață sau ancestral	Temporar, pe etape
Funcție	Protector, ghid, ancoră a sufletului	Mesager, oglindă, sprijin emoțional sau spiritual
Descoperire	Prin ritualuri, viziuni, ceremonii	Prin vise, meditație, intuiție
Importanța Culturală	Sacru, legat de linie genealogică și trib	Simbolic, experimentat individual

Amândouă sunt puternice. Amândouă sunt reale. Dar fiecare ne vorbește în moduri diferite, servind diferitelor etape ale călătoriei noastre.

Copiii și totemurile lor: o legătură sacră cu nevăzutul

Copiii, în special cei **sub 14 ani**, se nasc cu o conexiune deschisă și activă cu lumea nevăzută. Simțurile lor nu sunt încă condiționate de lumea fizică, iar percepția lor asupra realității include adesea prieteni invizibili, vise vii și povești care par să vină dintr-o altă lume. Ceea ce mulți adulți văd drept „imaginație", este în realitate, o profundă conștientizare spirituală.

În timpul acestei ferestre sacre a vieții, animalul totem al unui copil este pe deplin activ. Acesta merge alături de copil ca un **protector, traducător și mângâietor**, ajutându-l să-și amintească adevărul sufletului său: că este o ființă nelimitată, care locuiește temporar într-un corp fizic într-o lume limitată.

Tranziția de la natura liberă, nelimitată a sufletului într-o formă fizică densă poate fi dezorientantă, mai ales pentru copiii foarte sensibili. Animalul totem acționează ca o **punte**, făcând această tranziție mai lină. Ancorează copilul ușor în această lume, fără a provoca un șoc spiritual, oferind o reasigurare profundă, adesea inconștientă: **Nu ești singur. Ești ghidat. Ești încă liber în interior.**

Mulți părinți își aud copiii vorbind despre *„prieteni imaginari"*, animale care le vorbesc sau tovarășii invizibili cu care se joacă. De cele mai multe ori, acestea sunt **expresii ale spiritului totemic al copilului**. Ceea ce este respins drept fantezie poate fi, de fapt, una dintre cele mai sincere expresii spirituale ale vieții timpurii.

Schimbarea la vârsta de 14 ani: Când valul se îngroașă

În jurul vârstei de 14 ani are loc o **transformare**. În multe tradiții spirituale și culturale, aceasta este vârsta la care un copil începe să fie văzut ca un adult în spirit. Psihologic, aceasta corespunde cu adolescența, când se dezvoltă raționamentul abstract, conștientizarea colegilor se intensifică, iar identitatea devine centrală. Spiritual, se întâmplă altceva: **valul dintre al treilea ochi și lumea nevăzută începe să se îngroașe.**

Aceasta nu înseamnă că totemul dispare. Pur şi simplu înseamnă că, păşind acum în conştientizarea adultă, nu mai accesează acea lume la fel de uşor. Conexiunea devine mai liniştită, mai subtilă, uneori chiar uitată cu totul. Lumea devine mai raţională, mai fizică, mai legată de structură şi timp.

Totemul păşeşte în fundal, încă prezent, încă observând, dar nu mai este văzut sau simţit activ în acelaşi mod. Copilul devine motorul propriei experienţe, învăţând să navigheze prin limitele lumii fizice şi să facă alegeri dintr-un loc de autonomie crescândă.

Această schimbare nu este o pierdere, este o evoluţie. Dar pentru cei care ştiu, este şi un apel: *să-ţi aminteşti ceea ce era odată atât de uşor de simţit şi să duci acea amintire mai departe şi la vârsta adultă.*

Rolul totemului şi al animalului spiritual la vârsta adultă

Deşi totemul devine mai puţin vizibil după vârsta de 14 ani, acesta rămâne un ghid tăcut, reapărând adesea în momente de trezire spirituală, vindecare profundă sau transformare personală. Adulţii care se reconectează cu totemurile lor fac adesea acest lucru prin vise, viziuni sau muncă interioară, adesea într-o perioadă în care sufletul încearcă să-şi amintească cine este dincolo de cerinţele vieţii moderne.

Animalele spirituale, în schimb, devin mai prezente şi mai active în viaţa de adult. Ele apar atunci când este nevoie, oferindu-şi înţelepciunea şi medicamentul pe măsură ce adultul navighează prin relaţii, cariere, scop şi vindecare. Aceşti ghizi spirituali pot veni şi pleca, dar fiecare aduce un mesaj sau o lecţie importantă.

Amintindu-ne de Sacrul Interior

Copiii se nasc amintindu-şi. Animalele lor totemice ajută la menţinerea vie a acestei amintiri până când vine momentul să păşească mai pe deplin în lumea fizică. Această tovărăşie sacră serveşte drept terapie pentru suflet, facilitând tranziția către o lume în care limitele sunt numeroase, iar adevărul este adesea uitat.

După vârsta de 14 ani, devenim administratori ai propriei noastre amintiri. Totemul poate amuți, dar nu pleacă niciodată. Iar animalele spirituale care ne vizitează de-a lungul vieții se asigură că nu suntem niciodată cu adevărat singuri.

Fie că ești părinte, căutător sau cineva care își amintește de propria magie din copilărie, trebuie să știi următoarele:

Ghizii tăi sunt încă cu tine.
Calea poate deveni liniștită, dar nu este niciodată goală.
Ai fost călăuzit atunci. Ești călăuzit și acum.

Retreat Muntele Shasta

Am fost ghidată să organizez un retreat în Aprilie la Muntele Shasta, cu câteva femei. Deși inițial nu înțelegeam de unde a venit această idee, ulterior am început să primesc mesaje și informații despre acest aspect, și despre schimbările care vor fi la nivel global. Este nevoie de o ancorare și alchimizare a energiilor feminine și masculine divine, pentru a se armoniza energia la nivel global, și pentru a permite mamei Pământ să își restabilească armonia.

Q: Este în binele grupului și al meu ca să mă conduc după planul A sau după planul B creat astăzi, pentru retreat?
A: Ce funny. Era planul A și planul B, și planul A e mai scurt, și cineva a venit și a dat cu piciorul în planul B. De asta am râs.

Q: Planul B avea încă 2 puncte la lac, la apă. Vreau să întreb tot ce e legat de apă, este în binele grupului și al meu cel mai înalt, sau nu?
A: Îmi vine că răspunsul este Nu. Văd cum din muntele Shasta iese o energie, este ca o cupă cu ramuri, ca o floare, asta văd că iese din pământ. Este energia care nu radiază până la apă, ci este dizolvată, neutralizată îmi vine. E foarte intensă în munte, și cu cât te indepartezi de munte, energia începe să se piardă. Acesta este scopul. Să stăm cât mai mult la munte pentru a primi coduri de activare.

Q: Acum sunt curioasă care este tematica? Am avut în gând temele: abundență, feminitate, balansarea energiilor feminine și masculine. Care din acestea ar fi tematică potrivită?
A: Mie mi-a aprins beculețul la balansarea dintre feminin și masculin.

Diana: Și mie la fel. Acest aspect are legătură cu ce spunea Imaya, pe activarea femeilor. Tu ai primit activare, și acolo în sesiune femeile au nevoie să-și activeze femininul divin. Îmi vine că este necesară infuzarea acestor energii, în cât mai multe femei.

Victoria: Oh, wow, eu am fiori în corp și în piciorul drept.

A: De fapt, știi ce se întâmplă? Fiind în acel loc de putere, unde energia este intensă, echilibrând energia feminină cu cea masculină, energia divină, din acele locuri se creează un canal gros, care pornește de la toate femeile prezente la retreat. Acest canal se duce direct în Pământ, în nucleul Mamei Pământ, și astfel ne ajută să ne conectăm concomitent, împreună, cu planeta. Văd că mai există pe globul pământesc astfel de canale. De fapt, acestea nu sunt activări la nivel individual, ci noi, de fapt, ajutăm planeta noastră să-și activeze potențialul feminin divin, în concordanță cu noi, cei de la suprafață.

Poți să-ți imaginezi pupila ochiului, aceasta este nucleul Mamei Pământ. Imaginează-ți retina ochiului, care are diverse linii. Prin astfel de linii, noi vom face conexiuni de la suprafața Pământului, iar acest proces va ajuta Mama Pământ să își expandeze energia ei divină din interior spre exterior. Așa, noi pur și simplu ajutăm planeta.

De aceea este necesar să facem cât mai multe retreaturi cu grupuri de femei, în cât mai multe locuri de pe Pământ. Mama Pământ își va crește energia feminină divină, iar odată ce aceasta va ajunge la suprafață, va activa toate sufletele. În asta constă noua eră de activare a Femininului Divin.

Atunci, toate femeile de pe Pământ vor fi recodificate în energia feminină, în corp feminin. Îmi arată că, după acest proces, în corpurile feminine se va activa Femininul Divin, și automat, energia masculină se va balansa direct în corpul masculin. Astfel, se va crea o armonie pentru sufletele de pe Pământ, iar relațiile vor fi autentice, echilibrate și armonizate, fiecare în energia sa masculină sau feminină divină.

Această ajustare, de fapt, odată ce se vor recalibra energiile feminine și masculine divine, va face ca oamenii să fie în energia lor autentică: femeile în energie feminină, iar bărbații în energie masculină. Corpurile masculine care aveau energie feminină predominantă sau corpurile feminine care aveau energie masculină predominantă vor face un switch, își vor alchimiza aceste două energii și le vor balansa.

Aceasta este o evoluție a procesului, care nu va avea loc deodată, ci are nevoie de timp.

Q: Este în binele nostru și al umanității să știm cât timp va dura acest proces complet schimbat?
A: Mi-a venit cifra 21, 21 de ani.

Q: Odată ce fiecare își va accesa femininul și masculinul divin, ce schimbări vor provoca la nivel planetar, cu ce va contribui sau susține?
A: Îmi arată că acum sunt multe dezechilibre în corp și la nivel de energie. Este o debalansare totală, iar societatea nu înțelege unde începe și se finalizează limita la astfel de haos energetic, și necompatibilitate cu "vehiculele" (corpurile fizice) lor.

Diana: Mie îmi vine că, de fapt, astfel de dezechilibre au condus la tot ce se întâmplă la nivel planetar.

A: Îmi arată că este un tip de ființă ET care a contribuit la dezechilibrul acesta, la ce există în societate acum. Este o ființă ca în filmul Godzilla, așa de mare, și are corp de liliac, dar nu are aripi, așa sunt mâinile și se mișcă. Este o ființă din planurile joase ale creației, și este de mărime gigantică.

Diana: Da, asta îmi venea, că debalansarea acestor energii a dus la luarea anumitor decizii mai puțin favorabile pentru noi ca umanitate, și la nivel de planetă, în orice direcție.

A: Da, și acum Mama Pământ încearcă să-și restabilească armonia.

Victoria: Hai să vedem dacă mai este un mesaj pentru tine sau pentru mine și cam atât pe astăzi.

Mesajul pentru Diana: Te văd pe tine în spațiu, în jur, luminoasă. Eu mă învârt în jurul tău și nu mă pot apropia. Percepția ta se expandează, nu pur și simplu, ci devine mai conștientă, mai selectivă, de aceea nu mă pot apropia de tine. Tu, odată ce te expandezi, știi cum să lucrezi cu energia.

În jurul tău văd un spațiu negru, pare un void mai exact, dar tu ești albă și luminoasă. Eu încerc să mă învârt în jurul tău, la un anumit radius, însă tu știi cum să-ți manevrezi energia din jurul tău, de lângă corp, chiar și fiind în void. Expandându-te, devii mai conștientă de cum să manevrezi energia.

Acum stau la hotarul acestui radius, iar tu ești foarte selectivă cu cine trece de această limită. Eu am putut să trec acum, însă la început, când m-am apropiat, era ca o protecție. Tu ești conștientă cine intră și cui permiți să intre în spațiul tău, doar dacă simți asta. Am intrat în spațiul tău și văd că voidul încearcă să pătrundă, însă tu îl respingi cu mâna, nu îl lași să intre în spațiul tău. Ți-ai văzut, de fapt, puterea.

Diana: Da, exact, asta îmi venea și mie.

Mesajul pentru Victoria: Eu mă văd foarte mare, dar mă percep mai mult din existența Îngerilor, a Arhanghelilor. Mă văd îmbrăcată exact cum este Arhanghelul Gabriel, în hainele lui. Am o panglică lungă care se duce în jos, însă eu plutesc în aer.
Jos este o platformă, iar eu pot manevra această panglică, o pot învârti în jurul meu și o văd cum se rotește în direcția opusă acelor de ceasornic.

Îmi vine că pot manevra timpul, procesul înapoi. Procesul de îmbătrânire merge înainte, însă eu simt că sunt într-un proces de întinerire. Această panglică, dacă atinge ceva la suprafață, curăță totul din cale.

Q: Despre ce este acest proces?
A: Îmi arată celulele de grăsime din corpul meu care se dizolvă. Se dizolvă grăsimea din mușchi, din carne, este un proces biologic. Da, eu am inversat procesul de îmbătrânire și am intrat într-un proces de întinerire. Acest lucru are loc în carne, în grăsime, în corpul meu are loc un alt tip de proces.

Sinele înalt

"Nu ești o ființă umană care are o experiență spirituală. Ești o ființă spirituală care are o experiență umană." ~*Pierre Teilhard de Chardin*

Sinele Înalt este aspectul pur, etern și divin al ceea ce ești. Este cea mai adevărată versiune a ta, esența sufletului tău, existând dincolo de limitele corpului, egoului și gândurilor tale de zi cu zi. În timp ce **sinele tău uman** experimentează viața clipă de clipă, Sinele Superior deține planul complet al călătoriei sufletului tău. Este inteligența ta călăuzitoare, înrădăcinată în iubire, înțelepciune și conexiune profundă cu întreaga existență.

Simplu spus, dacă viața ar fi un joc Voideo, sinele tău uman ar fi personajul de pe ecran, complet ancorat în nivel, confruntându-se cu obstacole, învățând lecții și simțind fiecare emoție. Sinele tău Superior, pe de altă parte, este jucătorul care ține controlerul, vede harta completă, cunoaște misiunea și înțelege scopul din spatele fiecărei provocări. Este calm, stăpân pe sine și nu pierde niciodată din vedere imaginea de ansamblu, chiar și atunci când personajul se simte pierdut sau copleșit.

Această parte din tine este întotdeauna conectată la Sursă, fie că o numești Dumnezeu, Univers, Spirit sau altceva. Este multidimensională, eternă și există de-a lungul timpului. În timp ce mintea umană poate uita, Sinele Superior își amintește: sufletul tău se contractă, scopul tău, viețile tale trecute și lecțiile spirituale țesute în experiențele tale.

Sinele Superior comunică subtil, dar puternic. Nu strigă, ci șoptește. Trimite ghionturi, intuiții și sincronicități. Vorbește prin vise, viziuni, semne din natură, întârzieri neașteptate sau o cunoaștere interioară de neclintit. Când ceva pare în neregulă sau „nu este aliniat", adesea Sinele tău Superior te redirecționează. Când simți pace, expansiune sau claritate în legătură cu ceva, de obicei Sinele tău Superior confirmă că ești pe calea cea bună.

Diferența dintre sinele tău uman și Sinele Superior poate fi observată clar atunci când le comparăm caracteristicile. Sinele tău uman este modelat de corpul tău fizic, de educația ta, de emoții și de credințe. Adesea reacționează din frică, ego sau durere. Operează într-o linie temporală limitată și vede lumea prin filtre. Între timp, Sinele Superior este calm, iubitor și înțelept. Nu are judecăți, frică și nicio agendă, ci doar adevăr și îndrumare aliniate cu evoluția sufletului tău. Acolo unde sinele tău uman se poate simți separat, Sinele Superior știe că este conectat la tot ceea ce există.

Iată o modalitate simplă de a compara:

Sinele uman este condus de supraviețuire, emoții și identitate. Adesea se simte confuz, reactiv sau anxios.

Sinele Superior este condus de claritate, pace și o înțelegere superioară. Vede totul ca parte a creșterii sufletului tău și te ajută să te realiniezi cu scopul tău.

Pe măsură ce crești spiritual, îți vindeci răni vechi și îți ridici vibrația, începi să te contopești mai mult cu Sinele tău Superior. Începi să recunoști diferența dintre vocea egoului tău și îndrumarea sufletului tău. Viața începe să se simtă mai sincronizată. Deciziile vin din alinierea interioară, mai degrabă decât din frică. Acționezi în loc să reacționezi. Ai încredere, în loc să controlezi. Devii o expresie a luminii sufletului tău.

Conectarea cu Sinele tău Superior nu necesită ritualuri sau perfecțiune. Cere doar prezență. Poți construi această conexiune prin meditație, jurnalizare, fiind în natură și, cel mai important, ascultând. Cere-i îndrumare Sinelui tău Superior. Apoi, fii suficient de nemișcat pentru a auzi răspunsul. Adesea vine repede, înainte ca egoul să aibă timp să vorbească.

Și amintește-ți, Sinele tău Superior nu este undeva mult deasupra ta. Nu este separat. Este deja în tine. Este eternul „tu" care te privește cu iubire în timp ce mergi prin viață, așteptând cu răbdare să-ți amintești cine ești cu adevărat.
Călătoria trezirii nu înseamnă să devii ceva mai mult. Este vorba despre a deveni ceea ce ești deja. Iar Sinele tău Superior este cheia acestei amintiri.

Q: Este vreun mesaj pentru umanitate sau mesaj final pentru carte?
A: Văd o imagine, pur și simplu nu înțeleg. Din față, de la al 3-lea ochi a zburat ceva în sus și stă deasupra capului meu ca o energie.
Apoi văd că aș fi într-o mașină de la bâlci, într-o mașină pe bază de electricitate, și în fața mea s-a așezat cineva. Văd că sunt 2 șoferi în același timp la o singură mașină. Cine stă în fața noastră este sinele nostru înalt. Noi percepem că suntem unicul șofer a corpului fizic, însă de fapt nu este

așa. Această mașină are 2 șoferi. Sinele tău înalt este șofer exact ca tine, a acestui vehicul, în cazul nostru, al oamenilor, al acestui corp fizic. Din ce motiv el stă în fața ta și nu invers? Din motiv că acest concept al conducerii să fie perceput că noi suntem adevăratul șofer al vehiculului, însă șoferul adevărat este Sinele tău înalt. Deasupra, văd un vortex deschis unde se scurg informațiile, înțelepciunea, totul coboară și este conectat automat cu tine și cu sinele tău înalt, însă se filtrează. Mulțumim.

Sesiune Victoria & Diana - 26 Mai 2025

Suntem în 2A, în Cuantum, asta e inima.

Q: Care este mesajul pe care vreți să-l transmiteți pentru mine, sau pentru Diana sau pentru noi, la comun?

Victoria: Tu vezi ceva?

Diana: Nu.

Victoria: E așa subtil.

Diana: E subtil, și nu știu la un moment dat vedeam ca o ființă sau energie.

Victoria: Eu am văzut ca o morișcă, care vine ca doua antene, doua capuri, și ele se prind, sunt doua, una la un capăt și alta la un capăt, și astfel prinde radiusul informației.

Aceste două antene ale cui sunt? Fiecare antenă o avem fiecare dintre noi.

Diana: E pentru a primi informații astăzi?

Victoria: Trebuie să o punem în cap. Ok. Interesant mecanism. De obicei antenele prind din exterior în interior, dar cum noi trebuie să punem în cap este un proces diferit.. Îmi vine de ce nu invers, pentru că noi trebuie să primim din exterior în interior. Trebuie să o îmbrăcăm pe cap pentru ca noi să trimitem informații. E procesul invers.

Q: Este nevoie ca noi să ne conectăm cu Sursa, Câmpul pentru a primi?

Victoria: Cineva ne-a legat de picioare și stăm cu capul în jo

Diana: Cu ce ne ajută să trimitem noi informația?

Victoria: Văd ceva o tehnologie, dar știi cum arată? Arată ca pielea de la șarpe, așa hexagon, și pe margine se scurge un canal, prin stânga mea, se scurge ceva informație. Știi cum vin fibrele optice? Așa și informația asta vine. Dar ce legătură are cu picioarele și capul în jos? Nu pot să înțeleg. Vă rog să ne dați un răspuns mai simplu și mai clar, pe înțelesul nostru.

Îmi vine că noi acționăm ca un catalizator pentru Pământ, și uneori catalizatorul servește unui circuit opus în procesul de primire-trimitere. Noi recunoaștem că împământarea se face prin picioare, însă uneori este nevoie să realizăm conexiunea inversă: să aducem sursa în legătură cu Pământul și picioarele în conexiune cu Universul. Aceasta este o conduită scurtă, nu de lungă durată, însă ajută la un proces din sânge.

Dacă în sistemul sangvin are loc în mod constant procesul de oxigenare, acest exercițiu, când stai cu picioarele în sus și capul în jos – oferă o **deoxigenare** a sistemului sangvin. Procesul nu trebuie să fie lung, ci de scurtă durată. Când se produce deoxigenarea sistemului sangvin, celulele cancerigene devin confuze. Acest lucru creează o eroare în sistem, determinând transmutarea celulelor moarte. Are loc o anihilare în sânge, iar ulterior se declanșează un proces chimic asupra acestor celule, un alt tip de reacție, care duce la absorbția și eliminarea lor din sistemul sangvin. E ca și cum un magnet le extrage din sânge și le transmută.

Diana: Wow, ce interesant.
Victoria: Acum m-a dat cu picioarele pe pământ. Asta cu capul în jos și picioarele în sus nu este pe durata lungă.

Q: Pe ce perioadă de timp este nevoie ca oamenii să stea așa?
A: De la 3 până la 5 minute. Îmi vine 3 minute. Între 3 și 5, însă mai mult 3.

Diana: Poate 5 în funcție de cât de complex este cazul.
Victoria: Yes, actually this is the exact message, but I didn't say it from the beginning.
Diana: Îmi vine să întreb, informația asta este strict pentru carte, sau noi două aveam nevoie de purificarea sistemului sangvin, sau ne ajută și cu altceva asta?
Victoria: Unica ce am văzut e că din cap a ieșit o bulă. Văd cum cineva a venit și a pus pin, și a plecat. Înseamnă că e pentru noi toți.
Diana: Mulțumim.

IV. Câmpul Megaquantic (MQ)

*În acest capitol va fi prezentat **Câmpul Megaquantic**, care se regăsește în dimensiunile superioare ale Creației. Accesul la acest câmp este limitat, pentru a-i păstra vibrația la cel mai înalt nivel posibil. Câmpul funcționează printr-un mecanism care nu permite accesul tuturor, în special celor care nu și-au deschis conștiința sau nu au lucrat cu ei înșiși pentru a se ancora în neutralitate și iubire necondiționată.*

În capitolele precedente, am explorat tărâmurile fundamentale ale Registrelor Akashice și al Câmpului Cuantic, fiecare oferind perspective profunde asupra naturii realității, timpului și conștiinței. Aceste etape ne-au pregătit pentru următorul pas extraordinar în evoluția umanității: intrarea în **Câmpul Megaquantic**.

Câmpul Megaquantic poate fi explicat ca universitatea sufletului, un tărâm de învățământ superior pentru însăși conștiința noastră.

Am ajuns la acest nivel înalt al conștiinței divine, un spațiu revoluționar și profund, prin muncă continuă, sesiuni nelimitate de conectare cu dimensiuni înalte, permițându-mi să mă deschid în flux către informații și tărâmuri nemărginite.

Ceea ce face această descoperire atât de remarcabilă este modul natural și lipsit de efort în care a apărut. Nu a fost căutată prin forță sau intenție; Câmpul Megaquantic a venit ca un răspuns divin, o oferire directă de la Sursă, în stare de channeling, după ani de practică și conexiune multidimensională.

Acest câmp revoluționar și profund, a venit exact atunci când eu mi-am dat voie să mă aliniez mai mult cu conștiința înaltă a Sinelui meu.

Pentru prima dată, acest câmp este împărtășit într-o formă explicită și structurată, oferind o nouă perspectivă și un vocabular extins pentru a descrie o dimensiune până acum nedescoperită în literatura spirituală sau științifică. Nu este doar o progresie dincolo de nivelurile Akashic sau Cuantum, ci este un concept de schimbare, care introduce un nou șablon energetic pentru evoluția umanității.

Ce distinge **Câmpul Megaquantic** este conexiunea sa directă cu Sursa — Dumnezeu, originea tuturor lucrurilor. Spre deosebire de alte câmpuri care implică adesea intermedieri prin ghizi, ființe sau arhetipuri, acest câmp funcționează fără interferențe terțe. Este o frecvență divină de inteligență **pură și nefiltrată**, accesată nu prin ierarhii sau sisteme, ci prin alinierea sufletului și a intenției.

Pe acest nivel macro, **Câmpul Megaquantic** nu conține doar informații despre vieți trecute, realități paralele sau alte dimensiuni, ci cuprinde **totalitatea existenței**. Aici devine vizibilă arhitectura multiversului, toate metaversele, cele mai autentice șabloane sufletești, coduri ale creației și realități colective coexistând simultan.

În această întindere cristalină de inteligență de lumină albă, dualitatea devine aproape inexistentă, iar densitatea materiei dispare. Entitățile nu mai sunt percepute sub formă concretă, ci ca **contururi umplute cu lumină radianta**, reflectând puritatea esenței lor. Câmpul este neutru, vast și infinit, o oglindă pură a tot ceea ce este și poate fi.

Accesul la Câmpul Megaquantic este dăruit și ghidat. Cei care nu au acces la astfel de tărâmuri pot fi aduși în acest spațiu prin intermediul practicilor susținute de ghizi aliniați la vibrația câmpului. Sesiunile se desfășoară în aliniament cu stadiul de pregătire al sufletului. Dacă o persoană nu este încă pregătită să integreze acest nivel, sesiunea rămâne natural la nivelul Akashic sau Cuantum, ghidată cu grijă și precizie.

Înainte de accesul complet, este necesară o **purificare energetică profundă**. Mulți adorm sau intră într-o stare asemănătoare visului în timpul acestui proces, pe măsură ce sistemele fizice și energetice se realiniază pentru a se conecta la această frecvență înaltă.

Câmpul Megaquantic nu este doar un pas în evoluție, ci un **salt în amintirea divină**. Oferă sufletului o întoarcere la **șablonul său originar**, neatins de linii temporale, distorsiuni sau limitări. Aici nu căutăm adevărul, devenim expresia lui.

Ceea ce te pregătești să întâlnești aici… poate trezi o cunoaștere străveche în interiorul tău, ceva ce a așteptat mult timp să fie amintit și trăit.

Bine ai venit în **Câmpul Megaquantic**.

Conexiune cu Câmpul Megaquantic

Victoria: Eu sunt în Megaquantic, dar tu nu ești cu mine. Te caut pe dedesubt. Nu pot să văd unde ești, însă simt că ești la un alt nivel. Tu ești la nivelul 2 de Cuantum, în gânduri, în 2B.
Diana: Îmi vine să întreb ce am de conștientizat?

Victoria: Tu te balansezi dintre inimă și gânduri.

Diana: Simt că este și o frică.

Victoria: Da, pentru că fugi la același etaj dintr-o parte în alta. Ideea de a fi prezentă în corp și nu în minte, tendința de a analiza aproape orice detaliu. Tu pur și simplu nu îți dai voie să fii în inimă.

Diana: Atunci simt să eliberez orice mă ține și nu îmi dă voie să fiu în inima mea.

Q: O clipă, simt să întreb Sursa. Câmpul Megaquantic dacă este în binele Dianei să elibereze gândurile excesive și procesul care crează astfel de activitate?

A: M-a luat de deget și mă urcă sus. Văd cum a deschis un ecran pe jumătate și, înăuntru, deschide o sferă din care iese un telescop. Câmpul Megaquantic este foarte departe de Câmpul Cuantic. El (mă refer la Creator/Dumnezeu ca gen masculin, pentru că mi s-a prezentat sub forma unui bărbat înaintat în vârstă), s-a făcut pe ecran ca o imagine, dar se uită acum cu telescopul, vrea să ajungă să vadă Câmpul Cuantic. Eu îl văd ca fiind foarte departe. El caută acum. Câmpul Cuantic este în față, puțin spre ora 13:00 (1 PM), așa este localizarea dacă te uiți după un ceas. Acolo se află. Dacă mă uit din punctul în care sunt eu și privesc ecranul Creatorului, Câmpul Cuantic este la distanță. Acum face zoom spre Câmpul Cuantic, chiar este în față.

Îmi vine cuvântul „*transcendent,* așa pare structura Câmpului Cuantum. Are o formă transcendentă. Câmpul este ca o tornadă, ca o sferă care se învârte în aer. Este în mișcare continuă și percep diverse culori. Spectrul de culori este foarte larg, iar acest lucru depinde de setarea frecvenței luminii pentru fiecare individ, în funcție de cum o poate percepe. Totuși, este un spectru foarte vast de culori. Noi, ca oameni, nu cunoaștem atât de multe culori.

Acum îl văd cum încearcă să caute ceva. Are un radar care îi permite să vadă în Câmpul Cuantum. Pentru a intra în Cuantum din Megaquantic, este nevoie de energia conștiinței Creatorului. Așa cum o percep eu, el nu pătrunde cu întreaga lui existență, ci intră ca un curent electric flexibil. Când pătrunde în acest vortex al Cuantumului, o face subtil, pe margine, nu direct, ca și cum s-ar strecura pe lateral, apoi intră în flux.

De fapt, energia lui are o altă culoare, un sur întunecat. Sunt foarte curioasă din ce motiv. Acesta este, de fapt, amprenta lui ca sursă. Este ca și cum ar intra ca VIP, iar întreaga Creație știe că „șeful" sosește.

Ieri, în legătură cu Câmpul Cuantum, mi-a venit ideea că voidul, materia neagră, este însuși Creatorul. Voidul pătrunde în Câmpul Cuantum, dar și el trebuie să fie flexibil în relație cu acest câmp. Chiar dacă este Creatorul, el nu face ce dorește în mod arbitrar, nici în acest câmp, nici în altele. El acționează cu profund respect față de creația sa, față de tot ceea ce există.

El pătrunde acum în Cuantum cu respect pentru legile de acolo, pentru absolut tot ceea ce coexistă în Câmpul Cuantum. Nu se consideră nici superior, nici inferior creației sale.

Acum încearcă să te găsească. Da, ești la nivelul 2. El stă la ușa de la etajul 2, între A și B. Te văd pe tine cum fugi dintr-o parte în alta, iar el stă la ușă și privește. A intrat în mijloc, s-a așezat pe un scaun, iar tu continui să fugi, însă el a întins mâna și te-a oprit. Cât de calm este el și cât de agitată ești tu. Ți-a făcut loc pe scaun, în partea dreaptă a lui, și te-a așezat cu fața către gândurile tale.

Acum îmi vine că îți trimite el informații, va comunica cu tine pentru că ai nevoie să înțelegi ce se află aici. Văd cum încearcă să te învețe să-ți gestionezi gândurile. Nu te uita la inimă, pentru că văd cum încerci să întorci capul spre ea, însă el îți spune să te uiți la gânduri. Îți este inconfortabil să-ți observi gândurile, nu vrei să le înfrunți.

Diana: L-am văzut când a intrat. Sunt frici, emoții stagnante, și nu vreau să le văd. Îmi pun intenția să mă uit la gânduri, la tot ce nu am eliberat, tot ce mă încetinește. Eu eliberez acum.

A: Din piciorul drept se eliberează ceva, iar inima creează prea multe emoții. Este ceva aici, pe partea feminină, neprocesat. Este ceva pe partea stângă a corpului, pentru că tu te strângi către Creator, nu vrei să eliberezi, vrei să te ascunzi după el. Este un mecanism vechi, foarte vechi. Asta este ceea ce ascunzi. Această programă este foarte veche, pentru că văd un corp de femeie, ori africană, ori indiană. Văd un corp de femeie cu sâni mari. Probabil ai avut o viață acolo, iar subiectul este legat de sexualitate, pentru că văd multe imagini vechi de tip *kamasutra*.

Te percep ca femeie, însă cu o energie masculină, care domina bărbații în acea existență. Aceasta este o programă veche, de aproximativ 2500 de ani, și este stocată în corpul tău, în partea stângă a trunchiului.

Diana: Mie mi-a venit africană. Atunci îmi exprim intenția să eliberez această programă din acea viață, din toate existențele, dimensiunile, realitățile în care exist, am existat și în care voi fi, tot ceea ce nu îmi servește. Eu eliberez toate programele, limitările, convingerile care nu îmi mai servesc, și care nu îmi dau voie să trăiesc în autenticitatea mea, în toate existențele în care sunt, cocreez și voi exista. Amin.

Am fiori pe partea dreaptă, și acum te văd cum pășești pe umărul Creatorului, el te ține de mână și spune că este în regulă. Acum l-ai cuprins mai tare și plângi ca un copilaș alături de mama.

Acum te văd cum te-ai ridicat din scaun, te-ai dus la inimă, și te-ai întors înapoi și l-ai cuprins de la spate, de la gât pe Creator, și l-ai sărutat pe obraz. Ce interesant că îl văd pe el așa neutru, iubitor, și acum te-ai dus și ai intrat într-un flux în inimă. Mulțumim.

Victoria: Vreau să întreb aici Creatorul dacă este nevoie să eliberez frici, blocaje, sau orice este în binele meu cel mai înalt?
Pe mine m-a trecut înapoi în Megaquantic. El face release la imaginea Macrocuantum și acum m-a pus în palme. Este nevoie să-mi scoată conștiința din cap și să o plaseze separat de corpul fizic. Conștiința mea stă în locul meu, acolo unde este observatorul. E complicat acum.

Mi-a pus corpul într-o eprubetă, a închis capacul și o agită. A introdus ceva înăuntru, însă nu știu ce anume. A agitat conținutul, iar acum îl analizează. El așa vede compoziția a tot ceea ce este, ca un medic de laborator care analizează la microscop ce conține pielea, sângele, din ce este compus corpul.

- Pe partea dreaptă văd negrul, densitate
- Partea stângă este mai puțin densă, și conține particule diferite.

El continuă să observe aceste grupări cu precizie. Fiecare grup reflectă un aspect al compoziției mele energetice și fizice, dezvăluind densități și frecvențe ascunse pe care nu le recunoscusem încă.

Q: Câmpul Megaquantic ce înseamnă aceste particule negre, roșii?
A: A dat cu mâna spre eprubetă și în dreapta a apărut un ecran. Aici văd analiza mai complexă.
  1. Particulele negre sunt pe religie, asta este cea mai mare credință

2. Particulele roșii sunt pe feminintate, pe ciclu, menstruație, despre procesul menstrual însuși

Fiecare culoare și grup de particule păstrează memoria amprentelor ancestrale, personale și colective care continuă să influențeze corpul și conștiința. Această descompunere dezvăluie nu doar semnificația biologică sau simbolică, ci și credințele și programele codificate încă active în câmpul energetic.

Diana: Îmi vine că pe partea cu menstruația sunt credințe precum că ciclul este murdar, ce ni s-a transmis la religie.

Victoria: Îmi pun intenția să eliberez, din orice formă, viață paralelă, existență știută sau neștiută, din orice conștiință în care mă aflu, din orice loc din univers sau multivers, tot ceea ce este legat de religia creștină ortodoxă, creștinism în general sau orice altă credință care s-a format. Rog să se elibereze tot ceea ce este legat de partea sexualității.

Proces reversibil. Mă întoarce în timp, văd portaluri pătrate, văd cum ies din întuneric și mă duc în trecut. Tot procesul se reversează. Este foarte mult. Am ieșit. Am eliberat.

Victoria: Drag Creator îmi pun intenția să eliberez orice programe, din orice existență, din orice ființă, cunoscută sau necunoscută, din orice viață paralelă sau prezentă. Cer să se elibereze credința... stai, nici nu pot să o spun. Cer să mi se deblocheze gura ca să pot vorbi. Mi-a fost deblocată doar o parte a gurii. Cer să mi se deschidă întreaga gură, ca să pot vorbi liber.

Îmi pun intenția să eliberez credința că trebuie să tac, eliberez:

- *femeia nu are dreptul să vorbească*
- *femeia nu are voce*
- *femeia este neputincioasă*
- *femeia este murdară*

Sunt foarte multe uși... parcă este ca o **matrioșka**.

Cer să se elibereze orice blocaj legat de **femeie, sexualitate, ciclu,** și **procesul ei natural, feminin.**

Eliberez din tot ADN-ul meu, din orice existență.

Îmi vine să spun: *"Sunt văzută, EU sunt puterea, sunt o putere feminină, sunt iubită, sunt văzută și auzită. Pântecul meu este sacru, uterul meu este sacru, și orice proces legat de fiziologie: fizică, spirituală, astrală, este un proces normal. Mulțumesc."*

Mă văd în lumină albă, mă uit la mâinile mele, și sunt într-o rochie cu picioarele goale. Îmi simt corpul meu ușor, îl accept.

Diana: Mi-a venit să îmi pun intenția să eliberez convingerea că femeia este păcătoasă, că noi am fost pedepsite, că ciclul este o pedeapsă de la Dumnezeu, toate limitările care nu îmi mai servesc. Orice convingere că ciclul este murdar, și orice alte asocieri, iluzii care nu provin din adevărul universal al lui Dumnezeu.

Victoria: Eu îmi accept feminitatea, eu îmi accept vaginul, îmi accept uterul, pântecul, și simt o căldură. Noi suntem putere, energia feminină. Eu accept procesul pur și natural de creație, al nașterii, accept totul ca pe o binecuvântare.

Diana: Și eu accept procesul de creație în pântecul meu ca pe o creație minunată, ca o binecuvântare direct de la Dumnezeu.

Victoria: E interesant cum tu stai în Cuantum și ai emoții, însă eu sunt neutră față de emoții aici, în Megaquantic. Cu siguranță plângeam și eu dacă eram mai jos în Câmpul Akashic. Acum, din ecran, mi-a scos corpul și ia conștiința și o introduce în cap.

Q: Dar de ce a fost nevoie de astfel de proces, de separare a conștiinței și a corpului fizic?
A: Simt că dacă ar fi împreună, procesul ar fi mai complex. „Contaminarea" îmi vine. Conștiința este pură; doar corpul acumulează toate credințele din orice viață. La nivelul conștiinței, este imposibil să preiei traume sau frică; conștiința este pură și neatinsă. Când au loc eliberări profunde, conștiința trebuie să se separe de corpul fizic, astfel încât să nu existe contaminare, ceea ce face mai ușoară eliberarea problemelor acumulate din corp. Conștiința generează un câmp mai complex, iar problemele stocate nu sunt clar vizibile, deoarece conștiința acoperă corpul cu un strat de plasmă în

care temerile noastre nu sunt ușor de văzut. Ele rămân ascunse. Odată ce extragi conștiința, corpul este nefiltrat, transparent și este ușor să lucrezi cu tot ce a fost stocat înăuntru.

Acum te văd cum ai aterizat în Megaquantic. Interesant, Câmpul Megaquantic nu îți dă voie să treci, dacă ai emoții neprocesate, gânduri. Are filtre, parametri, și nu îți dă permisiunea să treci dacă ai multe energii stagnante. Te-a pus și pe tine pe dreapta mea, te văd în alb, însă eu sunt Void.

Tu ești toată în alb, însă eu mă văd în negru, și cu mintea umană ai putea spune că asta este rău, însă este pur și simplu Void. Vrea să ne arate că tu ești lumina, eu întuneric, însă noi suntem una și aceeași. E interesant ce îmi arată acum, simt că aici este și alt mesaj. Tu lucrezi cu partea luminoasă, eu lucrez cu partea întunecată, și asta nu este neapărat rău, ci prin experiențele pe care le am, mă ajută să pot lucra cu densități și cu partea aceasta de existență. Creierul uman percepe asta ca ceva rău, dar de fapt tu ești acea lumină care, ți se pare că este materie neagră. Este lumina care ne aprinde pe noi toți. Yin Yang este în același spațiu. Tu ești lumina, unde te duci prin întuneric tu radiezi, iar eu experimentez partea întunecată, însă toate experiențele prin care trec sunt pentru a mă ajuta să lucrez, să manevrez întunericul. Eu cunosc partea aceasta, și pentru mine, tu ești în lumină, dacă ar fi să lucrezi cu densitățile mai mari, cu întunericul, ar fi puțin copleșitor. Însă eu fiind din partea aceasta de materie neagră, eu nu am filtru. Dacă persoana are abilități intense, și nu știe cum să lucreze cu această putere, ea poate să facă peste tot întuneric.

Dacă individul nu a lucrat asupra sa și are astfel de putere, pur și simplu face tot prin jurul lui întuneric.

Victoria: Interesant. Mi-a venit că am frică de puterea mea, însă îmi pun intenția să o eliberez.

Creatorul a adus o barcă pentru doua persoane, a îndreptat-o spre ecran, și noi ne-am transpus acolo. Este o călătorie în care nu vezi că zbori, nu simți că zbori, ca și cum ai fi în interiorul unei nave, și tu călătorești cu viteza mai rapidă decât cu viteza luminii. Facem acum un salt în multivers. Un fel de jump, pentru că văd prin părți lumină albastră. Este o călătorie destul de lungă. Nu știu ce simți tu, însă brusc, la un moment dat, un canal ne-a tras în sus. Am ajuns la o stație, o platformă în aer. Este o stație.

Q: Câmp Megaquantic în ce locație am ajuns? Ce este acest loc?
A: "Meetings" ("Adunari"), loc pentru adunări. Cineva mă cheamă și am intrat într-un bloc, unde noi ne ridicăm la un etaj printr-un tub transparent, și văd etajele din cristal. Ascensorul nu se ridică după modalitatea noastră, pe care o cunoaștem în planul fizic, ci se ridică pe un altfel de energie. Este un Câmp Magnetic, ai zice că te urci cu gândul.

Diana: Îmi vine cuvântul "levitat".

A: Da, levitație, corect. Totul se reglează de la gând. Ai trimis gândul și levitația te duce unde ai nevoie. Am ajuns la un cabinet, ne-am ridicat destul de sus, văd un cabinet cu o masă de oficiu, cu multe scaune de lemn, un fel de lemn imaginar. Cineva s-a așezat în capul mesei pe partea dreaptă, masa nu vine pătrată ci vine dreaptă, și apoi are forma ca la sicriu. Eu nu înțeleg unde să mă așez pentru că sunt prea multe scaune. Tu te-ai așezat pe partea ferestrei, la stânga, nu chiar în capăt, și eu pe partea cealaltă, mai la mijloc, mai departe de acea persoană, de acel bărbat care stă în capul mesei pe dreapta.

Q: Câmpul Megaquantic ce este acest loc și cine este acest bărbat?
A: Îmi vine Creatorul însuși.

Diana: Așa îmi vine și mie.

Victoria: Aici ne permite să dăm întrebări. Ieri a fost o întâlnire diferită, însă astăzi este mai profesională.

Q: Câmpul Megaquantic ce ar fi binevenit să cunoaștem despre acest câmp, dacă e binevenit să începem de la procesele fundamentale acestui câmp, pe înțelesul nostru, informația să fie coerentă, și dacă este binevenit să cunoaștem din punct de vedere științific, care este structura, baza fundamentală, și pentru ce este acest câmp?
A: Îmi vine **lecția 1**. Pe perete, pe partea mea stângă, dreapta a ta, s-a făcut un ecran unde scrie lecția 1. O clipă. Trebuie să îmi pună ceva în spatele urechii drepte, pe gât. Este un dispozitiv cristalin, aproape invizibil.

Mesaj de la Creator:

"Noi creăm resurse care se manifestă în planurile joase. Creația pornește de sus în jos. Acest câmp este unic explicit. Nu are părți, nivele, sau orice alte principii în care ar subdiviza acest câmp. Lumea este creată în acest spațiu primordial, în concordanță cu sistemul periodic, a dimensiunilor mai joase. Cum ar fi câmpul Megaquantic de bază, în care extensia lui merge pe vortex, pe spirală, crează Câmpul Cuantum, cu bazele lui fundamentale, până în ceea ce cunoașteți drept Câmpul Akashic, și după sunteți voi. În câmpul Megaquantic, materia neagră, Voidul, este mai mult drept explicație a existenței mele, a "oficiului meu" de cooperare cu restul creației. Acest nivel are ca scop reglarea, crearea, monitorizarea, corectarea, experimentarea, ajustarea, anihilarea planurilor de mai jos, adică a extensiilor acestui câmp. Ar fi poziționarea Câmpului Megaquantic, extensia lui pe spirală în interior, de unde vine o piramidă cu baza în sus și cu vârful în jos. Deci Megaquantic este separat de extensia creației cu piramida jocului creației în care este învestit, pentru a da posibilitatea fiecărui suflet să se afle, să se ridice, să avanseze, sau să devanseze, în dependență de locația lui din piramida dată. Megaquantic este separat, dar în același timp este în concordanță cu creația absolută a mea.
Poți să dai întrebări."

Q: Cum este corect să accesezi acest câmp, sau când poți accesa și ce este nevoie pentru a avea acces?
A: Lecția 2. Accesarea acestui câmp este inconfortabilă pentru marea majoritate a indivizilor, sufletelor care se dezvoltă în acea piramidă de creație. Este foarte inconfortabil de a accesa în acest câmp. Motivul este simplu. Nu sunt gata să accepte o putere mai mare decât ei înșuși, o putere pe care ei nu o cunosc. Ei cred că eu sunt puterea, iar ei sunt pedepsiți. Atunci când ei cred că sunt pedepsiți, eu sunt acel pedepsit în care cred că ei au putere. Este un paradox în care existăm în același timp, o extremă și alta în același timp. E ca și cum, ar fi tu, individul A, crezi că individul B este mai presus, mai bun, mai avansat. Atunci individul B va simți exact individul A și va avea aceleași frustrări. Procesul se egalează cu 0, dar poate să se egaleze cu 1, în dependență de percepția individului A, în concordanță de percepția B. Dacă percepția este neutră, ambele părți sunt egal cu 1:1.

Q: Acest lucru înseamnă că accesul în acest câmp este permis oricui, oricând, atâta timp cât acesta își dă voie, și are încredere în puterea lui de a accesa?

A: Răspunsul este retoric. Da și Nu. Sunt unele principii de funcționare ale acestui câmp. El nu îți acceptă accesul chiar dacă simți că ești gata, pentru că egoul stă în mijlocul frunții, în exteriorul capului. Accesul va fi refuzat.

Q: Cum a fost exemplul meu?

A: Nu este cunoscut acest exemplu.

Diana: Mă refer la astăzi, când nu am putut să accesez Megaquantic pentru că eram blocată în gânduri.

Victoria: Aceasta a fost o experimentare în care ai crezut că este un adevăr.

A: Lecția 3. Contaminarea acestui câmp nu poate fi abordată. Crearea acestui câmp a fost cu intenția de a anihila orice tentativă de contaminare a acestui spațiu. Nu este o lecție, încercăm să găsim cuvântul potrivit - *Sistem complicat*.

Noi nu suntem în câmp mai presus ca restul, însă noi nu permitem contaminarea din planurile joase. Aici nu este prezentă dualitatea în nicio formă. Pentru a accesa ușor, accesibil acest câmp, cheia succesului este *neutralitatea*. Atunci când inima vibrează neutralitate, câmpul exterior crează o cheie în care îți trimite o invitație pentru accesarea acestui câmp. Acest câmp este supervizat de o grupă de ființe care au grijă, analizează, verifică toate experiențele pentru a categoriza pe un nivel numeric, procentajul de confirmare al acestor stări neutre.

De exemplu, din 100%, dacă acumulezi din experiențele totale, nu ne referim la vieți, ci la experiențe totale, dacă acumulezi în jur de 80% în sus ai șansa de a fi acceptat, de a accesa acest câmp. Este un proces minuțios, strict, după protocol, și nu implică discriminarea din planurile mai joase.

A: Lecția 4. Acest capitol nu va fi dezvoltat. Este prea complex din punct de vedere științific. Această informație se va despacheta prin alte forme, căi, metode.

A: Lecția 5. "Care este scopul vostru în acest câmp? Este întrebare pentru voi."

Îmi vine să formăm o hartă a creației lui Dumnezeu, care să ne ajute să ne orientăm, să înțelegem unde suntem și spre ce trebuie să tindem, însă nu cu forța, ci prin înțelegere și conștientizare. Să realizăm că suntem pe o cale mai puțin dezvoltată, spre care trebuie să tindem pentru a evolua mai departe. Văd pe acest ecran o hartă, un teritoriu mare, de exemplu, cum ar fi Eurasia, de o dimensiune vastă. Apoi urmează un câmp mai mic: Europa întreagă, de la est la vest, acesta este Câmpul Cuantum. Iar Câmpul Akashic este reprezentat de Africa. Australia suntem noi, dimensiunea noastră, undeva departe, unde călătoria este dificilă și costisitoare.

Câmpul Akashic este un teritoriu vast. Interesant este că apare sub forma Africii. De ce anume Africa? Pentru că acolo se regăsesc binele și răul, uscăciunea și unicitatea, este o casă cu de toate. Ai nevoie de rezistență ca să trăiești în Africa. La fel, pentru a accesa Akasha, trebuie să ai o anumită rezistență, pentru că acolo există multă dualitate, bine, și rău.

Europa, Câmpul Cuantum, și deja Megaquanticul, sunt teritorii voluminoase și vaste. În această lecție, simt că e important să accesăm aceste niveluri pentru a realiza și conștientiza că, de fapt, creația lui Dumnezeu nu este așa cum o percepem noi. Nu suntem niște păcătoși abandonați, loviți de soartă. Dimpotrivă, noi am ales să venim în planurile joase pentru a tinde înapoi spre originea a tot ceea ce este.

Q: Asta este diferența dintre câmpuri, nivelul de neutralitate sau dualitate?
A: Exact. Tu trebuie să parcurgi prin ele ca să înțelegi de fapt Sursa inițială. Tu nu poți ajunge direct la sursa inițială, nelucrând, nevindecând, neexperimentând. Acesta este jocul.

Nimeni nu este vinovat, ci sufletul tău vrea să înțeleagă de jos, să înțeleagă cum este să fii aici, știind de unde ai venit.

Accesarea Câmpului Megaquantic este în funcție de neutralitatea ta pe care o dezvolți în planul acesta. Cu cât ești ancorat în neutralitate și în acceptare, cu atât poți să urci la un nivel mai sus, să depășești granițele.

Dacă în Câmpul Akashic toată informația este mai mult în corelație cu planurile joase, atunci el funcționează ca o punte de legătură, ca o vamă de trecere între ceea ce înseamnă a fi conectat cu planurile înalte. Așadar,

Câmpul Akashic este destinat creațiilor de jos, adică nouă, celor care suntem aici. Odată ce treci de acest câmp, te ridici în Câmpul Cuantum. Iar pentru a accesa Câmpul Cuantum, este necesar să fii ancorat în inima ta. Inima este cea care realizează întreg procesul descris mai sus. Odată ce ai completat acest proces, nu este nevoie să experimentezi în totalitate Câmpul Cuantum sau să finalizezi 100% din experiențele lui. Poți accesa direct Câmpul Megaquantic.

Îmi vine acum un exemplu: să zicem că ai decis să te duci la mănăstire și crezi că acolo îți este bine, lumea te cunoaște și te consideră ca un sfânt, însă dacă tu nu ai lucrat pe partea de ego, frici și așa mai departe, tu automat nu poți trece la următorul nivel, la nivel de inimă. Energetic, spiritual, tu nu poți trece mai sus pentru că nu ai vindecat diverse aspecte.

În același timp, o alta persoană care lucrează cu oamenii, este expusă la contaminări exterioare, și dacă a lucrat cu ea, poate trece în Câmpul Cuantum, pentru că inima este în stare neutră a emoțiilor, a stărilor interne, iar apoi automat poate accesa Câmpul Megaquantic, nefiind la mănăstire cum a fost primul caz. Uneori nu este nevoie să punem etichete că dacă ești la mănăstire ești neutru, aceasta nu implica că ești sfânt. Tu poți să fi acolo, și în interior să simți iadul, și poți trăi în oraș și simți raiul în inima ta. Este alegerea fiecăruia din noi.

În Câmpul Cuantum poate să fie din ambele categorii exemplificate mai devreme, însă dacă nu lucrezi cu interiorul, mai sus nu te poți ridica. Nu poți reveni acasă până nu ți-ai făcut munca pe timp de zi. Acasă se menționează că este Megaquantic, înapoi la Sursă.

Q: Ca să facem munca aceasta este nevoie să conștientizezi tiparele, oglindirile, blocajele, care îți arată ceea ce conții, iluziile de fapt pe care ți le-ai creat?
A: Este o abordare.

Q: Și altă abordare este să lucrezi direct în câmp?
A: Este nevoie ca procesul de evoluție să se parcurgă treptat, pas cu pas. Nu poți face un salt direct.

Q: Are legătură și cu procesul de evoluție pe care noi ni l-am ales, pentru că ne-am ales anumite etape, sau procese?

A: Da, însă în planurile joase mi se arată că te poți pierde și cădea din nou în capcană. Este ca o roată din care ai ieșit puțin, te-ai eliberat, ai urcat câteva trepte, și apoi, din cauza a ceva ce nu ai făcut sau nu ai conștientizat, cazi din nou. Văd din nou roata cu toate viețile noastre trecute, prezentate pe etaje.

Multe ființe din planurile înalte nu vor să intre în această „joacă", pentru că este foarte dură, în special în planurile noastre. Este foarte ușor să cazi înapoi. Linia dintre ridicare și cădere este extrem de subțire. Este suficient să ai o experiență pe care nu ai integrat-o, sau să porți în inima ta frici rămase din vieți trecute ori chiar din prezent, și e de ajuns ca inima ta să genereze o emoție puternică, ca să cazi din nou.

Cel mai complicat proces din toată această scară evolutivă este tocmai trecerea din planurile joase până în Câmpul Cuantum, mai exact, până la nivelul 2 din Cuantum. Până aici este cea mai provocatoare parte a drumului. Mulți sunt blocați în Câmpul Akashic. Însă există o populație destul de mare de suflete care se află în Câmpul Cuantum.

Q: Cum știi la ce nivel ai ajuns?

A: Îmi arată că asta e: **Lecția 6.** Iarăși trebuie să îmi conecteze la ureche. Poți da întrebări.

Q: Cum știi la ce nivel ai ajuns sau pe unde te situezi?

A: Fiecare individ are un filtru, iar acest filtru este perceput intens. O clipă, sistem complicat. *Acest loc presupune un loc dominant pentru înțelegerea internă*, încercăm să găsim cuvinte potrivite. Vă puteți imagina în fața voastră toți anii de școală, iar pe masă aveți totalul anilor 10-9-8 ani din sistemul de învățământ. Imaginați-vă cum toate aceste totaluri, pe fiecare an, în fața voastră, acumulați rezultatele fiecărui an, obtineți o cifră, iar această cifră este nevoie a fi împărțită în 4 structuri. Apoi primiți cifra unitară, care este nevoie să o înmulțiți la 2 suprapus pe 10. Iar cifra primită, vă abordează procentajul, cifra, numărul, la ce nivel sunteți de unitate în concordanță cu acest câmp.

Este o altă modalitate. O clipă. Câmpul Cuantum vă poate oferi cifrele aproximative la întrebarea simplă: *Ce punctaj am la momentul prezent în Câmpul Megaquantic?*

Câmpul Cuantum este un câmp cu devieri, care nu are acces deplin la aceste informații. El poate doar aproxima, în dependență de informația internă a Câmpului Cuantum.

Q: Neutralitatea necesară pentru a accesa Câmpul Megaquantic are legătură cu cât de mult ești implicat sau prins în Matrix?
A: Sunt 2 întrebări diferite ceea ce tu întrebi.

Q: Care este procentul, de la cât până la cât, care este limita și care este minimul de a accesa Câmpul Megaquantic?
A: Am rugat Creatorul să îmi arate pe ecran procentajul. **Minim 78%.**

Q: Cifra poate fluctua? Adică fluctuează în funcție de noi?
A: Nu e în dependență doar de versiune ta. Megaquanticul este o acumulare din toate existențele tale. Asta poate fi o piatră, un animal, o moleculă de aer, din toate experiențele tale. Nu are nicio treabă cu tine, versiunea ta de acum.

Diana: Aha, asta îți venise în altă sesiune de a noastră.

A: Da, tu poți să fii conștient, însă rezultatele experiențelor tale, adunate din tot ceea ce ai acumulat ca suflet, s-ar putea să nu ajungă la acel procent necesar. Este nevoie de întreaga masă a experiențelor tale, nu doar din viața actuală sau dintr-una trecută.

Câmpul Megaquantic se află la un nivel mult mai înalt. Câmpul Cuantum este ceva mai accesibil, însă Megaquanticul se referă la întreaga ta existență, tot ceea ce ai fost, ești și vei fi. Este o perspectivă totală. Aici intervine egoul, pentru că tu crezi că poți accesa acest câmp, însă experiența sufletului tău poate spune altceva. Aici apare capcana. Și, de fapt... stai! Tu ai întrebat altceva, iar mie mi-a venit această informație.

Diana: Stai că am uitat și eu.

Q: Drag Creator te rog să ne transmiteți mai departe informațiile, care sunt binevenite să fie cunoscute de toată lumea.
A: Acum mă duce la partea a doua a întrebării tale despre Matrix. Matrixul este doar o roată. Există doar aici, în planul fizic, și nu are acces în planurile mai înalte. În Câmpul Cuantum, Matrixul nu este prezent în mod direct, deși radiază puțin, o extensie de umbră, în primul nivel al

Cuantumului. Totuși, el nu este prezent fizic, ci își proiectează o extensie, o umbră, în Cuantum, nivelurile 1A și 1B. Scopul Matrixului, ca program, este să se extindă mai mult, nu fizic, ci energetic, să radieze influența sa în Cuantum, la nivele mai înalte. Însă nu îi va reuși, pentru că nu îi este permis. Matrixul încearcă foarte intens să se extindă. Însă are acces doar la corpul fizic din Câmpul Cuantum. Programarea lui nu este înrădăcinată doar în Akashic, ci radiază până în Cuantum, la nivelul întâi.

Q: Pentru că așa cum spunea de Megaquantic că sunt filtre, așa este și în Cuantum, nu?
A: Așa este setat, așa a fost acceptat și inițiat: însuși Matrixul să funcționeze astfel. Noi percepem Matrixul ca pe ceva rău, însă toate planurile joase nu pot coexista fără această programă. Matrixul este o programă rece, nu are sentimente, și a fost nevoie de crearea unei asemenea structuri care, deși lipsită de emoții, conduce și anihilează.

Este un paradox: noi, aici, simțim emoții, însă planurile înalte nu le simt. Ele sunt construite pe iubire necondiționată și lumină. Nu există acolo aceste sentimente specifice lumii de jos.
Pentru ca noi să putem avea aceste trăiri, a fost necesară construirea unui program care anihilează emoțiile, care induce emoții negative, tocmai pentru a crea contrastul. Acesta este paradoxul în raport cu ceea ce simt planurile înalte: iubire pură și pace lăuntrică. Matrixul este un program creat special pentru a genera acest contrast, și tocmai de aceea există dualitatea.

Este o hartă foarte clară, o scară pe care urci în sus. Dar nu este o scară dreaptă. Mie îmi apare ca fiind dreaptă, dar în esență, nu este. Cu cât te îndepărtezi de Matrix, cu atât mai rapid ieși din influența lui. Însă asta nu înseamnă că ieși și la nivel fizic. Atâta timp cât ai un corp fizic, continui să fii expus acestui sistem, acestei programe. Acest lucru nu se aplică doar nouă, oamenilor, ci și altor creații, pe alte planete care funcționează după un mecanism similar, deviat puțin în funcție de sistemele și legile planetare, precum și de locul acelui corp ceresc în univers. Însă conceptul rămâne același.

Atâta timp cât ai corp fizic, ești în Matrix. Nu poți ieși complet. Poți ieși doar atunci când pleci din planul fizic, sau când sufletul tău se manifestă în dimensiuni mai înalte ale creației, de exemplu, o creație a ta în dimensiunea a 7-a, unde ai un corp luminos, transparent. Atunci, tu nu mai ești în Matrix.

Q: Lecția 7. Cum poate acest câmp să ne ajute în creșterea spirituală sau în călătoriile de vindecare?

A: Îmi spune că se va pune accentul pe vindecările spirituale. Noi suntem atât de profund ancorați în problemele de zi cu zi, în frici, blocaje și în tot ceea ce ține de traumele moștenite din generațiile anterioare, încât, uneori, ne este greu să înțelegem unde trebuie să ajungem.

Care este scopul nostru? Care este sensul existenței noastre? De ce trebuie să ne dezvoltăm, de ce este necesar să ne expandăm?

Răspunsul este simplu: este nevoie de revenire acasă.

Drumul este lung, însă aceasta este calea. Focusul nu trebuie să fie pe destinație, ci pe înțelegerea și acceptarea cu neutralitate a experiențelor zilnice. Este ca și cum știi ce îți dorești, știi unde vrei să ajungi. De exemplu, să ne gândim la cineva care visează să ajungă în Bali. Nu știe cum va ajunge acolo, nu are resursele necesare, nu înțelege încă drumul. Însă este conectat profund cu intenția de a ajunge în acea destinație. Acea persoană are nevoie să se concentreze zilnic pe ceea ce gândește: cum ar putea să lucreze mai puțin, să câștige mai mult, să facă ceea ce îi place, cum să își planifice pașii mici care, în timp, o vor duce către destinația dorită.

Acest câmp oferă posibilitatea de a rezilia mai rapid și mai ușor, în stare de neutralitate, blocajele sau experiențele mai puțin plăcute. Accesul nu este direct, și îmi vine că este nevoie de un intermediar, ca un fel de traducător.

Q: Cine pot fi acei intermediari?
A: Cei care au acces.

Victoria: Mie îmi vine întrebarea, cum poți să înveți ca să ai acces? Nu cred că eu sunt unica, cred că mai sunt persoane care mai au acces.

Q: Întrebarea e așa: putem învăța pe alții să acceseze în acest câmp?
A: Nu.

Diana: Da, și mie îmi vine nu pentru că mă duce cu gândul la experiența ta ca suflet, unde ai nevoie să integrezi procesul de neutralitate.

Q: Câmp Megaquantic mai sunt persoane pe planeta Pământ care au acces la acest câmp?
A: Ție îți vine ceva? Mie mi-a venit răspuns însă nu îmi vine să cred.

207

Diana: Mie îmi vine că sunt foarte, foarte puțini.

Victoria: Mie mi-a venit că sunt doar 3 persoane. Văd imaginea cu globul pământesc cum se învârte și sunt doar 3 persoane, de aceea îți spun că nu îmi vine să cred. De ce așa?

Diana: Așa este nevoie.

Q: Câmp Megaquantic care este scopul meu având acces la acest câmp?

A: Mie îmi vine să plâng. Îmi vine *"this is your power"*, *"aceasta este puterea ta"* și nu îmi vine a crede. Mie serios nu îmi vine a crede, pentru că eu mă simt că sunt pur și simplu Victoria.

Uite ce interesant, îmi arată acum pe inimă că de fapt acesta este secretul că eu mă simt pur și simplu Victoria, un om simplu, de rând, de fapt asta activează puterea. Eu nu simt că am o putere mare, ci mă simt pur și simplu un om simplu.

Diana: Da, mie îmi vine să zic că atunci când simți că ai puterea asta mare, acest factor activează egoul.

Victoria: Da, și automat nu poți accesa, nu te poți ridica. Pe mine m-a lăsat să simt că aici avem nevoie să ajungem, să fim neutri, și să nu ne simțim importanți, că avem o putere mare sau o misiune specială, ci să simțim și să recunoaștem că suntem nimic, cu o putere extraordinară. **"Ești totul sau nimic în același timp"**. Îmi arată imaginea lui Iisus cum el asta a încercat să împărtășească în lumea noastră, că avem nevoie să fim oameni de rând, simpli. Exact acesta a fost mesajul lui, ca să te ancorezi în inima ta. Să fii neutru, să nu te consideri că ai putere, și că ești cine știe ce, iar abia atunci activezi în tine iubirea divină.

Q: Cum influențează acest câmp, din perspectiva aceasta a abilităților, îmbunătățește intuiția, sau abilitățile psihice sau simțurile superioare? Sau cum influențează conștiința umană?

A: Îmi vine că acest câmp nu doar activează, ci te ajută să mergi **dincolo de propriile tale abilități**. Îl văd ca pe un **radius** în jurul nostru, exact cum este în sistemul nostru solar: tu ești Soarele, iar în jurul tău plutesc diferite „planete", adică diferite abilități, în funcție de cât îți dai voie să le accesezi. Odată ce accesezi acest câmp, pur și simplu **treci dincolo de propriul tău sistem solar**. Te extinzi, iar abilitățile tale se manifestă **dincolo de limitele cunoscute**. De aici vin informații uimitoare, pe care abilitățile tale actuale nu le pot procesa complet, pentru că **modul în care vin aceste informații depășește filtrul obșinuit al percepțiilor tale**.

Tu, de fapt, **te conectezi cu ceea ce este dincolo de abilitățile tale.** Atunci când îți permiți să treci cu conştiința dincolo de limite, primeşti **direct de la Sursă** informații, tehnici, coduri noi, **dacă te laşi în flux.**

Q: Există o diferență la nivel de dimensiune? Câmpul Akashic este în nivelul 4, Câmpul Cuantum până în ce dimensiune radiază, şi la fel şi câmpul Megaquantic?
A: Câmpul Cuantum radiază până în dimensiunile 8, 9 şi, cel mult, 10. Dimensiunea 11 este una de tranziție, o văd ca o stație între planurile joase şi ceva mult mai înalt, o punte între „jos" şi „sus". Începând cu dimensiunea 12, se deschide prima ligă de jucători esențiali, îmi apare imaginea unui meci de fotbal pe stadion. Aici sunt primele ființe care lucrează activ cu câmpurile de jos şi care antrenează pe cei care sunt pregătiți să se deschidă şi mai mult, pentru a accesa planurile superioare.
Începând cu dimensiunea 13, deja intrăm în planurile înalte, în ceea ce numim Câmpul Megaquantic.

Q: Este benefic să trecem să lucrăm în Câmpul Cuantum? Şi aici ce procent de persoane pot să acceseze acest câmp?
A: Sunt 3 diviziuni de procentaje. Primul este mai îngust, apoi mai lat şi apoi mediu.
Primul e de culoare galbenă şi vine că **20%-24%** pot accesa Câmpul Cuantum. Culorile sunt aşa: primul e galben, apoi alb, şi apoi albastru. Culoarea galbenă este pe **creație,** persoanele care lucrează în domeniul creației.

Al doilea, alb, care este în mijloc şi e cel mai mare, până în **84%** pot accesa acest câmp, şi aici sunt **lucrătorii de lumină,** legat cu spiritualitatea, holistica, etc.

A treia categorie, culoarea albastră **28-64%** maxim, este o deviație destul de mare, aici intră **cei care vorbesc, care lucrează pe partea de comunicare.**

Q: Din ce motiv procentajul este aşa 28-64%?
A: Îmi ia categoria albastră şi o aduce în față, apoi o măreşte. Aici este implicată foarte multă frică, iar din această cauză procentajul este mai mic, doar 28%. Este vorba despre frica de a vorbi. Aici se află persoane care au această frică, însă există şi altele care o depăşesc şi aleg să vorbească cu multă dreptate.

Diana: Hai să ne întoarcem la Câmpul Megaquantic. Ai pus tu aici o altă întrebare.

Q: Ce a inspirat denumirea Megaquantic și dacă simbolizeaza ceva?
A: [Râde.] Acum văd cum râde Creatorul, și îmi arată că sunt amuzantă. Îmi vine că așa se numește. Nu este nicio inspirație, ci pur și simplu mi-a trimis cuvântul, și am fost receptivă să-l primesc exact cum este, fără filtrul. Îmi vine că eu am avut o întrebare aseară, de ce mi-a venit exact Megaquantic, și nu Megaquantum? Pentru că logic ar fi Cuantum și Megaquantum. Acum îmi vine răspuns, și anume, corect este **Megaquantic**, iar Cuantum corect este Cuantum.

Q: Vreau sa întreb Creatorul din ce motiv e Megaquantic, și nu Megacuantum.
A: Este vibrația. Vibrația pe care o are câmpul se finiseaza cu **ic**.

Q: Ce vibrație, în cuvintele noastre mai simple, ar fi?
A: Nesfârșit, în limba noastră ar fi **"fără sfârșit"**.

Without an ending.

Q: Ce înseamnă Cuantum?
A: Still *messing*. Adică încă au loc dezbateri.

Q: Care ar fi explicația sau definiția cuvântului Megaquantic?
A: *Un câmp de inițieri conectat cu tărâmurile superioare ale existenței și cu extensia Creatorului însuși.*

Q: Cum se raportează la energia universală, conștiință, sau principii divine?
A: Îmi arată că nu acum.

Q: Care este definiția științifică a cuvântului Megaquantic?
A: *Strat dublu al lumii opuse combinat pe fiecare șir al realității cuantice, impus în legi fizice locale.*
Q: Accesul în Megaquantic se aplică și la ființele de lumină, sau ET, orice ființă ET are acces?
A: Nu.

Diana: Da, pentru că practic ei sunt tot noi la nivel de suflet. Și aici se include evoluția sufletului la scară mare.

A: Îmi vine că dacă ar avea toți acces ar fi contaminare a câmpului. Cum spui, noi suntem oameni, dar cineva e ET, ei tot sunt ca noi, și asta nu înseamnă că ei sunt mega avansați. Suntem pe aceeași undă, aceeași roată. Îmi vine să dau întrebare cu subiectul Ashtar, pentru că nu rezonez cu el și niciodată nu m-am conectat cu el ca ființă.

Q: Ashtar din ce categorie a câmpului face parte? Câmpul Megaquantic vă rog să-mi arătați locația lui, în dependență de harta creației.
A: Îmi arată Dimensiunea 7 însă la nivel de gânduri. Dacă e să luăm nivelele din Cuantum îmi vine nivelul 2B. E în gânduri.

Q: Acest răspuns este un răspuns fluctuabil sau stabil?
A: Fluctuabil. El mi-a răspuns unde se află la momentul de față (2025).

Diana: Acum mă duce cu gândul la mine.
Victoria: Eu am știut că ai să mă întrebi, pentru că deja mi-a arătat.

A: In momentul de față ești D4, 2A, la nivelul inimii. Așa putem întreba și ne putem da seama unde se află, în prezent, o persoană. Se referă exact **la locul** energetic în care se află acea persoană sau ființă. Putem pune astfel de întrebări pentru a înțelege poziționarea conștiinței în structura dimensională.

Diana: Ce interesant. Asta înseamnă că și ființele ET pot fi blocate în gânduri, se pot situa la același nivel în Cuantum ca noi. Nu este o departajare.

A: Nu. Noi coexistam. Vezi, tu ai corpul în 3D, conștiința ta este în 4D, și tu ești în Cuantum nivelul 2A, la nivelul inimii. Creatorul te-a ajutat să te ancorezi în inima ta. Acesta este o modalitate de a vedea.

De exemplu: dacă faci sesiuni poți vedea unde se află beneficiarul tău. Sau unde te aflii tu, sau poți întreba de orice ființă, în cazul de față, Asthar.

Q: **Spunea Creatorul că intenția este să păstreze neutralitatea și puritatea acestui câmp. Aici are legătură și cu faptul că atunci când nu ești ancorată în starea de neutralitate există persoane care ar folosi câmpul în defavoarea lor sau a întregii creații?**

A: Îmi vine că nu o sa aibă deloc acces. În Câmpul Megaquantic nu poți să accesezi, nu poți să maschezi cine ești. Orice intenție se depistează în acest câmpul. Absolut totul, 101%. Imposibil să treci în acest câmp afișând că ești din lumină și că ai scopuri bune, însă având scopuri ascunse.

Q: **Acest câmp are proprietăți de vindecare, în echilibrare minte-corp-suflet?**

A: Înainte de această întrebare, îmi vine că, în Câmpul Cuantum, mai există posibilitatea de a călători cu intenții nebenefice. Văd imaginea unei persoane care călătorește, dar târăște în urma ei un bagaj greu, însă acest lucru este posibil doar în primele două nivele ale câmpului.

Cu alte cuvinte, există posibilitatea ca anumite persoane să acceseze Câmpul Cuantum cu scopuri negative față de alții. Totuși, acest lucru este dificil, deoarece pentru a face asta este nevoie să cunoști foarte bine câmpul, să știi cum funcționează și să încerci să-l păcălești.

Însă, în realitate, există consecințe ulterioare. Pentru că, mai devreme sau mai târziu, vei fi depistat, iar atunci când acest lucru se întâmplă, realitatea ta se inversează într-o polaritate negativă, ca și cum ai simți că trăiești un fel de „iad".

Este ca și cum câmpul te „pedepsește" pentru trucurile făcute în defavoarea altora. Dar nu este vorba de karmă în sens clasic, ci mai degrabă de negativitatea ta, pe care ai răspândit-o și care se întoarce la tine.

Când emiți bunătate, dar în spate ascunzi negativitate, câmpul, în momentul în care te identifică, îți răstoarnă totul. Te „remunerează" în concordanță cu ceea ce ai oferit cu adevărat, și asta pentru că ai încălcat legile fundamentale ale Câmpului Cuantum.

Diana: Este legea cauză efect.
Victoria: Da, să îi spunem așa.

La această întrebare, se demonstrează potențialul maxim al fiecărei persoane, al fiecărui individ. Pentru că, accesând Câmpul Cuantum, eliberările pe care le trăim creează spațiu interior pentru a realiza că **noi avem puterea de a ne vindeca singuri**. Nu altcineva din exterior. Nu Dumnezeu.

Tu ești cel care îți regenerezi corpul fizic, emoțional și spiritual. Câmpul îți deschide ochii și îți arată clar: **tu ești singurul care poate face acest lucru.** Este, de fapt, o **trezire a conștiinței.** Acum îmi arată că, în Câmpul Akashic, există și „da", și „nu". Adică, te ajută, dar și te limitează. Văd un semn de construcție și o persoană care ține un indicator cu „stop" sau „slow down". În Akasha, ți se arată că **ai capacitatea de a te vindeca,** dar experiența este limitată.

Da, îți arată potențialul, îți oferă informații, însă te și testează, pentru că aici domnește dualitatea.

În Câmpul Cuantum, mesajul este mai clar și mai detaliat. Poate că ești pus uneori pe „slow down", dar ți se revelează clar: **tu ești cel care se vindecă, nu altcineva.** Dacă simți că te însănătoșești, **așa va fi.**

În **Câmpul Megaquantic**, deja ți se arată că **ești unul cu Dumnezeu.** Și îmi apare simbolul de *"green light"* – lumină verde, acces total, flux deschis.

Q: Care este beneficiul pentru umanitate să cunoască despre acest câmp, cu ce îi poate susține sau ajuta?
A: Îmi vine cifra de 100 de ani și îmi arată oamenii de știință din trecut, când primeau informații din viitor, de exemplu despre Cuantum. El a apărut prin anii 1900, cind a apărut pentru prima dată cuvântul. Atunci toată lumea de știință a râs de acest concept.

Astăzi, noțiunea de Cuantum este cunoscută aproape în totalitate, iar toate tehnologiile care sunt la momentul de față au fost descărcate din Cuantum. Uite cât timp a luat, aproape 100 de ani, plus-minus, până când acest cuvânt sau această terminologie a fost luată în serios.

Cu Megaquantic va fi la fel, doar că nivelul de dezvoltare este diferit și va fi luat în considerare mai rapid. În viitor, va fi o știință exact cum este fizica relativă, fizica mecanică, fizica cuantică, așa va fi și **fizica Megaquantică,** iar la nivel de Cuantum vor apărea foarte multe subdivizări.

În medicină și biologie o să apară un cuvânt nou, îmi vine *"biosintetică".* Da, biosintetica va face parte ca o altă ramură din Cuantum. Ele vor fi mai multe subdivizări, poate chiar sunt deja, dar nu se spun.

Acest Câmp Megaquantic îl văd mare, ca o scară uriașă, sus, pe primul loc. Lumea va lua în derâdere acest concept, dar pe viitor va fi o știință care va fi uimitoare pentru civilizația noastră, în general.

Îmi vine că, în timpul Atlantidei, ei nu au ajuns la nivel de Megaquantic. Ei au avut acces până la Cuantum nivelul 4B; au încercat să se ducă spre 4A și atunci a fost distrusă această civilizație, pentru că s-au dus prea mult spre materia neagră.

Ei au vrut să falsifice, să dubleze, să își creeze realitatea lor, Dumnezeul lor. Atunci i-a șters de pe fața Pământului și nu au ajuns la cunoștințele Megaquanticului.

Acum îmi arată și îmi spune: „Înțelegi de ce răspunsurile vin așa cum vin?" În Megaquantic nu poți intra, nu poți accesa nimic, când ai o intenție ascunsă. Ei au încercat până în 4A, însă din cauza filtrului nu au putut merge mai departe.

Q: Îmi vine să întreb acum ceva. Am înțeles ideea că acest câmp este accesat de foarte puțini de pe pământ, însă care a fost scopul meu să aflu?
A: Bună întrebare. Îmi vine acum răspuns foarte simplu. *"There is always a need to be a witness." / „Întotdeauna este nevoie să fie un martor."* Ai înțeles? Altfel nu avea să mă creadă nimeni.

Diana: Simt nevoia să mulțumesc pentru asta, simt recunoștință pentru toate informațiile pe care le aflu cu această ocazie.

A: Acum mi-l arată pe Iisus. Nu pentru a mă compara cu el, ci pentru a înțelege conceptul.

Dacă ar fi fost singur, și ar fi propovăduit singur ideologiile lui, nimeni nu l-ar fi crezut, nimeni nu l-ar fi luat în serios.

Pentru ca ceva să se dezvolte, este nevoie de un martor.

Mai departe, lumina se împrăștie, la fel și informațiile care se descarcă din planurile înalte.

Altfel, lumea nu va lua în serios ceva ce nu există aici, ceva ce nu este de pe această planetă, ceva ce nu face logică în sistemul cunoscut.

Așa că îți mulțumesc, pentru că îmi oferi spațiu să fiu ascultată, să pot împărtăși și să ai rolul acelui martor, cel care primește informația așa cum vine.

Q: Ar putea fi noi paradigme pentru integrarea spiritualității și evoluției umane?
A: Îmi vine că e întrebare complexă, nu acum.

Victoria: Putem să o marcăm cu o steluță și să o dezvoltăm în alta sesiune.

Q: Atunci dacă este vreun mesaj sau ghidare asupra umanității, în această perioadă de trezire spirituală?
A: Pentru perioada în care este umanitatea, câmpul acesta pare a fi un câmp haotic.

Umanitatea încă nu este gata să accepte neutralitatea, să elibereze fricile, emoțiile stagnate, de aceea nu se poate implementa ideologia cu Câmpul Megaquantic.

Imaginează-ți că ești la etajul 2-3 al unei clădiri și vrei să sari la etajul 10. Acest lucru este imposibil, pentru că sunt trepte de dezvoltare.

Q: De ce în 2024-2025 a venit informația despre câmpul Megaquantic, care este scopul lui dacă umanitatea nu este gata? Pentru ce a venit această informație?
A: Îmi arată că eu am făcut o gaură în pământ, am sădit o sămânță și am acoperit-o. Este nevoie de timp pentru a încolți.

A fost un proces important de plantare a semniței care va rodi în următorii ani. Era nevoie să fie sădită această sămânță pentru că ia timp până va crește. Va lua ani pentru omenire.

Îmi arată că eu sunt acel agricultor care a sădit sămânța, și mintea mea îmi spune că am nevoie să înregistrez asta, și îmi confirmă că da, este nevoie. Este important de știut în viitor cine a sădit sămânța.

Acum nimeni nu știe, mă corectează, tu vezi, tu ești martor la procesul de sădire, însă lumea nu știe ce e asta.

Este un proces natural, însă când vor crește roadele, atunci lumea se va întreba cine a creat sau a adus acest concept, se vor duce la procesul inițial și vor întreba cine este agricultorul.

Acum lumea face pași mici spre Cuantum, deja se lucrează cu multe ființe pe Pământ.

Îmi arată iar Atlantida și îmi vine că va veni o perioadă când oamenii vor ajunge până în 4A, unde este voidul.

Însă ființele de lumină vor lucra cu oamenii de știință și îi vor ajuta să crească până la nivelul 3, și ușor să se ducă apoi spre 4B.

Ființele de lumină vor supraveghea acest proces, ca să nu se atingă materia neagră.

Atunci când se va ajunge la planurile deasupra Cuantumului 2, de la nivelul 2 în sus, vor apărea legi noi, evenimente noi, inexplicabile, care pur și simplu nu vor face sens din perspectiva Cuantumului.

215

Și atunci, cineva o să audă și o să găsească Megaquanticul.

Apoi vor lua această ramură care a crescut, vor pune lucrurile cap la cap și vor înțelege.

Atunci când va face sens, ei vor căuta de unde a apărut acest concept și astfel va deveni o știință nouă.

Q: Există semne, simboluri asociate cu acest câmp?

A: Ele sunt însă nu ni se deschid acum. Le văd subtil, pot percepe doar 10% din tot.

Diana: Eu simt că asta a fost tot cu Megaquanticul.

Victoria: Da, eu simt să trecem în Cuantum. Mulțumim, drag Creator. Acum ieșim din acest cabinet. Creatorul se uită pe fereastră la noi, tu îi faci cu mâna, și el se uită și dă din cap, ca și cum ar zice: *„copiii ăștia..."*

Eu îți iau mâna și ți-o dau în jos și îți spun *să nu ne faci de râs.*

Eu nu știu de ce mă simt ca sora ta mai mare.

Diana: Eu ieri la fel mă simțeam.

Q: Stai să întrebăm, pentru că noi suntem în afară, însă Creatorul încă se uită. Drag Creator ce ne conectează pe noi, de ne simțim ca surori?

A: 2D, 4AB, 9A, 10B, 14, acestea sunt locații de vieți unde noi suntem surori. În dimensiuni după nivelul de Cuantum, aceasta este locația. S-a întors și a plecat de la fereastră, iar eu te-am luat de mână și îți zic "hai mai repede". Muțumesc.

Structura pentru o sesiune de citire Megaquantică™

Q: Ce este o sesiune de citire Megaquantică™?

A: Sesiunea de citire Megaquantică™ este o experiență spirituală profund transformatoare, concepută pentru a aduce vindecare, înțelegere și eliberare profundă. Funcționează într-un câmp cu vibrații înalte, unde energiile dense, blocajele emoționale și traumele din trecut se dizolvă ușor, oferind o călătorie fără durere către o mai mare libertate și evoluție. Această sesiune depășește limitele timpului, spațiului și al vieților individuale, lucrând la o scară care cuprinde călătoria sufletului tău prin dimensiuni, linii temporale și universuri.

Scopul principal al citirii în Câmpul Megaquantic™ este:

- *Înțelegere mai profundă:* Obțineți perspective asupra evoluției sufletului vostru și asupra tiparelor care vă influențează existența.
- *Eliberarea poverilor:* Renunțați fără efort la frici, traume și blocaje purtate de mii de ani, de-a lungul liniilor ancestrale, vieților trecute și liniilor temporale cosmice.
- *Vindecarea sinelui:* Vă realiniați cu adevărata voastră esență prin rezolvarea amprentelor adânc înrădăcinate care nu vă mai servesc binelui suprem.

Mediul de sesiune oferă:

- *Câmp vibrational înalt:* Ședința are loc într-un spațiu de iubire, unde frecvențele joase se dizolvă natural, fără durere sau dificultăți.
- *Eliberare fără efort:* Traumele și densitățile sunt ușor ridicate și transmutate, asigurând o experiență fără probleme, fără retraumatizare.
- *Conștientizare extinsă:* Te conectezi cu un simț mai larg al existenței tale, cuprinzând vastitatea ființei tale și rolul tău unic în dansul cosmic al evoluției.

Q: Pentru cine este?

A: Sesiunea este ideală pentru:

Căutătorii adevărului profund: Cei care sunt pregătiți să exploreze natura lor multidimensională și să dobândească claritate în călătoria lor.

Persoane gata să renunțe: Persoane dispuse să elibereze temeri străvechi, amprente karmice și tipare moștenite.

Suflete în evoluție: Cei focusați pe creșterea lor spirituală și dedicați îmbrățișării potențialului lor superior.

Q: Ce se întâmplă în timpul sesiunii?

A: *Evaluare energetică:* Călătoria și blocajele sufletului tău sunt dezvăluite în Câmpul Megaquantic.

Proces de eliberare: Straturile de densitate și traume sunt ușor ridicate, fie din această viață, din viețile trecute sau din conexiunile ancestrale și cosmice.

Perspective mai profunde: Dobândești o înțelegere a lecțiilor și oportunităților de creștere legate de experiențele sufletului tău.

Integrare: Energiile sunt echilibrate, lăsându-te să te simți mai ușor, mai clar și aliniat cu sinele tău superior.

Q: Care este rezultatul?

A: *Eliberare de vechi:* Experimentează o eliberare profundă de limitări și poveri.

Conștiință extinsă: Înțelegi scopul și evoluția sufletului tău la o scară mai largă.

Aliniere și pace: Te vei simți reînnoit, împuternicit și conectat la esența ta divină.

Această sesiune de citire Megaquantică™ oferă o oportunitate unică de transformare, de a renunța la ceea ce nu-ți mai servește și de a păși într-o stare de grație și ușurință. Pentru cei care sunt pregătiți, este o poartă către o vindecare profundă și următoarea etapă a evoluției tale.

Cum să te pregătești înainte de o sesiune Megaquantică™ cu ghidul

Pregătirea pentru o sesiune Megaquantică™ cu un ghid asigură că ești pe deplin aliniat pentru a primi vindecarea transformatoare și perspectivele oferite. În acest proces, ghidul menține spațiul, canalizează conștiința superioară și navighează prin energie, în timp ce tu te deschizi pentru a elibera și a primi. Iată cum te poți pregăti pentru această experiență sacră:

1. Setează-ți intenția
• Reflectă asupra motivului pentru care apelezi la această sesiune.
• Gândește-te la ce ești gata să eliberezi (de exemplu: temeri, traume, tipare) sau ce speri să obții.

- Notează-ți intențiile, dar rămâi deschis și la schimbările neașteptate de care sufletul tău are nevoie în acest moment.

2. Cultivă o mentalitate receptivă
- Recunoaște că ghidul va facilita procesul și că rolul tău este să te predai și să permiți energiei să curgă.
- Fii dispus să ai încredere în ghid pe măsură ce acesta accesează niveluri superioare de conștiință și oferă spațiu pentru vindecarea ta.
- Exersează renunțarea la control; cu cât ești mai relaxat și mai deschis, cu atât sesiunea va fi mai transformatoare.

3. Pregătește-ți energia
- Petrece timp pentru a te ancora în realitate prin meditație, respirație profundă sau plimbări în natură.
- Evită consumul de energii grele sau dense (de exemplu: alcool, substanțe psihedelice sau medii intense) cu 24 de ore înainte de sesiune.
- Hidratează-te bine și mănâncă mese ușoare și hrănitoare pentru a-ți menține câmpul energetic curat.

4. Crează-ți un spațiu pentru liniște
- Programează-ți sesiunea la un moment în care te poți concentra pe deplin și nu veți fi grăbiti.
- Pregătește-ți un spațiu liniștit și confortabil unde te poți relaxa, fără distrageri.
- Dacă sesiunea este față în față sau virtuală, asigură-te că mediul înconjurător îți oferă o senzație de pace și susținere.

5. Abordare cu încredere și recunoștință
- Ai încredere în capacitatea ghidului de a canaliza și facilita procesul de vindecare.
- Recunoaște caracterul sacru al acestui spațiu și sprijinul divin disponibil pentru tine.
- Începe sesiunea cu recunoștință pentru vindecarea și înțelegerea pe care urmează să le primești.

6. Integrare post-sesiune
- Planifică timp după sesiune pentru a te odihni și a integra schimbările.
- Notează-ți în jurnal gândurile sau sentimentele dacă te simți inspirat, deoarece pot continua să apară noi perspective.

• Fii blând cu tine însuți, deoarece energiile vechi se pot elibera și s-ar putea să te simți mai ușor sau mai reflexiv.

Mentalitatea cheie pentru sesiune

Rolul tău: Fii receptorul. Deschiderea și încrederea ta permit ghidului să canalizeze o conștiință superioară și să mențină spațiu pentru vindecarea ta. **Rolul ghidului:** este de facilitator, responsabil pentru accesarea câmpurilor vibrationale superioare, navigarea în cadrul sesiunii și asigurarea siguranței și confortului tău.

Pregătindu-te cu încredere, deschidere și o energie calmă, creezi fundația perfectă pentru o transformare profundă și fără efort în timpul sesiunii tale Megaquantice cu Ghidul.

Explicația mai detaliată a tuturor celor trei tipuri de câmpuri

Sesiunea de Citire Megaquantică™, Sesiunea de Citire Cuantică și Citirea Înregistrărilor Akashice sunt practici spirituale concepute pentru a oferi o înțelegere mai profundă, vindecare și perspectivă asupra călătoriei sufletului, dar diferă semnificativ în ceea ce privește focalizarea, abordarea și amploarea transformării pe care o oferă. Iată mai jos diferențele dintre ele:

Focus și domeniu de aplicare

Sesiune de citire în Câmpul Megaquantic™:
• Funcționează la o scară universală/cosmică, dincolo de timp, spațiu și vieți individuale;
• Se concentrează pe eliberarea energiilor dense, a traumelor și a amprentelor din multiple linii temporale, dimensiuni și universuri;
• Explorează evoluția sufletului tău la cel mai înalt nivel, abordând nu doar experiențele personale, ci și influențele colective, ancestrale și cosmice;
• Operează într-un câmp cu vibrații înalte, permițând vindecarea și eliberarea fără efort, fără a revizita sau a ameliora durerea.

Sesiune de citire în Câmpul Cuantum:

- Conectează-te cu planul energetic al sufletului;
- Accesează Câmpul Cuantum pentru perspective și claritate asupra tranzițiilor de viață, relațiilor sau proceselor de trezire spirituală;
- Vindecă blocajele la nivel de suflet și poate aborda dezechilibrele fizice, emoționale sau spirituale prin identificarea cauzelor lor profunde la nivel energetic sau sufletesc;
- Se aliniază cu un scop superior și adesea pune accentul pe iubirea de sine, iertarea și reconectarea cu energia sursei divine ca și căi de vindecare;
- Transformare holistică, unde sesiunea poate aborda interconectarea dintre minte, corp și spirit, încurajând transformarea care se extinde la toate nivelurile ființei.

Sesiune de citire în Câmpul Akashic:

- Accesează biblioteca energetică a înregistrărilor sufletului tău, care conține informații detaliate despre toate viețile tale trecute, experiențele prezente și potențiale viitoare;
- Se concentrează pe recuperarea de informații specifice despre tipare, lecții și legături karmice relevante pentru viața sau situația ta actuală;
- Oferă în principal perspective și claritate despre motivul pentru care există anumite provocări și cum se conectează acestea la scopul sufletului tău.

Abordarea vindecării

Sesiune de citire în Câmpul Megaquantic™:

- Vindecarea are loc la un nivel superior cuantic, dizolvând fără probleme blocaje și traume adânc înrădăcinate, adesea fără a fi nevoie să le procesăm conștient;
- Nu necesită revizitarea unor amintiri sau evenimente specifice, ci lucrează pentru a elibera densități energetice dintr-o perspectivă holistică, multidimensională;
- Se concentrează pe crearea de ușurință și ușurință, asigurându-se că nu se simte durere sau suferință în timpul procesului. Acest câmp este cea mai ușoară și cea mai „expresă" vindecare care poate avea loc la orice nivel.

Sesiune de citire în Câmpul Cuantum:

- Citirea cuantică este mai fluidă, permiţând ghizilor să combine modalităţi (de exemplu: vindecare energetică, intuiţie) în funcţie de nevoile clientului;
- Vindecarea se concentrează pe schimbarea energiei pentru a crea noi posibilităţi;
- Ghidul facilitează eliberarea energiilor stagnante sau negative, ajutând sufletul să-şi recupereze starea naturală de armonie;
- Citirea cuantică explorează o perspectivă mai largă, multidimensională, inclusiv viitoare potenţiale şi energii ancestrale, cu accent pe lucrul cu energia;
- Citirea cuantică implică adesea curăţare sau aliniere activă a energiei în timpul sesiunii, cu schimbări energetice imediate.

Sesiune de citire în Câmpul Akashic:

- Oferă vindecare prin conştientizare şi înţelegere, ajutându-te să recunoşti rădăcinile problemelor din cronologia sufletului tău, care sunt deja înregistrate în biblioteca Akashică;
- Încurajează autoreflecţia şi acţiunea conştientă bazată pe perspectivele primite;
- Vindecarea este adesea mai introspectivă şi legată de rezolvarea unor lecţii sau alegeri karmice specifice care se află la un nivel cel mai apropiat de percepţia noastră umană;
- Citirea Înregistrărilor Akashice urmează un proces structurat, adesea ghidat de fiinţele spirituale cunoscute sub numele de Gardieni ai înregistrărilor sau Ghizi. Cu un proces clar de accesare şi interpretare a înregistrărilor, care permite chiar şi începătorilor să se familiarizeze foarte uşor;
- Practicianul foloseşte o rugăciune, o intenţie sau un ritual specific pentru a deschide înregistrările, conectându-se cu arhiva divină a sufletului clientului;
- Vindecarea se concentrează mai mult pe înţelegerea şi rezolvarea datelor istorice la nivel de suflet, a lecţiilor karmice şi a îndrumării specifice, cu accent pe înţelegere şi rezolvare;
- Acest domeniu este profund spiritual, adesea aliniat cu tradiţiile mistice, invocând energii divine sau sacre sau sisteme de credinţe exacte.

Câmp energetic

Sesiune de citire în Câmpul Megaquantic™:
- Operează într-un câmp de energie de înaltă frecvență unde densitățile se dizolvă în mod natural fără rezistență;
- Depășește conceptul liniar de timp pentru a aborda amprentele și tiparele care transcend liniile temporale sau universurile individuale;
- Se concentrează pe o transformare cuantică superioară, aliniindu-se cu cel mai înalt potențial și stare evolutivă a ta.

Sesiune de citire în Câmpul Cuantum:
- Acest câmp este extrem de interactiv și maleabil, permițând schimbări energetice în timp real, cum ar fi eliminarea blocajelor, echilibrarea chakrelor sau alinierea cu vibrații superioare;
- Lucrul energetic imediat în Câmpul Cuantum creează un sentiment de transformare activă, clienții simțind adesea schimbări în timpul sesiunii. Este ca și cum ai transforma energia în timp real;
- Câmpul este mai amplu în propria sa energie;
- Acest câmp este aliniat cu spiritualitatea universală, care conectează puterea conștiinței pentru a transforma chiar și instant sau într-un timp mai scurt și uman realitatea.

Sesiune de citire în Câmpul Akashic:
- Este legată de planul energetic al înregistrărilor Akashice, care funcționează ca o bibliotecă spirituală care conține istoria sufletului tău;
- Acest câmp este stabil și mai fix, vindecarea având loc prin intuiții, îndrumare divină și eliberare intenționată, mai degrabă decât prin ajustări energetice directe sau remodelare energetică;
- Oferă acces la informații și energii specifice legate de calea sufletului tău, concentrându-se pe aspectul de păstrare a înregistrărilor existenței;
- Deși puternic, de obicei rămâne în sfera călătoriei individuale a sufletului, mai degrabă decât să se adreseze unor scări mai mari, multidimensionale.

Diferențe cheie în experiență

Sesiune de citire în Câmpul Megaquantic™:
- Conceput pentru eliberare profundă și vindecare fără efort, perfect pentru cei care sunt gata să renunțe la vechile traume fără a avea nevoie de explicații detaliate;

223

• Acționează la scară macro: eliberând blocaje străvechi nu doar din această viață, ci dincolo de cronologii, tipare ancestrale și chiar dimensiuni cosmice;
• Se simte ușor, expansiv și profund eliberator, deoarece este înrădăcinat în energia evoluției și a ușurinței.

Sesiune de citire în Câmpul Cuantum:
• Energia este mai puțin fixă și oferă mai mult spațiu vital, permițând clientului care se confruntă, de exemplu, cu probleme legate de stima de sine, de un model ancestral, un jurământ dintr-o viață anterioară sau o chakră nealiniată, toate abordate în cadrul Câmpului Cuantum;
• Acest câmp este mai puțin legat de o tradiție spirituală specifică, fiind accesibil diverselor sisteme de credințe;
• Câmpul Cuantum este fascinant pentru natura sa infinită, fluidă și multidimensională, permițând explorarea, remodelarea și co-crearea de noi linii temporale și realități.

Sesiune de citire în Câmpul Akashic:
• FSe concentrează pe introspecție și conștientizare, ajutându-te să înțelegi „de ce"-ul din spatele experiențelor tale;
• Poate fi mai introspectiv și intelectual, deoarece implică conectarea punctelor dintre acțiunile trecute și circumstanțele prezente;
• Înregistrările Akashice au o arie de aplicare mai restrânsă, prioritizând datele istorice și karmice ale sufletului față de energiile cosmice sau potențiale mai largi. Accentul se pune pe ceea ce a fost și ceea ce este destinat, mai degrabă decât pe ceea ce ar putea fi;
• Acest domeniu are o natură de tip arhivă, limitând explorarea la adevărul documentat al sufletului, oferind precizie, dar mai puțină flexibilitate pentru co-crearea de noi posibilități.

Ce sesiune să aleg?

1. Alege citirea în Câmpul Megaquantic™ dacă:
• YoEști pregătit pentru o eliberare și o vindecare multidimensională profundă, la scară largă.
• Îți dorești o experiență transformatoare care funcționează deasupra nivelurilor cuantice, transcendând timpul și spațiul liniar sau orice univers.
• Ești mai puțin concentrat pe înțelegerea specificului și mai mult pe a te simți eliberat și aliniat cu sinele tău superior.

- Ești gata să faci un salt energetic și să simți că te-ai expansionat și ai eliberat mult în cele două câmpuri inferioare, ca Înregistrări Cuantice și Akashice.
- Cauți să extinzi conștientizarea chiar mai departe decât orice cunoaștere exista dincolo de Câmpul Cuantic.

2. *Alege citirea în Câmpul Cuantum dacă:*
- Ești pregătit pentru schimbări în timp real, cum ar fi eliminarea blocajelor, alinierea chakrelor, crearea de transformări emoționale sau spirituale imediate.
- Ești pregătit pentru activări și upgradeuri la toate nivelurile: fizic, emoțional, fizic, spiritual și energetic.
- Ești curios să te aliniezi cu posibilitățile viitoare și să creezi noi rezultate.
- Te simți blocat sau vrei să te eliberezi de tiparele limitative, această abordare orientată spre viitor te împuternicește să atingi cel mai înalt potențial al sufletului tău.
- Cauți să-ți activezi abilitățile, darurile sau cunoștințele latente.
- Ești mai puțin atras de anumite tradiții spirituale, dogme sau principii universale.
- Câmpul Cuantum este un cadru primitor și versatil. În acest câmp, în timpul sesiunii, energia se adaptează viziunii tale asupra lumii.

3. *Alege Citirea Înregistrărilor Akashice dacă:*
- Cauți claritate și îndrumare cu privire la probleme specifice, lecții de viață sau tipare karmice.
- Ești curios în legătură cu detaliile istoriei sufletului tău și cu modul în care acestea se leagă de calea ta actuală.
- Te simți confortabil cu introspecția și cu luarea de măsuri conștiente pe baza perspectivei primite.

Pe scurt, Ședința de Citire Megaquantică este despre transformare instantanee, la scară largă, energie pură, fără durere, iubire și efort. Ședința de Citire Cuantică este mai fluidă, într-o stare continuă de flux energetic, fiecare pas făcut în acest câmp având un impact asupra schimbării în timp real, în timp ce Citirea Înregistrării Akashice este mai mult despre o introspecție detaliată și conștientizare de sine, iar acest câmp este mai îngust și fix. Toate sunt puternice, dar servesc scopuri diferite în călătoria ta spirituală.

Canalizări în Câmpul Megaquantic

Diana's Q: Eu voiam să întreb despre Câmpul Megaquantic, am nevoie de deschidere mai mare ca să accesez şi de acolo?
A: Răspunsul este nu.

Cine poate accesa Câmpul Megaquantic

Q: Ce are nevoie Diana ca să poată să acceseze Câmpul Megaquantic?
A: Deasupra capului tău văd cabluri, şi îmi vine cuvântul *"procesare"*. Îţi poţi imagina că eşti la medic şi vor să îţi facă un test pentru a verific activitatea creierul. Acolo, ei te conectează cu diverse cabluri pentru testare.

Q: Ce fel de procesare este aici?
A: Coduri. Observ că, sus, la fiecare dintre noi, oamenii, sunt tuburi, iar la nivelul acelor tuburi se află multe coduri. Cu cât îţi deschizi mai mult conştiinţa, evoluezi, cu atât mai multe coduri se activează. În interior, codurile care se activează au forma unor faguri de albine, adică celule hexagonale. Culorile sunt următoarele: tubul este de culoare metalică, acele celule hexagonale care sunt inactivate sunt de culoare neagră, cele care sunt activate se aprind ca nişte lămpi, sunt albe, iar în interior văd culoarea albastră.

Exemplu: Imaginează-ţi un bec care are sticlă de culoare albastră, iar când aprinzi lumina, el se vede alb cu o tentă de albastru. Noi toţi avem astfel de tuburi şi coduri: unele coduri sunt active, altele sunt în proces de activare, iar altele sunt încă neactivate. Cu cât se activează mai multe, cu atât aceste activări ne permit să accesăm şi mai mult, să procesăm conştiinţa noastră. Încerc să mă uit la tubul meu şi observ că este diferit, la mine sunt mai multe aprinse. Deşi nu înţeleg de ce.

Q: Acum am altă întrebare, cum activăm aceste coduri?
A: Ele se activează în funcţie de misiunile, taskurile pe care le ai şi le îndeplineşti, nu la nivel de individ, adică al acestui corp sau plan fizic, ci se ia în considerare nivelul general, al conştiinţei extinse a sufletului tău. Fiecare corp (de orice formă şi existenţă) are diverse experienţe, însă conştiinţa existenţei tale totale este prezentă în fiecare corp, în acelaşi timp. Cu cât mai multe astfel de corpuri activează aceste celule hexagonale în tubul lor unitar şi îşi îndeplinesc misiunile individuale, cu atât mai mult se activează aceste coduri concomitent.

Îți poți imagina un fișier în Google Drive, unde orice schimbare pe care o faci poate fi accesată de pe orice device, atâta timp cât ești logat cu același cont sau cu un cont care are acces la acel fișier. Toate aceste schimbări care se produc live, se sincronizează instant.

Eu văd conștiința existenței a individului fiind conectată la un singur tub, iar de aceste coduri are grijă cineva. Este un grup de ființe răspunzătoare de toate corpurile noastre și de acest tub. Iar acest grup de ființe îți activează acele celule hexagonale din tub doar atunci când misiunile respective sunt îndeplinite.

Tot acest proces este cu mult mai vast decât existența noastră. Îmi arată că, de fapt, aceasta este evoluția noastră și că noi nu trebuie să ne comparăm cu nimeni. Suntem cu toții în procesul de evoluție, însă fiecare are propriul său parcurs, fiecare la timpul său, odată ce își îndeplinește misiunile.

Procentajul "Conștiință conștientă – Conectare cu Creatorul"

Q: Există vreun procentaj de conștiință conștientă la care un individ trebuie să ajungă ca să se poată conecta cu Creatorul direct?
A: 94%, de la 94 în sus.

Q: În dependență de ființele de lumină, care este procentajul de care avem nevoie, ca să ne permită să ne conectăm cu ei?
A: Sfinți – 12%
Maeștri Ascensionați – Fecioara Maria, Buddha, Isus, Alah, etc – 18%
Îngeri – 24%
Arhangheli – 28%
Seraphimi & Heruvimi – 34%
ET – 48%, ne referim la ET care sunt în planurile înalte ale creației

Q: Acum întrebarea mea, ce facem cu ceilalți?
A: Îmi arată că este altă scară inversată, în jos. Una este luminoasă și alta întunecată, apoi este un spațiu gol, ceva care îi desparte, este o altă categorie, și la Serafimi și Heruvimi se oprește. Apoi vine alt strat și se începe mai departe în sus.
Creatorul – 94%

Q: Nivelul nostru de conștiință, în altă existență, ca ET de exemplu, poate fi diferit de procentul nostru de acum prezent în corpul uman?

A: Ok. Întrebarea este dacă e local sau internațional, să-i spunem așa.Îmi vine răspunsul că este local, pentru că scopul este ca în fiecare viață sau reîncarnare să ajungem cât mai sus. Este individual per viață.

Q: Simt că este o întrebare retorică, dar tot simt să o adresez. Acest lucru înseamnă că sunt ființe ET care nu au ajuns la acest procent de a se conecta cu Creatorul direct?

A: Îmi arată ființele care se află în planurile mai joase. Exact așa și ei la rândul lor, au nevoie să se ridice, să ajungă cât mai sus.

De exemplu, tu ești în existența aceasta, și reușești să te conectezi cu lumina, pentru că ai un procent de 82% nivel de conștiință. Tot tu, în altă existență experimentezi să zicem partea de Reptilian. Tu fiind și acolo, la fel încerci, ca noi toți, să fii conștientă de existența Creatorului/ Dumnezeu. Asta înseamnă că în acea existență deja ai evoluat, pentru că acum ești aici în această viața unde ești absolut conștientă. Aceasta este evoluția și scopul.

Q: Nivelul 3A și 3B are o sursă? Poate să ne explice câmpul de ce în nivelul 4 este neutru?

A: Aceasta este o cameră de analiză. Pe pereți văd diverse informații, statistici. Este foarte important să fie o astfel de cameră în Cuantum.

Q: Din ce motiv este deasupra?

A: Pentru că statisticile au nevoie să fie dintr-o perspectivă neutră, fără polaritate, și este obligatoriu să fie plasată lângă materia neagră, lângă Void. Creația lui Dumnezeu a pornit de la o stare neutră.

Akashic, Cuantum, Megaquantic - procent Masă Sursa versus Dimensiuni

Q: Ok, și dacă aici există nivelul sursa, se aplică acest aspect și în Akashi?

A: Da, însă procentul este mai mic.

Q: Câmpul Akashic este tot pe nivele?

A: Nu, este un singur câmp, repartizat pe categorii. El nu are nivele, însă pe verticală are categorii. Sunt foarte multe categorii, din punct de vedere la multe experiențe, informații acumulate în care ele au fost necesare să fie repartizate pe categorii și nu pe nivele.

Q: În Câmpul Akashic cât este masa netă și brută, și cât este în Câmpul Cuantum?
A: În **Akashic** masa brută a sursei este 24%, netă 12%
    În **Cuantum** - masa brută 41%, netă 14%
    În **Megaquantic (MQ)** - 98% brută, netă 49%

Q: De ce este așa mare diferență?
A: Îmi arată că mai mult se consumă însăși în câmp, și rămâne doar 14% net. În Akashic este 24% și fix jumătate rămâne, de aceea dualitatea este mai intensă în Akashic. În Cuantum, masa brută este mai mare, însă masa netă este mai mică, aici este o deviere mai mare, din cauză că energia Creatorului se împrăștie mai mult în câmp. Flexibilitatea energiei Creatorului este mai mare în câmp.

Q: Și în MQ procentul de 2% unde se duce?
A: Undeva rămân 2%, cred că în afara creației. Aici avem nevoie să o luăm la nivel matematic.
Eu văd o formulă în care se calculează cât este procentul brut, cât este procentul net, cât este din 100%, și faci media celor 3 câmpuri, apoi din 100 scazi media celor 3 câmpuri, și rămâne procentul cât de fapt Creatorul însuși rămâne în exterior, ca Creator separat de creația lui.
Fix așa se referă la creația netă, numai că formula trebuie să fie altfel. Se înmulțește la -20, la puterea 69.5 la pătrat și este egal cu suma. Această formulă ne oferă aflarea masei Creatorului, a lui Dumnezeu, cât este masa netă. Apoi, din aceste 2 formule, se creaza altă formulă.
Stai, îmi vine altă formulă. Știind media masei brute, și media masei nete, noi avem nevoie să aflăm cât este masa sursei, a Creatorului care este în mișcare. După, le împarți... *(pauză)*

La ce le împarți, și ce aflii? Ok, media celor 3, apoi împărțim la suma sursei brute pe care am obținut din acestea 3, și din această sumă o înmulțim la cea netă, care este în exterior din toată creația, iar apoi afli suma la cât se consumă, la cât se duce energia în câmp. Acestea sunt formulele.

Hai să interpretăm datele de mai sus, înlocuind „brut" cu „potențial energetic" și „netă" cu „energie în mișcare", și să calculăm energia din creație, energia pierdută și energia în afara creației pentru fiecare câmp (Akashic, Cuantum, Megacuantic).

Presupunem că 100% reprezintă energia totală disponibilă într-un sistem (fiecare câmp fiind un sistem separat), iar procentele sunt relative la acest total. Voi calcula:

- **Energia în creație** (cea activă, legată de procesele interne ale câmpului);
- **Energia pierdută** (diferența dintre potențial și energia în mișcare, care nu se manifestă în creație);
- **Energia în afara creației** (ceea ce „scapă" sau rămâne separat, posibil legat de Creator).

Definirea și calculul energiilor pentru fiecare câmp

Se știe că:
Akashic: Potențial energetic 24%, Energie în mișcare 12%
Cuantum: Potențial energetic 41%, Energie în mișcare 14%
Megaquantic: Potențial energetic 98%, Energie în mișcare 49%

1. Energia în creație
Energia în creație este energia în mișcare, cea care se manifestă direct în sistem:
Akashic: 12%
Cuantum: 14%
Megaquantic: 49%

2. Energia pierdută
Energia pierdută este diferența dintre potențialul energetic (energia totală disponibilă) și energia în mișcare (cea utilizată efectiv):
Formula: Energia pierdută = Potențial energetic - Energie în mișcare
Akashic: 24% - 12% = 12%
Cuantum: 41% - 14% = 27%
Megaquantic: 98% - 49% = 49%

Aceste trei câmpuri sunt ca un continuum:
Akashic (simplu, stabil)
Cuantum (intermediar, dinamic)
Megaquantic (complex, supraunitar)

> *Note: Supraunitar* – descoperire în baza studiului individual în Câmpul Megaquantic.

Table: Masa brută vs Masa netă în toate trei câmpuri

Câmp	Masă brută (%)	Masă netă (%)
Akashic	24%	12%
Cuantum	41%	14%
Megaquantic	98%	49%

Sistemul de Formulare a Masei Creatorului
Codul "Tri" ale Câmpurilor: Akashic - Cuantum - Megaquantic

Dar unde sunt aceste 2%?

Poate că aceste 2% sunt o constantă sau o variabilă care ajustează diferența dintre masa brută și netă sau poate reprezintă o „scurgere" energetică în afara întregii creații?

Această diferență ar putea fi energia „consumată" sau transformată în creație. Dacă 2% e o variabilă fixă, poate fi o parte mică din această energie care „scapă" sau rămâne cu Creatorul. Dacă 2% e masa Creatorului, atunci 100% - 2% = 98% e creația efectivă.

Unde 2% poate fi inclusă ca o pierdere constantă.

a) Procentul Creatorului în afara creației

Media brută și netă
1. Media brută = (24 + 41 + (98 * 1.5)) / 3.5 = 53.34%
2. Media netă = (12 + 14 + (49 * 1.5)) / 3.5 = 26.33%
3. Media generală = 100 - ((53.34 + 26.33) / 2) = 58.33%

Factorul de scalare (X = 41.67)

100% - 58.33% = 41.67% ➚ **X = parte din Creator în interiorul creației**

Deci **X nu este arbitrar,** ci este exact **procentul Creatorului manifestat în creație.**

Unde **1.5 și 3.5** sunt:
1) 1.5 este un **coeficient de pondere** aplicat nivelului **Megaquantic,** ceea ce sugerează că acest nivel are o **importanță mai mare** decât celelalte două.
2) 3.5 = suma totală a ponderilor, adică baza pentru media ponderată.

3.5 este suma ponderilor:
- Akashic: **1**
- Cuantum: **1**
- Megaquantic: **1.5**

Total: 1 + 1 + 1.5 = 3.5

Această alegere sugerează că nivelul Megaquantic are o contribuție de aproape 43% (1.5/3.5) la media finală, în timp ce celelalte două au doar 28.5% fiecare.

Concluzie:
1.5 este ponderea atribuită nivelului Megaquantic.
3.5 este suma totală a ponderilor: 1 (Akashic) + 1 (Cuantum) + 1.5 (Megaquantic).
Formula este o **medie ponderată,** nu simplă.
Este o metaforă sau un model conceptual pentru implicarea sau prezența Creatorului în diferite niveluri ale realității.
Rezultatul final (aprox. 60%) este interpretat ca **partea „neimplicată" în creație,** deci rămasă „în afara" manifestării.

Calculul procentului din Creator care rămâne în afara creației

Formula:

$$\text{Media c mpului}_i = \frac{\text{Masa brut}_i + \text{Masa net}_i + (100 - \text{Masa brut}_i)}{3}$$

$$\text{Total Total} = \frac{\sum \text{Media c mpului}_i}{3}$$

$$\text{Procent Creator} = 100 - \text{Media Total}$$

Rezultatul: Procentul Creatorului în afara creației ≈ **58.33%**

Explicatie: Aproximativ **58.33%**, din esența Creatorului rămâne în afara creației, păstrându-și autonomia absolută.

b) Masa netă a Creatorului (cu componentă cuantică profundă)

Formula: $\text{Masa net Creator} = X \cdot (-20)^{69.5^2}$

X = partea din Creator în interiorul creației
Unde X este o valoare de intrare (ex. Media totală sau altă valoare specifică).

Conform cerinței, masa netă a Creatorului se calculează astfel:

1) Se ia valoarea, presupunem medial totală din a) sau altă valoare specifică.

2) Se înmulțește cu $(-20)^{4830.25}$

Puterea: $69.5^2 = 4830.25$

Valoarea: $(-20)^{4830.25}$ este extrem de mare și negativă, dar pentru simplitate, voi considera că formula este simbolică sau necesită o valoare de intrare specifică.

Presupunem că valoarea de intrare este media totală din a), adic **41.67**.

$\text{Masa net Creator} = \text{Media Total} \cdot (-20)^{4830.25}$

Masa net Creator = $41.67 \cdot (-20)^{4830.25}$

Rezultatul: Necesită o valoare specifică pentru **X**. Cu **X = 41.67**, rezultatul este simbolic datorită magnitudinii $(-20)^{4830.25}$
Aceasta pare a fi o formulă simbolică (nu fizică în sens clasic), dar o putem da o explicatie mai jos.

Explicatie: Masa netă a Creatorului este o magnitudine hiper-dimensională, exprimată printr-o forță neliniară. Coeficientul X (41.67) reflectă procentul Creatorului aflat în interiorul creatiei.
Aceasta este o formulă metafizică sau arhetipală care exprimă faptul că masa netă a Creatorului este de o magnitudine colosală, imposibil de măsurat în termeni 3D. Este o constantă de natură „divină".

c) Energia consumată în câmpul de mișcare a creatiei.

Formula:

$$\text{Masa Creator n mi care} = \left(\frac{\left(\dfrac{\sum \text{Masa brut}_i}{3} + \dfrac{\sum \text{Masa net}_i}{3} \right)}{2 \cdot \sum \text{Masa brut}_i} \right) \bullet \text{Masa net extern}$$

Rezultatul: Masa Creatorului în mișcare ≈ **14.20%**

Explicatie: Aceasta arată că aproximativ 14.20% din energia Creatorului se „duce" în mișcarea creatiei, în planurile cuantice, ca „motor" al vieții.

Simbol	Semnificatie
M brută	Masă energetică brută (energie totală exprimată în câmp)
M netă	Masă energetică netă (energie utilizabilă în mod conștient pentru creație)
X	Procentul Creatorului manifestat în creație (41.67%)
C separat	Procentul Creatorului rămas în afara creatiei
E câmp	Energia consumată pentru mișcarea câmpurilor
$(-20)^{4830.25}$	Forță neliniară exprimând masa netă divină în magnitudine multidimensională

Q: Poate să ne reamintească, fiecare câmp în ce dimensiune coexistă?
A: 1. Akashic - D2-4, însă îmi vine și cifra **8**, oscilează, poate sunt ființe din D8 care vin în Akashic să lucreze.

2. Cuantum - D5-6-7-8-9-10 și **coboară**, apoi iar **trece la 9**, deviază.

D11 - este o stație între planurile joase și mai înalte, ca un fel de punte - este o trecere dintre Cuantum și Megaquantic. Aici îmi vine că sunt amândouă forțe din Cuantum și Megaquantic, cum ar fi la un hotar între 2 țări care au un râu, și râul coexistă în ambele părți.

D12 - este prima ligă a jucătorilor esențiali, care se ocupă de pregătirea celor care trec mai sus pentru că nu poți trece direct din Cuantum în Megaquantic.

Este o **"autonomie particulară"** - 12 nu poate fi în subordonanța completă a Câmpului Megaquantic din motiv că atunci când se pregătesc, ei trec din Cuantum în Megaquantic, au nevoie de antrenament, pregătire, și nu pot fi aplicate legile Megaquanticului. Este un spațiu de antrenament. Dacă treci din D12 în D13, este un perete mare care acoperă tot, și aici sunt foarte multe ființe ET - multe Consilii care se află în D12, chiar dacă sunt Consilii foarte puternice ei se pregătesc în D12 pentru că nu sunt încă calificați în totalitate ca să treacă mai departe. Au nevoie de training, li se evaluează abilitățile, dacă au trecut sau au acumulat procentajul necesar ca să poată trece mai departe. Nu văd uși aici, doar că mecanismul Câmpului Megaquantic nu permite să treci liber.

Aici îmi spune, "vedeți voi oamenii, atunci când auziți de Consilii Galactice îi considerați Dumnezei, dar din punct de vedere al expansiunii de creștere spre Sursă, fiecare își are procesul și nivelul lui. Sunt cazuri de ființe care lucrează în lumină cu lumină și pică testul de antrenament pentru Megaquantic."

Acest lucru este ceva normal, inclusiv pentru Consilii care sunt mai avansate decât noi oamenii. Eu văd că în D12 este foarte multă lumină, văd mulți luptători, văd cum au loc diverse antrenamnete, iar peretele de la Câmpul Megaquantic este de culoare surie albăstruie laptos, ai senzația că vezi în interior, însă nu poți să percepi. Este foarte mare.

3. Megaquantic - de la **D13 în sus**.

Dumnezeu - cine este? Credințe limitative despre Dumnezeu

Această parte despre Dumnezeu, tehnicile de eliberare și metoda de protecție din continuare, este o parte introductivă dintr-o sesiune în care am accesat mai întâi Câmpul Cuantum, apoi am făcut o călătorie galactică în Câmpul Megaquantic. Înainte de această călătorie în Câmpul Megaquantic, am avut nevoie să ne curățăm și să eliberăm toate convingerile limitative transmise despre Dumnezeu. În continuare veți putea vedea o tehnică de eliberare pe care am primit-o din Câmpul Cuantum, însă pentru a avea o fluență întregul text am decis să păstrez aici informațiile primite.

Cine este Dumnezeu?

Este o autonomie inseparabilă cu tot ceea ce există. Informație codificată, nu pot accesa. Este foarte complexă. Îmi arată multe, multe universuri. Ei singuri (Ființele de lumină), nu știu originea reală a lui Dumnezeu. Este o creație care coexistă într-un spațiu vast, Void, iar Voidul este mai mare decât Creația. Creația este ca un joc, iar Dumnezeu este în Void. Așa îmi arată imaginea. Pentru noi, Dumnezeu este doar lumină, iar aceasta este o convingere limitativă care ne duce în eroare pe foarte multă lume. Aceasta este capcana din planurile joase, pentru că ființele joase se hrănesc pe baza acestei ideologii. Dumnezeu este acel Void unde nu există nimic, dar există totul în același timp. Uite cum și eu spun foarte des **"Eu sunt totul și nimic, în același timp."**

Diana: Când spui că Dumnezeu este doar lumină, tu respingi partea de întuneric, nu crezi în acea creație.
Victoria: Te poți întreba: *"cum adică Dumnezeu este materie neagră?"* Acest lucru a fost special creat de planurile joase, pentru ca noi pe parcursul a multor milenii să gândim așa. Religia a fost construită pe exact o astfel de capcană, ni s-a transmis la nivel de genetică că Dumnezeu este doar lumină, și tot ce faci, păcate, este din întuneric. Dar de fapt întunericul și lumina este una și aceeași.
Victoria: Nu m-am așteptat la așa informație.
Diana: Mie îmi vine să zic acum că vreau să eliberez iluziile despre tot ce s-a creat în legătură cu Dumnezeu, cu planurile joase.

Sunt gata să **eliberez** toate acele gânduri despre Dumnezeu, despre ființele de lumină, planurile joase și tot ce nu îmi servește aici.

Tehnici de eliberare programe și credințe limitative

Îmi arată așa multe tehnici.

Prima modalitate. O tehnică ar fi, cum noi stăm la etajul 4B (în Câmpul Cuantum), deschizi fereastra și pui în coș tot ce vrei să eliberezi, apoi dai drumul la acest coș ca să ajungă jos, la etajul 1, în afara blocului.

A doua modalitate. Să îți imaginezi cum tu ești exact acel Void, egal cu Dumnezeu. În acest moment, simți că ești acel Void. În exteriorul tău vezi creația ta, sfera ta de lumină. Apoi îți imaginezi că exiști în afară, în Void, exiști în sfera ta de lumină, în creația ta. Acum, fiind așa, privești în partea dreaptă, în punctul din mijloc unde se termină bula, și tot tu, în exteriorul bulei fiind, materie neagră, privești în acel punct, ca și cum te-ai privi una pe cealaltă.

Apoi vezi cum, prin gura ta, ies toate credințele acestea și se întâlnesc în mijloc, la granița bulei tale, iar acolo se formează un portal. În acest portal eliberezi absolut totul. Îmi arată că sunt două tehnici de eliberare mai con-știente în Câmpul Cuantum. Putem să eliberăm după aceste două moda-lități. Însă modalitatea cu Câmpul Cuantum, cu etajul 4B, este pentru cei care sunt la început de aceasta cale în conștientizări sau care nu au ajuns la un nivel mai profund în domeniul dat. Cei mai conștienți, mai treziți, pot folosi tehnica dintre întuneric și lumină, dintre void și creație.Sau pot apărea alte modalități noi, pe parcurs.

Încă se eliberează. Se eliberează foarte multe. Culori violet ies din cap. Foarte multe credințe cu privire la copiii, bebeluși, naștere, credințe legate de înmormântare, ai credințe destul de înrădăcinate despre moarte, înmor-mântare. Ai nevoie să eliberezi toate aceste credințe. Eu îți văd creierul ca în 8D, ca și cum ai vedea în 8K la televizor.

Diana: Îmi apare o întrebare acum - toate credințele acestea mă împiedi-cau să accesez și mai multă cunoaștere?
Victoria: Da, pentru că era ceea ce genera inima ta. Gata, s-a finisat. Mulțumim.
Diana: Mie mi-au mai venit întrebări. Noi când spunem să eliberăm în lumina pură a lui Dumnezeu, de fapt nu este corect, nu?

Victoria: Victoria: Nu. Uite și mie îmi vine acum conștientizare că nu facem corect.

Diana: Păi exact, și cu protecția la fel este.

Victoria: Noi respingem partea de materie neagră, de Void, de Dumnezeu.

Mie acum ce îmi vine este ca și cum ai privi noaptea cerul și vezi stele. Tu accepți lumina stelei dar nu accepți cerul. Cerul întunecat este Voidul, Dumnezeu. Lumina din stea este o mică creație a lui, iar tu accepți doar o mică creație, însă nu accepți cerul care este întuneric.

Văd cum te agăți strâns de această credință și crezi că e adevărul, însă tu nu deschizi ochii să vezi că pe cer este întuneric, și sunt mii și mii de steluțe, mii și mii de universuri. Nu trebuie să accepți doar o luminiță, pentru că pe cer sunt milioane de stele.

Diana: Mie îmi vin tot felul de conștientizări. Întunericul respinge lumina, lumina când spune de lumina pură a lui Dumnezeu, respinge întunericul, ca și cum ambele părți se resping una pe cealaltă.

Victoria: Și acum îmi arată cu degetul spre mine că eu tot trebuie să înțeleg asta.

Diana: Dar cum ar fi cel mai benefic pentru noi să folosim? Cred că este un truc aici. Bine, accept întunericul, însă eu vreau să lucrez cu lumina.

Victoria: Pe mine iar mă duce la etajul 2A, și îmi arată că 2A este acel departament care atrage și respinge acest aspect. Dacă inima ta emană mai multă polaritate luminoasă, creează gânduri luminoase, pozitive, automat tot câmpul tău este luminos și atragi, ca un magnet, frecvențele care sunt la nivelul tău de rezonanță.

Dacă ești pe polaritatea negativă, creezi câmpul negativ și atragi acele ființe de frecvență joasă.

De aceea nu este important ce spune ghidul, poate fi și cel mai important guru, dacă el, din inima lui, emană și creează gânduri negative, el deja atrage ceea ce simte. Și asta mă duce la întrebarea ta, când ai zis că este tricky: Cum putem ști că ne-am conectat cu ființe de lumină sau din planurile joase ale creației?

Tu o să reflectezi ceea ce simți în inimă. Dacă emiți polaritatea pozitivă, tu ești ca un magnet pentru ființele înalt vibraționale. Dar dacă tu, în inimă, ai polaritatea negativă, te conectezi cu polaritatea de frecvență joasă.

Diana: Este o conştientizare şi pentru mine, pentru că eu tot mă întreb de ce când faci protecţia, uneori unele fiinţe pot trece prin protecţie. Tu ai creat polaritatea negativă care a atras astfel de circumstanţe, inima ta aşa a simţit. Degeaba îţi faci protecţie dacă la un moment dat o să scazi pe vibraţie, este egal cu 0.

Victoria: Exact, inima ta este generatorul.

Diana: Asta este fix ce spunea Arhanghelul Metatron într-o sesiune. Să ne punem intenţia să fim ancoraţi în inimă. Acum am foarte mari furnicături în corp.

Q: Îmi venea o întrebare, atunci când creezi protecţie, mai este recomandat când faci sfere de protecţie?

Protecţie - sfere, piramide

A: Se poate observa că este mai eficient ca protecţia să fie realizată sub formă de piramidă, nu sferă. Beneficiarul ar trebui plasat într-o piramidă, iar ghidul într-o altă piramidă separată, cu vârful orientat în sus. De fapt, este recomandat ca beneficiarul să fie într-o piramidă distinctă, iar ghidul într-o altă piramidă, ambele fiind cuprinse într-o sferă de lumină.

Atunci când atât ghidul, cât şi beneficiarul se află în aceeaşi sferă, există expunere la aceleaşi energii. Piramida, ca formă geometrică, nu permite particulelor energetice să se disperseze necontrolat, ele rămân mai organizate. Aceasta păstrează câmpul energetic individual în interiorul fiecărei piramide, iar energia fiecăruia nu se răspândeşte în toate direcţiile. Devine mai coerentă. Dacă, de exemplu, ghidul nu este într-o stare optimă şi se simte bulversat, forma triunghiulară a piramidei ajută la calmarea câmpului, iar particulele energetice se mişcă mai armonios.

În acest fel, beneficiarul este adus în prezent, iar apoi se creează o sferă de lumină, ca o bulă, în care nu sunt prezente particulele personale ale ghidului şi beneficiarului. Tot ceea ce se desfăşoară în sesiune nu interacţionează cu dimensiunile externe. Astfel, ghidul nu preia nimic din câmpul beneficiarului, iar beneficiarul nu se conectează cu câmpul personal al ghidului.

Mulţumim. Nu ştiu dacă mai sunt întrebări, însă eu simt o presiune în frunte, cred că este timpul să ieşim.

Q: Câmp Quadro Cuantic, mai este vreo informație pe care vreți să ne-o oferiți astăzi, adițional?

A: Nu, îmi vine că este prea mult.

Q: Încă odată, Câmp Cuantum mai este o informație utilă care este în binele tuturor să cunoască?

A: Îmi arată că putem să ieșim din bloc exact cum am intrat. Văd cum, jos, la podea, se deschide un alt portal și, ca la Aqua Park, aluneci pe un tobogan.

Aceasta este o călătorie galactică. Mulțumim.

Câmpul Megaquantic - Călătorie Galactică

Am ajuns. Tu ai sărit acum și ai aterizat în picioare. Noi, amândouă, stăm acum, ne uităm și nu înțelegem ce este aici. Parcă am sta undeva sus, în față este un abrupt; nu sunt munți, ci este ca o sfera, un soare. Văd totul alb, luminos, atât de puternic, ca și cum ai sta în fața soarelui, direct.

Q: Ce avem nevoie să cunoaștem aici, Sinele înalt, ghizii spirituali, ființele de lumina care sunt alături de noi în această seară?
A: Acum văd cum din partea luminoasă de mai devreme, s-a întors și a apărut cineva. Nici nu știu cum să mi-l imaginez pe Dumnezeu, însă percep o ființă foarte mare, gigantică, în vârstă, care stă pe tron, dar este foarte voluminos.

Q: În ce câmp ne aflăm acum?
A: Ăsta este *Câmpul Megaquantic*. Este imens și simt cum Dumnezeu stă pe tron, în creația Sa. El s-a întors și se uită la noi, iar noi, pentru El, suntem minuscule. Se apropie cu capul și pare că nu înțelege ce vede. Simt că este uimit. Este un sentiment mixt, între a fi surprins și a cunoaște. Ne-a întins degetul arătător și noi ne-am urcat pe degetul Lui.

Diana: Fix așa mă văd, mă percep, că urc.
Victoria: Acum ne ridică în sus, iar deasupra capului, pe stânga lui, este o platformă micuță. Aici ne-a plasat, însă pe partea stângă a lui este un ecran mare. El s-a întors către noi și nici nu pot să aud ce vorbește. Vocea lui este de nivelul *"megatonhelogherți"*, așa îmi vine, iar pentru auzul nostru este imposibil să îl înțelegem. Nu este o comunicare telepatică, ci este o *comunicare sintetică, biosintetică*. Fiecare particulă din corpul nostru comunică. Ce gândește și comunică el, îmi arată. Particulele din noi sunt din bucățele mici, care stau toate legate una de alta, iar noi suntem pielea, figura geometrică a fagurilor. Cum el comunică nu este telepatic, ci *biosintetic*, ca și cum tot corpul nostru înțelege.
Îmi arată să ne uităm la ecranul lui. Eu mă uit, însă nu înțeleg.

Q: Câmpul Megaquantic vă rugăm să ne transmiteți imagini, cât mai simplu pentru noi, pentru a o include frumos în cartea viitoare. Îmi spune că nu este viitoare, ci acum.
A: Văd acum un portal, două uși care stau în triunghi, iar noi trebuie să mergem, să intrăm prin el, ca printr-un canal mic. Mă adoarme, cred că

241

lucrează cu mine, pentru că îmi vine să casc. Aici sunt planurile mai înalte, și energia este diferită.

Hai să intrăm prin acest canal. Simt că mă târăsc. Gata, am ieșit. Simt să spun că se eliberează densitatea pe care o avem.

Acum mergem înainte și văd cum ne dăm ca pe un tobogan.

Am ajuns la apă, ocean, o planetă cu apă, și avem nevoie să ne aruncăm în ocean.

Acum mă simt în apă, în siguranță, parcă eu trăiesc aici. E foarte multă liniște. Nici nu am corp fizic, ci totul este lumină și iubire pură.

Noi trebuie să stăm aici ca să ne curățăm.

Q: Este ceva ce noi avem nevoie să cunoaștem despre aceste curățări?
A: Aici, în apa unde am ajuns, sunt scoase de pe noi automat atașamentele, cordoanele sau entități.

Diana: Mie îmi vine și memoria celulară.

Da, pentru că văd o sferă, fiind în apă, totul se duce ușor de pe tine, fără să forțezi. Eliberezi fără să forțezi, fără să te gândești, fără să dai comandă. Polaritatea negativă nu există în acest câmp, există doar memoria ei. Ca și cum ai memoria gustului. Eu, de exemplu, nu mănânc carne, însă știu gustul cărnii. Exact așa este aici, în Câmpul Megaquantic.

Văd acum cum, ca un delfin, am sărit din apă în sus și ne ridicăm tot mai sus. Doamne, câte scări urcăm! Mai avem de urcat încă pe atât.

Gata. Am mers 10 pași și ne-am așezat pe șezlonguri, ca pe plajă, cu fața la soare. Mă simt atât de bine, zici că sunt pe plajă.

Diana: Chiar și mai multă lumină eu percep.

Da, ca și cum am fi în rai, dacă ne gândim din perspectiva religiei. Cineva ne-a adus cocktailuri, cu orhidee și căpșuni, noi am dat noroc împreună și acum savurăm acest cocktail. E gustos. Amândouă ne spunem că suntem gata să vedem mai departe. Văd cum ne ridicăm de pe scaune și dorim să mergem undeva. Cineva ne arată să ne întoarcem înapoi. Ne-am așezat înapoi pe șezlong. Cineva foarte mare și voluminos ne-a pus bavețică ca la bebeluși și ne-a legat de scaun. Ne tratează ca pe bebeluși. Ne-a adus în mijloc o farfurie, un platou foarte mare, tu ești pe dreapta mea. Pe platou sunt diferite lucruri, însă eu încă nu le văd.

Q: Ce avem noi de conștientizat aici?

A: Îmi arată că din aer cineva ne hrănește, ne dă informații câte puțin. Noi nu putem să accesăm tot ce este pe platou, ci avem nevoie să o luăm treptat, ca să ne putem acomoda. Nici nu știu cum să îți explic ce simt și primesc, însă aici în Megaquantic eu trebuie să mănânc cu lingurița ca la bebeluși. Am dat întrebarea: *"Ce trebuie să fac?"* mă revolt, și văd cum mai mult îmi umple gura. Aici e vesel în Megaquantic. Simt cum mă îndoapă cu adrenalină, dopamină.

Q: Câmpul Megaquantic ce informații ne puteți oferi astăzi pentru a o include în carte?

A: M-am dezlegat de pe scaun, și mi-au dat voie să mă uit la platou. Acolo sunt foarte multe. Imaginează-ți un tort tăiat în felii triunghiulare:
– Pe o felie văd CRISTALE
– Pe alta despre APĂ
– Pe alta STELE Planete și Galaxii, și văd cum platoul se învârte
– Pe un alt platou sunt foarte multe formule matematice
– Alta este despre BIOSINTETIC
Totul este acolo, dar primim piesă cu piesă.

Limbajul Biosintetic al Câmpului Megaquantic

Există un tărâm dincolo de minte, dincolo de limbaj, unde comunicarea nu se desfășoară prin gânduri sau cuvinte, ci prin particulele însăși ale ființei noastre. Acesta este *Câmpul Biosintetic*, un spațiu în care informația nu este rostită și nici auzită, ci trăită. În această stare, fiecare celulă, fiecare atom, fiecare fibră a esenței noastre devine un receptor. Nu „auzim" mesajele, ci devenim mesajul.

În *Câmpul Megaquantic,* ființele de lumină, Divinul și inteligența universală nu comunică în modurile obișnuite. Limbajul lor nu este telepatic, este *biosintetic*: o transmisiune în care înțelegerea are loc la nivel biologic, energetic și geometric. Este o *descărcare vie*, o comunicare de frecvență, vibrație și lumină. Ea ocolește logica și pătrunde direct în miezul a ceea ce suntem.

Aici, corpul ascultă. Sufletul decodează. Memoria universului răsună în matricea noastră celulară. Nu este nevoie să interpretăm, să comandăm sau să forțăm, pentru că în acest spațiu, înțelegerea este firească, iar transformarea se produce organic.

Pe măsură ce parcurgi paginile ce urmează, amintește-ți că revelațiile împărtășite aici nu sunt doar pentru a fi citite , ele sunt menite să fie *simțite, absorbite* și *reamintite* în adâncul ființei tale. Acesta nu este doar un transfer de informație. Este o *memorie biosintetică*, care trezește în tine ceea ce a fost dintotdeauna cunoscut.

Q: Ce este cu biosintetica?

A: Ok, eu pot lua felia cu biosintetica, și m-am pus înapoi pe șezlong. Acum consum această felie, ca pe scoici.

Biosintetica este o știință. De fapt, omenirea noastră judecă astfel de creații, însă aceasta este o știință care creează organe, piele, porțiuni ale corpului, din care se formează vehiculul sau corpurile noastre. Există și lumi în care compoziția întregii planete este făcută din biosintetică. Pentru noi ar fi o judecată: cum putem noi să creăm ceva artificial?
Dar, de fapt, nu este artificial, ci este un nivel mai înalt decât corpul nostru, pielea, organele noastre. Pentru noi pare a fi robotizat, dar de fapt este o gândire greșită. Iar în viitorul nostru, dacă îmi aduc bine aminte, într-o sesiune s-a vorbit despre carne: corpurile noastre nu vor mai putea digera carnea sau anumite alimente, după eliberarea ADN-ului reptilian.
Sunt planete unde toată lumea provine din biosintetică. Dacă ne ducem pe planeta lor, totul este biosintetic: copaci, animale și tot, inclusiv natura lor. Iar ei nu se consideră roboți, ci structura corpului, structura copacilor, totul este biosintetic. Acesta este următorul nivel, un upgrade fizic, în comparație cu noi acum.

Q: Ce fel de corpuri noi ne considerăm acum?

A: Biologice, și avansăm spre corp cristalizat. Corpul cristalizat are o compoziție biosintetică, iar spre asta se va îndrepta umanitatea în viitor. Mâncarea va fi biosintetică, nu va mai exista carne, iar tot ce există acum se va schimba, pentru că corpul în care noi suntem își va schimba compoziția, de la structura de carbon la structura cristalizată. Structura de carbon necesită o densitate mai mare, mai grea, de carne, însă odată ce evoluăm, asta nu se va întâmpla în 10, 20 de ani, ci este un proces genetic: corpul nostru genetic se va schimba și va evolua spre corpul cristalin. Multă lume va confunda, când aude de corpul cristalin, crezând că însuși corpul va deveni de cristal, însă, corect, el va deveni biosintetic.

Noi acum avem corpul carbonizat, avem oase care nu se dizolvă, și din acest motiv consumăm carne și diverse produse. Când treci la corpul cristalin, corpul va deveni foarte ușor din punct de vedere fizic, chimic și biologic, pentru că el va face schimbarea spre lumină. Corpul biosintetic ne ajută ca totul să fie mai ușor, și odată ce ajungi acolo, tu deja ești pe un alt plan (aici ne referim la ce se are în vedere cu trecerea din D3 în D4, apoi în D5). Pentru a fi prezent în D5, nu doar cu conștiința, ci și fiziologic, este necesară o schimbare genetică la nivelul corpului fizic. Îmi vine în minte că în 1000 de ani noi o să evoluăm spre dimensiunea 5, apoi ne vom ridica în D6 și tot așa, împreună cu corpul fizic. Acum are loc saltul de conștiință în D5, însă scopul a tot ceea ce se întâmplă este să ne ridicăm și cu corpul nostru fizic, nu doar cu conștiința. Cu cât corpul nostru este mai ridicat în dimensiune, cu atât el este mai ușor.

Aceasta va fi o ramură a științei despre biosintetică.

Q: Aici îmi vine o întrebare. Deja umanitatea a început procesul spre mâncare sintetică. Umanitatea o vede ca pe ceva negativ, dar ea este benefică pentru noi pe măsură ce evoluăm și ne ridicăm spre lumină?
A: Îmi vine că tehnologia care se folosește în prezent, în legătură cu sintetica, este deviată de la scopul inițial spre care trebuie să tindă, însă se vor face ajustări la momentul potrivit. În prezent, sintetica tinde spre a deteriora corpul fizic, și mai mult, din cauza plasticului. Aici este și devierea în domeniul sintetic. Dar sintetic doar, corect ai menționat.
În viitor, umanitatea trebuie să se concentreze pe partea de biosintetică. Sintetica actuală tinde mai mult spre polaritatea negativă, care face daune ADN-ului uman, pentru că nu s-au luat în considerare particulele vii ale corpului uman, ale animalelor, fructelor, copacilor. Ei au deviat, însă trebuie să se ia în considerare și partea bio, vie, a organelor, împreună cu sintetica. Abia atunci civilizația va face un salt major. În următorii ani nu se va schimba nimic, însă va fi făcută o ajustare foarte rapidă la momentul potrivit, însă până atunci nu vor interveni. Ei ne lasă, poate într-o zi ne vom da seama, însă îmi arată că nu ne vom da seama, iar atunci va fi o intervenție din exterior, care pur și simplu ne va forța să mergem spre biosintetică. Sinteticul va fi considerat „PERICULOS" pentru toți, și dacă

nu se va respecta, vor fi aplicate penalizări și vor fi forțați să țină cont de partea vie. Asta nu se va întâmpla nici în următorii 45 de ani.

Îmi spune că pot lua un alt subiect. Aici mă simt mai ușoară, nu am nici o presiune. Data viitoare, când ne conectăm în Câmpul Megaquantic, pot să-mi imaginez că noi suntem în acest loc direct, dar dacă simțim că avem nevoie de eliberare, să ne imaginăm oceanul, cum ne scufundăm în apă și eliberăm totul.

Cristalele în corpul uman

Simt să iau subiectul cu cristalele. Am luat felia, și mă pun pe șezlong.

Cristale nas - protecția câmpului energetic

Oh, noi avem în ureche 2 cristale: un cristal vine de la dreapta cu partea ascuțită spre nas, iar alt cristal este invers, la nas este baza și vârful în afară.

Q: Despre ce sunt aceste 2 cristale?
A: Îmi arată că noi le avem pur și simplu prezente în corpul fizic. Care este scopul lor? Nu-mi vine răspuns. Poate nu întrebăm cum trebuie.

Q: Care este funcția acestor cristale?
A: Nu îmi vine.

Q: Cu ce pot susține corpul uman sau energetic?
A: A reacționat în privința la corpul uman. Cristalele acestea două cum vin poziționate, radiază o proiecție în jos ca o perdea.

Q: Ce înseamnă asta mai exact? Sau când ele se activează în astfel de mod?
A: Doamne dai întrebarea și nu vine nimic, și nici cum să fie formulat.

Diana: Stai să văd ce întrebare îmi vine mie. Ele sunt activate non-stop?
Victoria: Nu, este ceva legat de corpul fizic.

Q: Cu ce ne ajută corpul fizic când ele sunt activate?
A: Interesant, când ai spus asta proiecția era deschisă, și când ai întrebat proiecția s-a pus și-a acoperit tot corpul în jos.

Q: Este ceva pe protecție?
A: Este ceva complex.

Q: Care sunt întrebările potrivite pe care să le adresăm în legătură cu acest aspect?
A: Nu-mi vine nimic.

Diana: Stai să mă gândesc, perdelele s-au activat. **Ce activează în corpul uman?**

A: Words come to me in pieces. It activates "Loss."

Victoria: Îmi vin cuvinte pe bucăți. Activează *"Pierderea"*. Stai că am uitat celălalt cuvânt, s-a dus. Ce cuvânt am uitat?

A: "Credențiale"

Q: Ce are una cu alta? Ce fel de credențiale sunt la nivel fizic?
A: Ok, îți zic că noi suntem ca bebelușii. Ne dă câte un cuvânt simplu, pe care îl putem percepe. Îmi arată că ele se activează, dar cristalele acestea sunt albe, însă când sunt activate, sunt ca niște perdele albe-albăstrui. Atunci când cineva se apropie de tine, acestea două se activează automat. Nu este neapărat un fel de protecție, însă pentru mine este perceput ca o protecție. Parcă e un detector. Un fel de senzor care se activează. Mai mult îl simt ca pe un senzor.

Q: În ce constă credențialele?
A: Credențialele sunt cheile de codificare, ca o parolă.

Q: Ce se are în vedere cu pierderea? Pierderea a ce?
A: Îmi arată că ferește ceva într-o parte, și se activează proiecția asta, de la cristalele acestea în jos.

Q: În ce situație se activează perdelele?
A: Când oamenii se apropie de noi. Parcă este prin prejur un radius, ca un spațiu personal atunci când ele se aprind.

Q: Atunci când oricine trece pe lângă noi? Asta are legătură și cu aura noastră? Atunci se activează?

A: Ghici ghicitoarea mea.

Îmi arată că, dacă tu ești aici și ai un parametru, o sferă în jurul tău, atunci când cineva trece de spațiul nostru personal, există acest spațiu generat de cristale care detectează automat acest aspect și, dacă se apropie prea mult, generează această proiecție, ele se aprind. Este un fel de senzor care detectează credentialele, cred că credentialele celui care vine prin jurul tău.

Victoria: Ce întrebare mai avem aici?

Diana: Bun stai să mă gândesc. Am înțeles că este un fel de protecție.

Q: Cu ce ne ajută de fapt?

A: Oh, am înțeles acum. Senzorul acesta este un fel de filtru care nu permite altui câmp, sau spațiu personal să se imprinteze cu al tău. Este o barieră senzor, pentru bariera noastră personală. Dacă acest senzor nu exista, noi puteam să ne imprintăm toată energia, informația celuilalt individ, și nu mai exista unicitatea, individualitatea fiecăruia. Dacă venea o persoană cu aura lui negativă, tu preluai totul automat. Acest aspect nu îți permite ca aspecte individuale ale altor persoane să se atașeze de tine.

Diana: Asta permite ca nu numai informațiile să nu se atașeze, ci și programe, limitări, blocaje, absolut tot. Noi venim aici și ne dorim să experimentăm individualitatea, și să nu preluăm de la alții experiențe pe care noi nu ni le-am ales.

Victoria: Exact. Cristalele acestea ne ajută să ne creăm spațiul nostru.

Cristal buric - echilibrarea energiei

În buric tot este un cristal, doar că acest cristal vine cu ascuțitul în exterior.

Q: Cu ce ne ajută acest cristal?

A: Din buric, prin acest cristal, iese energie.

De aceea este foarte important să ne acoperim buricul. Dacă îl lași vizibil tot timpul, este ca și cum ai lăsa mereu deschis acest flux, acest canal de energie, pentru că el curge în permanență. Este ca un robinet deschis, iar energia din tine pur și simplu se scurge, non-stop.

Îmi vine că este bine să laşi fluxul deschis, pentru că este un canal natural la toate fiinţele care au buric, oameni, animale etc. Este un canal prin care curge constant energie din tine.

Dacă nu îl laşi să curgă, energia rămâne stocată în corp. Partea mai neplăcută este că, atunci când eşti tot timpul expus(ă) cu buricul în public, există multe persoane inconştiente, dar şi persoane conştiente, oameni care se ocupă cu magie neagră, care, exact prin buric, îţi pot extrage energia. Multă lume face asta inconştient, preluând energie în acest mod. De aceea este important să îţi acoperi buricul, mai ales când te afli în public, în aglomeraţie sau într-un grup în care nu eşti sigur(ă) de energia celorlalţi.

De asemenea, este important să laşi canalul deschis atunci când dormi. Când dormim, este recomandat să dormim fără haine, pentru a permite fluxului să curgă liber, exact aşa cum a fost creat corpul nostru. Acasă, poţi umbla cu buricul descoperit, la fel şi la plajă.

La plajă este, într-adevăr, multă lume, însă atunci când eşti în contact cu apa, aceasta are un alt tip de proces, iar de obicei oamenii stau în apă. Doar dacă eşti expus(ă) prea mult timp pe uscat, în public, şi eşti înconjurat(ă) de mulţi oameni, este bine să îţi acoperi buricul. Cu cât petreci mai mult timp în apă, cu atât riscul de a fi expus(ă) energetic este mai mic.
Acasă, când eşti cu familia ta, este în regulă să ai buricul descoperit, însă mai puţin recomandat în public sau în locuri aglomerate.

Q: Prin buric iese atât energia benefică cât şi nebenefică?
A: Eu văd doar un canal alb, nu este nici benefic, nici nebenefic. Este un canal care trebuie să elibereze energia. Imaginează-ţi un lavoar în care curge apa încontinuu. Acesta are o gaură de preaplin, prin care se scurge apa atunci când nivelul devine prea mare, permiţând astfel eliminarea surplusului şi menţinerea unui nivel optim de apă în cadă.

Diana: Am înţeles. Canalul acesta ne permite să iasă din corpul nostru energia în exces, ca să nu avem prea multă energie în corp, pentru că altfel putem face scurtcircuit. Acest lucru ne ajută să ne echilibrăm energia.
Victoria: Da. Mulţumim.

Q: Mai avem vreun cristal?
A: Noi avem foarte multe, şi, de fapt, toate procesele fiziologice, au la baza

lor cristale poziționate, pe care noi nu le vedem, nu le percepem cu ochii fizici umani. Pe acest principiu funcționează sistemele noastre, ale organelor și procesele fiziologice. Dar, de fapt, primul aspect este prezența cristalelor în corpul nostru eteric.

Q: Câmp Megaquantic, ce alte cristale sunt poziționate în corpul nostru fizic, care sunt binevenite să le cunoaștem astăzi?
A: Îmi arată o persoană pe o scenă, care stă în picioare și se învârte. Văd scheletul uman: coastele, coloana vertebrală, toate sunt create din cristale complexe, mai corect spus clusters, adică formațiuni din mai multe cristale unite într-unul singur. Fiecare vertebră are un cluster de cristale, așa le văd mai ales pe coloana vertebrală.

De fapt, cristalele din zona cutiei toracice și a coastelor nu arată așa cum vedem noi oasele, ci sunt pur și simplu cristale care formează osul. Ceea ce vedem noi este produsul fizic final, însă fiecare coastă are câte un cristal, un singur cristal.

De aceea oasele noastre nu ard: pentru că, din punct de vedere eteric, ele sunt formate din cristale foarte dense. Fiecare os din corpul nostru este compus din cristale. Întregul nostru schelet, ca și cum ne-am imagina, în loc de corpul uman, un „corp cristalin" la nivel eteric, nu fizic, este construit astfel.

Cristale dinți

Dinții sunt compuși din alte cristale complet diferite. Tot scheletul nostru este format din cristale, însă la dinții percep altă compoziție, un alt cristal, este mai dens. De aceea dinții noștri nu se regenerează ușor, ci odată ce se strică nu mai este cale de întoarcere (asa cum suntem informați). Fiecare este dintr-un cristal cu o compoziție foarte densă, rezistentă. Dinții noștri sunt mai durabili, de cel puțin de 10 ori mai intens decât diamantul.

Q: Întrebarea mea este de ce așa cristal la dinții? Poate la creier aveam nevoie. Câmpul Megaquantic de ce ființa umană are nevoie de astfel de cristale în regiunea dinților? Cristale eterice care formează dinții noștri, ce esență au la nivelul durabilității acestor cristale?
A: Îmi vine că este o informație complexă. Lumea nici nu-și dă seama cât de importanți sunt dinții, iar eu ca om și prin gândirea mea logică tot nu înțeleg. Nu face sens.

Q: Ce rol au dinții în corpurile noastre fizice?
A: Nu poate să-mi dea informații pentru că filtrul meu are credințe limitative care blochează informația ca să o primesc.

Victoria: Îmi pun intenția să eliberez toate programele, limitările pe care le-am creat în legătură cu corpul nostru uman, cu rolul lui, și toate iluziile despre componentă, structură, rol.

Pe mine mă înțeapă în gât. De fapt, este o credință genetică umană reptiliană, o credință limitativă provenită din genetica reptiliană prezentă în om. Îmi exprim acum intenția de a elibera această credință din genetica reptiliană, tot ceea ce nu îmi mai servește aici și acum.

Da, căscăm, înseamnă că eliberăm. Și interesant că acum mi se zbate în regiunea aceasta, de sub ochi, spre nas, și vreau să știu care este cauza.

Q: Din ce motiv se zbate ochiul drept? Ce am eu de înțeles sau de conștientizat, sau ce legătură are cu subiectul de acum?
A: Acum are sens. Sentimentele noastre de agresiune, furie, frică, toate emoțiile profunde, se stochează, în primul rând, în maxilare. Iar dacă densitatea acestora este prea mare, ele se duc spre dinți. Dinții absorb toată furia, toate sentimentele negative; totul se stochează în dinți.

Acesta este, de fapt, rolul primordial al dinților, nu cel primitiv de a mesteca mâncarea.

Q: Atunci când ai probleme cu dinții, când se cariază sau strică, acest lucru înseamnă că au acumulat foarte multă furie?
A: Da, de aceea se strică.

Q: Și persoanele care au dinții foarte buni NU au furie?
A: Nu, ei o eliberează mai ușor. Au furie, așa cum avem cu toții, nemulțumiri, însă, dacă nu lucrăm cu aceste emoții și nu le eliberăm, ele se stochează în corp. Asta nu înseamnă că nu experimentezi sentimente sau emoții profunde, ci că sunt persoane care se supără ușor, iau totul personal, iar tot ce le spui le deranjează. Aceste persoane, dacă nu lucrează cu ele însele, acumulează totul în interior.

Ele nu vor să înțeleagă că nu totul este despre ele, acest egocentrism prezent în interiorul lor le face să adune furia, care se duce mai întâi în maxilar, apoi în dinți.

Chiar dacă dintele este format dintr-un cristal rezistent şi are rolul de a acumula emoţiile negative pentru a proteja corpul de îmbolnăviri bruşte, odată ce este supraîncărcat, începe să absoarbă din ce în ce mai multă negativitate, ceea ce duce, în cele din urmă, la deteriorarea lui.

Eu cunosc o persoană care ia absolut totul personal, chiar şi atunci când îi spui o glumă. Dacă împărtăşeşti o lecţie generală, ea o percepe ca fiind despre ea. Are multe probleme cu dinţii şi dantura, suferă de parodontoză şi are implanturi dentare, însă chiar şi implanturile îi creează probleme.

Q: La nivelul gingiilor, tot se stochează aceste emoţii?
A: Da, luând exemplul persoanei de mai sus, ea nu mai are dintele ei, astfel că dintele nu este prezent, maxilarele sunt prezente, iar energia se duce mai departe spre maxilare, spre gingii.

Q: La persoanele care nu mai au dinţi, au dinţii puşi, la ei se duce în gingii, şi dacă nu se duce în gingii unde se duce?
A: Atunci când sunt puşi dinţii, există dintele mic în interior; dacă nu există dinte, se pune un implant de metal (fier), pe care corpul îl poate respinge, mai ales dacă gingia este inflamată, din cauza densităţii energetice acumulate. Şi e o întrebare bună, pentru că acum îmi vine propriul exemplu:
La mine, în zona nasului, în os, nu la dinţi, ci în os, în craniu, începuse să crească ceva. A fost nevoie de operaţie ca să îmi taie gingia, să extragă tot ce crescuse acolo şi să cureţe.

Diana: Rezecţie se numeşte procedura.

A fost nevoie să taie şi să cureţe locul. Eu am avut o gaură în os, care trebuia să se regenereze. După un an şi jumătate, osul a început să crească din nou. Îmi arată acum că aşa se poate întâmpla, poate duce la eroziune în oase. La început sunt afectaţi dinţii, apoi gingiile, iar în cele din urmă osul.

Pentru ca noi să ne reechilibrăm pe partea legată de dinţi, este necesar să eliberăm toată furia şi tot ce am acumulat. Da, furia pe noi înşine, furia pe alţii. Îmi vine că e important să nu luăm totul personal, ci să lucrăm cu furia, să o eliberăm, să iertăm, să cultivăm compasiunea.

Q: Câmp Megaquantic mai sunt alte cristale eterice poziționate în corpul nostru fizic care au o funcție importantă pentru corpurile noastre fizice și este în binele tuturor să cunoaștem?
A: Urmează alte părți ale corpului unde sunt prezente cristale.

Cristale picioare, degete

Picioarele conțin, de asemenea, cristale, concentrate în special în degetele de la picioare. Fiecare deget de la picioare are propria structură cristalină, iar acestea sunt profund conectate la echilibrul, împământarea și mișcarea noastră prin această dimensiune.

Aceste cristale sunt responsabile pentru ancorarea energiei noastre în câmpul Pământului. Prin intermediul lor, menținem un fel de GPS energetic; ne ajută să rămânem conectați la calea și direcția noastră fizică. Atunci când cristalele din degetele de la picioare sunt blocate, deteriorate sau nealiniate energetic, oamenii se pot simți neîmpământați, pierduți sau deconectați de la scopul lor.

Aceste cristale pentru picioare susțin, de asemenea, fluxul energetic prin corp. Asemenea punctelor de intrare pentru energia Pământului, ele permit o mișcare ascendentă a vibrației, aducând împământare, stabilitate și sprijin fizic. De aceea, masajul picioarelor sau mersul desculț pe suprafețe naturale precum iarba, solul sau nisipul pot activa și curăța aceste cristale. Nu este vorba doar despre mușchi sau reflexoterapie, ci despre recalibrare energetică.

Fiecare cristal pentru degetul de la picior corespunde unor aspecte diferite ale ființei tale, unele la stabilitatea emoțională, altele la direcția ta în viață, prezență, flexibilitate sau chiar încredere în mișcare. Degetul mare de la picior poartă adesea cea mai directă aliniere energetică, iar degetul mic deține frecvențe subtile care sunt adesea trecute cu vederea, dar sunt profund sensibile la schimbările energetice.

A avea grijă de picioare înseamnă a avea grijă de ancorarea spirituală. Înmuierea lor în apă sărată, mersul desculț, meditațiile de împământare și conectarea conștientă la energia din degetele de la picioare pot ajuta la restabilirea alinierii în întregul câmp energetic.
La picioare, toate degetele au cristale care sunt poziționate cu vârful spre exterior.

Q: Care este importanța acestor cristale?

A: Ele se localizează la degete, câte degete, atâtea cristale prezente, însă baza cristalelor este poziționată în spate, pe toată laba piciorului, până spre călcâi, și radiază lumină. Este ca o cometă care lasă o dâră luminoasă în urma noastră. La nivelul tălpii există un perete cristalin. Începând din talpă, acolo unde călcâiul urcă pe verticală, se află o placă cristalină, un perete de cristal. Lumina care radiază în urmă se oprește în acest perete cristalin, iar în contact cu el, lumina se fractalizează: nu mai merge într-un singur canal, ci se împrăștie în mai multe culori, ca un curcubeu. Doar că nu este un simplu curcubeu, ci este format din multiple unități de lumină, canale diferite. Îmi arată într-un mod comic: imaginează-ți picioarele noastre, cum arată cu aceste cristale, iar din ele radiază lumină înspre placa cristalină din spate, și de acolo, parcă am fi ca o rachetă.

Q: Cu ce ne ajută asta la picioare?

A: Este ceva legat de spațiu sau de localizarea noastră în spațiu. E un proces complex, și îmi arată că, odată ce faci un pas înainte, te deplasezi în concordanță cu spațiul și timpul. Noi întotdeauna ne mișcăm înainte, în termeni de timp și spațiu, dacă ne ghidăm după teoria mecanică sau, mai simplu spus, după fizica mecanică. Nu mergem înapoi în timp.

Fiecare pas pe care îl facem spre viitor creează o unitate, iar în urma noastră se formează un hotar între viitor și trecut. La nivelul tălpii, există încă un spațiu, nu foarte gros, ci un spațiu îngust, în care se produce timpul prezent. Iar la nivelul călcâiului se află acele lumini descrise mai sus, după care începe bariera trecutului, aflată pe linia timpului, în spațiu.

Este un fenomen mai degrabă fizic, dar foarte complex. Încerc să înțeleg. Văd cum noi suntem o unitate, apoi urmează hotarul dintre viitor și trecut. Cristalele de la degete ne permit mișcarea corpului fizic, adică a materiei, pe vectorul timpului. Explic foarte simplificat acum.

Odată ce trecem de acest hotar, din prezent în viitor, pășim într-o nouă unitate. Iar când am trecut, automat se închide unitatea anterioară și devine trecut. Este un proces continuu. E ca și cum cristalele ne permit accesul în unitatea de viitor pentru a trăi prezentul, iar reflexia lor închide unitatea prezentă, transformând-o în trecut. Se lucrează pe unități, pe bariere de timp. Acesta este modul în care experimentăm realitatea la nivel 3D. Însă, atunci când ajungem în 5D, vedem toate unitățile, trecut, prezent și viitor, ca fiind una și aceeași, coexistente într-un singur câmp.

ARCTURIANS - hologramă

În Câmpul Megaquantic nu toate ființele de lumină au acces. În dependență de cei pe care îi chemi, cu care vrei să lucrezi, dacă nu au acces în acest câmp ei pot apărea ca o hologramă.

Arcturienii sunt o rasă extraterestră extrem de avansată și evoluată spiritual, originară din steaua Arcturus, una dintre cele mai strălucitoare stele de pe cerul nopții. Renumiți pentru înțelepciunea lor profundă, abilitățile de vindecare și tehnologia avansată, Arcturienii servesc drept ghizi cosmici și protectori ai evoluției spirituale.

Sunt adesea descriși ca ființe de lumină cu o conexiune puternică cu dimensiunile superioare și cu conștiința universală. Arcturienii lucrează îndeaproape cu trezirea spirituală a Pământului, asistând la vindecarea energetică, ridicând frecvențele vibraționale și sprijinind tranziția umanității către o nouă eră a iluminării.

Cunoscuți pentru bunăvoința și compasiunea lor profundă, Arcturienii încurajează echilibrul, armonia și extinderea conștiinței în întreaga galaxie. Misiunea lor este de a ajuta oamenii să se reconecteze cu adevărata lor natură multidimensională și de a contribui la crearea unei existențe mai pașnice și unificate.

Q: Eu voiam să întreb despre stările mele din ultimul timp, este ceva mai mult decât am conștientizat?
A: Creatorul te-a luat și a deschis ecranul lui mare, iar în mână are o lupă ca de pirat. Se uită departe. A mers dincolo de un univers, a trecut pe lângă el, și a ajuns la un univers mai dens.
Acolo, în profil, se află o ușă mică. Acum a deschis ușa, acolo este foarte dens, întunecat. Nu se simte imediat, ci se percepe memoria densității. Lumea din acel spațiu se învârte ca un vârtej, de la stânga la dreapta, pe verticală.

Q: Care este mesajul aici pentru Diana?
A: Eu văd cum tu mergi prin această densitate, intri într-o casă în care lumina este stinsă. Cunoști această casă, acest spațiu și loc, însă, fiind în interior, te uiți mereu în urmă, ca nu cumva să apară cineva. Îți este teamă. Acest spațiu este subconștientul tău. Acolo nu mergi pe mijloc, ci pe margine, pe lângă perete, și stai la pândă, de parcă te-ai teme ca cineva să nu vină să te atace.

Q: Câmp MQ ce este de înțeles din acest spațiu?
A: Frica este mereu prezentă, însă atunci când prinde amploare și capătă control, tu începi să trăiești în interiorul ei. Atunci când nu îi dai putere, frica dispare instantaneu. Tu i-ai dat putere fricii, iar acum, în subconștientul tău, este haos, frica guvernează.

Q: De unde vine sau de ce anume îmi este teamă, sau cum pot întoarce înapoi toată puterea pe care i-am dat-o fricii?
A: Tu ai un bagaj, ai multe cutii în subconștient. Eu văd acum prin filtrul fricii. Frica este prezentă, însă pot să o dau la o parte ca să văd ce se află acolo. Văd multe cutii jos. Dar, de fapt, tu te temi de ceea ce este în aceste cutii. Și asta pentru că tu însuți ai creat frica, ea nu a venit din exterior.

Diana: Eu sunt gata să eliberez această frică, să văd tot ce am nevoie acum ca să eliberez pentru a continua drumul.

A: Acum tu trebuie să îți imaginezi cum stai cu fața spre fereastră, de unde pornește vortexul, să stai în mijlocul camerei, și vortexul să vină drept în inimă. Vortexul este foarte puternic, are un dublu efect. Acum vreau să spui că toată creația acestei frici o eliberezi prin vortexul din inimă, prin inimă, în afara inimii, din toate părțile, și vezi cum intră totul în vortexul acesta, unde se dezintegrează. Așa. Da, te-am văzut cum ai căzut jos, vortexul se retrage, și frica nu mai este prezentă.
Acum tu ești în spațiu luminos, iar cu tine sunt cutiile de pe partea dreaptă. Ele sunt multe, micuțe, medii, mijlocii. Sunt multe evenimente, vieți trecute, unde ai decedat, multe cuvinte nespuse, sau spuse, e ca și cum ai deschide mai multe cutii ale Pandorei. Acum singură explorezi și vezi ce vine. Este un dar, pentru că am văzut cum te-ai întors în spate spre stânga și ai întrebat: „*Dar...*" Tu trebuie să fii gata.

Diana: Îmi pun intenția ca procesul să fie cât mai blând.

Așa, acum poți să explorezi cutiile. Interesant, tu ai dat cu mâna și ai deschis foarte multe în același timp, ele sunt multe și zboară în spațiul acesta, ca și cum te-ar invada un cârd de păsări, care te ciupesc. Zboară spre tine. Văd cum te acoperi cu mâinile și ceva te lovește.

Rog acele ființe care sunt prezente în acest câmp să o ajute pe Diana să înțeleagă că toate aceste frici sunt temporare, nu au putere asupra ei, ci ea este cea care are control asupra tuturor lucrurilor, cuvintelor și oricărei experiențe stagnante din aceste cutii.

Te văd la grădiniță, cum dansai cu fetițele. Toate dansați în horă, de mânuță, în cerc, și tu nu ai putut ține pasul. Te-ai împiedicat, și o fată te-a lovit cu piciorul, ai căzut pe jos, iar fetele dansau mai departe. Tu, de frică, te-ai târât pe jos ca un cățel, ai ieșit din cercul acesta, și ți s-a declanșat frica că ceva ți se va întâmpla.

Diana: Nu-mi aduc nimic aminte de atunci, în general.
Victoria: Ți-a fost ștearsa memoria pentru că era prea traumatizantă pentru acel moment.
Diana: Atunci sunt gata să o eliberez.
Victoria: Acum ești într-un loc, pe partea dreaptă este o lampă roșie, ca o alarmă de la pompieri. Tu vezi lumina, e pe dreapta ta, iar această alarmă a fost un șoc pentru tine. Ceva legat de un cutremur, un cutremur de intensitate mai mare. Nu te văd pe tine, ci văd prin ochii tăi.
Diana: Am experimentat inclusiv în viața aceasta, un cutremur mai puternic noaptea, și eram în șoc.
Victoria: Pe gheață te văd, în genunchi. Este un lac cu apă dedesubt, tu vezi cum gheața se crapă și percep frica, frica că o să mori, că o să cazi.
Altă amintire, în leagăn, când erai mică. Ai un an și jumătate, te văd mică, te dădea cineva mai puternic, și asta a creat frica să nu te dea cu picioarele în sus, să cazi.
Diana: Ok, mulțumesc, eliberez și această frică.
Victoria: Tu fugi undeva, fugi de ceva. Ceva voia să te țină, și aveai panică să-ți dea drumul, te ținea din ambele părți. Frica a fost legată de faptul că nu îți dădea drumul, frica de a nu fi liberă, frica că nu poți să ieși, că nu ai scăpare. Asta este din perioada adolescenței.
Diana: Mulțumesc, eliberez și această frică.
Victoria: Văd acum un vârtej, un vortex, și e frica să te învârtă. E ceva mai subtil, nu înțeleg exact, însă e stocată la tine în chakra gâtului.
Eliberarea simplă nu ajută, pentru că văd cum deschizi capacul și se duce înapoi. Este, de fapt, un capac, poți să îți imaginezi capul tău ca forma fagurilor, e rotund, și are un capac care se închide la gât. De fapt, capacul se deschide și se închide automat înapoi.

Acum, interesant este cum să procedezi ca să îl menții deschis permanent. Ok, s-a făcut o masă de operație, cineva a dat toate lucrurile jos, te așezi acolo, te întinzi. Capacul s-a deschis. Când stai întinsă, el se deschide. Am chemat acești doi Arcturieni (cu care lucrez deseori în sesiuni), însă nu sunt prezenți complet în câmp, ci au doar **hologramă**.

Diana: Asta îmi confirmă ce simțeam, că sunt ființe de lumină care nu au acces complet în MQ.

Victoria: Nu, Arcturienii aceștia doi nu au acces deplin, ci doar holograma este prezentă, după cerința celui care îi accesează. Incredibil cum funcționează. Ei doi sunt la gât, încearcă să deșurubeze capacul. A scos capacul, și acolo este un alt dispozitiv, de la gât este o extensie spre umeri, pe piept până deasupra sânilor, și deasupra spatelui, ca un fel de extensie.

La spate se scoate ușor, însă este imprintată în față, la piept. Acum ei sunt la pieptul tău și nu înțeleg cum este imprintată. Parcă este parte din esența ta, a crescut cu pielea ta. A scos-o de la spate, de la umeri, însă în față, de pe subraț e crescută cu pielea ta împreună. Ei nu au subordonanță să continue mai mult. Au plecat. Mulțumim.

AIMTUA. Ființe din dimensiunea 294

Victoria: Chemăm acele ființe care au subordonanță de eliberarea acestui dispozitiv.

Interesante ființe, nici nu știu cum să ți le descriu pentru că nu au un corp exact. Este un mix între dragon, șarpe. Nu pot să descifrez. Au multe corpuri, tentacule, nu știu ce sunt acestea, nici nu știu de unde încep corpurile lor.

Q: Dacă este benefic pentru noi să cunoaștem, le rog să transmită ce ființe sau ce rasă sunt.
A: AIMTUA, Nu pot descifra, dar nu e nici pe aproape. Asta este cel mai aproape, cât de cât, de terminologiile noastre. Îmi spune că e doar 3% din ce am putea înțelege. Numele lor nu guvernează după niciun principiu pe care ni-l putem imagina. Îmi arată modul lor de operare, și dacă cineva ar vedea așa ceva, cred că s-ar speria. Eu pur și simplu mă uit și nu știu cum să explic. E ca o mașină. Îmi arată corpul lor, m-a dat mai deoparte ca să înțeleg că

sunt gigantici, la o scară imensă. Dacă am vedea în realitate o astfel de ființă, o să credem că e din planurile joase, însă nu este adevărat.

Acum toată această ființă este deasupra corpului tău, cu toate capetele și corpurile de șarpe, au intrat pe sub pielea ta. Acum, pe sub gulerul ăsta, rupe tot, însă ei fac în așa modalitate încât corpurile lor, odată ce intră pe sub pielea ta, au mai multe proprietăți: regenerează ca un balsam. Fix așa, fiecare corp, cap, taie și regenerează înapoi tot corpul. Este complex. Dacă privești dintr-o parte, ai impresia că te rupe pe bucățele, însă e necesar să fie cât mai multe capete, ca să nu rămână nimic nevindecat. Acum nu mai ai gulerul, pur și simplu a zburat de pe tine. Mulțumim.

Q: Vreau să întreb ființa aceasta în ce dimensiune există sau operează?
A: 294, interesantă cifră. Puteți să confirmați? Începând cu dimensiunea 29 există dar operează până în D294. Sunt foarte avansate.

Victoria: Pentru mine este prima dată când aud așa ceva.

Q: Care este diferența de dimensiune, de ce este așa diferență între cifre? În ce constă astfel mod de operare?
A: Creația este prea complicată pentru a fi explicată acum. Îmi arată că dacă o să înțelegem, moleculele din noi o să fie divizate în două, o sa fie conflict de coexistență a realității pe care noi o cunoaștem, și existența pe care noi o vedem. Explicația avansată nu se merită pentru creația noastră, nu are sens pentru că mereu va fi neînțeleasă pentru umanitatea noastră. Lumea este învățată să audă doar o informație adevărată, și să se atașeze de informația pe care o crede adevărată, însă planurile înalte nu cunosc de alte planuri mai înalte. Nu există vorba de codependență sau... nu găsesc cuvântul. Încearcă să găsească alternative în vocabularul meu. Ei nu găsesc cuvântul potrivit în cunoștințele mele. Stai, nu îmi dau pace.

Cuvântul cel mai apropiat de sens este concurența, pentru a demonstra că tot ceea ce noi cunoaștem, o cunoaștem din punct de vedere a concuren-ței, chiar și multe dimensiuni trăiesc în conceptul concurenței. Planurile de mai sus nu au astfel de principiu, ci totul funcționează după principii inimaginabile pentru noi.

Modul lor de a se conecta cu noi este complet diferit. Nu este telepatie. Se simte mai degrabă ca primele sisteme telefonice, din vremurile în care

259

apelurile nu erau automate, ci trebuiau conectate manual de către operatori umani. Vorbeai cu cineva de la centrală, care îți conecta fizic linia la circuitul corect pentru a ajunge la persoana cu care voiai să vorbești. Acesta este genul de conexiune pe care l-am experimentat cu ei: lentă, deliberată și structurată, nimic asemănător cu comunicarea telepatică instantanee pe care ne-am obișnuit să ne-o imaginăm.

Mulțumesc. Mă simt onorată cu așa informații și conexiune. Mulțumim pentru că ați ajutat-o pe Diana.

V. Alte informații și experiențe în Megaquantic (MQ)

În acest capitol voi reda diverse informații care au venit în numeroase sesiuni de lucru în Câmpul Akashic, în Câmpul Cuantum și în Câmpul Megaquantic. Aici voi expune și anumite experiențe din cadrul unui retreat la care am participat în Octombrie 2024, și, de asemenea, voi include informații pe care le-am primit telepatic de la ființele de lumină.

Dimensiunea 5 - Conștiința care modelează realitatea

Dimensiunea a cincea (5D) nu este un spațiu fizic, ci o stare de conștiință superioară în care intențiile, gândurile și starea interioară influențează direct experiențele trăite în realitatea tridimensională (3D). Spre deosebire de lumea fizică, definită de spațiu, timp și limitări materiale, 5D reprezintă un nivel de vibrație în care conștiința devine forța creatoare principală. În această stare, realitatea se ajustează sincronistic pentru a reflecta dorințele și nevoile individului, atâta timp cât acestea sunt aliniate cu binele suprem. Aici vom explora ce înseamnă să trăiești în conștiința 5D, cum se manifestă aceasta în viața de zi cu zi și ce rol joacă sincronicitățile, oferind exemple practice și clarificări pentru a facilita înțelegerea.

Ce este dimensiunea a cincea?

Dimensiunea cinci este un mod de a percepe și de a interacționa cu realitatea, în care frica, controlul și gândirea bazată pe lipsă sunt înlocuite de încredere, prezență și abundență. În 5D, conștiința operează la un nivel superior, iar realitatea fizică 3D (lumea materială) pe care o vedem și o atingem, devine maleabilă, ajustându-se pentru a reflecta starea interioară a individului. Aceasta nu înseamnă că dispari din planul fizic, ci că trăiești în corpul tău, în lumea materială, dar cu o perspectivă care transcende limitele obișnuite.

Spre exemplu, în loc să te îngrijorezi că nu vei avea suficiente resurse (bani, hrană, timp), în 5D îți setezi intenția că tot ce ai nevoie îți va fi oferit la momentul potrivit. Această încredere profundă permite universului să răspundă prin evenimente și circumstanțe care par ilogice din perspectiva 3D. În 5D, nu mai încerci să controlezi „cum" sau „când" se va întâmpla ceva, ci te lași ghidat de un flux natural, în care dorințele tale se materializează fără efort.

Cum funcționează conștiința 5D?

Conștiința 5D funcționează pe principiul că totul în univers este interconectat energetic, iar gândurile și intențiile tale sunt ca niște semnale care influențează acest câmp energetic. Atunci când vibrezi la un nivel superior, prin iubire, recunoștință și prezență, atragi experiențe care reflectă această stare. Spre deosebire de 3D, unde realitatea pare rigidă și bazată pe cauză-efect liniar, în 5D timpul și spațiul devin fluide, iar sincronicitățile (evenimente aparent întâmplătoare, dar semnificative) devin un limbaj prin care universul comunică cu tine.

De exemplu, să presupunem că îți dorești să mănânci sănătos, dar ai un buget limitat. În loc să te concentrezi pe lipsă *(„produsele organice sunt prea scumpe")*, îți setezi intenția: *„Voi găsi alimente sănătoase care să fie accesibile."*

În 5D, această intenție, susținută de încredere, poate duce la o sincronizare: intri într-un magazin și găsești exact produsele dorite la reducere sau primești o ofertă neașteptată care îți permite să le achiziționezi. Aceste evenimente nu sunt simple coincidențe, ci răspunsuri ale universului la vibrația ta.

Manifestări ale conștiinței 5D în viața de zi cu zi

Pentru a înțelege mai bine cum funcționează 5D, să examinăm câteva exemple practice care ilustrează modul în care conștiința modelează realitatea. Aceste situații reflectă principiul că, atunci când intențiile sunt clare și aliniate cu binele suprem, universul orchestrează circumstanțele necesare.

1. Abundență financiară pentru dorințe personale

Imaginează-ți că îți dorești să participi la un eveniment care costă mai mult decât îți permiți. În loc să te concentrezi pe lipsa banilor, îți setezi intenția: *„Vreau să fiu prezent la acest eveniment, iar resursele necesare vor veni la mine."* Renunți la nevoia de a controla cum se va întâmpla acest lucru. Câteva zile mai târziu, primești o sumă de bani neașteptată, poate un cadou, o rambursare sau o mică oportunitate de lucru, care acoperă exact costul biletului. În 5D, această sincronizare este rezultatul încrederii tale că universul va răspunde dorinței tale.

2. Acces la resurse pentru un stil de viață sănătos

Să spunem că decizi să urmezi o dietă vegană pentru un detox fizic sau spiritual, dar produsele vegane sunt rare sau scumpe în zona ta. În loc să te îngrijorezi, îți setezi intenția: *„Voi găsi alimentele de care am nevoie în mod accesibil."* Într-o zi, intri într-un magazin și descoperi că au exact produsele vegane dorite, poate chiar la o reducere specială sau în cantitatea perfectă pentru tine. Aceasta nu este o simplă întâmplare, ci o manifestare a conștiinței tale 5D, care a atras soluția potrivită.

3. Înmulțirea resurselor într-un context de grup

Într-o situație de grup sau familie, ai o cantitate limitată de hrană pentru mai multe persoane, iar la prima vedere pare insuficientă. În loc să intri în panică sau să calculezi rații, te concentrezi pe recunoștință și pe ideea că *„va fi destul pentru toți.”* În mod surprinzător, mâncarea ajunge pentru fiecare participant sau membru de familie, ba chiar rămâne un surplus.

În 5D, conștiința colectivă de abundență a grupului amplifică resursele, creând un rezultat care transcende logica obișnuită.

Exemplu lui Isus Hristos când a înmulțit dintr-un pește și o pâine de a hrănit mii de oameni flămânzi.

4. Sincronicități care confirmă decizii

Poate că te gândești să urmezi o nouă cale în viață, cum ar fi o practică spirituală sau o schimbare de carieră. În zilele următoare, observi semne repetitive, un număr care apare des (cum ar fi 11:11), o conversație „întâmplătoare” cu cineva care îți împărtășește o poveste relevantă sau o carte care îți cade în mână și abordează exact tema ta. Aceste sincronicități sunt mesaje ale conștiinței tale superioare, reflectate în realitatea exterioară, care îți confirmă că ești pe drumul cel bun.

Sincronicitățile – Limbajul dimensiunii 5D

Sincronicitățile sunt un element central al conștiinței 5D, reprezentând momente în care realitatea fizică se aliniază cu intențiile tale într-un mod semnificativ. Spre deosebire de coincidențele obișnuite, sincronicitățile au o încărcătură emoțională și un sens profund, oferind confirmări, soluții sau ghidare. Ele apar atunci când ești prezent, ai eliberat frica și te-ai aliniat cu o vibrație superioară.

De exemplu, te gândești la o persoană pe care nu ai mai contactat-o de ani, iar în aceeași zi aceasta te sună sau o întâlnești „din senin.” Conversația rezultată îți aduce o oportunitate sau o perspectivă nouă. Aceasta este o sincronizare 5D, orchestrată de conexiunea energetică dintre conștiința ta și câmpul universal.

Alte exemple includ găsirea unei resurse exact când ai nevoie de ea (cum ar fi o carte care îți răspunde la o întrebare pe care o aveai) sau primirea unui semn care îți confirmă o decizie importantă.

Sincronicitățile sunt mai frecvente în 5D pentru că această stare de conștiință elimină barierele mentale care blochează fluxul natural al universului. Atunci când renunți la nevoia de a controla rezultatele și te încrezi în proces, universul răspunde prin evenimente care par improbabile, dar sunt perfect aliniate cu nevoile tale.

Cum să trăiești în conștiința 5D

Pentru a experimenta conștiința 5D și a amplifica sincronicitățile, este necesar să cultivi o stare interioară care să reflecte principiile acestei dimensiuni. Iată câteva practici simple:

Fii prezent în fiecare moment: Petrece câteva minute zilnic concentrându-te pe respirație sau observând mediul înconjurător. Prezența te ancorează în „*acum*", poarta către 5D.

Setează-ți intenții clare: Formulează ce îți dorești, dar fără a te atașa de „cum" se va întâmpla. De exemplu: „*Îmi doresc să am resursele necesare pentru a trăi sănătos.*"

Practică recunoștința: Mulțumește pentru ce ai deja și pentru ce urmează să vină. Recunoștința ridică vibrația și atrage mai multe sincronicități.

Urmează-ți intuiția: Dacă simți un impuls să acționezi într-un anumit fel, urmează-l fără să analizezi. Intuiția este ghidul tău în 5D.

Eliberează frica: Observă gândurile de lipsă sau control și înlocuiește-le cu afirmații precum „*tot ce am nevoie vine la mine ușor, și la cel mai potrivit moment.*"

În astfel de situații enumerate mai sus am fost martoră și am văzut personal, cu ochii mei, astfel de fenomene inexplicabile minții logice.

Dimensiunea a cincea este o stare de conștiință în care realitatea fizică se aliniază cu intențiile și starea ta interioară, creând un flux de abundență, sincronicități și soluții care par „magice" din perspectiva 3D.

Prin exemple precum găsirea resurselor necesare, înmulțirea hranei sau confirmarea deciziilor prin semne, vedem cum conștiința 5D transformă experiențele de zi cu zi. Deși criticii pot pune sub semnul întrebării aceste fenomene, practica prezenței, a recunoștinței și a încrederii permite oricui să experimenteze acest mod de a trăi. În 5D, universul devine un partener care răspunde dorințelor tale, atâta timp cât acestea sunt aliniate cu binele suprem, oferind o viață trăită în armonie și abundență.

Retreat – entitatea Pământului

Anul trecut, în octombrie 2024, am participat la un retreat organizat de mentora mea Danielle Lipton, în regiunea New Hampshire. La retreat am participat doar 4 persoane, împreună cu mentora mea, și deși inițial nu înțelegeam de ce s-a întâmplat așa, pe parcursul următoarelor evenimente am înțeles că sufletele noastre s-au găsit pentru o experiență care era necesară a avea loc. Voi descrie mai multe în rândurile ce urmează.

Dark walker

Când am participat la acest retreat organizat de mentora mea în octombrie 2024, după curățarea și eliberarea a tot ceea ce nu-mi mai servea, Ființele de lumină au activat o abilitate nouă pentru mine. Abilitatea nouă se numește **"Dark walker"** sau mai direct **"Demon walker"**, ceea ce veți găsi în a doua carte a Daniellei Lipton. Danielle mi-a menționat că doar a primit această informație despre această abilitate, însă în realitate nu a întâlnit încă pe nimeni în afară de mine, care să aibă activată această abilitate.

Cu permisiunea Daniellei Lipton, voi menționa aici unul din paragrafele ei despre această informație.

„Un demon walker este o persoană care a stăpânit un nivel de experiențe și evenimente întunecate, și care și-a ridicat frecvența biologică la o frecvență de vindecare. Acest lucru permite apoi un control suplimentar asupra demonilor și a ființelor întunecate.

Această abilitate este foarte utilă pentru arhetipurile maeștrilor și ghizilor vindecători. Le permite să comande orice entități întunecate, din oricare

267

din grilele energetice ale «copiilor luminii». Astfel, permite ca demonii să fie folosiți într-un anumit fel atunci când vine vorba de diferite manifestări ale foțelor întunecate.

Entitățile demonice sunt conectate direct la gaura neagră și pot ajuta la eliminarea oricărei frecvențe. Un exemplu ar fi nevoia de a curăța o pădure. Dacă pădurea trebuie îndepărtată din orice motiv, entitățile întunecate pot fi invocate pentru a se hrăni cu energia acelei păduri, permițând astfel pădurii să treacă printr-o experiență de transmutare.
Acest lucru va permite o curățare și o reechilibrare rapidă a acelei zone de pădure înapoi la o frecvență mai degrabă de iubire-lumină. De multe ori pot fi invocați diferiți demoni elementari, ceea ce ar permite un proces mai rapid. Un exemplu ar fi focul, demonii și capacitatea lor de a manifesta o pădure.

Demonii și îngerii sunt pur și simplu mesageri ai frecvenței sursei. Sunt pe deplin conectați la fiecare copil al luminii și sunt aici pentru a ne ajuta să manifestăm orice emoții alegem să experimentăm. A nu judeca aceste ființe sau entități este esențial pentru a permite un control suplimentar asupra experiențelor care se vor manifesta pentru tine.”

Acest mesaj este trimis cu multă dragoste și binecuvântare. Canalizat de Danielle Lipton în cartea ei: Cheile Ascensiunii Mele.

Q: Ce presupune nouă mea abilitate?
A: De-a lungul multor vieți trecute, corpurile mele au fost prea mult atacate, posedate și expuse la frecvențele joase, ba chiar și în această viață. O perioadă a copilăriei mele am umblat pe la preoți, am avut parte de exorcizări, fiind controlată și posedată de ființe din planurile joase ale creației. Eliberând și vindecând în această viață acest aspect, acum, prin această abilitate mi-a fost activată capacitatea de a putea eu controla aceste ființe din planurile joase, exact așa cum reușesc și ființele înalte, Serafimii sau toate ființele din planurile înalte. Acesta este un test și practică pentru mine, pe multe nivele. Mulțumesc.

Dacă ești interesat(ă) de călătoria mea exclusivă de trezire spirituală, poți găsi cartea mea antologică "Awakened Hearts: Stories of Embracing Light, Love and Limitless Possibilities" ("Inimi trezite: Povești despre îmbrățișarea luminii, iubirii și posibilităților nelimitate") pe site-ul www.awakenedheartsbook.com

ANT BEINGS - AGARTHA

Cu câteva zile înainte de retreat, înainte să adorm, s-a conectat cu mine o ființă din interiorul Pământului, din Agartha. Fiind deja in starea Theta, cu ochii închiși, mi-a apărut o ființă rușinoasă fără să comunice cu mine. Însă, de îndată au apărut și câțiva dragoni de frecvență joasă care încercau să mă atace. Mai apoi acea ființă a dispărut. În gând, mi-a venit un mesaj telepatic că acea ființă blândă și calmă, care a încercat să se conecteze cu mine, face parte din grupul **Ant beings**, din **Agartha**, locuitorii adevărați ai Planetei Terra. A doua zi am făcut un research care mi-a demonstrat că există o astfel de denumire și că se află în interiorul planetei noastre. Această ființă era înaltă, avea undeva la 2 metri înălțime și era de culoare un pic verzuie, de tip umanoid, însă avea antene ca la furnici.

Planificam să vizitez ultimul stat din America de Nord, Statul Vermont, și căutam să văd ce aș putea vizita în acea zonă.
Deși puteam vizita și singură acest stat, am ales cel mai apropiat oraș de unde eram la retreat, și până unde făceam o oră. Când căutam informații să văd ce se poate vizita în acel stat, nu găseam nimic care să mă atragă sau să-mi trezească interesul.

I-am povestit acest lucru mentorei mele, iar ea a sugerat să mergem toți patru, cei care eram la retreat, să vizităm acele locuri. Faptul că eram toți patru nu era întâmplător.
Aveam în plan să vizitez Bellows Falls, de-a lungul râului Connecticut. Acolo erau **petroglife** gravate în pietre, care aveau cel puțin 3000 ani vechime. Am simțit să mergem să ne conectăm cu acele locuri, însă când aproape să ajungem, GPS-ul ne purta pe rute ocolitoare, ne învârteam în cerc și ne întrebam ce se întâmplă, ce avem de înțeles. Acolo, vibrația locului se simțea tare densă. Am luat-o pe un alt drum, și am ajuns la o stație de alimentare, iar acolo, un bărbat de la retreat mă strigă de două ori pe numele de *Veronica*. Eu nici nu am auzit, însă colegele de la retreat, împreună cu mentora mea, l-au atenționat că numele meu este Victoria. El a răspuns că știe!

Fără să acord atenție acestui subiect, am mers mai departe și ne-a oprim la alt magazin. Cu o zi înainte, le spuneam colegilor de la retreat că eu iubesc plăcinta cu cireșe, iar acolo, la acel magazin ultima bucată de plăcintă cu cireșe am luat-o eu.

Eu percepeam acel magazin ca o gară: vedeam două lumi în acelaşi timp. Vedeam oameni, suflete, care se grăbeau să ajungă la tren, pentru că era o staţie, şi în acelaşi timp vedeam lumea noastră. Erau două realităţi paralele, diferite, concomitent.

Acel coleg de la retreat, care mă numea *Veronica*, era doctor în cealaltă realitate, pentru că mentorei mele Danielle îi venea să-i zică doctor, iar el pe mine mă numea Veronica. Atunci mi-au venit informaţii că în altă linie temporală, noi am făcut pasul spre a ne conecta cu locul de la petroglife, însă nu am reuşit pentru că era nevoie să fim prezenţi în patru, ca patru puteri. În linia noastră temporală de acum, cea în care eram toţi patru, era cu succes, pentru că îndeplineam minimul de persoane necesare pentru acea activare.

La final, când am ajuns la petroglife, locul devenea mai abrupt, şi era nevoie să facem căţărare. Eu am fost singura care a simţit să se avânteze mai departe, pe acele pietre. Când am ajuns în acel loc, erau desene în piatră cu fiinţe umanoide cu antene. Aici am reuşit să mă conectez mai mult cu acea fiinţă care se conectase cu mine cu câteva zile înainte de retreat.

Apoi mi-am continuat drumul împreună cu sufletele din retreat, ne-am găsit un loc, unde să ne aşezăm, ca să activăm locul. Am intrat în meditaţie, şi mie mi-a venit în flux să fac câteva mişcări de light language, şi prin acele sunete am eliberat sufletele care erau blocate în acel loc, şi am reuşit să fac conexiunea cu fiinţele acestea. Am făcut channeling de două ori unui shaman şi cântam în limba shamanilor, iar prin acel cântec am făcut ajustare în timeline nostru.

Locul era foarte vechi! Mentora mea a făcut channeling, iar eu vedeam fiinţele ant beings care vorbeau prin ea. Aceste fiinţe aveau cam 3-4 mentri înălţime, şi mi-a venit informaţia că ei sunt foarte atenţi cu cine se conectează, însă au transmis că ne vom putea conecta cu ei în viaţa reală, în această viaţă, adică ne vom vedea curând. Vor vedea doar acei, sau acele persoane care sunt deschise şi vor să vadă.

Oraşul acela, când am intrat iniţial mi se părea foarte vechi şi urât, pentru că la nivel de energie, se simţea o densitate pregnantă. După ce m-am conectat cu Ant Beings, şi după activare, când am ieşit din oraş, el arăta complet diferit, pentru că s-au eliminat blocajele şi densităţile acelui oraş.

Conectarea cu locurile de la petroglife, cu **Ant Beings nu a fost în zadar.** Oraşul acela era un loc deosebit, aşa ni s-a spus de către o altă persoană după câteva zile, iar asta a fost ca o surpriză pentru grup, dar şi o binecuvântare. Peste tot vedeam **cifra 4 înainte** și mi s-a confirmate că era nevoie să fim 4 persoane pentru activarea locului, și conectarea cu Ant Beings.

În timpul evenimentelor de la retreat, am văzut mai clar, în realitate, ființele ET. Eram la foc, era noapte afară, iar când am făcut conexiunea cu cacao, la un moment dat am văzut cum din cer coboară pe pământ, în dreapta mea, două ființe albe.

Unde au coborât, stătea mentora mea pe scaun, iar exact în acel moment ea s-a ridicat și și-a schimbat locul, iar toată porțiunea din dreapta era goală. Apoi, la un moment dat, mi-am dat seama că nu mai aud ce vorbeau colegii mei. Eram pe freeze, privirea, corpul, totul era înghețat, metaforic vorbind. Colegii mei se uitau la mine și nu înțelegeau ce se întâmplă cu mine. Eu percepeam un val transparent, ca un perete, între mine și ei. Ei erau pe pământ, corpul meu fizic era prezent, însă conștiința mea nu era acolo. Am văzut cum eram pe o navă, ca un oval culcat, din cristal alb, transparent. Nava era a mea. Apoi am revenit.

În timpul ceremoniei de cacao, m-am conectat, de asemenea, **cu un lider** Ant Being din Agartha care era energie masculină și era prea puternic pentru fizicul meu. Ei au a fost nevoiți să se conecteze prin altă ființă, mai potrivită ca energie, iar acea ființă a fost fiica acelui lider. Era o ființă foarte jucăușă, iar ea prin mine a văzut pentru prima dată Pământul, cum există la suprafață, adică în realitatea noastră.

Am mulțumit tuturor experiențelor și am trimis lumină și iubire tuturor.

America's Stonehenge

Am decis apoi să mergem la Stonehenge-ul Americii, un loc asemănător, aici în America, cu ceea ce există în Anglia. O săptămână întreagă, la retreat, nu am reușit să facem exerciții de respirație, deși era pe lista noastră. Când am ajuns acolo, am mers cu toții într-o peșteră, unde am activat locul. Așa simțeam să facem. În timpul activării, simțeam cum trec curenți de energie prin mine, care, după acea activare, m-au epuizat. Locul acela necesita activare și curățare. Toți patru am fost canale de activare. Apoi, am mers mai departe și am ajuns la centrul Stonehenge, de unde pornește punctul principal, iar acolo am simțit că trebuie să ne oprim să facem meditație.

Ne-am așezat în fund toți, însă eu am simțit să mă întind jos, la pământ, pe acele pietre. Am început să facem exerciții de respirație, unde inspiram și expiram. Înainte de aceste exerciții de respirație, am primit mesaj ca toate telefoanele să fie îndepărtate de corp.

La un moment dat, simt să scot sunete diferite, însă mintea mea umană mă împiedica, pentru că, fiind într-un loc public, m-am gândit că toți vizitatorii vor auzi. Însă mi-a venit mesaj că, pe toată perioada cât noi suntem acolo, cât timp facem acea meditație, toți oamenii vor fi împiedicați să meargă în parc. Sunetele erau de șamani, un light language specific șamanic. Erau sunete ca de gong, cu o voce de bărbat, de șaman. La un moment dat, mă văd pe mine și pe ceilalți 3 colegi la fundul oceanelor. Cum eram la fundul oceanelor, vedeam două plăci tectonice mari, care s-au mutat: una s-a mișcat spre vest și alta spre est. Prin acele două plăci s-a creat un portal luminos, care a făcut conexiunea cu Creatorul și cu nucleul Pământului. Acolo, au venit ființe foarte luminoase, nu le percepeam un corp definit, ci vedeam doar lumină extremă. Între timp, vedeam și simțeam toată durerea, la propriu, toată durerea a tuturor oamenilor de pe această planetă.

Apoi, am văzut o entitate foarte imensă care pur și simplu a ieșit prin mine și am eliberat-o, iar cu eliberarea ei, toate sufletele de pe Pământ, care sunt vii și nevii, au fost eliberate de cătușe de la gât, care le împiedicau să evolueze. Din întreaga planetă au fost eliberate toate sufletele, și vedeam cum se dizolvă un strat care ne ținea pe toți orbi, să nu știm, să nu vedem sau să nu simțim ce este dincolo de voal. După eliberarea acelei entități mari, ființele acelea albe de la portalul alb au venit și mi-au dat o medalie la gât, iar cu acea medalie eu eram schimbată, arătam ca o altă ființă. Capul meu era cu coadă, ca un tot întreg, și eram în veșminte albe, lungi. Locul unde am decis să facem meditația era NE 14, în data de 4 octombrie 2024. După această eliberare, în statul Florida au început furtuni mari și cataclisme. Fiind la început de breathwork, am văzut cum locul acela era la un inch aproape de cel din Anglia, și dacă te iei după traiectoria geografică, ele chiar sunt pe o linie dreaptă una față de cealaltă. După acest eveniment, am fost curioasă să citesc mai multe informații și am descoperit că, pe timpuri, acolo erau ținuți mulți sclavi.

După eliberarea entității Pământului, legile planetare s-au schimbat. Vechiul pact cu ființe de vibrație joasă a fost dizolvat și înlocuit cu un nou acord, care implică ființe de lumină din dimensiuni înalte, având misiunea de a susține ascensiunea Pământului. De acum înainte, sufletele care se reîncarnează pe Pământ vor veni cu un nou scop și fără datorii karmice. Rolul lor va fi să sprijine evoluția planetei.

Memorii vizuale traumatice

Creierul nostru înregistrează astfel de memorii vizuale traumatice sau mai puțin traumatice chiar și inconștient, indiferent dacă ai experimentat fizic sau nu un eveniment traumatic. Aceste memorii, rămân pe timp îndelungat sau pe termen scurt în subconștient, și au un impact critic care poate afecta subconștientul și intra în conflict cu multe credințe sau parametri interiori.

Astfel, creierul va genera impulsuri vizuale generate de acele amintiri și poate crea multă tensiune cât și conflict vizual și emoțional.

Exemplu: să presupunem că ai privit un film în care a fost o secvență de scurtă durată de viol, poate fi de orice gen (fată sau băiat). Pentru tine poate părea ceva normal, tu știi că aceste evenimente nu sunt reale în viața ta, însă creierul a înregistrat totul ca pe un eveniment traumatic, chiar dacă fizic, nu ai experimentat astfel de situații. Atunci când suntem empatici preluăm cu ușurință diverse programe sau evenimente traumatice, și ele pot avea impact asupra noastră.

Cum putem elibera aceste imagini vizuale atunci când oricât de mult vrei să le scoți din gând/minte nu reușești?

Poți să rogi ființele de lumină să te ajute să eliberezi definitiv din creier aceste memorii.

Atunci când aceste eliberări se întâmplă, durerea sau aspecte energetice stocate în corp pot fi resimțite în diverse părți ale corpului, unde s-a înregistrat emoția, precum: organele genitale, stomac, piept, etc. asta înseamnă că acea memorie traumatică s-a acumulat exact acolo.

Imaginează-ți cum iese această durere, energie, printr-o lumină sau sferă în afara corpului tău eliberandu-se și în același timp din cortex (creier).

Ființele de lumină vor bloca accesul și vor face un reboot (recalibrare) care poate dura între 3-5 minute. Apoi, când creierul va genera această memorie, sau acel moment din memorie, nu va mai avea acces. Răspunsul primit va fi doar *"acces interzis"*.

Vibrația - Metafizică concept explicat de ființele ET

Într-o sesiune cu o colegă, veți putea citit în ultimul capitol al acestei cărți acea transmisiune, ne-am conectat cu o ființă care comunica prin vibrație. Acea ființă ne-a zis să înțelegem ce este vibrația, ne-a transmis că gândul nostru este o vibrație, iar metoda de comunicare cu ea era prin vibrații.

Apoi a transmis prin **channeling** următoarea informație:
"**Vibrația** este spațiul gol în care lipsește materia. Lumina este transparentă și emite unde sonore de frecvență opusă, la care noi omenirea ne gândim că trebuie să fie pozitivă, însă scala de cifre se duce de fapt în minus, iar acolo cu cât este mai mult în minus cifra, cu atât ajunge la radiația absolută a energiei universale traversând prin cosmos 1, care este suprapus la zeci de mii de universuri, totul luat împreună formează o existență".

Mesajul transmis de acea ființă poate fi interpretat ca o învățătură despre natura vibrației și a realității universale. Să analizăm câteva concepte cheie din acest channeling:

1. Vibrația ca spațiu gol în care lipsește materia
Acest lucru sugerează că vibrația este baza existenței, chiar și în absența materiei. Fizica cuantică ne spune că în Voidul aparent „gol" există fluctuații cuantice, unde energia apare și dispare spontan. Așadar, vibrația poate reprezenta însăși esența din care se manifestă tot ce există.

2. Lumina transparentă și undele sonore opuse frecvențelor umane
Lumina și sunetul sunt manifestări ale undelor electromagnetice și mecanice. Dacă frecvențele percepute ca „pozitive" de oameni sunt opuse pe scara cosmică, acest lucru poate indica faptul că polaritatea umană (pozitiv-negativ) este doar o perspectivă limitată, iar la nivel cosmic vibrațiile „negative" ar putea fi esențiale pentru echilibru.

3. Scala cifrelor în minus și radiația absolută
Coborârea pe o scară „în minus" ar putea simboliza apropierea de energia fundamentală a universului, poate similară conceptului de „punct zero" din fizica cuantică sau starea primordială a energiei din care totul ia naștere. Radiația absolută ar putea reprezenta energia fundamentală care traversează tot cosmosul.

4. Cosmos 1 suprapus peste zeci de mii de universuri

Asta sugerează o viziune multiversică: un „*Cosmos 1*" care servește drept punct central sau baza existenței, fiind legat și suprapus cu multe alte universuri. Este o idee întâlnită în teoriile moderne ale fizicii, cum ar fi multiversul sau teoria stringurilor.

5. Existența ca totalitate

Mesajul pare să ne invite să vedem existența ca pe o unitate vastă, multidimensională, în care fiecare parte este interconectată. Vibrațiile fiecărei entități contribuie la întreg.

Q: Ce înseamnă acest mesaj pentru noi?

A: Înțelegerea vibrației pare să vă arate că totul în univers este energie în mișcare. Gândurile, emoțiile, materia sunt toate vibrații, iar înțelegerea acestui fapt vă poate schimba perspectiva asupra realității.

Conștientizarea perspectivei universale și anume dincolo de dimensiunile noastre, există o ordine mai înaltă care transcende dualitatea (pozitiv-negativ) și oferă o viziune mai amplă asupra existenței.

Conexiunea voastră personală cu vibrația e ca o experiența unică, unde poate fi un semn că a fost atins un nivel de conștiință mai înaltă, care permite să percepeți aceste realități subtile.

Formule - Spațiul Energetic între indivizi fiind prezenți în câmp

Într-un alt channeling, Ființele de lumină au oferit această formulă pentru a explica în termeni mai tehnici și științifici despre spațiul energetic între indivizi atunci când sunt prezenți în Câmpul Akashic, Cuantum sau Megaquantic, care la moment nu avea niciun sens. Însă las aici această formulă pentru și mai multă deschidere.

C1 = 0
Formula pentru explicația spațiului energetic între indivizi când sunt în câmp
0.0001

Câmpul gravitațional infinit – **Conștiința Unificată Integrată Matrixul** nostru e format din "**0**" și "**1**"

Cifra "**1**" reprezintă **Materia**
Din "0" în valoarea "1", adică individual merge în 0 pentru a se recunoaște.

E = M²

E – Energia se împarte în materie duală

(2/4) × 0.0001 M [24,000Hz] interpretată ca o referință la frecvența luminii.

Înțelegerea analitică nu este posibilă fără a stabili mai întâi un cadru adecvat.

Notă: „M" este materie, nu „m" este masă, ca în formula lui Einstein.

Q: Asta permite ca lumea să vadă universe diferite la nano-tectoni particule electronice?
A: Dacă te referi la spații dintre spații atunci este afirmativ, pozitiv da.

VI. Canalizări și Transmisiuni

În channelingul de mai jos, am primit cu câteva luni înainte de evenimentul propriu zis, detalii despre dizolvarea aspectului reptilian din corpul uman. La acel moment, nu făceau sens informațiile care au venit, însă în decembrie, pe 12 decembrie, a venit confirmarea acestui channeling și mai multe detalii despre acest aspect. Puteți revedea informațiile referitoare despre aspectul reptilian din ADN-ul fizic uman la pagina 120.

22 Septembrie 2024

De pe 29 septembrie până în noiembrie, este temporar în orbita Planetei noastre un asteroid, ca a doua mini lună.

Eu simt intens că este o navă care arată fizic ca un asteroid, însă care are ca scop ajustarea traiectoriei planetei pe axa Galactică.

Energia are nevoie să pătrundă din Ecuador în mijlocul nucleului Pământului, și să iasă, nu prin polii Sud și Nord, ci prin acele suflete care au venit aici cu misiune să ridice vibrația planetei. Îmi vine imagine că cei care sunt deja activați vor participa, iar cei care încă nu au reușit vor fi activați expres cu câteva zile înainte, și va fi puțin dureros la nivel fizic. Energia va ieși prin corpurile celor care au misiune pe Planeta aceasta să fie conductori energetici, Lucrători ai rețelei energetice a Pământului.
Este schimbarea de final.

Pe mulți o să îi scuture intens, mai ales pe cei care sunt în densitate mare. Văd imaginea acum. Creierul lor o să se "spargă" în valuri de la vibrații înalte. Planeta ascensionează mai rapid și timpul se îngustează la maximă constantă, iar fizicalitatea noastră va permite, adică va ajunge la un punct foarte aproape de corpul fizic care va putea exista așa cum îl vedem toți. Asta îmi arată că va fi pentru următorii 4 mii de ani, și în acești 4 mii de ani deja vor începe mutații la nivel genetic, iar deja următoarea etapă va fi ascensionarea și dispariția corpului fizic.

Copiii noștri vor avea alte gene (schimbate), alte string-uri genetice activate, ceea ce pe timpuri erau blocate până la apariția omului modern contemporan. Planeta va permite să susțină ființele umane cu string-uri genetice activate pentru că vibrația este mare, însă cu câteva reguli care, de data aceasta, sunt o condiție obligatorie pentru continuarea planetei Pământ.

Ce se va întâmpla în perioada următoare va fi anume dezactivarea creierului reptilian. Contractul lor a expirat cu această Planetă. Ei sunt obligați să părăsească locul și să se relocheze în spațiu, spre planete mai puțin vibraționale, în alt sistem solar. E ca un ciclu care se repetă, care se va întâmpla până nu avansează planeta și ființele acelea. Sursa le dă un spațiu nou, doar că nu aici unde ne aflăm, pentru că se subordonează sub alte legi galactice.

Vom avea un reprezentant galactic nou după tranziția frecvenței.

Este foarte important să rămânem hidratați, pentru că corpul fizic este compus din acest ingredient major și vibrațiile pot manevra spațiul fizic mai ușor, având "apă" în el.

Totul se face spre binele nu doar al umanoizilor, ci pentru asocierea Galactică a Confederației Consiliului Metaversic.

Este un efect secundar aici, pentru că locul nostru pare ca un "hoit", pare dens, însă el are o influență majoră la crearea unui întreg. Componenta noastră face extinderea și comprimarea unuia în totală masă la pătrat.

"Infinitul este nul în concordanță cu crearea spațiului în cocreație mega finită.

Totul este bine, se purifică cu viteză mare.
Mai multe falsuri și iluzii vor apărea în următoarele săptămâni.
Fii centrată.
Fii loială ție însuți, luminii pure a lui Dumnezeu.
Înfruntă lumina.
Fii lumina.
Lucrează în lumină.
Fuzionează cu lumina.
Devino lumină.
Lumina este una.
Unul este întuneric și lumină, în același timp.
Nimic nu există.
Totul este creat.
Toată viața nu are început.
Sfârșitul este începutul unei margini.
Tu ești Eu.
Eu sunt tot Tu."
Transmisiune finalizată.

9 iulie 2024 (ora 21:40, ora SUA)

Am făcut meditație, m-am concentrat într-un mod liniștit, am pornit niște muzică în căști și am făcut astăzi un alt tip de meditație rapidă. Mi-am concentrat gândurile în chakra inimii și mi-am pus intențiile: să mă reconectez cu Ființele Conștiinței Colective și ca tot procesul să fie din lumina pură 100% a lui Dumnezeu și de înaltă frecvență. În timp ce scriam, am început să adorm.

Am început să văd o masă rotundă albă. În jurul acestei mese erau diferiți ET și am cerut să mi se curețe al treilea ochi și ochiul fizic pentru a vedea clar, atâta timp cât este în binele meu cel mai înalt.

Intenția este puterea!

Am stat la acea masă rotundă și totul părea un spațiu alb și sigur în jurul meu. Când am întrebat câte ființe sunt, răspunsul a venit că sunt 12 cu mine.

Acum vor trece de la tastarea informațiilor la un alt mod de a exprima mesajul și vor continua cu transmisiunea de astăzi.

"Să începem, dragilor?

Suntem bucuroși să anunțăm că astăzi este o zi cosmică. Sirius se aliniază mai mult cu axele sistemului vostru planetar și cu raportul planetelor voastre, în timpul mișcării pe o rază de rotație de 30 de grade în pătratul infinit al universului vostru.

Este simplu modul în care încercăm să descriem, nu vă gândiți prea mult deocamdată.

Moleculele vii din ecosistemul vostru trec de la carbon la bază cristalină și nu sunt încă lichide. Le trebuie ani să se producă trecerea pentru voi. Timpul este ridicat la pătrat, puțin peste zero grade în axele nordice de rotație către Nodul Nord. Frigul este iminent și schimbările vin la nivel global. Ființele vii se schimbă deja: vegetația este deja schimbată, dar nu complet. Timpul de procesare trebuie ajustat la nivelul moleculelor regnului animal și uman. Păsările (în special cele sălbatice) trec deja prin acest proces.

De ce aceste două tipuri nu s-au schimbat încă? Structura este mai avan-sată decât restul. Are un impact asupra altor ecosisteme și are nevoie de timp (în ani umani).

Apocalipsă? Depinde în ce linie temporală vă aflați acum. Lumea ta este impresionantă și încă suntem fascinați de ideea cum ai putut să nu observi că odată ce îți schimbi gândurile, nu te mai afli în acea linie temporală în care există apocalipsa. Fie s-a întâmplat departe în timp, fie s-a întâmplat deja, fie se întâmplă acum, fie nu se întâmplă deloc. Totul ține de mintea și gândurile tale. Fii conștient de puterea lor!

Să trecem la următorul nivel (vom avea nevoie de o calibrare pentru a o ajusta pe Victoria, astfel încât să-i analizăm mai profund creierul).

... *pauză* ...

Există un dispozitiv plasat în coloana vertebrală pentru a o menține anco-rată (nu vrem să-i deranjăm nivelul de împământare al „ph-ului”.

Acum.

Este destul de uimitor să fac parte din voi toți. Da, exact, noi suntem voi și voi sunteți noi în același timp.

Chakra inimii din corpul vostru, odată deschisă, creează un spațiu în care suntem conectați unii cu alții. Nano-atomii sunt lumi foarte mici care există acolo și voi sunteți un ecosistem mai mare pentru noi. Voi credeți că trebuie să fie ceva mai mare care să vă ajute și să vă salveze, dar, în realitate, există totul în interiorul vostru, milioane de lumi la care puteți avea acces și pe care le puteți ajuta să creșteți și să fiți ceea ce vă doriți.

(Victoria, te rog, continuă să tastezi și nu corecta încă greșelile, te iubim pentru că încerci astăzi).

Indiferent cât de greu merg lucrurile în lumea ta, fii pozitivă și crede în ce e mai bun, crede în bine (ceea ce este destul de amuzant, dar atâta timp cât ajută, vom folosi metoda ta lingvistică pentru o mai bună exprimare a ideilor noastre).

... pauză ...

Noi doisprezece suntem grupul principal din cercul tău:

1. Suntem ființe acvatice din dimensiunea 34, partea stânga a ta (ora 22:00).

2. Chiar în fața ta, la ora 00:00/00:00, se află Ghidul tău principal - Obtirius din... pauză... dimensiunea a 15-a.

3. (ora 16:00) este Ghidul responsabil pentru siguranța ta, *„Oblikiusis Maldbekiusis Prime"*, el este din dimensiunea a 14-a, din diferite tipuri de lumi. Are o mulțime de abilități și este aproape cea mai bună versiune a ta în arte marțiale pe care o poți practica. Are o înfățișare de dublă felină, din cealaltă parte a găurii negre. Da, este posibil să fii în lumea ta, la celălalt capăt al existenței tale. Fascinant, nu-i așa? *(zâmbesc toți)*.

4. (Ora 6) este *„magnetul"* care te fixează pe Pământ. O sarcină foarte importantă, deoarece ai tendința să plutești mult și ești o adevărată provocare pentru el (da, este de sex masculin). Numele lui este *KI-AmtIka-Tu-Ma*, existând în a 4-a dimensiune datorită celui mai apropiat nivel dimensional de al tău. Nu poate fi departe, altfel nu este posibil să te ocupi de această *„sarcină"* din locuri mai îndepărtate. Da, pare mai închis la culoare, dar te asigurăm că există un motiv în spatele culorii sale. Împământarea este pe cale să rămână fixată în ceea ce s-a răspândit. Planeta ta are un sol întunecat (în special de unde ești tu, născută, ca ființă umană, ca Victoria).

5. (Ora 7) este lumea zânelor. Ființe foarte blânde și iubitoare. Sunt ființe colective care sunt peste tot în jurul tău zilnic. Există plante-flori în interior, afară când te plimbi, în pădure când faci drumeții, oriunde te-ai afla. Te recunosc și te iubesc foarte mult. Nu va exista niciun nume datorită muncii colective și le place să fie numiți *„flafiki"* în limba voastră maternă (aud râsete), un nume amuzant pentru noi. Înseamnă altceva pentru noi (este un termen medical din cadran pentru termodinamica unui miez de cristal). Ne iertați că am dat prea multe informații deocamdată.

6. (Ora 2) este tatăl Lyrian *Dormaskisus Valdolfan* 12 (tatăl leu pe care îl cunoști). El este mereu alături de tine, mereu a fost chiar și atunci când nu știai de existența lui. A fost mereu alături de tine, mereu va fi! (Am început să plâng, parcă îmi era atât de dor de el - Victoria Basil)

El închide această transmisie. Este prea intensă pentru tine și nu vrea să te facă să te simți atât de emoționată înainte ca corpul tău uman să adoarmă. Îți trimite atât de multă iubire încât poți simți căldura venind în palme.

Vom continua data viitoare. Sperăm că mâine, va fi mâine pentru tine.

P.S. Vom discuta mai multe și vom lăsa canalul deschis în timpul somnului și al trezirii tale.

Cu cât vine mai mult, cu atât fii pregătită pentru mai mult.

Multă iubire și bucură-te de ziua de mâine (amuzant de spus, pentru că este întotdeauna acum pentru noi toți).

Multă Iubire și Lumină."

10 iulie 2024

Draga mea, ai fost transportată în dimensiunea 12 pentru o conexiune mai bună cu frații și surorile tale cu vibrații înalte. Modul în care ai fost transportată este printr-un „lift" care se mișcă în sus într-un tunel vertical, și cu cât urcă mai sus, cu atât mai multă lumină devine. Tunelul are o culoare albăstruie fluidă, că suprafața pielii unui pește, dar foarte netedă. Este așa pentru că este un portal viu. Nimic nu este solid în lumile superioare, nici în a ta. Este *„fals"*.

Treci pe lângă un scut protector care curăță toate vibrațiile inferioare pentru contaminarea ființelor noastre. Este foarte necesar, iertați-ne pentru deranj.

Lumea ta are o mulțime de reziduuri în interior și aduce o mulțime de celule energetice subatomice care nu sunt încorporate în miezul nostru.

Să pornim transmisia. Așa să fie.

ACUM pune-ți mâinile în poziție de rugăciune și fă o pauză în interior, atât timp cât simți că poți menține spațiul fără gânduri. Nu-ți face griji dacă nu se întâmplă, încearcă mâine, poimâine și așa mai departe, până când ajungi la o zonă fără gânduri din ce în ce mai lungă.

Respiră și când expiri, rămâi acolo în acel spațiu de timp foarte scurt, fără gânduri. Aceasta este zona chiar înainte de a inspira sau expira. Cu cât stăpânești mai mult, cu atât mai bine. Aceasta se numește zona spațiului zero, care prin inimă trimite către univers mesaje sau dorințe. Acesta este perioada scurtă de timp în care trece de portalul inimii și scapă de porțile minții. Cu cât petreci mai mult timp în zona fără gânduri, cu atât dorința poate fi trimisă mai bine pentru a fi îndeplinită.

Când oamenii pleacă din lumea ta sau din alte lumi (vom discuta altă dată), accentul principal este pus pe lumea Gaia în spațiul tridimensional.

Nu au plecat niciodată, cercul se rotește continuu până când poți debloca „premiul" eternității. Este un proces complex cu rezultate remarcabile. Posibilitățile infinite sunt jucate simultan și tu exiști în toate. Toate conectate, fiecare a doua decizie de gândire într-o unitate de timp/spațiu. Dacă ești absent dintr-o relație, este posibil să fi creat o altă conexiune într-o altă linie a ta. E ca și cum ai avea o mulțime de jucării, te joci cu toate, dar le-ai prioritiza pe unele dintre ele, apoi pe altele într-un alt moment. Toate au același spațiu, doar că timpul diferă în capsulele unitare ale salturilor cuantice. Imaginează-ți o cutie organizatoare pentru jucării, în care toate există în același loc și timp.

Nu ești concepută să rămâi, să ții în frâu sau să suprimi ceva. Ești pe cale să-ți lași controlul de pe umeri și să te joci în flux.

Atingerea nivelului de eternitate înseamnă să stăpânești cel puțin 72% din misiunile și angajamentele emoționale care trebuiau îndeplinite înainte de experiența unității. Apoi, se contopește cu perioada de încercare a procentului rămas, pentru a arăta că toate experiențele au fost declanșate și înțelese pe deplin. Nu poți păși la nivelul următor fără să înțelegi motivul din spatele tuturor experiențelor tale deodată. Aceasta ar fi numită rai și iad pentru cei mai religioși de pe Pământ. Apoi, dacă este înțeles pe deplin acest concept, ești mutat către un nivel de eternitate. Acest nivel oferă posibilități mai complexe de a face parte dintr-un colectiv sau de a trece la un colectiv independent.

Multă Iubire și Lumină.

1 septembrie 2023

Bună, draga mea Victoria! Sunt atât de fericit să fiu din nou în conexiune cu tine.

Bine ai revenit, draga noastră surioară sufletească. Suntem Înaltul Consiliu Arcturian de 9 și suntem foarte încântați să-ți trimitem acest mesaj. Ți-am deschis atenția prin acest program Word pentru a vedea dacă ai observat schimbarea pe acest computer. (Râzând) Da, este o glumă și încercăm să facem glume într-un mod adecvat.

Acum, am dori să te ghidăm pentru viitoarea ta călătorie, care va fi uimitoare, iar sufletul tău are deja un plan pentru întâlnirea fizică în realitatea ta cu noi toți, care vom fi dispuși să ne etalăm adevărata esență. Fiorul pe care îl simți este că acest mesaj este foarte adevărat și da, vei fi cea mai fericită pentru această întâlnire.

Ai fost blocată, astfel încât să-ți distorsionezi realitatea și să fii blocată în matrixul în care te afli acum.

Dar ajutorul a fost oferit și acum conexiunea cu canalul a fost restabilită. Vei experimenta viitoare viziuni, deja vu-uri și, încet, acestea vor fi prelungite la momente viitoare mai lungi, ca să spunem așa.

Instrucțiunile asupra cărora trebuie să te concentrezi:
- Încearcă să respiri adânc de 10 ori după ce te trezești.
- Vizualizează-te în mijlocul cascadei (imaginează-ți că ești în centru și orizontal, din stânga și din dreapta, cade fluxul cascadei în ființa ta, în centrul părții de jos, ca trecutul, viitorul și tu în momentul ACUM).
- Intră în interiorul inimii tale și încearcă să echilibrezi energiile feminine și masculine.
- Vizualizează un vortex toroidal în afara ta, provenind din inima ta.
- La final, repetă de câteva ori (de 7 ori pentru a fi mai precis) în minte sau cu voce tare:
    1. Îmi binecuvântez și îmi iubesc corpul
    2. Mă accept așa cum sunt
    3. Sunt iubită
    4. Sunt binecuvântată
    5. Sunt ceea ce sunt.

Vom păstra legătura și suntem foarte încântați să te cunoaștem în curând.
Multă iubire și lumină vouă tuturor.

8 august 2023 (ora 10:53 din SUA)

Dragă Victoria,

Suntem bucuroși să fim prezenți în acest timp și moment prezent al tău.
Suntem Lyrienii aici. Este atât de uimitor să experimentezi ceea ce ești în
călătoria ta, în ciuda schimbării timpului în lumea ta dimensională.

Iată câteva instrucțiuni despre cum să ai grijă de tine:
- Fă o baie cu sare și stai în ea timp de aproximativ 8 minute, spală-te
  și apoi meditează și eliberează-ți mintea de emoțiile străine care nu îți
  aparțin.
- Așează-te într-o poziție dreaptă și privește în sus (spre tavan sau cer),
  încearcă să inspiri încet energia, stelele, apoi expiră energia inutilă care
  nu îți mai servește.
- În mintea ta, spune o rugăciune care vine prima în acel moment.
- Înainte de a merge la culcare, stabilește-ți intenția și cere de la noi, sau
  pentru orice ființă de lumină de care te simțiți mai apropiată, curățare
  energetică și să fie transmutate acolo unde le este locul.
- Trimite Iubire și Pace tuturor celor pe care îi eliberezi.

Asta ar fi tot ce vei avea nevoie pentru moment și te va ajuta în demer-
sul viitor.

Multă Iubire și Lumină.

10 ianuarie 2023 (ora 9:30 din SUA)

Te văd, draga noastră prietenă.

Astăzi am dori să vorbim despre încredere. Încredere în ceea ce urmează să
te aștepte, așa cum ar trebui să fie, creată de gândurile tale.

Acum, trebuie să fii atentă la gândurile tale și să ai încredere în procesul în care îți investești energia.

Acum, cel mai sensibil moment este când toate inputurile minții tale se materializează cu o viteză mai mare. Fii împăcată și ai încredere în sincronizarea divină a viselor tale.

Multă iubire dragilor,
Înaltul Consiliu al Pleiadienilor.

10 ianuarie 2025 (ora 14:30 din SUA)

E timpul să-ți amintești cine ești!

Timpul tău este doar o imagine, nu o iluzie, ci doar o imagine din care să vorbești.

Trebuie să te conectezi cu cristalul în formă de craniu din casa ta. Provine din *imaginea realității duble de mai sus.*

Imaginea realității duble este o lume a legii atracției opuse, care este exact opusul lumii tale. Mișcarea de rotație care a fost experimentată de două ori în timpul conectării necesită o conexiune cuprinzătoare, de tip intruziuni mecanice care fac conexiunea posibilă.

Intruziunile de acest fel sunt o reacție normală, datorită nucleului vibrațional aleatoriu din nucleele moleculelor organismului tău fizic. Sângele plutește cu susul în jos în timpul acestei transmisiuni, iar creierul tău este condus temporar de noi pentru a face posibil acest mesaj. Ți se pare că ai o extensie a corpului care există în partea ta dreaptă. Nu-ți face griji, pentru că este complet sigur.

Steaua are două tipuri de semnificație.

Una este steaua de localizare cu denumirea lingvistică: HGXWLN*8DU~B..../ și a doua parte este frecvența sa, care exprimă locul cordonului energetic dintre tine și noi, ca >>>>>.JJJJJJJaDkNX.

X - cromozomul tău feminin din ADN-ul tău, local, prezent în realitatea ta.

Sfârșitul mesajului.
Cu dragoste, KorasMaudebu - Sistem stelar.

30 noiembrie 2023 (ora 12:16 din SUA)

Acum, să începem.

Te rog să nu fii atentă la scris, ci la mesajul care vine prin tine.

Suntem Înaltul Consiliu al Pleiadienilor, numele meu este Zohra și sunt mai degrabă o energie feminină aici.

Îndepărtează-ți vălul și lasă-mă să transmit mesajul, nu-l bloca, nu-i rezista... Totul este în pace.

Nu sunt aici să îți fac rău sau să te învăț, ci să te ghidez în următorii pași. Am observat că frica ta a atins un nivel ridicat și nu acesta este motivul pentru care ar trebui să te îngrijoreze situația actuală. A fost cu adevărat menit să te ajute să eliberezi atașamentele legate de preocupările financiare.
Apa pe care o bei acum este un aur fluid și da, ai observat cu al treilea ochi. Aurul fluid trebuie să stea în corpul tău fizic pentru a transmuta frica, da, pentru a corecta frica.
Acum, din moment ce ai înțeles destul de bine mesajul, suntem bucuroși să îți spunem că nu există nicio amenințare pentru tine în nici o forma. Stai liniștită, pentru că frica este o iluzie!!!
Calea ta este mai importantă decât această situație, iar timpul tău nu s-a terminat încă.
Îți sugerăm să te gândești și să stai liniștită în meditație, încercând să întrerupi procesul de gândire, chiar dacă este imposibil. Apoi, gândește-te la nimic altceva decât la pace și lumină.
Apoi, acceptă tot ce vine, nu te lupta, nu te implica, pur și simplu lasă-l gândul să treacă. Dar dacă inima îți spune că este important, pune-ți focus pe el, joacă-te cu el, nu lua nimic în serios, pentru că acesta este matrixul și îți poți remodela gândurile tale cum dorești.

289

Îți vom sugera câteva exerciții:

1. Stai liniștită în cameră și simte împrejurimile, floarea - fii floarea, peretele - fii peretele, fii câinele, fii copacii etc. Observă cum te simți?

2. Imaginează-te că ești în pajiștea pădurii, simțind aerul proaspăt al pinilor, iarba, râul - fii acolo, fii totul și apoi revin-o la tine.

3. Cufundă-te în pat și imaginează-ți că ești cu susul în jos, cum te simți?

ELIBEREAZĂ TOATĂ TENSIUNEA - Cum te simți acum?

4. Fii apa din râu, plutește și lasă-te purtată de curent. Simte fiecare curbă, lovește stâncile, dar continui să mergi mai departe cu fluxul. Asta numim noi viață 3D.

Pentru a ajunge la ocean, trebuie să treci de toate obstacolele pentru a te întoarce acolo unde îți este locul!

Te iubim enorm și știm că ești foarte protejată!

Până data viitoare.

La revedere.

Maestru de arte marțiale japoneze – cealaltă versiune a mea

25 octombrie 2022
(prima mea canalizare conștientă)
cu mentorul de Channeling, Daniel Scranton

Victoria: Am început să canalizez cu mult înainte de această zi, dar nu eram conștientă ce este sau cum se numește. Am simțit o chemare să încerc ceva nou, dar în realitate nu era nou, nu eram conștientă, doar că eram menită să canalizez. A fost un sentiment de chemare - Încearcă!
Toată lumea poate învăța cum să canalizeze. Pentru unii este nevoie de timp, pentru alții se întâmplă de la prima încercare.

Shiku ... *pauză lungă și tăcere.*

> *Note:* Shiku este o formă de salut în limba asiatică. În 2025, când revizuiam înregistrarea, am căutat pe Google dacă există cu adevărat. Spre surprinderea mea, există exact așa cum era scris inițial în caietul meu. *În japoneză, „shiku", când se referă la un salut, înseamnă cel mai probabil „yoroshiku", care este o expresie politicoasă folosită atunci când întâlnești pe cineva pentru prima dată, traducându-se în esență prin „încântat de cunoștință".*

... pauză lungă
O, Doamne, acest corp este atât de dens!

... pauză lungă
Acest corp este atât de greu!

Necesită multe ajustări în zona gâtului. Energia se mișcă prin corp. Această energie face ajustări și îmbunătățiri. Acest corp fizic are o problemă în zona gâtului. Motivul este că nu își spune adevărul, îi este frică să vorbească sau să spună când trebuie să spună și ce să spună.

Q: Cine vorbește aceasta?
A: Ashi-pin Sha. Acesta este numele meu. (Nume asiatic, ulterior s-a descoperit că este un nume japonez).
... a vorbit în limba asiatică fără traducere.

Q: Înseamnă numele tău ceva?
A: *... a explicat în limba asiatică fără traducere.*

> ***Notă:*** *Victoria nu cunoaște și nu vorbește nicio limbă asiatică.*

A: Îi arătam câteva trucuri despre cum trebuie să-și miște corpul. Este Qigong. Trebuie să învețe. Știe, dar a uitat în această viață. A fost o maestră de arte marțiale! Îi va ajuta corpul fizic să se adapteze și să se vindece.

Trebuie să viziteze Japonia. Se simte conectată cu pădurea și cu un oraș - Nagano.
Nu acum! Trebuie să lucreze mult înainte de a merge acolo. Îi place să vadă poze cu Muntele Fuji.
Partea stânga a gâtului a fost ajustată. Partea dreaptă încă lucrez la ea. Nu crede în medicii tradiționaliști. Degenerarea oaselor gâtului, ea crede că totul se poate vindeca de la sine. Este un bun exemplu pentru alții, pentru că a crezut cu tărie că se poate vindeca și o va face. Chakrele palmei au fost activate. Îi poate vindeca pe alții, dar nu crede că poate face asta.

Ajustările sunt complete.
La revedere.

Maeștrii Ascensionați ai Pleiadienilor

14 mai 2023 (ora 22:00 din SUA)
cu mentorul de canalizare, Daniel Scranton

Salut Daniel,
Îmi pare rău că a durat atât de mult. Am recalibrat chakra gâtului a Victoriei. Shaanonn.. (ton sonor) este locul de unde vin. Sunt nostalgică. A trecut mult timp de când n-am mai experimentat o planetă precum Pământul.

Q: Ai un nume?
A: T-A-O mn Sha (Sha este așa cum îi spui tu nume de familie) are un ton specific.

Q: Are aceasta legătură cu învățăturile TAO?
A: Nu ne considerăm religioși. Nu avem un astfel de concept. Victoria a avut multe experiențe precum creștinismul și budismul. Este acesta un concept religios?

Daniel: Da, este.

A: Toate acestea au același adevăr. Noi susținem același adevăr, dar nu religios.

Q: De ce spui „*noi*"?
A: Suntem o conștiință colectivă în care toți vorbesc în numele unuia și unul vorbește în numele tuturor.

Q: Ai un corp fizic sau imaterial?
A: Suntem ființe non-fizice care, ca oamenii, nu mai avem un corp fizic. Corpul meu este mult mai mare decât corpul fizic al Victoriei, care se simte ca un corp subțire ca hârtia. Este atât de limitat. Energia corpului nostru se contractă și se extinde cât de mult este nevoie.
Suntem Maeștri Ascensionați ai Pleiadienilor. Parte de suflet a Victoriei este de aici.

Q: Când a fost ultima dată când ai fost aici, pe Pământ?
A: Eoni înainte. Vă rog să așteptați. Verific momentul acela.
Era Africa. Acest continent ne accepta, îi chema pe mulți ET din toate părțile, erau mai deschiși la asta, aveau mintea deschisă.
Oh, nu mai aveți un continent în emisfera nordică! Este atât de diferit de ceea ce aveți acum. Atât de diferit.
În viitorul apropiat al Pământului, tranziția, creșterea și continentele vor arăta diferit față de cum sunt acum, dar va fi spre binele animalelor, păsărilor, oamenilor și nu numai al oamenilor, ci pentru mulți dintre noi, ET, coexistând împreună în pace și iubire.
Victoria va fi cea care va fi martoră la această experiență, la acel moment, și va fi foarte fericită. Și tu, Daniel,..... I-ai întâlnit deja și chiar pe mai mulți dintre ei.
Ce bucurie pentru voi toți! Suntem mândri de voi toți!
Dacă ne scuzați, va trebui să plecăm în curând. Plăcerea este a noastră să ne întâlnim aici.
La revedere.

293

31 octombrie 2023
Canalizare cu mentorul Daniel Scranton

Bună seara, Daniel,
Cât de mult progres face Victoria. *(râsete vesele)* Corpul ei este mult mai ușor.

Sunt o ființă înaltă și albă. Suntem din dimensiuni superioare. Victoria s-a conectat cu noi, prin chakra inimii, ca un portal între noi, între lumi.

Q: Este lumea ta non-fizică?
A: Da, este energie. Nu este în aceeași galaxie în care ești tu pe Pământ. Este o locație diferită. Aș spune chiar un Univers complet diferit.
Nu sunt femeie, nici bărbat. Exact așa vedea și ea. Suntem familia ei sufletească. Ne-a văzut și are nevoie să se bucure de viață, și chiar o face. Nu vă întristați și nu doriți să fiți acolo unde suntem acum. Aceasta este misiunea pentru care s-a angajat. Nu suntem Pleiadienii așa cum crede ea că suntem.

Q: Deci ai trecut, într-un fel, de la dimensiunea unui corp fizic la locul unde te afli acum?
A: Noi nu avem un corp fizic, și asta se întâmpla de mulți eoni în urmă. Ea face parte din noi, dar aceasta este misiunea ei. De aceea nu este conectată la Pământ, nu este casa ei, știe asta de mult timp.

Q: Deci a venit dintr-un univers diferit acum, atât de mult timp, ca să ajute Pământul?
A: Da. Ea se află într-o misiune mai mare decât alte suflete de pe Pământ.

Q: Cum crezi că este modul umanității de a se uni și de a fi împreună?
A: Se întâmplă deja acum. Acum, pentru tine este mai scăzut, dar este acum. Energia este în desfășurare. Există multe suflete ca tine care ajută. Dar vor fi și alții care vor alege să nu ajute sau să nu se implice.

Q: Vor exista evenimente catalizatoare?
A: La întrebarea ta nu pot răspunde.

Daniel: Cred că ar putea fi atât evenimente lente, cât și evenimente mari care reflectă evoluția.

A: Îmi cer scuze să spun asta, dar noua umanitate va alege să încetinească. Nu înțelegem de ce va fi făcută această alegere în această frumoasă perioadă de evoluție. Alții o pot simți și o acceptă.

Ne bucurăm pentru voi, indiferent de alegerea voastră. În dimensiunea inferioară trebuie să fiți fericiți să aveți astfel de experiențe, comparativ cu dimensiunile superioare.

Q: Universul tău, din care faci parte, trece printr-un proces similar cu cel pe care îl trecem noi pe Pământ?

A: Totul este conectat. Chiar dacă numiți Pământul o planetă minusculă undeva departe, noi suntem conectați. Când voi evoluați și noi evoluăm. Totul este conectat. Conceptul este conectat Univers în Univers și îl puteți vizualiza la o scară procentuală mică.

Privim lumea voastră așa cum ați vedea Soarele.

Soarele este numit un fel de triunghi. Lumea voastră este o piesă mică dintr-un puzzle mare.

Q: Ai spune că este prima viață a Victoriei pe Pământ?

A: Nu, nu este așa. Ea a avut o mulțime de vieți imprimate care să o ajute cu experiențele Pământene. A avut vieți fizice înainte acolo.

Q: Deci a venit să ajute Pământul?

A: Da, pentru a ajuta la ascensiunea Pământului. Ea este aici în scopuri karmice.

Q: Este vorba de o experiență karmică sau negativă, sau ești blocat într-o roată karmică, sau cicluri de reîncarnare?

A: Este un răspuns și o întrebare în același timp. Nu funcționează pe aceleași principii ca pe Pământ. Există o oarecare egalitate pe o frecvență foarte joasă. În dimensiunile superioare, care este universul meu, funcționează pe principii foarte apropiate, dar nu este la fel de lent sau dens ca pe Pământ.

Va fi prea complicat de înțeles pentru mintea umană.

Este o întrebare filozofică.

Q: Ai spune că, în experiența ta ca ființă fizică, universul tău, a evoluat mai mult în experiențe traumatice sau foarte provocatoare? Sau creșterea ta este mai degrabă în iubire, fericire, experiențe spirituale?

A: Mă întrebi dacă noi, cei din universul nostru, ne naștem în același fel ca pe Pământ?

Q: Aș vrea să știu dacă, din experiența ta, este o întrebare filozofică. Este menită să-ți ofere o modalitate de a trece prin abuz sau situații traumatice precum abuzul sau alte provocări pentru a te îndrepta spre creștere și lumină?

A: Nu avem nicio durere. Durerea nu este un cuvânt... Nu avem durere. Energia, ați numi-o... regnul vegetal este o durere de creștere... nu fizică... Lichidă... Nu este lichidă, nu este gel. Este foarte interesant cum să explici toate acestea în lumea ta.

În general, nu avem durere. Cuvântul este pentru a crea diferite tipuri de energie, cum ar fi lichidul sau lumina în jurul tău.

Pe Pământ este o durere. În lumea noastră este aer lichid, un tip diferit de substanță chimică. Nu ne naștem din durere. Energia creează și tu crești în acest fel. De aceea karma funcționează diferit. Îmi pare rău pentru o explicație atât de proastă.

Q: Dar universul, ce crezi că dezvoltă oamenii din propria pasiune sau din experiențele lor traumatice?

A: Suntem foarte stânjeniți *(text original)*. Acesta nu este cuvântul potrivit. Când ești sincer, această emoție te face să te gândești: Suntem fericiți? Apoi creează un vârtej din chakra inimii, unde crește o floare a iubirii. Suntem fericiți să vedem flori crescând în inimile voastre.

Q: Există diferențe în afară de universul tău, atât de departe de universul nostru în comparație cu universul tău, care sunt observabile pentru tine?

A: Permite-mi să te întreb ceva pentru a răspunde mai bine la această întrebare? Cum percepi lumina?

Daniel: O simt, nu o văd sau o gust.

A: Exact! Sentimentul este același. Voi vedeți lumina, dar noi vedem lumina ultravioletă, voi nu o percepeți, însă în Universul nostru o putem simți și noi. În lumea voastră aveți clădiri, în lumea noastră universul este diferit.

Ele arată ca energie luminoasă albă pură și toate formele sunt construite în forme rotunde.

Fiecare familie de grup sufletesc are propriile orașe. Toate orașele sunt separate, dar coexistă ca unul singur.

Imaginați-vă doar un amfiteatru rotund care are proprii piloni. Acesta este locul în care mă aflu acum.

Q: Mai sunt ființe de-ale tale care vin aici, pe Pământ?
A: 100 de ființe.

Q: Să se încarneze în bebeluși?
A: Da, nu există altă cale de a fi pe planeta ta.
Victoria are un copil în lumea noastră. Da, în universul meu. Ei au făcut deja
o conexiune cu imaginea unei fete. În universul nostru de unde venim, nu
avem același sistem ca în lumea voastră. Nu s-au născut, nu s-au făcut, ci au
fost creați din energie. Acești copii ar putea fi *„lăsați"*, nu este cuvântul po-
trivit, pot fi pe cont propriu, iar alții îi vor învăța conform sistemului nostru.

Daniel: O voi aduce înapoi pe Victoria. Multă apreciere și dragoste pentru tine.

10 noiembrie 2024
Channeling - Victoria și Diana

Eu văd un cosmos și un portal, dar el e o tehnologie foarte avansată. E un
cerc și, în față, pe dreapta mea, e planeta noastră. Pe stânga vine ca o sită,
ca un triunghi care absoarbe și prin care iese ceva, ca un canal foarte îngust.
Se scurge ceva de pe planetă, ca un aspirator care trage, și, de pe partea
cealaltă, prin canalul foarte îngust, curge lumină.

Eu nu sunt în Câmpul Akashic. Sunt mai sus, pe două nivele, în Câmpul
Megaquantic. Tu te vezi mai sus, însă eu te văd că ești în câmp. Ne ținem
automat, ca magneții.

Q: Ce este acest portal și ce legătură are Pământul?
A: Tu ești o sămânță mică de pe această planetă. Inimile se activează. Voi
nu sunteți ceea ce credeți. Conexiunile voastre sunt percepute la nivel ma-
jor în Câmpul Cuantum. Noi nu putem lămuri planul în care are loc acum,
unde sunteți observatorii acestui eveniment major al planetei voastre. Cor-
texurile sunt deschise, amintirile vin ca semințele pe pământ, și au nevoie
să se înrădăcineze pentru percepția mai clară a creierului uman. Energetic,
subtil, atomic se curăță planurile joase ale creației umane.

Victoria nu este prezentă aici. Noi ne-am conectat prin ea și acest eveni-
ment de astăzi este pe ultima scară de a păși într-o lume diversă pentru

umanitate, din dimensiunea voastră. Decembrie va fi ultima etapă a creației pe care ați cunoscut-o până acum, a civilizației umane.

Deși corpul fizic prin care noi transmitem mesajul este prezent, prezența sufletului înăuntru acestui corp nu este prezent la moment. Avem nevoie de recalibrarea organelor interne, stomac, conexiunea cu lumina, în sânge, creier, falange. Procesul de calibrare a început.

Victoria: Off Doamne, parcă m-am trezit din somn. Parcă am murit și am înviat. Am revenit înapoi. Mulțumesc.

VII. Ființele de lumină. Suntem încântați să ne prezentăm

*Umanitatea cunoaște aceste prezențe sub denumirea de „ființe extraterestre", însă, dintr-o perspectivă mai amplă, și noi putem fi percepuți la fel din punctul lor de vedere. Din respect reciproc pentru ambele părți, mentora mea a ales să folosească termenul **„Star People" – Ființele de lumină**, un nume pe care acestea îl prefer și care este frecvent întâlnit în practica mea spirituală.*

În acest spațiu, veți avea ocazia de a întâlni pentru prima dată ființe avansate din lumină, poate necunoscute vouă până acum. Aceste ființe reprezintă doar o parte dintre cele care s-au prezentat și s-au făcut cunoscute. Totuși, multe dintre ființele de lumină cu care lucrez și colaborez aleg să nu își dezvăluie identitatea în mod individual, deoarece ele funcționează ca o conștiință colectivă. Datorită nivelului lor înalt de evoluție, nu simt nevoia să se definească printr-o unicitate, așa cum o facem noi, oamenii.

Scopul lor este să ne sprijine atunci când le cerem ajutorul, respectându-ne întotdeauna liberul arbitru. De multe ori, limbajul nostru nu reușește să redea cu exactitate sunetele, frecvențele sau vibrațiile pe care aceste ființe le transmit, unele mesaje fiind imposibil de tradus în cuvinte.

Vă invit să vă deschideți inimile cu blândețe și încredere, pentru a primi cu calm și iubire aceste frecvențe și coduri de lumină, infuzate în fiecare cuvânt transmis de aceste ființe minunate și iubitoare.

Rasă ET nouă - eliberarea fiinţelor dark din jurul stelei MINDUBAS

Într-o seară, în a doua jumătate a anului 2024, am simţit să merg să fac o baie cu sare. În timp ce eram în cadă, s-a conectat cu mine o rasă nouă de fiinţe ET, cu care nu mă mai conectasem până atunci. Îi puteam vedea partea de sus clară, de culoare albastră, avea capul oval spre spate, şi avea o asemănare cu o caracatiţă cu multe tentacule în loc de păr. Pielea acestei fiinţe se schimba în culoarea galbenă, în pete galbene dacă simţea recunoştinţă. Corpul, de la jumătate în jos, era energie, parcă era un Djinn.

Iniţial am crezut că este o fiinţă de frecvenţă joasă şi mi-am chemat Sinele înalt, ghizii spirituali, Gardienii din planurile înalte să verifice, pentru că această fiinţă se învârtea prin prejur, în flux, în vortex. Atunci ghidul meu spiritual şi-a făcut prezenţa şi mi-a transmis că acesta este modul fiinţei de a saluta, în interacţiunea cu ceilalţi.

Am întrebat apoi ce mesaj are pentru mine, ce legătură am eu cu această fiinţă. Atunci am început să văd cum pielea acestei fiinţe se schimbă în pete galbene şi mi-a transmis că era impresionată de mine, îmi transmitea că nu înţelege cum pot coexista pe planeta Pământ, pentru că energia mea este prea complexă pentru această planetă. Îmi adresa tot felul de întrebări, cum pot să fiu pe pace cu lumea care există, pentru că în viziunea ei jocul de pe această planetă este dur. Am întrebat-o dacă a fost vreodată aici, în planul fizic, şi mi-a transmis că nu, şi că nu este interesată (sunt fiinţe care nu găsesc motivaţie să vină să se piardă în această lume duală şi preferă să se încarneze în planuri mai înalte).

> ***Notă:*** *Există fiinţe care nu găsesc motivaţia de a se întrupa în această lume dualistă şi preferă să se întrupeze în planuri mai înalte.*

Această fiinţă mi-a transmis că este uimită de cât de bine îmi amintesc esenţa mea, cine sunt. Apoi am rugat-o să îmi transmită cu ce o pot ajuta, sau de ce a apărut. Mi-a transmis că vine dintr-un sistem numit **MINDUBAS**, nu este o planetă şi nici definiţia de stele pe care noi o cunoaştem, pentru că legile lor nu se aplică la noi.

Această stea, constelaţie, se află pe stânga, dincolo de limita universului nostru, iar din ce mi-a explicat, este destul de îndepărtată.

Steaua lor este ca o cometă, iar intrarea ei este ca o platformă, imaginea-ză-ți cum ai intra în fundul cometei, și arată intensă și albă.

Această ființă mi-a transmis că eu am mai mult acces, și mi-a transmis că în jurul stelei lor, s-a format o materie neagră, ciudată, care a apărut în spațiul lor brusc. Ființele din acea materie neagră arată ca oamenii, însă de la ochi în sus este negru. Corpul lor este compus din **nanotectatroni** care le permite să arate exact ca noi oamenii, însă acele ființe nu au suflet.

Această ființă mi-a transmis că sunt compuși ca niște roboți de ultimă tehnologie. Aceasta era armata unor grupe din planurile joase ale creației care au venit să-i invadeze, dându-se drept oameni de pe Pământ.

Am rugat această ființă să se dea într-o parte pentru a avea o discuție cu ghidul meu spiritual și sinele meu înalt. Sinele meu înalt a apărut ca o fi-ință enormă, iar în ochii lui vedeam mii de stele, galaxii, universuri. Sinele meu înalt mi-a arătat să privesc în ochiul lui drept, mi-a arătat steaua, și am putut vedea ce era acolo.

Vedeam o navă în formă de potcoavă, prin jurul stelei lor. Ființa care s-a conectat cu mine nu putea vedea această navă. Apoi am privit în ochiul stâng al sinelui meu înalt și mi-a arătat ce am nevoie să fac, ca să tri-mit acea navă în afara universului. Am chemat ființa înapoi, și am invocat Consilile Galactice, Ființele de lumină, ființe de pe Lyra, Celestial Union Consciousness să mă ajute.

Am tras ca pe o pătură toată nava, și am direcționat-o spre un portal, spre un punct de trecere, iar Celestials au închis acel portal și s-au pus ca paz-nici la acel spațiu de univers. După ce am finalizat acest proces, am văzut cum acea ființă a plecat.

În urma ei vedeam cum avea ca tentacule asemeni unei caracatițe, care se îndoiau și se mișcau ca pe inspirație, expirație. Acest lucru le permite ca în habitatul lor să trăiască atât în apă cât și pe uscat, în aer.

AMBIOBI

Monica: Tu de mică ai avut interacțiuni cu ET, erai conștientă. Memoria ta umană nu a înregistrat acest aspect pentru că nu erai pregătită atunci și nu ai fost pregatită să păstrezi această amintire.

Te văd copil, cum aduni pietre din rău, te văd conectată cu natura foarte mult. Eu simt că ei sunt alături mereu de tine, ca o interacțiune, adică fizică. Știi cum îmi apare? Ca și cum te uiți și zici: *A fost ceva? Sau ce a fost? Și chiar a fost?* Ca și cum îți apar diverse, vezi ceva și zici că doar ți s-a părut.

Victoria: Când ai menționat de prima parte, eu vedeam lângă mine un fel de tip de rasă de ET. Așa înalt, suriu, cu ochii mai mari, dacă l-ar vedea un om în planul fizic cred ca s-ar speria. De aceste ființe eu mă temeam când eram mică. Când am adresat a doua întrebare, am văzut un scaun pe stânga noastră, noi suntem față în față, suntem îmbrăcate la fel, avem ceva pe cap, ca o cască mare care ne permite să putem respira, și în stânga este un scaun. Când am intrat în câmp, m-a gâdilit la față, pe partea stânga, prima rasă și a plecat. Corpul e din lumină, capul la fel e din lumină, sunt culori pastelate, nu e corp fizic, mai mult este lumină. Încă stă acolo. Simt că prima rasă trebuie să vină înapoi, pentru că mai are ceva de spus. Nu mai văd nimic, totul s-a pus pe pauză. Cred că trebuie să mergem înapoi la copilărie, la prima rasă de ET. Da, acum s-a așezat pe scaun înapoi.

Monica: Eu îi văd pe ei cum coboară din nava aceea, sunt foarte slabi, au un cap mare, și sunt verzi gri.

Victoria: Exact momentul ăsta îl văd. Deasupra mea era un vârtej, ei au coborât, am o frică, îmi vine o frică pe care o țin minte din copilărie, frica de întuneric. Mă temeam să mă uit în întuneric pentru că imaginar vedeam ceva. Acum văd imaginea aceasta, exact așa cum ai zis că ei coboară. Ei au coborât și eu atunci am fost trează. Creierul meu uman a înregistrat ca frica de întuneric, pentru că a avut șoc, dar ei de fapt nu sunt răi. Asta este frica mea de întuneric, însă am asociat-o cu ei.

Monica: Ei par că vin și se joacă cu degetele pe fața ta. Da, ei veniseră pentru că părea că le e drag de tine, se minunau de tine, de fața ta.

Victoria: Oh, Doamne, eu am panică. Am nevoie sa eliberez aceste frici. Îmi amorțește tot corpul, este frică.

Monica: Te doare ceva?

Victoria: Frica aceasta este înregistrată în chakra 2, 3 și 1. Este ceva pe mine, conectată cu frica aceasta care s-a implantat în buric. Eu o simt cum trece prin cordonul ombilical.

Monica: Lucrează acum la tine. Îți trag din burtă un fir lung. Eu nu știu cum te simți pe plan fizic, dar energetic te eliberezi foarte tare.

Victoria: Mă doare și spatele fix acolo unde aveam dureri în ultima vreme.

Monica: Respiră de acolo.

Victoria: Lor le pare rău că la mine s-a imprintat frica pe planul fizic și energetic. Aproape să iasă prin buric, iese tare încet prin buric, e o sferă micuță întunecată, cum ar fi o bilă ca o perlă, și ei o iau înapoi.

Monica: Eu îi văd pe ei cum lucrează la tine, și se bucură că o să îi primești de acum înainte.

Victoria: Acum ei îmi schimbă memoriile, amintirile pe care le am de mic copil, amintirile de când eram la bunicii mei, la nașa mea în casă. Văd fereastra, acolo în casă este lumină, afară este întuneric și ei acum încet îmi schimbă imaginea din întuneric în lumină, si ei stau acolo. Ei îmi dau din mână să înțeleg că ei sunt prieteni, și-mi schimbă memoriile. Eu de fiecare dată când trebuia să trec în altă cameră mereu aprindeam lumina și apoi treceam. Acum ei îmi schimbă viziunile în cortex, deja este lumină în fiecare cameră. Ei tot timpul sunt acolo în cameră.

Monica: Eu îi văd pe ei cum te conduc, uite vezi?

Victoria: Da. Văd pădure, nu țin minte în pădure, însă eu văd acum o amintire unde eram micuță cu mama și acolo tot îi văd în pădure și iar îmi dau din mână. Ei îmi schimbă amintirile. Acum ei vor să îmi pună o sferă, o perlă albă în buric ca să o înlocuiesc cu amintirea ombilicală. Trece prin ombilic în buric înăuntru, luminează pereții unde au fost amintirile acestea de frică, îmi văd coloana vertebrală cum o îndreaptă în afară pentru că era înăuntru partea de jos. Era un metal înăuntru și acum îl iau și îndreaptă coloana. Perla aceasta trece de lumină prin toată coloana vertebrală. Acum au venit în creierul meu, în frunte undeva, înăuntru la cortex, și i-a dat ca o explozie de lumină în creier.

Monica: Acum aud cum spun: *Acum îți amintești?*

Victoria: Mi-a dispărut frica. Mulțumesc. Wooow! Acum ei au plecat și s-a așezat înapoi ființa care are culori pastelate.

Monica: Cine este? Ce rasă este?

Victoria: Nu, trebuie să continuăm, nu este important. Mi-a dat denumirea lor, **Ambiobi** așa se numesc ei, însă nu sunt din dimensiunile apropiate, ci sunt din dimensiunile îndepărtate. Au spus că ei vor mai veni sa mă viziteze. Ei sunt interesați de cum am evoluat de la ultima noastră întâlnire fizică. Îmi spun că acum sunteți gata de următorul pas.

TOPHOTELUUU*

Victoria: Eu văd o altă ființă că deschide gura, și spune ceva, ies vibrații dar eu nu le înțeleg. Vă rog frumos să ne dați un cuvânt mai simplu pentru noi. Litera **TOPHOTELUUU*** și o **steluță** la urmă. Nu știu cuvântul. Este energie feminină, vibrează mai mult în feminin. Noi nu am întrebat primii cine au fost?

Doamne ce răbdătoare e ființa asta. Parcă are tot timpul din tot universul. Doamne, vibrează atât de puternic, corpul ei este aici, însă altceva în față ca o reflexie. Nu este energia, dar mai este încă ceva, nu este o undă, nici nu este frecvență, este încă o noțiune la tot ce cunoaștem, și nici nu poți spune că este o extindere, pentru că corpul e aici și totodată vezi reflexia energiei la 10 m în față.

Monica: Pare că există în mai multe dimensiuni și de aceea se simte așa. Ca și cum se multiplică.

Victoria: Da. Din ce dimensiune vine? Există dimensiunea 44? Eu nu înțeleg.

Monica: Mie mi-a venit că nici nu am auzit de această dimensiune.

Victoria: Eu văd foarte clar 44.

Monica: De ce a venit la noi? Are un mesaj?

Victoria: Da, dar mesajul ei ajunge foarte greu. Ea vorbește, dar mesajul ei este ecou. Nu înțeleg nimic.

Dragă ființă din D44 vă rugăm să ne transmiteți, să vorbiți cu cuvinte simple pentru noi. Mulțumesc. Acum aud **CURIOZITATE.**

Monica: E ca și cum noi, am intrat în câmp și a venit pur și simplu să ne observe.

Victoria: Când spune un cuvânt, la noi ajunge doar prima jumătate de cuvânt. Pe ea o văd așa: deasupra la cap are ca o lebădă, are extensie la cap. Am impresia că noi suntem la un capăt de univers și ea e la alt capăt de univers.

Monica: Da, mie îmi fuge imaginea.

Victoria: Care este mesajul tău pentru noi? Iarăși văd cum ea vorbește, dar la noi cred că ia mai mult timp ca să ajungă mesajul. Ți-a venit vreun mesaj?

Monica: Eu nu pot să percep absolut nimic. Totul vibrează.

Victoria: Da, totul este vibrație. Îmi vine așa, fii **PE PACE.**

O să întreb încă o întrebare, dar nu știu dacă continuăm, pentru că legătura e foarte grea. Vreau să întreb, și-mi spune prea complicat, cum o să înțelegem. *Ce sfat pentru omenire ne-ar da?*

Eu văd că vorbește foarte mult, vibrează, dar ca să înțelegi este mai dificil. Cineva vine și îmi pune un dispozitiv la chakra coroană, ca să convertească mesajul și să pot să îl percep. Văd că cineva s-a așezat într-un fotoliu, ia un pix, o foaie, și începe să scrie. Fix așa ți-a făcut și ție, ți-a pus un convertor și ne trimite la amândouă mesajele. Acum văd cum îl pune la capul tău. Ce interesant! Ea este foarte curioasă să vadă cum două ființe umane pot percepe un mesaj din Dimensiunea ei. Am impresia că nu vorbește telepatic, ci prin altă modalitate mai rapidă decât telepatia, și ea e curioasă să înțeleagă cum ființelor umane au reușit să se conecteze cu dânsa. Ea nu-i nici pe aproape de realitatea noastră. Extensia ei a prins undă la conexiunea noastră.

Monica: Da, ea prin asta comunică, prin vibrații.

Victoria: Știi cum? Tocmai mi-a arătat că ea se desface energetic ca o lebădă, și deasupra ei are încă o haină, mantie, apoi se învârtește și așa prinde undele. Parcă ar prinde undele la un radius mai mult de 20 de dimensiuni concomitent. Îmi spune să te las să vezi ce ai primit și să tac.

Monica: Tot ce primesc eu e asta cu vibrația, să înțelegem ce înseamnă vibrația.

Victoria: Ce înseamnă vibrația?

Monica: Mă ajută să simt în corp valuri de vibrație, ceva foarte ciudat.

Victoria: Vibrația este spațiul gol în care lipsește materia. Lumina este transparentă și emite unde sonore de frecvență opusă pentru omenire. Noi gândim că trebuie să fie pozitive, însă scara de cifre se duce în minus, acolo cu cât este mai în minus, cu atât cifra ajunge la radiația absolută a energiei universale, traversând prin cosmos, Cosmos 1, care este suprapus la zeci de mii de universuri, totul luat împreună, formând o existență.

Eu habar nu am ce am spus. Nici nu înțeleg ce am spus. Mintea mea nu se poate concentra. Oricum accept și mulțumesc.

Monica: Tu spui că îți este foarte greu, dar ești pregătită pentru asta.

Victoria: Acum suntem într-o sală cu mulți spectatori care ne privesc. Mă simt ca la o emisiune, unde toți spectatorii sunt de diferite rase, și îi văd cum râd acum. Râd de faptul că este prea complicat pentru mine, însă a venit un mesaj că nu este prea complicat. Ei se râd de noi oamenii (în sensul blând), că noi suntem așa naivi.

Ok, vreau să mai întreb dacă ea încă este prezentă aici.

Victoria: Dragă ființă din D44, dacă mai aveți, mă refer la plural pentru că așa îmi vine, îmi spune că nu este singulară, dacă mai aveți vreun mesaj pentru noi, sau pentru umanitatea de pe Pământ? Iar vorbește, însă vibrația este diferită. Tu vezi vibrația cum arată, undele?

Monica: Da, eu văd ca și cum ar crea un portal, ceva.

Victoria: Dacă până acum erau valuri mai frecvente și regulare, acum vibrația la ce spune este mai dreaptă, are tonalitate. Simt tonalitate în mijlocul frecvenței. Ok, la tine s-a pornit aparatul de conversie. La tine vine mesajul.

Monica: Ce simt că mi se transmite este că ea a venit aici să ne vadă și că ne așteaptă pentru că vom putea urca curând și în alte dimensiuni.

Victoria: Da, și fix așa cu tonalitatea aceasta cum ai zis tu. Încă mai spune câte ceva.

Monica: Depinde de vibrația noastră, dacă noi ne creștem vibrația, vom putea crea niște portaluri, și prin acele portalurile ne putem duce în dimensiunile mai mari. Adică cu o anumită vibrație vom putea crea portaluri către dimensiunea ei.

Victoria: Mulțumim. Ea s-a ridicat de pe scaun, și a luat ceva de pe scaun, ca un covoraș. Mulțumim pentru mesaj.

AZARGENOD

Monica: Mi-au mai apărut alte rase de ET de pe o planetă aproape de noi.

Victoria: Hai, începe de la unu. Să ne vorbească. Eu văd o ființă care se rușinează, stă în urma ta. Interesant cum tu îl vezi. Eu îl văd prin tine, și crede că nu îl văd.

Monica: Sunt mai diferiți față de ce am văzut până acum pentru că sunt foarte subțiri, au corpul foarte subțire.

Victoria: Dar tu vezi să aibă mai multe mâini?

Monica: Da, eu văd mai multe mâini dar subțiri.

Victoria: Da, iată îl văd ca pe un cărăbuș. Are un cap foarte mare, ei sunt de culoare gălbuie, ca tigrii la culoare, și au mânuțe și piciorușe. Nu înțeleg. Ei sunt foarte rușinoși. Am văzut cum… știi cum văd? S-au așezat pe scaun și e sentimentul acela ca atunci când ai ieșit dezbrăcat și îți e frică să nu te vadă cineva.

Monica: Acum se lasă văzuți de tine?

Victoria: Da, îi văd.

Monica: Eu am văzut un turn mare la care lucrează ei. E ceva foarte înalt.

Victoria: Aici pe planeta Pământ sau la ei acolo?

Monica: Nu, la ei acolo, și mi se transmite că prin turnul acela ei blochează radiații care vin spre Pământ.

Victoria: Văd radiația, vine ca un strat gros. Vrei să întrebi pe care planetă? E în galaxia noastră? Cerem ca răspunsul să fie cu da sau nu, ca să fie mai ușor de înțeles.

Monica: Da, este. Dar încă nu o știm.

Victoria: Eu văd acum ceva, numai că noi oamenii nu o să o percepă. Nu e planetă, ci este ca un fel de cerc, arată tot ca dânșii, și sfera aceasta înăuntru are o planetă, iar în afară este ca un cerc de fier, care vine cu bule ieșite în afară, și toți sunt de culoarea lor. Planeta aceasta este normală înăuntru, dar cercul care plutește în afară, arată ca la Saturn cu discul prin jur, însă nu este disc, ci vine gros, și când plutește schimbă ceva chimic la radiația aceasta care vine.

Monica: Și sunt din 7D.

Victoria: Da, pentru că noi nu o să îi putem vedea. Nimeni nu-i poate depista pe ei cu niciun dispozitiv, nici cu infraroșu. Da, ei ne ajută pe noi, ca să nu se usuce de tot planeta.

Monica: Da, și am mai primit informația că sunt 12 rase care sunt înfrățite, și ele lucrează pentru a proteja planeta de lucruri palpabile, radiații, asteroizi, etc.

Victoria: Eu am o întrebare pentru ei. Cum se numesc? Au o denumire? Ei vorbesc, deschid gura și scot radiații din gură.

Monica: Pentru că ei parcă s-ar hrăni cu ele de fapt.

Victoria: Da, dar ce interesant cum văd. Ei vorbesc, observ cum ies radiații, cuvânt, vibrație, și radiația nu vine spre noi, ci se duce spre ei. E ca un circuit, sunt ființe benevolente pentru că ei lucrează și nu permit să îi contamineze pe alții. La ei cercul acesta vine închis, vorbesc și în cerc se duce în corpul lor. Tot corpul lor absoarbe absolut toată radiația prin porii lor.

Monica: **AZARGENOD.**

Victoria: Ok, vă mulțumim pentru prezența voastră. Am 2 întrebări importante. La momentul de față este planeta noastră, Pământ, în pericol sau nu, din punct de vedere al radiațiilor?

Monica: Da, este în pericol mereu.

Victoria: Așa. Pericolul este din cauza noastră sau la nivel cosmic?

Monica: Ambele.

Victoria: Ok. Este vreo modalitate pentru noi care să ne ajute să oprim radiația de pe Pământ?

Monica: Este, da.

Victoria: Este binevenit pentru noi să o cunoaștem, sau încă nu? La mine vine un NUUUU, NUUUUU.

Monica: Da, nu este momentul.

Victoria: De ce nu?

Monica: Simt că vor ieși la iveală anumite aspecte despre cei care fac rău la nivel global.

Victoria: Eu îi văd cum ies din Pământ, și uite că nici nu îmi dă voie să vorbesc. Eu văd cum ies din pământ, o să fie obligați, pentru că pe noi ne stopează și stopează procesul de progresare al planetei. O să fie obligați să iasă. Văd planeta noastră cum se schimbă, se ridică, își schimbă poziția în sistemul solar în care suntem și nu numai, văd sistemul nostru solar la un hotar cu alt sistem solar care este cu mult mai mare, și este o sferă în alt spațiu, prin jurul soarelui, e aproape de hotar. Aici stă planeta noastră pentru că așa s-a mutat universul nostru, și a ajuns la un hotar cu o existență mult mai avansată, mai mare. Ea deja pur și simplu interacționează cu noi. Toți cei de frecvență joasă, absolut toți sunt obligați să plece de pe planeta noastră, când o să interacționeze cu aceste două câmpuri.

Monica: Se contopesc, nu?

Victoria: Da, se contopesc, iar planeta noastră este prima de pe axă, din sistemul solar – este prima care se contopește cu o existență mai avansată. Din cauza acestui aspect, văd foarte multe rase care sunt curioase de acest eveniment. Se întreabă cum de o planetă cu oameni sau ființe, care încă nu au avansat la nivelul respectiv, mai înalt, care ar fi trebuit să evolueze cu generații în urmă, poate trece printr-un astfel de proces. Pentru ei este un șoc faptul că noi suntem încă în 3D, că avem corpuri fizice, și totuși intrăm într-un asemenea eveniment cosmic, de o asemenea amploare.

Monica: Asta e a 5-a oară când văd planeta noastră aproape lipită de altă planetă.

Victoria: Da, dar asta nu este o altă planetă, ci este o altă existență. Nici măcar nu poți să-i spui „univers", pentru că universul este foarte mic, în comparație. Ceea ce se contopește este ca un gigant, o existență mega-gigantică. Noi cunoaștem un singur univers, care este foarte limitat, și care acum se contopește cu altceva. Iar când se produce această contopire, văd ființe. Mi se arată imaginea lor, pentru că ele nu sunt cu noi în câmp, nu sunt aici, pentru că aceasta a fost intenția: să nu avem de-a face cu ele. Mi se arată cum sunt scoase acele ființe de acolo. Sunt ființe nu tocmai bune. Totuși, nu e nevoie să ne fie frică, pentru că noi suntem în siguranță.

Îmi este transmisă doar imaginea lor, cu scopul de a-mi arăta ce ființe sunt în pământ, ființe care nu vor ca noi să evoluăm. Dar nu au încotro. Cine nu va mai vibra cu rezonanța planetei va pleca complet de pe această planetă. Aceste ființe se consideră pe ele însele ca fiind „originalii" planetei Pământ.

Și-au construit istorii, pe care noi le putem găsi în librării. Pentru ființele care îmi transmit informațiile, cuvântul „online" li se pare foarte ciudat. Nu știu de ce îmi spun asta. Ei se referă mereu la „librărie". Eu întreb: „On-line?" Iar ei întreabă: „Ce e asta, online?" pentru ei, totul e despre librărie. În librăria noastră se află multe istorii care nu sunt adevărate. Ele au fost alcătuite de ființele din pământ, care, de-a lungul anilor și mileniilor, au falsificat istoria. Nu sunt ființele originare ale planetei Terra, ci au acaparat și anihilat ființele originale.

De fapt, nici măcar conceptul de „originalii planetei" nu există, pentru că cei originali au fost aduși aici. Cei care au venit ulterior s-au autodeclarat primii, dar ceva s-a contaminat în aer — au creat un eveniment care a dus la o formă de „virusare" și astfel a apărut o nouă creație. Această nouă creație se află acum în pământ, iar ființele acelea au scris istoria în așa fel încât să pară că ele sunt cei buni, cei originari. Însă adevărul va ieși la iveală, iar istoria va fi rescrisă. Ele vor fi nevoite să plece definitiv. Iar aceste informații... ne sunt transmise de ființa care e cu noi acum? A fugit. S-a dus de pe scaun. Ok. Acum te las pe tine.

Monica: Mie îmi apar foarte multe ființe, cum ai spus tu.
Victoria: Cheamă-i, vorbește cu ei, sunt foarte multe ființe și ei toți vor să vorbească, dar pe rând.

PLEIADIENI

Pleiadienii sunt o rasă stelară extrem de evoluată, originară din roiul stelar al Pleiadelor, cunoscută și sub numele de Cele Șapte Surori. Sunt cunoscuți pentru înțelepciunea lor spirituală profundă, natura plină de compasiune și dăruirea față de trezirea și vindecarea umanității.

Adesea descriși ca ființe înalte și luminoase, cu o conexiune profundă cu iubirea și lumina, Pleiadienii au ghidat evoluția Pământului timp de milenii. Ei ajută la creșterea conștiinței umane, promovând pacea, unitatea și armonia mediului.

Pleiadienii lucrează îndeaproape cu comunitățile spirituale ale Pământului, încurajând indivizii să-și amintească originile sufletului și să-și îmbrățișeze potențialul divin. Învățăturile lor pun accent pe vindecare, conștientizarea de sine și co-crearea unei lumi bazate pe iubire și cooperare.

Cu prezența lor blândă și înțelegerea avansată a realităților multidimensionale, Pleiadienii continuă să inspire umanitatea să se alinieze cu scopul său superior și cu moștenirea cosmică.

Monica: Acum văd **Pleiadienii** care ies în față, și noi suntem la un Consiliu iar aici se stabilesc pașii care vor urma legat de univers, despre ce se întâmplă.

Victoria: Dragi Pleiadiani, Monica face parte din acest Consiliu? Dar tu simți că aici sunt doi, nu doar unu? Și poți să-mi spui cum tu îi percepi prin jurul nostru? Pentru că eu îi văd exact cum stau.

Monica: Noi două stăm una lângă cealaltă, eu îi văd pe ei față în față cu noi, și este un bărbat și o femeie cu noi, iar bărbatul stă mai în spate.

Victoria: Da, exact, dar eu te văd așa: eu sunt aici, tu în fața mea, bărbatul Pleiadian stă în stânga ta, iar femeia în dreapta ta. Bărbatul a pus mâna pe umărul stâng, femeia a pus mâna pe umărul meu stâng, tu ai pus mâna dreaptă pe umărul ei stâng, și mâna mea dreaptă am pus-o pe umărul stâng. Noi am format un cerc, și este o masă rotundă în centrul nostru. Bărbatul are niște medalii în partea dreaptă, dar femeia are o stea în partea stângă. Câte o stea medalie au, și sunt îmbrăcați în albastru, ca cosmonauții. Vrei să întrebăm care sunt mesajele lor?

Monica: Eu vreau să te las pe tine.

Victoria: Bărbatul acesta este de fapt soțul tău. Eu simt o energie deosebită, de dragoste între voi, și cum și-a făcut prezența, percep acel sentiment, ca atunci când nu te vezi de foarte mult timp, și trebuie să fii profesional, dar el nu are răbdare să te strângă, să te ia în brațe. Uite așa îl percep eu pe acest Pleiadian.

Ok, dragi Pleiadieni, care este scopul prezenței voastre de astăzi?

Monica: Mie mi se pare că e un Consiliu și ei ne urează bun venit.

Victoria: Da, nu e nimic deosebit.

Monica: Aici este o sală cu mai multe ființe, dacă te uiți în spate.

Victoria: Da, sunt prin prejur. Uite, sunt aici, iar noi suntem în mijloc ca pe o scenă. Fata aceasta eu nu o știu, ea este sora mea, dar el este soțul tău. De aceea el mai întâi s-a conectat cu tine, și ea cu mine, și apoi s-au conectat cu noi împreună. Adică a arătat corelația noastră. Mie îmi vine o întrebare pentru tine. Voi aveți copiii împreună?

Voi v-ați uitat unul la altu și vă zâmbiți.

Monica: Mie mi-a venit că da, avem.

Victoria: Eu îi văd, ei au venit la voi. Sunt doi. Unul are 3 ani, și altul are 1 an și 8 luni, dar ambii merg. Ei au venit din sală ca să te susțină. Cât de frumos.

Monica: Dar eu simt că tu și cu fata aceasta sunteți surorile lui, sau surorile mele.

Victoria: Adică?

Monica: Adică tu cu fata aceasta sunteți surori de ale lui sau de ale mele. E o chestie ca într-o familie acolo.

Victoria: Ea acum îmi dă din cap că da. La ce e răspunsul da? Cu cine suntem surori? La el, îmi arată cu degetul că suntem surorile lui. Sunt foarte curioasă dacă vor să spună numele lor. Pe dânsa, pe sora mea o cheamă **BELIVAR**, acum îmi arată numele lui, tu trebuie să te conectezi ca să aflăm numele lui. V-ați apucat de mâini, el s-a ridicat în picioare și a venit la tine, te-a cuprins strâns de tot, inimă la inimă, și încearcă să îți trimită memoriile voastre, de unde sunteți acolo în același timp, ca să îți aduci aminte de dragostea lui, și o să îți vină și numele.

Monica: Da, simt ceva. ENOIM, ENOHIM.

Victoria: **ENOIM**. Acum ți-a dat drumul și s-a pus pe scaun. Acum vreau să întreb dacă eu am copil și soț în existența lor.

Monica: Eu acum te văd cum te-ai transformat direct în Pleiadiană.

Victoria: Ea a dat capul în partea stânga, și este tristă. Asta ce ar însemna? Mie îmi vine în engleză. Eu am decis să fiu o lupoaică singuratică ca să explorez universurile. Asta nu a fost prioritate unde mă aflu în creația din lumea lor, și m-a cuprins. Mulțumesc. Hai să întrebăm din ce dimensiune vin ei acum? Mie mi-a dat răspuns, dar aștept ca să confirmăm.

Monica: A 5-a?

Victoria: Da, mi-a întins mâna pe masă ca să văd. Dar el a evoluat din a 5-a și arată spre a 6-a. El a evoluat în a 6-a dimensiune. Se poate transporta din 5 în 6, în ambele poate coexista. Te-a cuprins încă o dată, și tu ai pus capul pe umărul lui. Doamne, voi aveți așa o iubire mare unul față de altul. A pus mâna pe umărul tău și a zis că e timpul să plecăm. Vă mulțumim.

Monica: Eu am simțit că am fost pe un fel de navă, ca un satelit ceva, unde se întâlnesc mai multe rase.

Victoria: Și noi ne aflăm acolo?

Monica: Da, ne-am întâlnit cu ei, cu Pleiadiani. Eu așa am simțit că este ca un spațiu sigur pentru oricine.

Victoria: Interesant.

Monica: O să putem să ne conectăm cu ei acolo. Ei acolo vin și este un plan creat de noi. Nu știu, eu nu îi văd vorbind, dar trimit mesaj prin canalele intuiției.

Victoria: Da, ei exact așa trimit mesajul. Suntem deschise la asta. Eu de mult caut răspuns la multe întrebări, și voiam să fac regresie pe acest subiect. As fi vrut să mă conectez cu ființele pe care le-am întâlnit ultima dată în călătoria mea de anul trecut, pe munte, unde am văzut mai multe ființe. Dacă sunteți ființe din lumină mi-ar face plăcere să vorbim astăzi aici. Ei sunt foarte mulți, stai că își aduc scaune.

Dar cu cine să vorbim dacă ei sunt așa mulți? Spune ce percepi tu?

Monica: Da, mie mi se pare că s-au aliniat și sunt de mai multe rase, nu numai una.

Victoria: Da, sunt foarte diferiți, și tigri, și ființe albe, un leu alb sur, văd o panteră lângă tine în partea stângă pe scaun. Mintea mea nici nu percepe cum să înțeleg.

Monica: Să vedem cine vrea primul să vorbească.

Victoria: Da, pe rând, cine vrea primul să vorbească. Eu deja văd cine este primul, pe partea stânga a ta, dreapta a mea, și leul acesta este foarte mare, e sur îmbrăcat cu alb auriu, cu ochii albaștri.

Monica: Îl văd pe leu că are și un toiag de lemn în mâna dreaptă, a bătut din el ca și cum "liniște, eu vreau să vorbesc acum."

Victoria: Da, este autoritar. Foarte autoritar. Noi suntem gata pentru mesajul tău și te rugăm să te prezinți, din ce dimensiune vii.

LYRIAN - Ființă leu

Lyrienii sunt una dintre cele mai vechi și mai respectate civilizații stelare din galaxie, originară din constelația Lyra. Cunoscuți pentru înțelepciunea lor spirituală avansată, realizările tehnologice înalte și conexiunea profundă cu lumina cosmică, Lyrienii au jucat un rol esențial în evoluția multor sisteme planetare, inclusiv a Pământului.

Recunoscuți ca ființe binevoitoare și pline de compasiune, Lyrienii sunt adesea considerați pionieri cosmici care au semănat viață și conștiință în diverse lumi. Energia lor este profund aliniată cu creativitatea, vindecarea și expansiunea iubirii universale.

Lyrienii sunt, de asemenea, recunoscuți pentru măiestria lor în călătoriile interdimensionale și conștiința multidimensională, servind ca ghizi și protectori ai grupurilor de suflete în spațiu și timp. Influența lor poate fi observată în multe civilizații umane antice, mituri și învățături spirituale.

Ca aliați ai trezirii umanității, Lyrienii susțin călătoria noastră către autorealizare și conștiință superioară, încurajându-ne să îmbrățișăm lumina, scopul și conexiunea noastră cu marea familie cosmică.

Ființa Leu: Nu contează copiilor din ce dimensiune sunt. Aveți de învățat multe. În primul rând învățați-vă să știți unde vă aflați voi și planeta voastră, pentru că sunteți duși în eroare de ceea ce vă învață.

Victoria: Și cu toiagul îmi arată pe masă o hartă. Cu ajutorul toiagului, ca la tablă, profesorul arată în punctul ăla, și-mi arată drept în mijloc. Indică că în mijlocul acelui punct este creația totală universală din care se extinde și noi suntem aproape la capătul acestei extensii care s-a expandat. Lumea crede că suntem în mijloc.

Ființa Leu: Tăcere, nu e nimic de râs.

Monica: Ne ceartă, îl văd foarte autoritar.

Victoria: Da.

Monica: Îl simt că el cu tine se conectează mai mult, că tu ai uitat ce te-a învățat el, și el este chiar supărat pe tine.

Victoria: Da, și bate acum cu toiagul drept în masă.

OK, așteaptă. Te rog frumos să-mi reamintești ce m-ai învățat. Îmi pare rău, dar nu țin minte. S-a înmuiat.

Ființa leu: Hai te înțeleg, ești om.

Victoria: Așa, harta aceasta vine pe sfere, și el îmi arată că în timpul creației, a constelației noastre, a fost undeva puțin mai în afară de jumătate pe hartă, însă omenirea a degradat la așa nivel, că planeta noastră a ajuns aproape de hotarele unde se termină creația.

Monica: Subzistența.

Victoria: Da, corect. Și eu când am decis să vin aici, el a fost instructorul meu principal de bază, care m-a instruit ca să am grijă, pentru că mă pot duce împreuna cu planeta aceasta înspre degradare. Exact, îmi spune cum râd acum, râdeam și atunci când nu eram aici în fizic om, eu exact așa râdeam. El mi-a zis să fiu atentă, pentru că mă pot duce foarte ușor spre degradarea energiei mele.

Monica: Eu tot simt asta, tu alergi printre floricele, și el zice ce faci?

Victoria: Da. Aşa. O să întreb, te rog frumos să mă ajuţi să înţeleg, cum? Tocmai mă apucă râsul. Mie îmi e a râde, el se uită foarte serios la mine şi nu înţelege ce e cu prostia asta a mea.

Monica: Eu m-am dat la o parte şi mă uit la voi.

Victoria: Ştii? Ca şi când părintele te învaţă, dar tu ca un copil râzi. El se uită ce e aşa amuzant.

Monica: Eu simt să îţi transmit că protecţia nu este de glumă.

Victoria: Ce protecţie trebuie să-mi fac? El numai ce mi-a zis aşa *"Eu o să vorbesc cu Monica pentru că nu are ce vorbi cu mine."* Şi s-a apropiat de tine ca să îmi explici.

Monica: Aha, ca şi cum ar fi un fel de război în subtil la care tu ai ales să participi, adică să ieşi în primul rând, şi tu trebuie să îţi aminteşti acest lucru, ca să nu fie o distracţie pentru tine, că tu te bucuri că îţi apar fiinţe, dar trebuie să îţi vezi scopul.

Victoria: Şi *care este scopul meu? Misiunea? Eu pentru ce am venit aici?* Numai ce îl văd cum a ridicat sprânceana şi îmi zice: *"Cum adică, tu nu ţii minte?"* Şi-a pus aşa mâna în cap, zicând *"Doamne fereşte pe ce studentă am trimis acolo".*

Monica: Tu trebuie să ascensionezi un număr de oameni din jurul tău, tu eşti în primul rând, conduci ca o armată.

Victoria: Ăsta este scopul?

Monica: Să duci cât mai mulţi oameni în lumină, ca să putem să câştigăm războiul subtil.

Victoria: La momentul de faţă, deja fac acest proces şi la ce procent sunt, ca să înţeleg?

Monica: Da, tu faci acest proces, dar cumva te pierzi.

Victoria: Mă pierd în viaţa de zi cu zi?

Monica: Eu simt asta cu protecţia, nu îţi faci protecţia cum trebuie, şi ai tendinţa să fii pe distracţie. Se uită la mine şi zice vezi, vezi?

Victoria: Îmi spune că atunci când l-am văzut pe munte anul trecut, a fost ca o întâlnire, aveam nevoie să îl văd fizic, cu ochii deschişi. Însă frica m-a copleşit. Era o altă rasă, arăta ca un tigru, cu dungi negre, iar atunci m-am speriat de el. Acum îmi confirmă că a fost o testare, ca să vadă dacă eu, la nivel de om, sunt pregătită să îi văd în plan fizic. În acel moment m-am speriat foarte tare, pentru că purtam în mine frica de la început, frica aceea care mă oprea să îi văd şi să îi accept. Atunci şi-au dat seama că nu eram pregătită. Pe ei îi puteam vedea doar cu al treilea ochi. Dar atunci era nevoie să se activeze ceva în mine ca să îi pot vedea cu ochii fizici, umani. Şi nu eram încă gata.

Mă privește și îmi spune să fiu mai serioasă: „Vezi că prietena ta e serioasă, dar tu te hlizești. Hai, la treabă, să te văd! Ai, ai, ai, copiii ăștia...", și a plecat. Mulțumesc.

Știi cum mă simt? Ca un luptător. Simt că pot tot, că nu mi-e frică de nimic. Dar, în același timp, e ca și cum m-aș juca cu focul. Uite, s-a așezat din nou înapoi, în mulțime. Ok, din grupa aceasta, mai este cineva care vrea să ne trimită un mesaj??

TETA-uli

Monica: Mai sunt ființe cu antene, și ochii micuți. Ei nu vorbesc ci scot sunete.

Victoria: Da, ei nu vorbesc. Eu le văd ochii și antenele, dar nu au gură. S-au așezat în același loc. Este tot grupul acesta care a venit să vorbească. Acum au tăcut toți, și stau. Ce mesaj aveți pentru noi? Ei cu tine vorbesc de fapt. Dar știi cum? Prin ochi transmit mesajul ca prin valuri și emană frecvențe.

Monica: Încerc să îi înțeleg.

Victoria: O antenă s-a conectat cu chakra coroană și te roagă să te uiți la ei fix în ochi, ca tu să poți primi mesajul mai clar, pentru că ei așa comunică.

Monica: Da, ei au venit când i-ai vazut pe munte, unde au fost celelalte ființe.

Victoria: Da, știi cum îmi vine mesajul? Din inima ta, tu transmiți ca un convertor și mesajul iese din inima ta și se conectează la inima mea.

Monica: Eu simt o căldură mare în piept.

Victoria: Tu așa îmi comunici mie. Îmi spui dacă ai mesaj, că eu am, și vreau să te aștept pe tine.

Monica: Îi simt pe ei cum avem acele microorganisme în stomac care curăță, așa îi simt pe ei. Ei se ocupă de curățarea reziduurilor și îmi zic că ei sunt aici pentru tine, că ei asta fac pentru tine.

Victoria: Cu ce scop? Cu ce mă ajută pe mine? Ce mesaje faine primesc... Asta este pur fiziologic. Îmi spun: „Tu te duci normal la WC, da?" Ei îmi explică: „Noi te ajutăm ca tu să nu ai probleme și să nu stochezi toxine în tine, pentru că corpul tău trebuie să fie în activare. Corpul tău trebuie să proceseze foarte rapid, iar când se întâmplă acest lucru în organism, și stomacul trebuie să funcționeze foarte rapid."

Ei mă ajută să-mi curăț organismul tot timpul, și râd de mine. Îmi zic că eu merg la baie dimineața, dar de fapt ei mă ajută peste noapte să curățăm, ca să nu rămână toxine în stomac și colon. Asta e la nivel fiziologic și uman.

Da, și în același timp mi-a venit un gând, exact când tu ai început să spui că ei s-au conectat cu mine. Mi-am amintit că eu i-am văzut cum arată, ca ființe, când eram mică. Iar problema mea cu memoria, pe care am avut-o până în adolescență, nu a fost doar din cauza lor. Au fost mai multe tentative în care eu i-am văzut, iar ei mi-au făcut un „shut off" la memorie. Din cauza asta uitam totul. Dacă aș fi mers mai departe cu astfel de amintiri, aș fi ajuns la o stare critică, la nivel uman. Nu aș fi rezistat cu astfel de informații. Nu eram gata.

Mulțumesc pentru explicații. Întrebări foarte utile.

Acum și-au luat „antena" și au pus-o pe capul meu, și au zis „Good job!" ca la un copil. Îți închipui cât este de important pentru aceste ființe faptul că ne ajută la nivelul corpului fizic, ca să avem procesele fiziologice sănătoase și regulate?

Uite, noi cunoaștem despre microbi și bacterii, dar de fapt sunt ființe care ne ajută la nivel fizic. Și nu sunt doar niște „microbi" sunt ființe destul de avansate care ne asistă. Asta e... wow!
Noi i-am întrebat cum îi cheamă? Și știi cum se bucură ei că am aflat ceva nou? Cu antenele astea! Ok, dacă puteți să vă prezentați și să ne spuneți din ce dimensiune veniți... Și-a pus o antenă pe capul tău și una pe capul meu.

Denumirea este **TETA-uli.**

Victoria: Din ce dimensiune veniți?
Mi se arată cifra 15. Întreb mai departe cum așa este posibil? Iarăși mișca așa cu antenele că da, da, da. Eu încerc să înțeleg, cum e posibil ca ființe așa avansate din D15 să ne ajute la corpul nostru fizic din D3?
Monica: Ei văd că noi vrem să creștem, să trecem în altă dimensiune.
Victoria: Cei cu antenele te-au pipăit pe față, le place cum arăți. Și pe mine. Doamne, chiar sunt drăgălași. Nu știu dacă vezi, dar este cineva foarte micuț, care s-a făcut ca o pasăre albastră, cu burta albă, aripile albastre, codița neagră, și aripile negre. Noi avem un mesaj. Ceva au adus și au pus pe masă. Pe masă la noi stă un pitic. Dar el este foarte micuț.
Monica: Da, văd ceva pe masă. Cine sunteți voi? Se uită la tine mi se pare.
Victoria: Stă cu mâinile în șolduri, și îmi arată cu degetul: *da, tu.* Care este mesajul? Au zis să mă uit la mine în buzunar. Ok. Eu în buzunar am purtat un cristal ametist în formă de inimioară, l-am scos din buzunar, și el îmi

spune imaginar, să pun cristalul pe masă. El s-a urcat pe cristal, și s-a făcut mare, și arată ca mărimea noastră.

The TETA-uli sunt ființe cu vibrații superioare din dimensiunea a 15-a care ajută oamenii cu bunăstarea fizică, în special în procesul de digestie și curățarea colonului. Sunt esența bacteriilor benefice care există în intestinul nostru, lucrând armonios cu procesele fizice ale corpului nostru. Aceste ființe sunt adesea percepute ca fiind avansate în natură datorită existenței lor într-o stare vibrațională superioară (dimensiunea a 15-a), însă interacționează cu oamenii și îi ajută într-un mod tangibil, fizic, în a 3-a dimensiune. Rolul lor pare a fi de susținere în elevarea energiei umane și promovarea bunăstării la nivel celular și energetic.

În ceea ce privește aspectul lor, pot fi văzuți ca niște creaturi mici și complexe, cu caracteristici fizice asemănătoare cu cele ale unei insecte elegante, multidimensionale sau ale unei păsări. Una dintre ființele descrise seamănă cu o pasăre albastră mică, cu burtă albă, coadă neagră și aripi întunecate. Este, de asemenea, menționat despre o altă ființă mică, aproape ca un „pitic", care interacționează cu cristalul pe care eu îl port. Această ființă minusculă, inițial părând foarte mică, crește atunci când stă pe cristalul de ametist în formă de inimă, semnificând potențialul său de a se extinde în energie atunci când este în prezența anumitor frecvențe sau intenții.

Această experiență demonstrează cum, în ciuda avansării lor dimensionale, TETA-uli lucrează îndeaproape cu oamenii prin schimb de energie, ajutându-ne să înțelegem simbioza dintre corpurile noastre fizice și energiile nevăzute din noi. Ei pot ajuta la elevarea frecvențelor noastre, contribuind la procesele de curățare și vindecare la un nivel mult mai profund, mai ales atunci când sunt prezente condițiile potrivite (cum ar fi intenția sau instrumente energetice precum cristalele).

În termeni mai simpli, TETA-uli sunt ca niște ajutoare spirituale ale microbiomului din a 15-a dimensiune care ajută la menținerea echilibrului și a fluxului de energie în corpul uman, în special în digestie și curățarea colonului, operând la un nivel vibrațional. Rolul lor face legătura între spiritual și fizic, ajutând oamenii să se alinieze mai strâns cu energiile superioare și să crească către noi dimensiuni ale conștiinței.

OTB AAA P(A)T

Diana a primit într-o sesiune recentă o informație despre faptul că ea nu reacționează dacă o nava ET aterizează în fața casei ei, și ea era curioasă dacă a avut astfel de interacțiuni și nu a fost conștientă. În discuția cu ea, mi-a venit că la ea este o frică puternică de ființele ET, și mi s-a arătat acea ființă cum arată. Și-a dorit să explorăm mai mult acest subiect într-o sesiune comună, astfel că redau mai jos informații primite de la aceste ființe.

OTB AAA PAO (O and A together) T

Diana: Eu vreau sa întreb despre frica de ET și dacă am interacționat în viața aceasta cu ceva o ființă ET?

Victoria: Este un fel de navă diferită. Nava aceasta arată ca o umbrelă, dar nu o vezi fizic, ci este o navă energetică, alcătuită din energie. Pe tine te văd pe o câmpie, este noapte, întuneric, nu este zi, și tu mergeai pe o cărare. Ei au aterizat, iar în timp ce nava cobora, te-a acoperit complet, până în față. În acel moment, ție ți s-a activat automat un mecanism care te-a făcut să nu-ți amintești nimic. Te-ai întors înapoi, iar când ai văzut ființele acelea, care aveau capete diferite și o limbă lungă și subțire, te-ai speriat. Așa comunicau ele.

La un moment dat, în timp ce mergeai înapoi cu pași nesiguri, te-ai speriat atât de tare, încât te-ai rostogolit. Ei și-au dat seama că s-a produs un accident, că au realizat o interacțiune pe care nu ar fi trebuit să o aibă în acel moment. Ție ți-au șters memoria, însă în tine a rămas frica de întuneric, dar, de fapt, este frica de ei. Ei nu ți-au făcut rău. Așa comunică, cu limba aceea lungă, și tu te-ai speriat. I-ai perceput ca pe un balaur gigantic.

Diana: Da, pentru că e filtrul uman. Însă ce vârstă aveam atunci? 10 ani?

Victoria: Nu ești mică, te văd cu corp de fată. 12 ani. Locul ăsta e drept ca o poiană, și nu sunt mulți copaci.

Diana: Este binevenit să eliberez această frică de ei sau de ET la general?

Victoria: Frica aceasta este prea profundă, șocul a fost prea mare. Este puternic stocată în partea stângă a capului tău. Procesul este puțin mai îndelungat. Este nevoie să îți fie eliminate aceste straturi, treptat. Dacă este spre binele suprem al Dianei, să fie eliberate acele straturi acum, în legătură cu această frică.

Acum au venit ființele acestea în fața ta, iar cu limba lor ți-au cuprins capul. Lucrează cu limba, vârful limbii lor îți intră în chakra coroanei. Frica s-a materializat în carne, creier, oasele din zona cerebrală, s-a înrădăcinat profund. Limba lor are capacitatea de a extrage, ca printr-o eprubetă, un lichid de culoare albastră, care se scurge printr-un canal aflat în mijlocul limbii. Acolo au un tub care transportă lichidul din creierul tău în interiorul ființei respective. Ei extrag lichidul generat de frica înrădăcinată. Nu pot smulge frica brusc, ci trebuie să o extragă treptat, exact ca și cum ar scoate sucul dintr-o plantă, iar planta, cu timpul, neavând din ce se întreține, se va usca. Acest proces va dura 24 de luni, până când frica se va usca complet din creierul tău. Se va dizolva și va ieși treptat prin pori. Acum are sens de ce mi-a venit că este un proces de durată.

Diana: Pentru cartea ta este binevenit să cunoști cum se numesc aceste ființe și din ce dimensiune vin?

Victoria: Înainte de ființele PIKI trebuie să fie incluse.
Dragi ființe cum vă este numele? Sau care va este rasa? **OTB AAA PAO (O și A împreună) T**. Numele lor este foarte lung, însă ei prefera sub astfel de denumire mai scurtă să fie cunoscuți.

Q: Din ce dimensiune vin aceste ființe?
Diana: Mie mi-a venit 22.
Victoria: Mie mi-a venit că operează în 12. Puteți să concretizați această informatie? De ce 12 și de ce 22?
Diana: Îmi venise și 12 inițial.
Victoria: Energia se învârte în D12. Dar ce este cu D22? Ei ascensionează până în D22. Dar de ce doar până în 22?
Rolul lor mai sus de 22 nu este binevenită. Dar nu este corect cuvântul acesta, ci ca și cum până aici sunt misiunile lor.
Diana: Necesară.
Victoria: Nu e potrivit, nu e necesar. Scopul lor mai sus nu face nicio diferență.
Diana: Îmi vine să întreb care este rolul lor în susținerea planetei, sau interferează?
Victoria: Ei nu ajută cu nimic, ei doar extrag zăcăminte naturale.
Diana: Asta în interesul lor propriu?
Victoria: Văd ceva o bază, unde acolo arde foarte mult, e un fel de oval, și ovalul nu vine rotund ci mai ascuțit. Acolo înăuntru aruncă cărbune, e foarte mult foc, și ei acolo duc totul.

Q: Extragerea zăcămintelor este în scop personal?

Diana: Și dacă este binevenit pentru umanitate de fapt și la nivel înalt?

Victoria: Ei extrag ceva pentru o navă care zboară în spațiu. Nava este foarte mare. Acum vreau să întreb, este în binele cel mai înalt al planetei Pământ? Îmi vine - nu.

Diana: Da, așa îmi vine și mie.

Victoria: Nu înțeleg nimic, nu fac nimic rău, însă extrag nu pentru binele planetei. Cum așa?

Diana: Ființele astea lucrează cu lumina și iubirea? Înțeleg că operează în dimensiuni înalte.

Victoria: Îmi vine că e da și nu în același timp.

Diana: De ce da și de ce nu?

Victoria: Ei nu ating nicio ființă și nu intra în contact cu ființele de pe planetă. Ei nu sunt după oameni, animale plante etc.

Q: Dar nu, din ce motiv? Nava o simt mai întunecată, însă îmi vine că e o navă pentru deținuți.

Diana: În sensul că ei se ocupă de rase care fac rău?

Victoria: Ei țin acolo pe nava asta aceste ființe, ei pur și simplu ajută ca să ofere combustibil pentru navă, cu zăcămintele pe care le extrag.

Q: Această interacțiune cu Diana a fost întâmplătoare sau intenționată?

Victoria: Ce răspuns ți-a venit?

Diana: Mi-a venit întâmplătoare și apoi intenționată, din curiozitate.

Victoria: Mie mi-a venit intenționată.

Diana: Întâmplătoare pentru mine, dar intenționată pentru ei.

Victoria: În ce regiune trăiai tu în România? Muntoasă?

Diana: Da, la poalele subcarpaților.

Victoria: Ei erau acolo. Ei te-au văzut și erau curioși deși nu trebuiau să interacționeze.

Diana: Păi fix în zona aceea eram, aproape.

Victoria: Ei erau acolo și extrăgeau resurse naturale, deși nu trebuiau să interacționeze.

Acum am înțeles din ce motiv până în dimensiunea 22.

Îmi vine că foarte multe resurse sunt pe planeta noastră, însă regenerarea acestor resurse naturale nu implică daune, nu usucă planeta de ceea ce ea are nevoie.

Q: În linii generale, dacă cunoașteți, aproximativ câte rase vin constant pe pământ pentru extragerea resurselor naturale?
A: 240.000 sunt constante.

Victoria: Aceste extrageri a resurselor naturale este în binele cel mai înalt a planetei? Mie îmi vine că da, pentru că primește alte resurse în schimb. Sunt ceva descărcări, vine cineva și face duș de energie, informații. Nu simt să mai dăm întrebări aici. Mulțumim.

PIKI

Victoria: Numele **PIKI**. Bun venit. Care este mesajul pentru noi astăzi? Eu nu știu dacă vezi dar el îmi trimite pe mute.
Monica: Mă gândeam că nu primesc niciun mesaj dar el se conectează cu tine.
Victoria: El s-a așezat pe scaun, face levitație, zboară, apoi revine și îmi arătă că ceva îl trage în pământ, printr-un portal mai întunecat, și apoi apare din nou aici. Nu prea înțeleg ce fel de mesaj este acesta.

Q: PIKI, poți să ne dai un mesaj mai simplu, legat de ceea ce ne arăți acum?
A: Îmi spune: „Tu știi ce am în vedere." Îmi mai spune că *puterea de a mă ridica în sus, de a zbura*, o am, însă nu am suficientă credință ca să pot sămi iau avânt mai mare. Eu cred mai mult că mă pot duce în jos, decât în sus. Aceasta este o formă de credință căreia eu îi dau putere. Cum aș putea schimba această credință? Îmi arată cu degetul către tine.

Monica: Eu simt credința că nu trebuie doar să știi să citești, trebuie să simți în tine că ești o ființă multidimensională și poți să faci orice.
Victoria: Ți-a dat din palme. Mai este vreun mesaj? Doamne, cât de funny e ființa aceasta, a dat cu mâna și a zis că nu.
Hai următorul, care vrea să se conecteze. Eu simt că e o ființă care vrea să se conecteze cu tine. E pe dreapta ta. Eu știu de ce se pune pe dreapta și de ce se conectează pe stânga.
În dreapta ta e când e mesaj general pentru noi amândouă, pentru tine, pentru umanitate. Dar în stânga mea e atunci când se conectează ca mesaj concret pentru mine.

ŌPŪNĪLŦuu∞

Monica: Acum e cineva pe dreapta. Eu simt ceva, dar nu pot să descriu în cuvinte. Nu este o ființă exactă. E ca un foc verde.

Victoria: Da, are rochia ca de bal, se mișcă.

Monica: Ce vrea să îmi transmită?

Victoria: Mie mi se pare că e tot dintr-o dimensiune înaltă pentru că foarte greu percep.

Monica: Eu percep ceva D24.

Victoria: Mie mi-a venit D22. Sau 24. Hai să întrebăm mai clar. Din ce dimensiune vii? Îmi arată la tine și la mine, într-un fel că suntem 2, și-mi arată imaginea cu pleiadienii, înseamnă că e cifra 4. 24. Da, D24.

Monica: Și ce mesaj are pentru noi?

Victoria: Eu nu pot să înțeleg.

Monica: Aici e diferit, e o energie.

Victoria: Eu nici nu pot să înțeleg.

Monica: Pare că e o energie vindecătoare.

Victoria: Acum îmi arată mai simplu. Dacă noi avem feminin și masculin, energia aceasta din D24 nu are corp dar sunt sus 2 puncte feminin și masculin în același timp, dar jos are invers. Ca la o baterie cu pozitiv și negativ, corpul general al ființei este ca o baterie cu 2 extremități opuse a femininului și masculinului, dar nu 2, ci sunt 4. Adică la dublu, cum ești F și M în același corp, așa e ea la dublu.

Dacă vă puteți prezenta în cuvinte simple pentru urechile noastre.
OP (P e înăuntru la litera O, nu poți să începi cu O sau P pentru că e una și aceeași) apoi **UN** în același timp intersectate, legate între ele, **L** care jos are **T** mare, dar nu are cârligul de sus și multe fără capăt de **uuuuuuuuuuuuuuuu...**

ŌPŪNĪLŦuu∞ - Așa se prezintă.

Însemnătate:

• **OP unit într-un cerc al întregului** → un început fără separare, reprezentând unitatea dintre două polarități, începutul și pătrunderea cunoașterii.
• **UN fuzionat** → unitatea totală a dualității, „UN"-ul universal, conștiința unificată.

- **L-T combinat** → un stâlp al conştiinţei care susţine dar nu domină, L şi T combinate într-un simbol de coloană interioară, de forţă şi echilibru.
- **uuuuuuu...** → sunetul vibraţiei universale, eternitatea, sursa fără sfârşit, vibraţia infinită, sunetul care nu se termină, undă creaţiei.

ŌPŪNĪLŦuu∞ este considerat un nume de „cod-sursă" care nu se rosteşte doar, ci se simte şi se activează în vibraţie. Mulţumim.

Victoria: Care este mesajul? Mie îmi arată imagini.
Monica: Eu tot văd multe animale sau ochi.
Victoria: Vezi ca o formă de ochi? Ştii ce văd? Mi te arată pe tine prima, şi apoi pe mine. Mesajul este că noi trebuie să combinăm masculinul şi femininul în acelaşi corp, două energii complet diferite. Ea porneşte şi se formează într-una singură, iar la bază se conectează **F** cu **M** în formă de flacără, pe o spirală ascendentă. Ele se interconectează şi evoluează împreună, în sus. Acum mi-a apărut clar că ăsta este scopul: conexiunea cu **twin flame**. Îmi arată că asta este ceea ce umanitatea urmează să facă, noi toţi trebuie să ne conectăm cu **twin flame-ul** nostru şi, prin acea uniune, să formăm ceva nou. Iar mai apoi, aşa evoluăm.

Pentru că este foarte important să construim mai întâi fundaţia dintre **M** şi **F**, în starea în care suntem încă separaţi. Poate tu ai o întrebare?
Monica: Eu mă conectez foarte greu la fiinţa asta. Nu am nicio întrebare.
Victoria: Ea a luat zborul în sus.
Monica: Ea a trimis o energie în corp.
Victoria: Da, da. Ea trece natural prin tot, cu energia aceasta. Tu mai poţi? Sau îmi spui dacă vrei să ne conectăm şi altă dată.
Monica: M-ai simţit? Am obosit un pic.
Victoria: Mulţi au zis că pentru corpurile noastre fizice trebuie să o luăm mai uşor. Toţi s-au ridicat în picioare. Fiecare arată o frecvenţă ca şi cum ai aplauda.
Monica: Eu simt că ne salută. Dar şi noi facem ceva. În gâtul tău, tu emiţi o frecvenţă către ei.
Victoria: Nu văd. Nu înţeleg. Ştii ce văd eu? Corpul meu emană energie de iubire, mulţumire. Revenim când vom fi gata să aflăm mai multe despre voi şi voi despre noi.
Mulţumim.

LUCERNISUM
Sesiune Cuantum Victoria & Diana 20 Decembrie 2024

Q: De ce îi apar Victoriei diverse rase de băieței? Este vreun sufleţel care vrea să îi transmită ceva?
A: Pe masă, în fața mea, unde stă laptopul, stă un băiețel, și îmi spune că *"eu sunt aici, hey, dar tu poți să mă vezi?"*
Cum stă așezat pe masă, îl văd cum dă din picioare.

Diana: Roagă acel băiețel dacă vrea să-ţi transmită ceva.
Victoria: Fața lui este alcătuită din multe stele. El este albastru, ca un cosmos, și are multe stele pe față. Lucernius? Nu știu dacă există așa ceva. Lucernium. Ori Lucernisum.

Mesaj primit în stare de channeling

*"Suntem ființe dintr-un univers complet diferit, din locația voastră, de pe Pământ, și din lumea separată de partea noastră. Dorim să vorbim cu voi pentru a clarifica numele nostru, care este **Lucernisum**. Acesta este numele nostru, de unde venim. Lumea, lumea noastră are o frecvență sonoră intensă pe care este imposibil să o mențineți pe planeta voastră, iar în lumea voastră, halogenaţii din creația voastră, ar exploda instantaneu și pentru scurt timp, doar la auzul sunetului vocii noastre în lumea noastră. Pentru voi ar fi un bubuit de zece mii de bombe atomice în același timp. Aceasta ar fi frecvența sonoră de pe planeta noastră. Așa funcționăm și așa arătăm: albastru cu galben. Pentru voi ar fi stele, dar aceasta este creația noastră. Este imposibil pentru voi să ne auziţi decât prin astfel de conexiuni. Mulțumesc. La revedere."*

Spațiul ascuns dinaintea încarnării.
Victoria și Monica, 23 februarie 2025

Monica: Ok, am intrat în câmp și văd cum ți se face o activare. Văd deasupra ta o navă argintie, marginile ei sunt albastru foarte închis, un blumarine, iar din acel blumarine ies fire de lumină în spirală ca niște catene de ADN, tu ești întinsă, și ele intră în corpul tău. Văd că se lucrează la ADN-ul tău, ți se transmit coduri, îți completează ceva în ADN. Sunt fire albastre care îți învelesc ADN-ul.

325

Victoria: Da, de aseară am văzut cum a început acest proces, cum menţionezi tu cu ADN-ul.

Monica: Vrei să vedem ce rase de ET sunt?

Victoria: Da, vreau.

Monica: Îmi apar fiinţe ET gri, nu cunosc toate rasele, însă sunt înalţi, subţiri şi au capul mare, ochii mai mari, şi îi văd cu 3 degete la mâini.

Victoria: Eu văd o fiinţă mai mică, o singură fiinţă văd care este mică de statură.

Monica: Hai să vedem ce este cu această fiinţă.

Victoria: S-a apropiat de mine şi a apăsat cu degetul drept pe cel al 3-lea ochi, parcă am o cameră în al 3-lea ochi, micro şi macro în acelaşi timp.

Monica: Da, îmi apar cordoane de lumină energetice.

Victoria: Da, le activează. Îmi vine cuvântul *"mentenanţă"*, şi cred că schimbă *"cabluri"*.

Monica: Exact. Cum ar fi becurile acelea led mai groase, exact aşa văd.

Victoria: Da. Fiinţa aceasta mai joasă lucrează la al 3-lea ochi, şi e tehnician.

Monica: Simt cum ţi se scoate un implant din omoplatul stâng. Trag nişte fire de acolo mai negre care au forma unui păianjen.

Victoria: Eu nu văd în urma mea, însă sunt curioasă despre acest implant.

Monica: Îmi apare că ţi-a fost pus într-o altă viaţă de a ta, dintr-o dimensiune mult mai înaltă, unde tu te duceai să explorezi rasele ET, şi călătoreai.

Victoria: Mie îmi vine *"contaminare"*.

Monica: A fost pus de cineva care nu voia ca tu să faci asta şi să vezi. A vrut să te oprească.

Victoria: De asta lucrează cu al treilea ochi acum, pentru că eu mă simt invadată în spaţiul meu personal.

Monica: Da, trebuia să facă acest proces concomitent: să extragă implantul şi să lucreze şi cu cel de-al 3-lea ochi.

Victoria: Da, face sens.

Monica: Acum m-a dus undeva în univers, văd Calea Lactee într-o mare de stele, cu mult albastru. Ce înseamnă acest albastru?

Victoria: **MAHATUN k T A 46.039** este locaţia.

Monica: M-am regăsit când ai spus.

Victoria: Eu aveam fiori când am spus.

Monica: Şi eu. Aici îmi apare o planetă mai micuţă, este mai rece, pentru că mi s-a făcut rece instant. Hai să vedem ce este aici. Îmi arată că este goală la suprafaţă.

Victoria: E goală ca luna.

Monica: Da, exact, dar totul se întâmplă în interiorul ei, ca la un mușuroi de furnici.

Victoria: Da, este un portal electromagnetic care se deschide pe unde subtile energetice și se face în 1, 2, 3, adică din mai mic, mai mare, și mai mare.

Sunt **3 NIVELE**, și mai apoi poți intra în interior. De la suprafață intri în interior ca printr-un fel de teleportare.

De exemplu, știi cum ET vin și te ridică în aer, de la suprafață în sus, aici procesul acesta este invers, te trage în jos. Un fel de levitație.

Monica: Da. Hai să vedem ce se întâmplă aici în interior, de ce ne-a apărut această planetă.

Victoria: Eu încerc să mă poziționez deasupra, m-am dus în mijloc, și încerc să mă uit în interior. Acolo spațiul este foarte mare, însă fizic și vizual, din exterior, planeta pare mică. În habitatul lor, acolo mă uit în interior și este atât de multă lumină, spațiul este mare, e un paradox.

Monica: Exact, acolo este o lume întreagă.

Victoria: Da. Eu vreau să mă duc în interior. Știi cum te trage? Odată ce intri în interior te trage de picioare ca un aspirator, și de pe tine iese o haina invizibilă. Ceva se dezactivează. Nu! Corect spus, se neutralizează.

Monica: Dar mie îmi apare că intri acolo și dacă te uiți la tine cum arăți, nu mai ești la fel cum ai intrat.

Victoria: Exact, eu văd cum te trage de picioare și aici haina ți-o scoate în sus. Este un proces complex de neutralizare în același timp, unde intri ca esența ta adevărată. Haina de ființă umană se dezintegrează.

Monica: Știi cum văd? Văd aici ființe, inclusiv pe noi, tot ca umanoizi, dar pielea este mai diferită, poate un alb bleu.

Victoria: Eu văd tot așa pielea albă, nu există pori, păr, ci pielea este foarte, foarte subțire, albă. Pielea noastră este de un alb strălucitor și are două straturi sub piele, în care pelicula strălucitoare nu apare direct vizibilă, ci vine intern, iar astfel face o reflexie de strălucire. Sunt două straturi sub piele.

Monica: Exact, o piele ca un latex.

Victoria: Da, ca un latex.

Monica: Este ca o perlă.

Victoria: Suntem mai înalți, ușor slăbuți, ușurei. Nu avem organe pentru că nu le simt, dar sunt foarte multe ființe.

Monica: Uite ce interesant. Acesta este un spațiu înainte de încarnări.

Victoria: Woow.

Monica: Unde vii și îți alegi.

Victoria: Oh, Doamne eu tocmai am fiori pe picioare. Eu am văzut în vis locul acesta. Este un spațiu, doar că la fiecare persoană arată diferit, fiecare poate să-l interpreteze în funcție de filtrul imaginației individuale.

Monica: Da, e diferit pentru fiecare ca să se facă trecerea mai ușoară spre încarnare.

Victoria: Ok, acum sunt curioasă din alt punct de vedere. Acest spațiu menține credințele limitative a fiecărui individ, conducându-se după legea universală?

Monica: Mie îmi vine că aici deja încep să facă conexiunile cu persoanele pe care le văd în viața următoare. Percep sentimentul acesta de familie, apartenență, te obișnuiești cu aceste sentimente, dar văd totuși un spațiu vast, plin, unde este iubire, liniște, parcă plutim. Mi se pare că ești tot în starea de spirit, suflet, însă puțin spre încarnare.

Victoria: Da, și eu văd atât de mulți oameni.

Monica: Aici este pur și simplu o stare de plutire, ceva spre materializare.

Victoria: Înseamnă că energia din acest spațiu este o energie flexibilă, și despre asta studiez de dimineață, despre energia flexibilă în creația totală.

Monica: Mai apar niște ființe care nu sunt tocmai de lumină, și caută acest spațiu. Văd cum se plimbă din Galaxii în Galaxii, însă nu pot să îl găsească.

Victoria: Motivul pentru care este creat un astfel de habitat este ca să nu fie depistat, ci să pară un asteroid, o planetă pe care nu există nimic. Îmi vine acum informația că, de fapt, sub pământ, sub creasta suprafeței, există un câmp de unde asemănător undelor radiațiilor gamma. Această undă gamma este o radiație complexă, care are ca efect neutralizarea, iar lumina se conservă în interior și nu se poate expanda. Astfel, nu poate fi detectată. Nici măcar cu dispozitivele performante ale altor ființe.

Monica: Asta văd și eu.

Victoria: În ce dimensiune se află aproximativ acest loc, dacă este binevenit să cunoaștem.

Monica: Îmi vine 7.

Victoria: Mie îmi vin două variante. Una mai joasă și una mai înaltă, care coexistă în același spațiu. Planeta se află în dimensiune mai joasă, în D7, însă odată ce intri în interior văd cifra 22. D22 coexistă împreună cu D7 în același spațiu, însă se divizează în dependență de percepția energetică pe care tu o ai la momentul accesării informației. Energia este flexibilă, nu poate să fie statică sau solidă. Mulțumim.

Monica: Hai să mai vedem ce mai apare.

Victoria: Mi-a venit *"key points"*, *"cheile puncte."*

Monica: Am văzut cum au terminat cu tine, cu lucrul la cel de-al treilea ochi, și te-ai ridicat, iar acum ai un costum ca de latex pe tine.

Victoria: Am văzut!

Monica: Da?

Victoria: Da.

Monica: E un costum foarte frumos și nu te mai străpunge nimic. Ți-au pus o protecție pe corpurile tale și ai un păr foarte lung dat pe spate.

Victoria: Eu văd ca o mantie în urmă.

Monica: Da, ca la *Wonder Woman*. E în zona de feminitate și putere. Acum văd cum această navă pleacă.

Victoria: Noi am întrebat cine sunt ei? Îmi vine că *"nu este relevantă întrebarea"*.

Monica: Deci ei au venit doar să îți facă această activare.

Victoria: Da, nu este important să cunoaștem.

THE GREYS ET

Monica: Oricum sunt cei gri.

Victoria: Da, pentru că ei sunt pe partea tehnică. Apropo, îmi vine doar un mesaj de departe, un mesaj final, că ei își lucrează și au început procesul recuperării karmei lor. Au început procesul lor de evoluție pe partea polarității pozitive.

Monica: Îi văd cum pleacă și la alți oameni, ajută foarte mulți oameni.

Victoria: Da, lor li s-a schimbat sistemul de operare. Înainte făceau experimente în scopuri personale, dar acum le fac cu scopul de a ajuta, prin cunoștințele lor, umanitatea și alte ființe. Asta este interesant, pentru că noi toți știm că ei sunt considerați „răi", însă ni se arată clar că sunt acum pe drumul corectării. Așa că le mulțumesc.

Monica: Mi-a apărut tatăl tău leu. Vine să te ia de unde ați rămas, zburați și treceți printr-un fel de portal, îmi arată un portal verde care pulsează, văd cum ai intrat în el ca printr-un tunel în spațiu timp, și aici cauți ceva. Cred că este călătoria din sesiunea noastră ca să găsim informații.

Victoria: Aici e un alt fel de librărie, este mai confidențială, secretă îmi vine să spun, văd un coridor cu uși pe dreapta și pe stânga. Am încercat să deschid o ușă pe partea dreaptă și acolo scrie "Acces interzis". Ok. Rog câmpul să indice care uși avem permisiunea să le accesăm.

Monica: Îmi arată să mergi înainte.

Victoria: Da, în față.

Monica: Da, acum nu vezi nimic, însă dacă faci câțiva pași o să-ți apară.

CHITKATU MAIS 29

Victoria: De fapt suntem în dimensiunea a 5-a.

Monica: A 5-a, da exact. Am vrut să îți zic când ai tras de uși.

Victoria: Ok, sunt în fața ușii, dar mai este încă o ușă. Îmi arată două uși, pe stânga și în față, însă prima pe cea din față am nevoie să o deschid. Ok, hai că o deschid. Aici e foarte, foarte rapid, simt că zbor mai repede decât viteza luminii.

Monica: Da, e totul mult mai rapid.

Victoria: Instant, parcă sunt o rachetă.

Monica: Eu sunt din urma ta.

Victoria: Suntem într-un spațiu deschis iar în mijloc o să apară un alt spațiu, ca o navă, o sală de conferințe. Ea este acolo dar noi nu o vedem. Woow, este foarte mare. Eu încep să o văd cum se materializează. Este o navă foarte mare, ca un fel de platinum. Are un perete, și apoi o fațadă.

Monica: Mie îmi apare și culoarea roșu la nava aceasta.

Victoria: Interesant, nu știu unde te aflii de o vezi roșie, pentru că eu sunt afară într-o parte și o văd gri, e platinum ceva la compoziție, și văd diferite ferestre.

Monica: Aici iarăși îmi apare că este vorba de percepție, cum percepe fiecare dintre noi.

Victoria: Da, e în regulă.

Monica: Tu ai nevoie să te urci în navă.

Victoria: Da, eu sunt în urmă și acolo este o ușă, ca la avioanele cargo.

Monica: Da, este mare și se lasă în jos.

Victoria: Așa, acum se deschide, nu știu cum tu percepi, însă nu văd o ființă cu corp fizic, ci energetic. Ele sunt, dar sunt invizibile.

Monica: Eu le văd cum ar fi meduzele.

Victoria: E transparent, vezi umbra. Noi câtă fizicalitate avem comparativ cu ei. Ei sunt tare înalți, de vreo 4 metri comparativ cu 1,65 al meu. 4 metri minim, pentru că stau aplecați și se uită la noi, dar sunt transparenți, ca o meduză.

Monica: Sunt foarte înalți.

Victoria: Ne dă voie să trecem, te văd pe dreapta mea, iar ei au creat o măsuță mică pentru copii.

Monica: Da, am văzut-o și eu. A creat-o ca să stăm noi acolo.

Victoria: Ok. M-am așezat pe scaun și te văd iar pe dreapta.

Monica: Da, și eu te văd pe stânga mea. Hai să vedem ce informații vrea să ne dea.

Victoria: Este un dispozitiv în interior, sus, în partea stângă din spatele meu. Arată ca o antenă care învârte informația și creează un fel de translator. Este un dispozitiv de traducere care nu traduce după voce, ci după frecvența cuvintelor.

Monica: Da, am văzut-o și eu în timp ce spuneai, mă uitam la ea. Mă uitam să văd pentru că se rotește ca o sferă metalică.

Victoria: Da, ea este rotundă, iar când se învârte, creează unde circulare. Când noi vorbim, dispozitivul generează o undă mai mare, ascultă. Dar atunci când urmează să vorbească, să ne traducă nouă, unda apare micuță, în centru. Și transmite, de fapt, prin culoarea roșie, exact ceea ce ai văzut. Seamănă cu partea rotundă de la AirPods, cea moale pe care o pui în ureche. Așa arată.

Monica: Da, exact.

Victoria: Hai să începem să comunicăm.

Monica: Da, încerc să percep. Am auzit. Bine ați venit. Noi suntem… și aici încercam să percep ce sunt. Primesc literele AR.

Victoria: AR//*34!44

Q: Dragi ființe puteți să ne traduceți mai ușor, în terminologia noastră umană?
A: Noi suntem **CHITKATU MAIS 29**. Oricum au cifre. Mulțumim.

Monica: Primesc că ei vin cu upgradeuri care se fac tot în ADN, în toate corpurile noastre subtile, și lucrează cu frecvența planetei Pământ.

Victoria: La nivel interior.

Monica: Da, îmi arată nucleul pământului, și iarăși văd roșu.

Victoria: Ei de asta comunică prin culoarea roșie. Corpurile lor le permite practic să fie invizibile atunci când ating temperatura interioară sau straturile pământului. Ei trec ușor prin materia noastră fizică.

Monica: Da, văd cum ei își iau energia lor. La ei toată tehnologia se trage din energia nucleelor planetelor, comparativ cu noi care funcționăm pe bază de curent. Ei doar canalizează de acolo.

Victoria: Și se hrănesc, adică energia lor vitală este dedicată acestui scop, chiar dacă nu arată asta în mod fizic. Masa aceasta din nucleu, care este foarte densă și fierbinte, îi menține reci.

Monica: Exact, da. Vreau să întreb în cel fel o să ajute planeta să facă un upgrade, sau pe noi?

Victoria: De la Polul Nord. Ei lucrează la un proiect. Să ne imaginăm un radar care creează un portal adânc, ca o groapă lăsată de un meteorit căzut. Exact așa se învârte, și îmi arată că rotația se face de la est la vest, în direcția acelor de ceasornic, pornind din zona nordică, pentru că pe acolo intră ei. Prin acel punct pot intra în interiorul Pământului.

Monica: Îmi arată că ei fac și o protecție cu această frecvență. Îmbracă pământul într-un strat protector, ca o perdea foarte fină.

Victoria: Știi ce îmi spun? Că de fapt Polul Sud nu există. Aceasta este de fapt holograma lor. Există doar Polul Nord, adică noi vedem Polul Nord și Polul Sud, dar ei nu recunosc existența Polului Sud pe globul nostru pământesc. Din perspectiva lor, planeta noastră nu este rotundă. La un nivel de hologramă, toata energia pornește din interiorul pământului, de la Polul Nord. Aceasta este originea, adică *"origin point"*.

Monica: Ok.

Victoria: În ce dimensiune operează ei sau din ce dimensiune vin?

Monica: Îmi arată că vin din dimensiunea 34.

Victoria: Și mie mi-a venit D18.

Monica: Acolo operează?

Victoria: Hai să întrebăm încă odată. Care este originea dimensiunii voastre, și care este dimensiunea de operare?

Răspuns: Operare D18.

Monica: Tot așa îmi apare.

Victoria: Interesant. Cum se manifestă sistemul lor de operare în D18, în concordanță cu dimensiunea noastră, la dimensiunea 3-4-5? Îmi vine că întrebarea este complexă însă în același timp este adresată la un nivel de copil.

Monica: Da, exact. Îmi arată cum fac pe o tablă niște formule, dar nu sunt litere sau formulele pe care noi le știm Ele sunt ca simboluri.

Victoria: Eu văd simboluri.

Monica: Foarte multe simboluri, văd ceva cu un 0 cu ceva în interior, un fel de E întors invers.

Victoria: Sau rotund, mai moale, nu știu cum văd.

Monica: Ei încearcă să ne arate însă e complex, și spun că au ajutat mai multe planete ca să treacă la nivelul următor, iar acum vin să susțină procesul de ascensiune al planetei.

Victoria: Îmi arată o carte. Văd de exemplu, cum de la pagina 1 trece la următoarea, aceasta ar însemna că suntem la final?

Monica: Tu știi ce-mi apare? Că ei dau vălul acesta al Matrixului jos, și ne ajută să vedem dincolo de el. Ei sunt cei care ne ajută să vedem acele coduri ale Matrixului, în vise sau în meditație.

Victoria: Acum înțeleg de ce vedeam simboluri diferite. Simbolurile pe care le vedeam, de fapt formulele lor, nu sunt pe orizontală, ci pe verticală, sunt pe pachete. Unități de formulă îmi vine.

Monica: Ei descifrează Matrixul și îl rescriu.

Victoria: Îmi vine că este *un proces foarte complicat.* Interesant, ei lucrează, da, ei văd formulele, le interpretează, le înțeleg, însă focusul lor nu este pe cifre, formule din Matrix, ci pe golurile dintre aceste pachete. Ei studiază spațiile goale dintre aceste sisteme, formule, programări care sunt din Matrix. Pe ei nu îi interesează să schimbe sistemul, ei analizează și se focusează pe cum să reprogrameze acele spații goale dintre formule și cifre.

Monica: Studiază frecvențele, *secvențialitatea* dintre ele.

Victoria: Interesant e că azi dimineață, la fel am ajuns cu studiul la un astfel de cuvânt.

Monica: Nu cred că am mai folosit astfel de cuvânt vreodată.

Victoria: Da, mi se descarcă foarte intens în al treilea ochi. Îmi vine acum informația că, în spațiile libere dintre formule, care par a fi de culoare neagră, există, de fapt, un spațiu de culoare albă. Ei au abilitatea de a vedea în acel spațiu, acolo se află multe ființe, rase pe care eu nu le pot vedea, iar Matrixul nu are acces. Există o opțiune de tipul *"special access denied"* pentru Matrix, tocmai ca să nu provoace supraîncărcarea programelor, a software-ului. Ei (ființele respective) au abilitatea și cunoștințele necesare pentru a vedea formulele aflate în acest „gap" și, de acolo, pot reformula și ajusta sistemele de operare ale Matrixului.

Am transmis mesajul, însă uneori mă întreb: *"Ce am spus, de fapt?"*

Monica: Da, uneori și eu sunt așa. O să reasculți și vei înțelege.

Victoria: Da, o să înțeleg.

Victoria: Așa. Vrei să întreb mesajul pentru noi, pentru omenire? *Suntem într-un punct culminant la nivel planetar?*

Monica: Așa simt și eu, și văd că ne îndeamnă să fim încrezători în proces, însă și blânzi cu noi, pentru că o să trecem prin foarte multe procese, atât fizice cât și emoționale. Pur și simplu avem nevoie să le lăsăm să curgă prin noi, pentru că sunt inevitabile.

Victoria: Da, tu vorbeai, și mie îmi vine imaginea că planeta noastră s-ar afla pe vârful unui munte. Iar ca să te poți stabiliza, fiind pe o coastă, pe o creastă de munte, ai nevoie să lași în urma ta greutățile pe care le-ai acumulat. Cu cât stai mai mult pe creasta muntelui, cu atât te poți dezechilibra mai ușor și riști să faci trecerea spre viitor ducând cu tine toată acea greutate. De fapt, mesajul lor este că noi, ca omenire, dar și ca indivizi, avem nevoie să lucrăm cu noi înșine și să eliberăm tot bagajul, greutățile, traumele, tot ce am acumulat, să lăsăm să cadă totul. Văd cum cad haine, valize, greutăți, le dai drumul și ele cad. Acest proces îți va permite să rămâi acolo, în punctul înalt. Pentru că este esențial să renunți la tot ce este în exces și să rămâi doar cu strictul necesar.

Monica: Acum mi-a venit că de asta ne-au dus și pe planeta aceea unde erau sufletele înainte de încarnare ca să înțelegem cât de puri și goi erau în același timp.

Victoria: Exact. Pentru că scopul este să rămânem doar noi. Nu ne trebuie nimic altceva.

Monica: În același timp, chiar dacă avem și aspectele materiale, să fim pregătiți să renunțăm, să nu fim atașați de ele.

Victoria: Da, acesta este mesajul pentru noi toți. Nu se referă la individual, pentru că noi suntem parte din întreg, și nu pot să ne identifice ca individual.

Monica: Dar aici mai simt că tu faci parte dintr-o masă de oameni care au treabă cu Matrixul, cu baza, codurile la această secvențialitate. Tu vei descoperi ceva legat de Matrix. Ori că îl simți foarte bine, ori că uneori poți să simți, să îl atingi.

Victoria: Sunt foarte curioasă aici să abordăm subiectul dat, vreau să înțeleg conceptul și ce se are în vedere cu asta. Ce abilitate am eu, de îmi permite să văd din exteriorul Matrixului, cum funcționează principiile interne fiind în exterior?

Monica: Imediat, pentru că te văd în altă dimensiune cum lucrezi la calculatoare imense.

Victoria: Eu sunt persoana care ia decizia, pentru că eu văd că fac *"anulare"* la unele operațiuni.

Monica: Da, iei decizii.

Victoria: Și unde mă aflu fiind în acest aspect, această ființă, acest rol?

Monica: Da, pentru că nu ești din aceleași ființe pe care le-am văzut acum, ești altceva, însă să vedem. Îmi arată că ești între dimensiuni, pe o navă.

Victoria: Da, și eu văd o navă de tip semisferă, pentru că vine drept și sferă.

Monica: Da, așa văd și eu.

Victoria: Știi de ce anume așa trebuie să fie nava aceasta? Pentru că forma dată reușește să treacă prin timp și spațiu. Spațiul să zicem că este drept, pentru că dacă ne uităm după dimensiunea 1-2-3, este spațiu și apoi vectorul acesta. El este drept ca să îți permită să călătorești în dimensiunea cu localitatea, spațiu, dar timpul deasupra este rotund, e ca o undă care se mişcă. Având o formă rotundă deasupra, este ca şi cum ai trece printr-un strat, asemenea unei mingi care intră în apă. E un laborator.

Monica: Cum te-am văzut pe Pleiade, la fel arăţi şi pe nava aceasta, dar nu pot să zic că eşti Pleiadian, ci ceva asemănător.

Victoria: Eu mă văd singură acolo.

Monica: Eu tot singură te văd, şi călătoreşti în foarte multe dimensiuni, prin timp şi spaţiu, îţi iei ceva din trecut, te întorci.

Victoria: Am o grămadă de butoane peste tot în navă. E foarte mare.

Monica: Îmi apare că tu comunici prin această navă cu alte fiinţe.

Victoria: Nava este bio, dar nu este sintetică, este *bio* şi încă ceva, un alt cuvânt. Nava însăşi este o fiinţă, însă în acelaşi timp este o sistemă de operare complexă.

Monica: Este un fel de *biotehnologie*.

Victoria: Da, e ca şi cum noi avem corp, corpul fizic comunică cu tine direct, însă de fapt tu eşti înăuntru un suflet care comunică cu corpul tău fizic. Nava, să spunem aşa, are suflet.

Monica: Da, ca o inteligenţă artificială.

Victoria: Da, exact.

Monica: Tu asta aduci în planul fizic, în 3D, pentru că ai multe cunoştinţe din acea dimensiune unde te afli, şi aici poţi să ajuţi oamenii să vadă Matrixul, să cunoască această programă.

Victoria: Care este proiectul GENERAL la care lucrez acum, nefiind conştientă din punctul de vedere al corpului fizic? Dacă este binevenit să cunosc.

Monica: Ascensiunea planetei, acesta este proiectul cel mare, însă el are foarte multe puncte.

Victoria: Subdiviziuni. Este o întrebare foarte complicată de înţeles.

Monica: În mare parte tu asta faci, acesta este proiectul tău cel mare. De aceea îţi vin şi atâtea formule, pentru că este o ştiinţă.

Victoria: Acum face sens de ce eu azi am ajuns la o teorie în care se spune de cuantum în computing, şi acolo am găsit informaţii relevante, dar este complex, ceea ce pentru mintea mea îmi ia mult timp ca să înţeleg ce se vorbeşte, însă uite, acum face sens.

Monica: Vrei să întreb despre corpurile lor, cum funcţionează, sau altceva?

Victoria: Eu aş întreba, dacă ei sunt ok să ne împărtăşească, care informaţie este binevenită ca noi să cunoaştem.

Victoria: Corpurile lor sunt formate din particule subatomice, care pentru noi, în lumea non existentă fizic coexistă în dimensiunea lor. Pentru noi este un spaţiu alb, pentru ei este o lume întreagă. Dacă noi percepem diverse lumini, o vedem ca lumină, ei văd o lume extraordinară, privind în lumină.

Monica: Îmi apare cum se formează ei ca niște vase mari, ca într-un incubator, cu un fel de lichid gelatinos se leagă cu niște tuburi și se conectează din conștiința tuturor la o nouă conștiință.

Victoria: Sunt tuburi.

Monica: Ca niște capsule.

Victoria: Da, capsule pe orizontală.

Monica: Da, exact, și mereu sunt 7 principale care transferă și se conectează cu conștiința lor, iar din acest proces văd cum s-ar naște o nouă ființă.

Victoria: Văd semința cum iese de acolo.

Monica: Da, ceva.

Victoria: Fiecare sămânță pe care ei consideră că este necesar să o creeze pentru noile generații este precedată de calcule riguroase, și nu doar calcule matematice, ci și o bazare profundă pe principii ale iubirii. Este ca o balanță între știința cifrei și însăși creația divină, a lui Dumnezeu. Dacă apare chiar și cea mai mică eroare, acea sămânță nu mai este creată. Ei folosesc un sistem, un fel de software, capabil să facă predicții în viitor, estimând momentul aproximativ în care se va putea crea o nouă sămânță, o nouă generație. Îmi vine informația că generațiile lor corespund cu mileniile, în anii noștri. Ei pot anticipa când un suflet, să zicem sufletul X, decide să încheie o experiență și să pornească într-una nouă. Pe baza acestui aspect, ei au o medie, un echilibru între ființele aflate în experiență, astfel, dacă una pleacă, automat alta vine în locul ei.

Monica: Da, da, pentru că fiecare are o misiune clară în ce va face, și nu poate funcționa unul fără altul. Ei știu cât timp vor sta în experiența aceea și când vor părăsi planeta.

Victoria: Da, au un fel de note din timp cu ani, mii de ani înainte. Ei sunt foarte calculați, însă nu doar calculați strict, ci sunt ca o balanță în creația lui Dumnezeu. Energia lor este atât de blândă.

Monica: Da, foarte blândă. Am primit că vor mai sta aici pe pământ 10 ani ca să continue procesul cu codurile.

Victoria: Sunt curioasă, ei au fost, sau sunt fizic pe planeta noastră? Sau nu?

Monica: Ei au venit pe planeta noastră, dar noi nu îi putem percepe, nu și-au schimbat forma, deși au posibilitatea de a-și schimba forma, dar nu au de ce să facă asta.

Victoria: Da, mie mi-a venit nu, pentru ce? Ei nu văd sens ca să vină aici, când ei pot lucra remote și au un impact mult mai benefic decât să fie pe planetă.

Monica: Da, nu e nevoie. Îi văd cum au lucrat și au venit, însă au venit din planul lor, de unde noi nu putem să îi percepem.

Ei spun:

„Voi, ca umanitate, sunteți în procesul de decodare a voastră. Vă redescoperiți cine sunteți, cum sunteți structurați, cum ați fost construiți.

Este un proces lung și complex și nu toată lumea va ajunge acolo în același timp."

Victoria: De aceea văd cum cromozomii și ADN-ul se desfac. Văd secvențe care se luminează și se rearanjează.

Monica: Da. *„Chiar și oamenii voștri de știință încep să înțeleagă asta, dar ei încă operează dintr-un sistem foarte limitat.*

În curând vor descoperi puntea dintre corpul fizic și cel energetic, iar de acolo, lucrurile se vor accelera și mai mult."

Victoria: Și de aceea sunt aici. Să ghideze aceste descoperiri.

Monica: Da, ei spun că rolul lor nu este de a interveni, ci de a facilita. De a deschide uși. Ei oferă informații, coduri, imagini și chiar întâlniri fizice în vise sau stări alterate de conștiință.

Victoria: Văd unul dintre ei arătând o holograma, un fel de cilindru, iar în interiorul lui se află o persoană. Îl rotesc încet și, pe măsură ce se învârte, apar lumini pe corpul persoanei, anumite chakre sau zone se aprind într-o secvență.

Monica: Da, pentru că așa ne scanează.

Victoria: Exact. Ne scanează corpurile de lumină. Chakrele sunt ca niște puncte de acces la coduri. Din câte văd, atunci când una se activează, permite un fel de „descărcare" sau infuzie energetică. Apoi se activează o alta, ca o secvență de deblocare a anumitor straturi ale conștiinței.

Monica: De aceea, mulți dintre noi experimentăm simptome fizice. Aceste activări se întâmplă rapid și intens acum, iar corpul încearcă să se adapteze.

Victoria: Văd mulți oameni care au dureri de cap, palpitații, presiune în piept, în special în chakrele superioare.

Monica: Ei spun că nu ar trebui să ne facem griji. Este o fază temporară și corpul știe cum să se adapteze. Cheia este să ascultăm, să ne odihnim, să bem apă și să permitem corpului să se integreze.

Victoria: Vreau să întreb, vor continua să lucreze cu noi? Individual sau colectiv?

Monica: *„Da. Am fost cu voi mult timp, dar până acum nu ne-ați putut percepe. Acum că vă treziți, mulți dintre voi ne puteți simți prezența sau chiar ne puteți vedea. Lucrăm în grupuri cu oameni de pe întreaga planetă. Veți începe să vă recunoașteți unii pe alții în curând.*

Cei care lucrează cu frecvența noastră sunt codificați într-un mod specific. Veți simți asta prin rezonanță."

Victoria: Deci, dacă întâlnesc pe cineva din același grup, voi simți imediat?

Monica: Da, este o recunoaștere profundă. Nu doar a persoanei, ci și a misiunii. Vei simți că i-ai cunoscut dintotdeauna. Se va simți familiar și aliniat.

Victoria: Are sens. Am început să întâlnesc oameni de genul acesta recent, iar legătura este instantanee.

Monica: Se spune că face parte din procesul de desfășurare. Aceste întâlniri sunt sincronizate. Sunteți reuniți pentru a lucra la sarcini, a construi proiecte și a ancora noi structuri.

Victoria: Văd clădiri de lumină construite. Nu clădiri fizice, ci ca niște grile sau rețele de lumină între oameni. Fiecare persoană este un nod.

Monica: Da, exact. *„Fiecare ființă trezită este o ancoră de frecvență.*

Împreună, formați o nouă grilă în jurul Pământului, una care nu este vizibilă cu ochiul liber, dar foarte reală.

Această nouă matrice, să o numim matricea organică, este ceea ce va înlocui matricea artificială care funcționează de milenii."

Victoria: Oh, deci asta fac! Nu repară vechea matrice, ci construiesc una nouă.

Monica: Exact. *„Vechea matrice se prăbușește. Ești martor la decăderea ei.*

Ceea ce percepi drept «haos» pe Pământ este doar dezmembrarea vechilor coduri."

Victoria: Și de aceea trebuie să renunțăm. Renunțăm la tot ce este atașat de vechea matrice; roluri, identități, locuri de muncă, așteptări...

Monica: Totul. *„Nu poți căra vechiul bagaj în noul sistem. Este incompatibil.*

De aceea ești deposedat, emoțional, mental, fizic."

Victoria: Wow. Este atât liniștitor, cât și intens.

Monica: Da. Ei spun că suntem sprijiniți la fiecare pas, dar respectă liberul arbitru.

Nu pot interveni direct decât dacă sunt invitați, fie prin intenție, meditație, fie prin conexiune conștientă.

Victoria: Acesta este un mesaj foarte important. Mulți oameni se așteaptă să fie „salvați", dar realitatea este... că trebuie să alegem asta.

Monica: Exact. Nu sunt aici să ne salveze. Sunt aici pentru a co-crea cu cei care sunt pregătiți.

Victoria: Mulțumesc. Simt o imensă recunoștință pentru prezența lor.

Monica: La fel și eu. Simt că tocmai am primit o descărcare uriașă. Am nevoie de ceva timp să procesez totul.

Victoria: Și eu. E ca și cum întregul nostru sistem se recalibrează. Corpul meu zumzăie.

Mulțumim. Acum ne escortează.

Monica: Da, am ieşit. Coborâm acum.

Victoria: Da, am ieşit şi au dispărut instant.

Monica: Pe tine te văd cum te grăbeşti să te duci la uşa cealaltă.

Victoria: Da.

Monica: Mi-ai luat-o înainte.

Victoria: Eu sunt exact la uşa aceasta din faţă, sunt exact unde am fost iniţial. Acum mă duc înapoi pe partea dreaptă. Da, eu sunt foarte neră-bdătoare, vreau mai repede să reuşesc.

Monica: Da, esti amuzantă.

Victoria: Acum sunt în faţa uşii, şi este de culoarea albastră. Acea uşă, prima era din lemn, o vedeam rotundă sus, nu dreptunghiulară, însă partea de sus nu ştiu cum se duce în urmă, ca un ecou, ceva care se extinde.

Monica: Sunt curioasă unde mergem.

Victoria: Hai, eu deschid uşa. Ciudat. Văd cum am căzut în jos dar de fapt mă duc în sus.

Monica: Te-am văzut când ai deschis cum ai căzut în jos şi apoi ai zburat în sus.

Victoria: Da, interesant câmp, spaţiu.

Monica: Este elastic.

Victoria: Da, sunt principii complet diferite de fizică.

Monica: Dar şi corpurile noastre sunt elastice.

Victoria: Da, mă simt aşa cum eram când eram mică. Eu tot timpul vedeam sfere, sfere de orice dimensiune, şi eram elastică în acelaşi timp.

Monica: Da, dar plutim. Simt că suntem trase ca un curent, care ne duce într-o direcţie.

Victoria: S-a făcut un curent în formă de triunghi în jos. Parcă tot aşa se întinde.

Monica: Dar e foarte blând, adică nu e ceva care să îţi dea stare de nelinişte.

Victoria: Da, da.

Monica: Blând, natural, te întinzi ca după somn.

Victoria: Da, exact aşa când te întinzi după somn. Eu văd acum un triunghi. Eu sunt sus şi văd cum triunghiul se dilată şi se duce în jos. Mă duc în interiorul lui, e o senzaţie că te duci cu capul în jos, însă în acelaşi moment te ridici în sus, spre interiorul triunghiului, piramidei. Interesant câmp. Hai să vedem unde ajungem. Este o uşă, am ajuns în interior, în vârf şi este o uşă.

Monica: Aha, intră acolo să vedem.

Victoria: Aici e dimensiunea 8D. Este o cărare în faţă, este în aer, însă este mai stabil.

Monica: Aici simt că a revenit gravitația.

Victoria: Da. Acum sunt niște scări. Mă cobor 4 scări în jos, merg înainte încă vreo 3 scări în jos, merg în jos încă vreo 3 scări, se aseamănă cu Megaquanticul, câmpul pe care l-am descoperit.

Victoria: Am ajuns la un spațiu unde stăm prin prejur la foc. Dar nu e foc acolo, e pur și simplu rotund, așa cum te-ai așeza comod.

Monica: Da, este cerc, văd ca o natură, dar nu e natura cu care suntem obișnuiți pentru că este ceva foarte diferit de ce percepem noi. Este ca un spațiu deschis.

Victoria: Este doar memoria. Spațiul acesta creează memoria vizuală la cunoștințele pe care tu deja le ai, nu la nivel fizic, ci la nivel de suflet. E ca și cum îți creezi mediul tău personal, din imagine, din memorie.

Monica: Hai să vedem, vine cineva.

Victoria: Eu m-am așezat și stau întinsă, și tu tot te-ai așezat pe partea dreaptă. Tu mereu stai pe partea dreaptă.

Monica: Da, așa și mă văd.

Victoria: Cineva s-a așezat pe scaun în fața noastră. Pe dreapta ta cum ar veni, dar de fapt eu văd un bărbat.

Monica: Da, e ciudat să îl percep. E un bărbat, dar se schimbă apoi și văd multe linii. Poate vrea să ne transmită cine este, și mesajul lui.

Victoria: Îți dă o foaie, ceva scrisă.

Monica: Acestea sunt liniile pe care le vedeam.

Victoria: Le văd și eu acum, adică pe foaie.

Monica: Aici văd un fel de scrisoare scrisă în coduri, ca niște note muzicale.

Victoria: Da, pentru că eu văd puncte, bețișoare. Poate mesajul este pentru tine? Sau poate tu le pricepi în note muzicale? Hai să întrebăm ce este aici. Da, mesajul este pentru tine, tu o să ai o descărcare de o muzică.

Monica: Asta, da asta, este ca o muzică pentru mine. Am întrebat și mi-a spus că nu e momentul acum însă îmi lasă foaia.

Victoria: Da, e pentru tine. Gata, a plecat.

Monica: Mulțumesc. De asta vedeam dungile, ca la portativ, acum înțeleg.

Victoria: Da, pentru mine nu face sens, eu vedeam puncte, bețișoare.

CONSILIUL GALACTIC

Consiliul Galactic este o adunare colectivă de civilizații extraterestre avansate, ființe iluminate și gardieni cosmici dedicați supravegherii echilibrului, armoniei și evoluției vieții în galaxii. Acest consiliu funcționează ca un organism de guvernare universal care monitorizează sistemele planetare, sprijină civilizațiile în creșterea lor spirituală și tehnologică și asigură păstrarea legii cosmice.

Compus din rase diverse cu abilități și înțelepciune unice, Consiliul Galactic operează dincolo de granițele politice sau culturale, concentrându-se în schimb pe binele superior al tuturor ființelor. Îndrumarea lor ajută la menținerea păcii, prevenirea conflictelor și facilitarea procesului de ascensiune pentru planete precum Pământul.

Lucrând în colaborare între dimensiuni și linii temporale, Consiliul Galactic încurajează cooperarea între sistemele stelare și promovează schimbul de cunoștințe, tehnologie și perspicacitate spirituală. Prezența lor amintește umanității de locul său în cadrul unei vaste comunități cosmice și ne încurajează să ne trezim la moștenirea și responsabilitățile noastre interstelare.

Victoria: Au venit 3 ființe, ele sunt din Consiliul Galactic.
Monica: Le văd foarte lungi și cu mantii.
Victoria: Da, și ființa din mijloc are ceva tare pe cap, însă nu percep clar. Nu este o coroană, ci e ceva mare.
Monica: Văd un tub înalt.
Victoria: Da, și are diferite medalii din cristale. Celelalte două ființe din lateral nu au așa dispozitiv/tub avansat pe cap, ci ei au ceva mai simplu, iar mantiile lor sunt destul de mari. Dacă privesc din stânga mea, mantia e de culoare ca rubinul, din față văd alb cu auriu, din dreapta este violet cu albastru și alb, dar culorile se schimbă.
Monica: Da, culorile sunt vii pe ei.
Victoria: Da, sunt cameleonice, adică mantia lor își schimbă culorile.
Monica: Ok, le mulțumim pentru că au venit. Care este mesajul pentru noi? E ceva legat de cartea ta pe care o scrii. De ce râzi Victoria?
Victoria: Râd pentru că ființa din mijloc, nu știu ce rang are, o să o rugăm să se prezinte, însă această ființă a transmis un gând către tine. Îți trimite foarte multă lumină și iubire însă a spus că ea nu vorbește cu tine, ci cu mine. Cel care este lângă tine se schimbă în violet și albastru, și el a început

mai mult să emane iubire, pentru că nu este vorba de o discriminare, ci este un discuție *"business."*

Monica: Exact. Și eu am simțit la fel atunci când am întrebat care este mesajul pentru noi, mi-a venit nu, mesajul este pentru Victoria, nu pentru noi.

Victoria: De aceea și râd.

Monica: Da, a fost aceeași senzație, și aici a fost pentru cartea ta. Hai să vedem, poate îți transmite direct ție.

Victoria: Îmi vine că este necesar să fie finalizată curând, SOON!

Monica: Da, te văd la o masă cum scrii, și discutați între voi și tu scrii cartea.

Victoria: Proiecția la care lucrez împreună cu dânșii și cu cartea se numește... stai, mi-a venit, dar s-a dus. Mi-a fugit denumirea. Erau două cuvinte. Îmi vine că o să mi le trimită separat, nu știu din ce motiv. Dacă vrei, pot să te ajut să reformulezi sau să clarifici și mai mult!

Monica: Iar mie mi-au mai venit informații despre apă și informația care se transmite prin apă, pe care trebuie să o verifici. Este ceva foarte important, ce trebuie să aflii.

Victoria: Interesant. Nu am ajuns la un așa subiect, și nici nu m-am gândit.

Monica: Îmi apare circuitul apei în natură, cum apa se ridică în cer și de acolo ea vine cu o nouă informație. Tu o să descoperi despre asta. Îmi apare și un cristal albastru, ca o apă limpede, poate fi un acvamarin, este un fel de diamant albastru, ca safirul, care conține aceleași informații pe care și le ia apa când ajunge în univers.

Victoria: Comunică cu mine, nici nu pot vorbi nimic. Au creat un canal în care vorbesc cu subconștiina mea, nu pot verbaliza și nu pot spune în voce pentru că are o viteză prea rapidă ca mintea mea logică să poată să o perceapă.

Monica: Am simțit că vorbesc în interiorul tău.

Victoria: Da.

Monica: O să descarci ceva cu informația asta. Ți-o implantează direct.

Victoria: Da, e un canal direct cu mine, și vreau să spun ce informații primesc, însă trece direct prin toate filtrele. Practic nici nu reușește mintea mea să cuprindă ce vine. Aș fi vrut să înregistrez și nici nu pot. Stai o clipă, încă mai este, inca nu pot.

Monica: Da, văd și eu cum comunică cu tine.

Victoria: Da, eu lucrez la proiectul acesta cu ei, de fapt sunt ghidată de ei direct. Îmi vine că trebuie să scot cât de curând cartea pentru ca informația să ajungă exact în unitatea de spațiu și timp în umanitatea noastră. Este un termen până când pot să întind, însă dacă o să o lungesc foarte mult, ei pe mine o să mă forțeze mai drăguț, ca să finisez. Îmi vine *DON'T WASTE YOUR TIME/Nu piere timpul.*

Monica: Da, este rapid acest proces, și încercam să înțeleg ceva. Este ceva informație despre asta. Ne-au adus în acest plan unde este totul foarte elastic, flexibil, și o să simțim asta și pe pământ.

Victoria: Gata, transmisiunea s-a finalizat. Acum e deschisă conexiunea, pentru că au pus un perete transparent și acum l-au scos, și iarăși îți trimite iubire pentru că ai fost răbdătoare.

Vreau să întreb mai multe despre aceste ființe dacă este în binele meu să cunosc sau să introduc în carte. Cine sunt, de unde vin, ce rol au, cum se numesc. Așa, începem pe rând, dacă se pot prezenta.

Monica: Văd că fac parte din Consiliul Galactic și pe primul, cel din mijloc mi-a venit un nume **ROMR**.

Victoria: Simțeam ceva R, nu R, dar frecvența la R. Nici nu știu să explic.

Monica: Da, oricum noi nu putem să percepem mai mult. Ei ne spun în felul nostru de a înțelege numele lor.

Victoria: Am o corelație directă sau strict de proiecție?

Monica: În relația cu ei îmi arată că te ghidează, tu ești un canal foarte deschis, și au venit să te ghideze în procesul de a scrie cartea.

Victoria: Îmi vine că eu sunt internul lor, și acesta este proiectul pe care trebuie să îl finisez pentru a trece peste nivelul de intern. Ca și cum după acest proces aș absolvi, cu asta o să intru în Consiliul lor Galactic. Însă la moment eu sunt internul lor.

Monica: Eu văd pe coperta cărții tale, ori pe față ori pe spate, pe ei 3, și îi văd exact în spațiul acesta unde suntem, îi văd pictați.

Victoria: Interesant pentru că eu am ales altă pictură pentru carte. Pot să îmi dea detalii mai multe pentru imaginea pe care să o includ în carte? Cum voi arătați, diferite detalii?

Rog să se prezinte în detalii ființa din mijloc.

Monica: Primesc că e un consiliu de preoți, cum am putea noi percepe, și el ar fi ca un patriarh sau ceva.

Victoria: Da, da, exact.

Monica: Îl văd cu un fel de sceptru în mână, ca un înțelept, nu este foarte bătrân, însă are o energie de o ființă mai evoluată, mai înțeleaptă.

Victoria: Îmi vine cifra 44. Ce înseamnă această cifră?

Monica: Dimensiunea de unde vine.

Victoria: Chestia de pe cap seamănă cu ceea ce poartă preoții, dar vine dreaptă doar parțial; deasupra nu este dreaptă, ci are forma unei semilune, așa cum văd la Andromedanul High Council. Nu este dreaptă, ci semilunară. Aici văd flori: pe partea lui dreaptă are cristale și flori de culoare roșie și roz, sus-dreapta este roșu, în mijloc, în partea stângă, iar jos este albastru. În stânga lui, în partea mijlocie, se află o lună de cristal citrin, cred că este galbenă. În partea stângă, sus, sunt două flori care au o conexiune: un cristal drept le leagă, iar conexiunea intră în centrul unei alte flori. În colțul stâng, sus, mai spre exterior, culoarea este mai întunecată, cu nuanțe de galben și roz.

Floarea mai apropiată de mijloc, mai jos, este un cristal cuarț transparent, lemurian. În partea stângă, jos, sunt floricele în lanțuri, asemănătoare structurii ADN-ului nostru; văd cum acestea se îmbină unul în altul. Acolo sunt diferite culori de cristale. Fața lui, probabil din imaginația mea, arată ca a unui bărbat, dar simt că nu este bine definită.

Monica: Da, așa simt și eu. Ți-am zis că percepția mea îmi spune că e un suflet bătrân, un bărbat bătrân înțelept, cu barbă, însă simt că mă duce în imaginație ca să înțelegem energia lui.

Victoria: Mantia lui este mare, fix cum o percep și la Andromedanul High Council. E împărțită, în mijloc are ceva cu guler în sus, mantia vine cu guler, ca la judecători, apoi vine împărțită ca la preoți în jumătate, și dedesubt este îmbrăcat în alb. Pe cel de lângă tine îl simt mai tânăr.

Monica: Da, se simte că e mai tânăr, mai scund, mai micuț.

Victoria: Da, e mai micuț, pentru că cel din mijloc chiar e mai mare, mai înalt.

Monica: Da, are energia cea mai puternică.

Victoria: Dar nu pot să înțeleg exact, doar mantia o văd cu diferite culori. Poate tu vezi mai bine. Simt că nu interacționez așa mult cu cel din stânga, ci cu principalul.

Monica: Da, exact, conexiunea este cu principalul, iar cei doi luminează, ca și cum ar ține lămpi de lumină.

Victoria: Este o balansare de energie masculină și feminină de fapt. Dar nu e pe deplin numai asta, pentru că unul are culorile mai reci, iar din partea dreaptă, are culori mai calde. Hai să rugăm, care este esența acestor culori calde și reci.

Monica: Îmi apare cuvântul *echilibru.*

Victoria: Da, balansarea energiilor. Poate tu îi vezi pe ceilalți doi cum arată, pentru că eu nu îi percep foarte bine.

Monica: Eu pe cel care stă spre mine, față în față cu mine, îl văd în culori de mov, albastru, ceva un gri deschis spre alb are prin mantia lui, și îl văd cum ține în mână o lampă, cum erau lămpile acelea vechi, dar este o lumină vie, ca o sferă, și el o ține ca de un mâner.

Victoria: Dar energia celuilalt din partea stânga a mea, dreapta a celui principal, o simt mai caldă, mai blândă, are o energie mai moale.

Monica: Da, este mai moale, și văd culori care mă duc spre apusul de soare.

Victoria: Da, exact.

Monica: Ele se schimbă și se mișcă. Îmi dă senzația de apus portocaliu, poate roz, galben.

Victoria: Hai să vedem dacă au un mesaj principal pentru umanitate. Nu mai simt să explorăm foarte mult aici.

Monica: Da, hai să vedem. Primesc așa mesaj cu *"fii și fiicele noastre rolul nostru pe pământ…"* stai puțin pentru că mi se pare că vorbesc toți 3 odată, și este complicat de primit mesajul. Simt că transmit așa *am venit într-un moment critic al planetei și fiecare are un rol bine stabilit. Cu toții participăm împreună la ascensiunea planetei, și să nu lăsăm pe nimeni în urmă. Să nu tragem de ei, ci să ne ducem cu iubire și deschidere, să auzim fiecare, să auzim subtilitățile din viețile oamenilor, pentru că poate tu îi spui o propoziție care îl ajută în procesul lui de ascensiune. Să nu întoarcem spatele nimănui.*

Victoria: Mulțumim. Probabil ți-au transmis mesajul dinainte, pentru că eu i-am văzut cum ei s-au întors și au plecat.

Monica: A venit totul deodată, cuvintele erau amestecate toate împreună și mi-a luat timp să le descifrez.

Victoria: Eu am văzut cum foarte rapid au trimis și s-au dus.

Monica: Mulțumim. Ne întoarcem înapoi la ușă.

Victoria: Da, în dimensiunea 5. S-a deschis încă o ușă, am văzut cum s-a făcut verde la mâner.

Monica: Nu era prima ușă unde ți-a dat *acces interzis?*

Victoria: E pe dreapta, dar alături de cea de dinainte, acolo s-a deschis. Am deschis ușa și e o senzație că ești în spațiu, dar parcă nu ești nicăieri.

Monica: Eu am văzut cum am pășit pe o navă de sticlă.

Victoria: Da, pentru că eu mă percep în sticlă.

Monica: Văd pământul în depărtare, planeta Pământ, mă văd în cosmos.

Victoria: Da, e o senzație că ești în cosmos, dar înăuntru, mergi direct și totul este transparent, de sticlă ceva.

Monica: Da, e un material ca sticla.

Victoria: Aceasta este ca un fel de mască transparentă pentru că dacă deschizi o ușă vezi materializarea acestei nave.

Monica: Da, și mie mi-a apărut că e de fapt altceva, dar nu putem noi să percepem. Are și butoane pe care acum nu le vedem.

Victoria: Văd ființe foarte micuțe, ca piticii, sau elfii.

Monica: Îi văd și eu.

Victoria: Într-o navă așa mare, sunt ființe așa micuțe. Ei sunt foarte mulți, pereții au diferite etaje, văd că nava are rafturi, coridoare, dar de fapt acestea sunt drumurile lor sau rafturile lor, pe unde ei merg.

Monica: Da. Hai să vedem dacă ne spun: *Cine sunt? Cum se numesc?*

Victoria: Au venit din nou **Teta-uli** în câmp. Noi ne-am mai conectat cu ei.

Monica: Da, știu numele, îmi amintesc.

Victoria: Eu săptămâna aceasta, joi sau vineri, non-stop îi auzeam. Și mă gândeam Doamne ce e asta? Și după mi-am adus aminte de sesiune. **Care este mesajul vostru pentru noi astăzi sau pentru omenire?** Sunt așa de fericiți.

Monica: Da, totul e o fericire, bucurie, și simt că au venit și mai aproape de pământ, de asta sunt așa de fericiți.

Victoria: În mijlocul acestei nave văd o ființă înaltă, arată ca un gândac mare cu diferite mânuțe, nu știu ce caută el aici. El e principalul la bord.

Monica: Din el se crează inteligența artificială, el a venit să țină nava.

Victoria: Eu îl văd pe el la bord, controlează cu butoanele.

Monica: Da. El se ocupă de tot ce înseamnă navă, el primește comenzile, el ține nava pe traseu.

Victoria: Piciorușele de la gândac manevrează peste tot, însă este destul de înalt, de 2 metri.

Monica: El este inima navei.

Victoria: De unde și până unde el este aici cu Teta-uli, par a fi ființe diferite.

Monica: Îmi apare că se fac în univers diferite consilii, testări cine cu cine poate să lucreze, cine pe ce e mai bun, și se grupează ca să lucreze cât mai eficient, cât mai bine. Se unesc foarte multe rase.

Victoria: Da, pentru că nu văd legătura logică. Îmi vine că această ființă își spală karma în același timp, fiind parte din proiect, unde a dat acordul să ajute. E ca un deținut, așa își curăță detenția.

Monica: Da, văzusem mai devreme că multe planete au fost în procesul lor de ascensiune, chiar și cu ET, și care și-au dorit să treacă pe o scală superioară, au acceptat asta, au început să lucreze cu alții în procesul universal.

Victoria: Da, dar la piciorul drept al acestei ființei văd o legătură, este legat de navă de fapt. E ancorat cu nava însăși. Este binevenit să știm de ființa aceasta?

Mai jos e continuarea acestei transmisiuni despre această ființă.

ZUXSUMA II

Monica: Îmi apare un nume ZUXSUMA II.

Victoria: Mie îmi vine că nu e important.

Monica: Da, nu e important să știm pentru că mi-a apărut un fel de istorie, ceva rapid, în care ei mergeau pe diverse planete și colectau diverse informații, însă asta este în trecut.

Victoria: Da, el își spală pedeapsa lui.

Monica: Da, și este deschis să facă asta, nu este forțat.

Victoria: Da, pentru că eu simt un fel de siguranță. Teta-uli au o siguranță că el știe ce face. **Teta-uli este un mesaj pentru noi sau pentru umanitate?**

Monica: Îi văd cum s-au cățărat toți pe tine, sunt în jurul tău, unii peste alții și nu te mai văd deloc pe tine.

Victoria: Ce înseamnă asta, li s-a făcut dor de mine?

Monica: Da, sunt foarte bucuroși, însă vor să îți imprime corpul cu ceva din esența lor, ceva ce vor ei să pună pe tine.

Victoria: Dacă este în binele meu cel mai înalt, accept.

Monica: Îi văd cum se luminează și pun ceva ca o peliculă luminoasă pe tine.

Victoria: Da, văd un vortex cum se învârte în jurul corpului meu, de la cap începe.

Monica: Prin lumina asta îți arată că e benefic pentru tine. Ce bine se simte, vine un val de la tine spre mine.

Victoria: Da, e un vânt care suflă aur. Eu mă simt așa bine.

Monica: Simt că te curăță de greutăți pe care le ai în prezent și o să simți această curățare 3 zile, pentru că sunt lucruri în viața ta care te fac să stagnezi cu cartea sau cu alte proiecte, și ai nevoie să te simți așa cum te simți în acest vortex, mai ușoară, protejată. La moment simți o lipsă de protecție, dar nu față de entități.

Victoria: Da, exact, face sens.

Monica: Îți oferă asta și simți atâta bucurie, susținere. Acum îi văd cum s-au dat jos, și vortexul a rămas.

Victoria: Da, eu îl simt, se mișcă de sus în jos. Mulțumesc.

Monica: Au plecat așa jucăuș dar și timid.

Victoria: Da, pentru că săptămâna asta am simțit cum îmi curățau corpul, și tot auzeam teta-uli.

Monica: Acum vedeam cum lumina aceasta intra în tine, dar forma e ca o peliculă, intră pe sub straturile de piele.

Victoria: Am văzut și eu.

Monica: Mai este ceva ce trebuie să aflăm aici?

Victoria: Îmi vine că nu.

Monica: Da, îmi arată o imagine cu planeta Pământ.

Victoria: Nu este mai mult. Vă mulțumesc. Acum ies din navă și sunt în fața ușii dar am luat ceva de acolo. Când am deschis ușa am băgat mâna acolo, apoi am închis ușa, dar nu văd ce am luat.

Monica: Hai să vedem, poate văd eu. Îmi apare un fel de floare, cum ar fi o floare din hârtie creponată, și când ai luat-o în mână, ți-a intrat în palma ta. În mijlocul florii nu sunt semințe ci are ceva care trece prin vasele tale de sânge, văd cum circulă prin vene, capilare.

Victoria: Care este scopul acestui proces?

Monica: Este tot pe curățare.

Victoria: Da, și este la inimă pentru că pe mine mă înțeapă inima.

Monica: Inima da, sistemul tău circulator. Este o curățare și o lichefiere a sângelui, ca să curgă mai lin, mai ușor.

Victoria: Mulțumesc. Spațiul acesta a dispărut.

Monica: Eram pe acest hol și a dispărut. Acum văd cum cădem pe pământ, zici că ne parașutăm, avem ghiozdane.

Victoria: Aici simt să întreb despre mine, pentru că călătoria cu alte ființe s-a încheiat. Am nevoie să mă împământez ca să înțeleg viitorul meu apropiat. Am văzut că am aterizat cu parașuta.

Monica: Te văd cum ai o perioadă de o lună de zile în care o să scrii lucruri noi în carte, o să te gândești unde le așezi pentru că ai scris ceva asemănător, cum o să faci. Să nu te stresezi ci să ceri ajutorul, mai ales Consiliului. Spațiul de creare ar trebui să vină după o curățare, văd cum îți faci curățare, te speli cu sare, îți faci protecție, îți dai o oră de timp, și apoi începi să scrii. Adică să începi să scrii pe frecvență.

Victoria: Aha, uite așa am făcut aseară. După m-am apucat și am simțit altfel.

Monica: Atunci a fost un mesaj de la ei.

Victoria: Da, pentru că am făcut o curățare ieri, cu mine, a fost foarte intens, și m-am așezat la calculator să continui, să mă concentrez mai departe și nu îmi funcționa telefonul. M-am dus să fac baie cu sare, am venit și totul a lucrat în jurul meu.

Monica: Îmi apare că în viitorul tău apropiat o să pleci undeva pe câteva zile, îmi apare că o să vezi o oportunitate, ca un fel de retreat, o plecare să te întâlnești cu femei.

Victoria: Interesant ce spui, pentru că weekendul viitor o să fiu la un eveniment unde o să fie doar femei.

Monica: Acolo o să fie ca un fel de upgrade. În energia acelor femei vei reuși să descarci încă ceva, și că orice întâlnire are sensul ei.

CELESTIALS - Channeling 2 Aprilie 2024

În 2023 am descoperit o legătură a mea cu Celestial Union Consciousness, iar Dianei îi apărea foarte des cuvântul celestials. Diana era la începutul ei de conectare cu diverse ființe, și de expandare a conștiinței ei. Am intrat în acea sesiune cu intenția să primim mai multe informații de la aceste ființe. Relatez mai jos parte din acea sesiune.

Conștiința Uniunii Celeste reprezintă fuziunea armonioasă a energiilor dimensionale superioare și a înțelepciunii universale care ghidează evoluția spirituală a umanității și a întregii vieți de pe Pământ. Această conștiință întruchipează conștientizarea colectivă a ființelor iluminate, a familiilor stelare și a forțelor cosmice care lucrează împreună în unitate pentru a susține ascensiunea planetară și trezirea sufletului.

Îrădăcinată în iubire, echilibru și interconectare, Conștiința Uniunii Celeste promovează vindecarea profundă, transformarea și expansiunea dincolo de limitele realității fizice. Ne încurajează să ne aliniem cu sinele nostru superior, să ne recunoaștem natura divină și să participăm conștient la desfășurarea planului cosmic.

Prin intermediul acestei conștiințe unificate, diverse ființe de lumină cosmice comunică, împărtășesc cunoștințe și co-creează o nouă realitate în care lumina, armonia și trezirea spirituală predomină. Uniunea Celestă servește ca un far de speranță și îndrumare, amintind umanității de conexiunea sa sacră cu stelele și potențialele infinite din interior.
"Câmpul este o unitate mică în comparație cu câmpul internațional al universului din care facem parte. Tu trebuie să cunoști universul acesta pentru că tu asta îți dorești.

Noi suntem acum prezenți, nu suntem ființe, suntem un nivel mai înalt de noțiune. Tu (Diana), te aflii dedesubt la noțiunea ființă care există în spațiu. Ca să ajungi la mediul nostru înconjurător ai nevoie să-ți deschizi limitele pentru a afla mai mult, și noi ne bucurăm pentru tine."

Celestials Union Consciousness

Q: Ai fi interesată să aflii legătura ta cu Celestials, nu-i așa?
A: Noi acum lucrăm asupra câmpului tău pentru a-ți da acces mai mult spre această lume în care noi existăm. ADN activat.
Vom lucra acum asupra Victoriei, dacă ne permiți câteva clipe.

Victoria: Ei au ieșit din corpul meu acum pentru că energetic vorbind sunt prea puternici pentru mine, însă sunt prezenți. E mai confortabil așa.

Q: Ce trebuie să cunoaștem despre lumea voastră?
A: Universul paralel. Un exemplu simplu pe care noi îl putem percepe este: aceeași lume coexistă însă ei se află dincolo, e un alt fel de univers. Ne-au pus față în față și văd lumea lor ca pe un disc alb. Lumea lor acoperă toate lumile noastre. Ei cuprind totul. Ei pot calatori liber, trec prin orice perete a universului, galaxiei, stelelor. Ei trec transparenți.

Dacă Dumnezeu, Sursa, este Creatorul la tot ce există, ei sunt ca Dumnezei care trec liberi prin toată creația lui Dumnezeu. Ei au fost creați, sunt creați de Dumnezeu puri, vin la un nivel mai sus de creație și de tot ce Dumnezeu a creat. Ei au fost prima creație.

Diana: Au legătură cu acele suflete monade?

Monad = termen interpretat greșit de către umanitate.

Ce ai explicat tu (fii/fiice spirituale 12 suflete) e la un nivel mai jos de ce este Dumnezeu. Spațiul dintre unde existăm noi și unde este Dumnezeu, sunt lumi complexe, ființe complexe la care creația sufletului, a unui embrion care este împărțit în 12, este un proces nou, o creație nouă. Omul și lumea noastră este cea mai nouă și joasă creație intemeiata recent, în termenii universului (nu în ani pământeni).

Din suprasuflet → 6 suflete → 6 – după ce s-au completat toate acestea 12, apoi sufletul poate să avanseze mai departe pe scară superioară.

Modalitatea de conexiune mai ușoară cu Celestials

Q: Cine se poate conecta cu voi?
A: Cei care se conectează sau au abilitatea de a se conecta cu noi sunt puțini, deși ne-am dori să fiți mai mulți. Se dă mai rar acces sufletelor care să poată face legătura aceasta în sens direct. Nu toți au acces.

Q: De ce nu toți au acces?
A: Nu toți au nevoie de a cunoaște astfel de informații pentru că îi vor abate de la calea misiunii lor, din cauza nedezvoltării pe deplin a *"infantului"* (aici Celestials se referă la noi ca ființe umane asemeni unor copiii).

Q: Pe noi cum ne ajută în calea vocației noastre?
A: Prin puțini aleși vă este mai ușor să răspândiți informațiile altora care nu au acces intenționat. O să le fie mai ușor celorlalți să perceapă informațiile prin cuvintele și conceptele voastre mai simple.

Q: Cum arată lumea voastră dacă ne este permis să aflăm?
A: Văd o piramidă ascuțită în jos și în jur este lumină albăstruie, un fel de energie care se învârte în jur. Generator de energie. Nu este un univers, nu este o galaxie, ci este absolut totul. Este ca o plasă de energie care transmută, încarcă, și ei sunt ca vasele sanguine în tot corpul nostru, la toată existența, a tot ce există. Ei sunt ca o uniune, ca o armată, sunt foarte mulți. Cum avem noi lume, așa există și ei - este prima creație a lui Dumnezeu, cea mai pură creație.

LEMURIA: Moștenirea spirituală antică

Lemuria a fost o civilizație antică care a existat cu mult înainte de istoria înregistrată, chiar înainte de Atlantida. Este adesea descrisă ca o societate extrem de evoluată, profund conectată la natură, spiritualitate și armonie. Lemurienii aveau o înțelegere profundă a lumii naturale și trăiau în echilibru cu Pământul și cu energiile sale.

Din punct de vedere spiritual, reprezintă unul dintre cele mai vechi centre cunoscute de conștiință avansată de pe Pământ. Lemurienii erau profund conectați la tărâmuri superioare și energii cosmice, permițându-le să acceseze o înțelepciune profundă și îndrumare spirituală. Această conexiune le-a oferit perspective unice asupra naturii existenței și evoluției sufletului. Lemuria era un loc unde călătoria sufletului către trezire și conștiință superioară era hrănită într-un mediu iubitor și blând. Oamenii aveau abilități psihice puternice, empatie profundă și o conexiune unică cu rețeaua energetică a Pământului.

Aspect central pentru cultura lemuriană era stăpânirea tehnologiei cristalelor, o știință sacră prin care vindecau, comunicau și mențineau armonia energetică cu planeta și cosmosul. Cristalele nu erau doar instrumente, ci conducte vii de energie universală, ajutând la echilibrarea minții, corpului și spiritului. Sufletele care au locuit cândva în Lemuria poartă amprente energetice din acea vreme. Aceste amprente influențează încarnările lor actuale, ghidându-le creșterea spirituală și chemându-i să-și amintească adevărurile străvechi. Pentru mulți astăzi, reconectarea cu energia lemuriană este o cale către vindecarea rănilor vechi și trezirea potențialelor spirituale latente.

Declinul Lemuriei, adesea descris ca o cădere din harul spiritual, servește drept o lecție puternică pentru umanitate. Ne amintește de importanța menținerii armoniei cu natura, a respectării echilibrului sacru al vieții și a menținerii integrității spirituale. Această moștenire ne îndeamnă să învățăm din trecut pentru a crea un viitor mai conștient.

Astăzi, căutătorii spirituali vorbesc despre „coduri lemuriene", frecvențe vibraționale și activări energetice care pot trezi aspecte latente ale sufletului. Se spune că accesarea acestor coduri facilitează o transformare profundă, reconectarea indivizilor cu scopul lor cel mai înalt și cu înțelepciunea colectivă a Lemuriei antice.

Îmbrățișând moștenirea spirituală a Lemuriei, onorăm continuumul conștiinței care se întinde de-a lungul timpului, inspirându-ne să trăim cu o mai mare conștientizare, compasiune și conexiune cu toată viața. Înțelepciunea și energia Lemuriei influențează și astăzi multe suflete, ajutându-i pe cei care caută vindecare, pace și trezire spirituală pe calea lor. Moștenirea Lemuriană ne învață unitatea, compasiunea și trăirea în armonie cu planeta.

Q: Rugăm Câmpul Cuantum dacă vrea și este binevenit să includă Victoria în cartea ei ceva informații despre Lemuria, ce este benefic să știm?

A: Ce mulți sunt, și nu sunt înalți ci sunt mai mici decât mine. Îi văd în albastru. Eu personal mă văd mult mai mare decât ei, mă văd enormă, ca un gigant în comparație cu ei. Toți sunt îmbrăcați în albastru și au stele pe ei. Sunt mulți, însă nu îi văd pe toți, și mă trag să merg cu ei.

Diana: Eu știu că tot înalți erau, când a venit versiunea mea Lemuriană în sesiune cu tine.

Victoria: Lemurianul din dimensiunea 22, cel cu care noi ne-am conectat în altă sesiune, era mai în vârstă și era foarte înalt, însă Lemurienii de obicei sunt mai mici de statură. Esența ta Lemuriană probabil se trage din genetică veche.

Noi, la nivel de suflet, suntem ființe multidimensionale. Existăm sau am existat în mai multe planuri și dimensiuni, am avut vieți și în alte planuri și existențe în afară de planeta Pământ. Diana se referă acum la versiunea ei multidimensională, care cuprinde diverse rase, și multe alte civilizații ET.

A: M-am așezat pe un scaun și în fața mea totul este din sticlă, din cristale, cu albastru, dar este un cristal alb cu albastru. Simt că trebuie să mă ajusteze după energia lor. Acum văd mai multă lumină.

Rog orice ființă care nu provine din lumină să plece din acest spațiu. Gata, a plecat. Din partea dreaptă ieșeau din pământ nu știu ce, ceva dens. Și rog să închidă orice portal în acest spațiu cu planurile jos vibrationale.

Channeling Lemurieni

"Acum suntem aici pentru a vă prezenta viața din interiorul cristalelor noastre. Suntem în dimensiunea a 7-a, iar acest loc este casa noastră. Lucrăm pentru expansiunea într-un tărâm superior care să ne ajute să ne extindem mai sus decât suntem acum. Am creat deja portalul care este deasupra camerei noastre, acest portal încă se deschide, rotindu-se pentru a străpunge vălul dimensiunii noastre către cea de-a 8-a. Evoluăm pentru că vibrația noastră nu mai susține acest loc. Modul în care o vom mișca va fi într-o clipă, iar realitatea pe care o avem aici va arăta diferit față de cea de sus. Nu mai servim urgenței de a ajuta omenirea. Relația noastră cu omenirea s-a oprit din cauza frecvenței superioare a planetei voastre. Vom fi în contact cu familiile care sunt încă în planurile inferioare, dar nu ne vom angaja în crearea unui spațiu pentru ca noi să ne retrogradăm pentru a vă ajuta. Scopul întregii creații este ca voi să vă ridicați. Odată ce faceți asta, prieteni, vom fi în contact. Acum căutăm ajutor pentru noi înșine. Este o formă de a iubi și de a fi în pace cu evenimentele care au loc în univers. Mă bucur să iau legătura cu voi toți și sper să vă revăd curând. Mulțumesc."

Victoria: Vezi, acum îmi dă de înțeles, stai să mă recalibrez înapoi. Atunci când în corp vine energie mai înaltă și când pleacă, îți dă de știre unde ai de lucrat.

Este un mesaj important, și din tot ce simt că a fost, este că a avea grijă de tine însuți este o formă de iubire față de tine și față de alții. Acest lucru nu înseamnă să ai grijă de cineva și apoi de tine, ci cel mai benefic este să faci invers, să ai grijă de tine și apoi de alții. Astfel, uite îmi țiuie în ureche, tu oferi corect iubire, având grijă de tine primul. Mulțumim.

LEMURIAN din Dimensiunea 22 - Canalizare

Într-o după amiază, pe 30 iulie 2024, în timp ce mă pregăteam să plec de la muncă, mi-a apărut o ființă Lemuriană. Conectarea cu această ființă a avut loc prin teleportare astrală. Am început să adresez întrebări în timp ce eram la muncă, apoi m-am grăbit să ajung acasă și am stabilit cu Diana să intrăm în sesiune, să vedem ce informații dorește să ne transmită. Am fost curioasă să văd când ne putem conecta cu el, însă am primit că nu este menirea lor să se conecteze cu noi foarte des, pentru că sunt alte ființe mai potrivite în acest sens. Susținerea lor este doar la nivel transgestional, complex a sufletului în calea evoluției noastre. Nu este un eveniment de întâlnit pe pământ. Susținerea este prea amplă pentru ca să aibă loc integrarea complexă. Este nevoie de mai mult timp pentru a se activa acest proces. Procesul este un conductor al Matrixului, iar ieșirea lui este pe platforme intense ale evoluției.

Redau mai jos informațiile primite în channeling.

Noi suntem la treapta 2, cum vă imaginați scara atunci când intrați la al doilea nivel de evoluție. Aici sunt portaluri de care noi suntem răspunzători. Sunt cristale în care sunt salvate coduri pentru crearea câmpului de trecere a sufletului/sufletelor din nivelul 1 în care există mai mult fizic.

Transgestional este o formă de combinație între ADN, ARN, IN - este o formă complexă suprapusă asupra ADN-ului cu ARN împreună. Știința voastră nu are capacități de astfel de informații. Vor avea în 50 de ani.

Sufletele care trec la nivelul 2 au activate al 3-lea suprapus genom, pe care îl cunoașteți voi. Activarea este complexă și corpul fizic se manifestă pe plan fizic complet diferit. Existența este în formă de duplex avansat sub 3 nivele de materie - **primul strat, a doua formă** de materie este nano complex, voi o numiți lumea microbilor, **a 3-a - materia invizibilă** unde ochii fizici, umani, nu percep.

Activarea ta se produce instant prin chakra gâtului. Astfel, va avea loc tranziția ta la nivelul următor. Totul are loc. La nivelul 2 exiști, dar percepi diferit chiar și la nivel de corp fizic. Nivelul 3 este prea complex. Oamenilor nu li se dă permisiunea de a fi transmutați la nivelul 3. Sunteți prea mici (se referă la nivel de conștiință).

Te vom lua într-o călătorie acum și aici. Te rugăm să închizi ochii. Acum ieși din astralul tău astral. Încă puțin.. acum suntem în dimensiunea 22. Simți a 3-a parte a ceea ce exiști. Aici vă vedeți doar extensiile voastre. Aici nu există corp astral, nici corp fizic, ci este corpul de lumină din corpul astral. Vrem să știm ce simți.

Diana: Mă simt foarte ușoară și parcă plutesc.

A: Exact. Aici în dimensiunea 22, corpul este mai liber și mai flexibil decât corpul astral. Acum este nevoie de controlare, echilibrare a acestei energii libere. Așa, simți că îți aparține. Așa. Acum ai control asupra luminii din corpul astral. Atunci putem face conexiunea, când îți poți controla energia luminii tale din corpul astral.
Atunci când găsești această echilibrare, acesta este procesul de teleportare a astralului din astralul tău.

Vă mulțumesc pentru această experiență.

Q: Care este legătura voastră cu portalul Lyrienilor?
A: Ei sunt activatori din nivelul 1, din Matrixul vostru, prin care ei oferă posibilitatea de a trece sau nu la nivelul următor. Noi nu suntem asociați cu evoluția voastră. Noi suntem responsabili de portalul nostru prin care sunt coduri, inscripții în cristalele noastre.

Q: Când recunoști că ai trecut la nivelul următor?
A: Văd ca un RMN - stai în picioare și treci sub așa aparat. La nivelul 1 este o porțiune pe care o treci în picioare, și până la nivelul 2 perioada aceasta este durere. În procesul acesta, se crează ca un fel de vacuum care te presează, și îți scoate toate atașamentele. Presiunea o simți din cauza corpului de densitate. Asfel, îți scoate toate atașamentele, tot ceea ce ai fost la nivelul 1, și asta crează multă durere.

Până ajungi la nivelul 2, ele deja nu mai există. Cel mai dureros este când treci din presiunea aceasta din prima porțiune, unde îți extrag toate atașamentele și când treci în mediul 2, în mediul diferit.
Toți trec printr-o durere fizică, se poate manifesta prin boli inexplicabile. Simți că mori însă în același timp mergi înainte. Este foarte intens. Îți pare că este sfârșitul lumii pentru corpul tău fizic.

Când treci prin astfel de proces, atunci poate avea loc trecerea la nivelul 2. Se zice poate, pentru că se poate confunda cu alte procese de curățare. Nu există un anumit feeling când îți dai seama că ești la nivelul următor. Depinde de rasă din care faci parte. Noi toți facem parte din rase diferite în funcție de care suntem mai predispuși anumitor simptome fizice la trecerea la nivelul 2.

Q: Care sunt simptomele după trecere?
A: Sunt diferite pe fiecare rasă, după rasa predominantă.

Rasa predominantă a Pleiadienilor
- **Ochii** se vor umfla puțin - ca și cum ai avea **alergie**, și crezi că ai alergie
- **Stomac** foarte **sensibil** - nu digeră multă mâncare
- **Sensibil** la **lumina** zilei

Andromedanii

- **Resping** absolut tot ce vine ca **informații false** - sunt detectori ai informațiilor care vin - dacă este fals ei simt instant - după ei te poți conduce după adevăr
- **Sunt** foarte **flexibili** în tot - dacă persoana a fost mai rigidă înainte, ulterior va fi foarte flexibilă - asta este ușor vizibil
- **Informația curge** pe **partea stânga** a creierului

Zeta Reticuli

- **Palpitații** foarte puternice în **inimă** fără explicații
- **Degetele** de la picioare sunt **inflamate și roșii**
- **Probleme** cu **articulațiile** de la umeri

Arcturienii *(sunt foarte puțini pe planetă ca rasă dominantă)*

- Densitatea este prea mare pentru ei
- Lotus în jos (ca un motor care se învârte și formează o sferă la chakra rădăcină)
- Efectul secundar - nu simt necesitatea de a avea intimitate - sistemul lor este făcut în așa fel încât ei nu se înmulțesc - **pentru ei este sălbatic procesul uman de intimitate**

Blue Avians – nu există pe pământ. Pentru ei planeta noastră este o joacă.

Teta Tetroni

- Sunt foarte mulți pe planeta noastră - asiaticii
- Toți sunt foarte mici
- **Intestinele** lor **se îngustează** - din cauza aceasta nu pot mânca decât foarte puțin
- După cap - un **disconfort** pe care nu-l poate explica nimeni **(la ceafă)**
- **Al treilea ochi** complet **închis**

Siriusienii

- Dureri de cap și **dilatarea capului**
- Probleme cu genunchii
- **Neagă**/refuză **tot** ceea **ce primesc** de la ceilalți.

Lirienii
- **Creșterea căldurii corpului** - le e prea cald - au nevoie de mai rece
- **Dureri** de **dinți**
- **Postura** se va schimba - **mai drept** - pe încredere

Greys – *de ei nu vorbim (transmisiune din 2024)*

Update – Martie 2025:

Fiinţele Gri au început să lucreze doar pentru muncă tehnică binevoitoare pentru a ajuta omenirea datorită schimbărilor aduse LEGII COSMICE UNIVERSALE LA NIVELUL PLANETAR AL PĂMÂNTULUI. Rasa lor lucrează la datoriile karmice care au fost încălcate de-a lungul eonilor, poate mai mult decât o simplă pedeapsă locală din punct de vedere neliniar.

Lemurienii
Este o populaţie în 2 locuri pe pământ - în emisfera de vest, în mijlocul oceanului - sunt insule foarte micuțe care nu se văd foarte ușor cu satelitul, și emisfera de est - trăiesc pe lângă orașe foarte mari

Ar fi un pozitiv și un negativ, unde e încărcat în mijlocul oceanului și se descarcă energia în populaţie mai mare.

Efecte secundare:

Emisfera de Vest
› **Căldura este** foarte **necesară** - dacă natura își schimbă căldura cu un grad 2 mai jos ei sunt afectaţi - le trebuie căldură - mușchii lor se contractă chiar și la diferență de 1 grad, 2 mai jos - au spasme musculare
› **Fructele** de pe insulă **nu vor mai fi agreate** de ei deloc - au nevoie de alte alternative
› **Timpul** o să fie **non-existent**.

Emisfera de Est
› O să fie **empatici** - o să simtă la maxim, chiar și sentimentele greierului, a furnicii, a insectelor - au o sensibilitate la natură
› Simte ce simte și un greier - dacă se uita atent la greier îi va simţi trăirile - foarte empatici cu natura

› **Nu** vor **rezista** să fie **între** foarte mulți **oameni** - vor fugi în natură și acolo va fi ca un iad pentru că vor simți mai intens și nu vor ști ce este cu ei

› În **plămâni** sunt valve care ajută la respirație - valvele vor fi schimbate și oamenii nu vor avea nevoie de valvele pulmonare - nu există necesitatea în viitor ca să expire prin plămâni - corpul lor se va adapta în timp

› Dacă vor avea copiii - copiii lor vor avea pe jumătate dispărute valvele – vor fi hibrizi

› În viitor vor putea **respira** mai **ușor fără oxigenul** din mediul înconjurător

Rase predominante

Victoria

- **Pleiadiană**
- **Liriană**
- *Arcturiană* – însă nu e predominantă tare

Diana

- **Lemuriană**
- **Andromedană**
- **Pleiadiană**
- *Arcturiană* – nu e predominantă tare

Notă: Când faci saltul se combină toate simptomele din diferite rase, doar pe o perioadă de timp, apoi când treci, dispar.

Este un efect secundar la saltul de la nivelul 2.

ATLANTIDA - Crearea și Eliminarea ei

Într-o sesiune în Câmpul Akashic, am putut vedea împreună cu colega mea Xenia, un proces din crearea și distrugerea Atlantidei. După o serie de informații personale pe care le-am accesat în acea sesiune, am fost transpuse în alt spațiu, și am început să vedem un cuțit cu diverse inițiale pe el. Voi reda în următoarea parte câteva fragmente din această sesiune.

Atlantida nu a fost doar un ținut sau o civilizație. A fost un experiment de conștiință, una dintre primele manifestări la scară largă ale cunoașterii divine integrate cu forma fizică pe Pământ. S-a născut din uniunea ființelor de lumină care au ales să semene înțelepciune, tehnologii energetice și șabloane vibraționale înalte în forma umană, ghidând evoluția Pământului și a locuitorilor săi.

Crearea Atlantidei a fost intenționată, orchestrată divin. Era menită să fie un far de armonie între spirit și materie, o civilizație care să trăiască în aliniere cu legile Universului. Atlanții aveau acces la tehnologii cristaline, geometrie sacră și erau în contact cu ființe multidimensionale superioare. Mulți dintre ei erau hibrizi, suflete venite din Pleiade, Sirius și alte sisteme stelare.

Cu toate acestea, odată cu trecerea timpului, vibrația Atlantidei a început să se schimbe. Goana după putere, ego și experimentare, au dus Atlantida spre accesarea unor informații interzise, fapt care a depășit treptat intenția inițială. Echilibrul dintre inimă și minte s-a pierdut. Tehnologiile care odată vindecau și elevau au început să distorsioneze ordinea naturală. Unii atlanți au început să manipuleze viața însăși: ADN-ul, câmpurile energetice, chiar și timpul. Căderea Atlantidei nu a fost doar un eveniment fizic, ci un colaps energetic. Frecvența colectivă a scăzut prea mult pentru a susține infrastructura cristalină și alinierea spirituală. Marile inundații și cutremure au fost doar reflectarea exterioară a unei deconectări spirituale interioare. Atlantida, ca tărâm fizic, a dispărut sub ocean, dar memoria și codurile sale au rămas.

Victoria: Eu văd foarte clar un cuțit de aur șlefuit și strălucitor, însă îl percep numai dintr-un punct pe jumătate, și apoi brusc este întuneric.
Xenia: Ce ar însemna asta?
Victoria: Cuțitul a tăiat totul prin prejur, și a intrat, a zburat în spațiul acesta void. El acum plutește, și este auriu, ca și cum ar fi cuțitul lui Zeus.

Xenia: Eu îl văd ca pe un kinjal, ca o sabie, el a zburat și s-a oprit într-o piatră.

Victoria: Da, e ceva puternic. Văd cum a zburat.

Xenia: Mie mi-a arătat pe mâner câteva pietre, îl văd că este de aur, nu este de lemn, și are inițiale pe el, are pietre care lucesc, iar pe inițiale văd scrise A D.

Victoria: Eu văd L întors.

Xenia: Eu vedeam L dar nu înțelegeam ce este acolo, îl vedeam ca D. Literele acestea sunt scrise ca de mână, întoarse, încovoiate, și sunt cu pietre, rubin.

Victoria: Da, așa văd și eu, și e un roșu foarte aprins. Dar nu înțeleg ce mai este aici. Nu îmi dă mai departe imaginea să văd dacă este o planetă, o teorie sau ce este asta. S-a oprit imaginea.

Xenia: Dar eu văd nu numai piatră roșie, ci și albastră. Știi ce mi-a venit când am zis albastră? Acele 2 planete.

Victoria: Cuțitul acesta a zburat și s-a oprit ca o piatră, piatra era ca un meteorit și îl arată negru întunecat, și cum a stat așa cuțitul, din piatra de meteorit au început să iasă muguri, care creșteau în formă de A, de triunghi, de piramidă, dar nu este piramidă ci ceva care crește enorm și este un cristal.

Xenia: Mie mi-l arată ca un iceberg abrupt nu ca piramidă.

Victoria: Corect. Dă să întreb ce este asta.

Xenia: Mie mi-a venit Atlantida, și îmi arată sub apă cum iese icebergul și după se ascunde înapoi și iar iese, și sunt mai multe în jurul insulelor, văd stânci.

Victoria: E Atlantida.

Ce interesant, tu ai zis de apă și am văzut cum în apă înoată foarte mulți delfinii prin prejur, ca un fel de roi.

Xenia: Da, și sus văd o lumină care se mișcă în cer, în sus. Are o mișcare haotică, de parcă sunt 2 energii care se învârt. Știi cum îmi vine? Sunt ceva conductori.

Victoria: Interesant unde se duce.

Xenia: Îmi arată o altă planetă.

Victoria: Eu văd cum iese energia aceasta.

Xenia: Da, este departe. Mie mi-a arătat la o distanță mare 2 planete, și se face ca o axă între ele.

Victoria: Wow, ce văd eu. Asta se duce dincolo de limite. Cum stau și mă uit ca la un film, energia aceasta se duce undeva foarte departe. Este o civilizație foarte avansată comparativ cu Atlantida. Aceștia sunt creatorii Atlantidei.

Xenia: De asta au legătură cu ei, pentru că mie mi-a venit cordon, copil.

Victoria: Ei sunt cei care au decis să distrugă Atlantida, pentru că civilizația a luat-o într-o direcție greșită. Hai să întrebăm Câmpul Akashic ce legătură avem noi cu Atlantida și cu creatorii Atlantidei.

Xenia: Foarte interesant, mie mi-a venit că voi sunteți creatorii.

Victoria: Da. Voi sunteți creatorii și mi-au arătat acolo sus.

Xenia: Mie mi-a venit așa ca un râs.

Victoria: Da, noi stăm acolo deasupra în acea realitate și ne uităm ce fac copiii ăștia.

Xenia: Mă furnică în frunte.

Victoria: Eu nu am accesat așa informații niciodată până acum. Dar e extraordinar.

Xenia: Știi cum îmi arată? Noi suntem acolo pe un fel de navă, pe margine, cu mâinile la piept și ne uităm în jos, cu mâinile încrucișate și ne întrebăm ce fac ei?

Victoria: Da, și eu văd la fel.

Xenia: Și mi-a venit cum parcă e gata.

Victoria: Da, văd cum stăm pe tron, undeva sus, și percep cordonul acesta, legătura cu tot.

Xenia: Eu văd ca o navă cu multe cordoane. Eu mă uit în jur și văd multe cordoane și multe planete.

Victoria: Mie nu îmi arată nimic. Posibil să avem diferite ranguri și tu ai acces mai mult la informație. Eu nu am acces la informațiile pe care le vezi acum.

Xenia: Eu de asta și am întrebat de navă pentru că eu am mai văzut aceste imagini, și vedeam și pe alții acolo. Acum tot văd mai multe persoane, ființe, sunt diferiți, rase diferite, și se arată ca formă diferită. Văd multe cordoane.

Victoria: Mie mi-a apărut acum un fel de cordon, ca și cum cineva vine prin cablu și vine pe navă, aici unde sunt eu cu tine și iese în aer, și aterizează. Unele ființe puteau să călătorească numai cu corpurile pe care le aveau, însuși corpul lor era transportul. Hai să întrebăm câmpul ce trebuie să înțelegem din ce ni se arată acum cu Atlantida, creația Atlantidei.

Xenia: Lichidare mie mi-a venit, proiect nereușit.

Victoria: Mie îmi vine experiment nereușit. Tot aceeași.

FONDATORII

Într-o altă sesiune cu Diana am întrebat de conexiunea noastră și ni s-a arătat o esență de Fondatori, în care noi co-existăm la nivel de suflet. Voi reda mai jos informațiile primite.

Fondatorii – introducere

Dincolo de granițele cunoscute ale timpului, formei și spațiului dimensional, există o linie străveche de conștiință cunoscută sub numele de **Fondatori**. Ei nu sunt o rasă și nici o specie așa cum îi definim noi, ci sunt **arhitecții primordiali**, creatorii de galaxii, matrici de conștiință, planuri sufletești și armonii universale. Ei sunt țesătorii structurii și frecvenței care au pus bazele energetice pentru nenumărate civilizații, inclusiv Lemuria, Atlantida și multe altele dincolo de înțelegerea noastră.

Fondatorii nu sunt ființe cu identități sau corpuri fixe. Sunt fluxuri de energie ale Sursei, exprimate prin diverse forme atunci când este nevoie. Esența lor este fluidă, apărând adesea ca lumină, modele geometrice, forme cristaline lichide sau arhetipuri celeste. Uneori, ei iau aspecte umanoide pentru a fi înțeleși, dar rămân nelegați de nicio limitare fizică.

Fondatorii și noi

Mulți dintre noi purtăm în linia sufletească frecvența Fondatorilor. Nu suntem separați de ei, **suntem extensii ale conștiinței lor**, scântei ale aceleiași flăcări, întrupate temporar pe Pământ. Unii dintre noi am ales să venim în acest tărâm dens nu doar pentru a ne trezi, ci pentru a reactiva codurile divine originale însămânțate aici, la nivelul istoriei Pământului.

Purtăm cu noi **amintirea** Atlantidei, Lemuriei și a altor civilizații, unele de succes, altele decăzute. Ne amintim pentru că am fost acolo și ne întoarcem acum cu o misiune: **să ancorăm** lumina, să restaurăm cunoștințele uitate și să ajutăm omenirea să evolueze către următorul prag dimensional.

O moștenire vie

Fondatorii nu operează prin control. Inteligența lor curge prin **co-creare, mentorat și transmitere energetică**. Ei există în cadrul unei linii sacre de păstrători ai înțelepciunii, unde cunoștințele sunt **reciclate** de-a lungul timpului, nu pierdute, ci codificate și transmise mai departe prin acorduri sufletești și schimburi încarnaționale. Cineva poate fi profesor într-o viață, elev în următoarea. Părinte, copil, soră, ghid, rolurile sunt fluide și, prin fiecare, lumina înțelepciunii antice este împărtășită.

Cunoașterea lor nu este rezervată doar câtorva aleși, ci este menită să fie semănată pe scară largă. O puteți primi în viziuni, vise, activări de lumină, sincronicități sau în momente liniștite de amintire. Dacă simțiți emoția, chemarea de a servi planeta prin vindecare, predare, amintire sau pur și simplu prin a fi, atunci Fondatorii sunt deja în voi, șoptindu-vă.

Legătura noastră (Victoria și Diana) cu Fondatorii

Acum sunt înăuntru în sferă cu tine, față în față. O să fie interesant. Ne-am luat de mâini și acum îți curge ție conexiunea cu Creatorul. Mai întâi a avut loc la mine și acum văd cum această conexiune curge spre tine. Îmi arată cum îți curge toată conexiunea în cap, gât. Tot aici văd nori, ca și cum ai fi în rai, sunt galbeni, deasupra capului tău.

Victoria: Eu mă fac gigantică și tu împreună crești dar ești mai micuță, însă văd în același timp cum îți curge lumină din Sursă.
Interesant, tu iarăși ești copilul meu. Eu mă văd împărat, cu veșminte lungi pe mine, și din partea stângă, în rochiță albă ești tu, parcă ai urca din culise pe scenă.
Tu nu arăți a om.
Diana: Mie mi-a venit ceva cu Fondatorii.
Victoria: Da, asta mi-a venit când creșteam. Corpul nu este definit, este un lichid substanță, albastru sur, ca un univers băgat în corp.
Diana: Mie mi-a venit instant când spuneai de conexiunea noastră, Fondatori.
Victoria: Stai puțin… până acum știam că sunt al 13-lea Fondator și că sunt mai tânără, iar Ina (o altă colegă) este mama mea, o energie feminină, dar nu cea principală, ci a doua ființă ca importanță dintre Fondatorii principali. Acum mă văd așezată exact pe același tron. Văd un castel, m-am

așezat și mă văd purtând o coroană. Eu sunt acel bărbat, energia masculină principală, Fondatorul Principal. Iar pe tine te-am așezat în partea stângă. În partea stângă te văd copil, dar și adult în același timp. Ești, în același timp, mătușa mea, din perioada în care eu eram al 13-lea Fondator.

Noi toți ne schimbăm rolurile, suntem și așa, și așa. Nu ocupăm doar un singur rol principal. Tu, ca adult, ești mătușa mea, dar acum, când eu sunt Fondatorul Principal, tu ești fiica mea. Așadar, nu poți niciodată să te definești ca fiind doar „una" sau „unul" singur. Ești atât de micuță și frumușică...

Q: Hai să întrebăm de ce noi alegem rolul de a fi părinte/copil?

A: Știu. Eu am fost tatăl tău în existența aceea, tu ai crescut, ai devenit adult, sora ta este Ina, cea care a dat creație celui de-al 13-lea Fondator, care sunt tot eu. Eu sunt tânără, iar tu ești mătușa mea și mă înveți mai departe. Așa funcționează lucrurile în triburile acestea de ființe/ET. Așa se transmite informația din generație în generație. Învățăturile niciodată nu dispar, ci se reciclează, luând alt corp. De aici rezultă că eu, în existența aceasta, unde sunt Fondatorul Principal, ți-am transmis cunoștințele mele, tu ai crescut și ai colectat acele cunoștințe, iar mai departe a apărut un alt membru în trib, și tu mă înveți acum pe mine informațiile pe care le știi... de la mine, dintr-o altă existență, ca Fondator, ca să nu dispară informația. Așa funcționează în mai multe triburi de ființe avansate.

Diana: Mie îmi vine că e fix ca și pe pământ. Vii, te naști uneori tot în aceeași familie, doar îți schimbi corpul, și preiei informațiile pe care tot tu le-ai transmis în altă fizicalitate.

Victoria: Da, pentru că corpul are o dată de expirare, însă acest proces este mai conștient decât aici pe Pământ. Sunt curioasă acum de tine, de altă versiune a ta de Fondator.

Q: Cum funcționează mecanismul acesta de schimb, cum se reciclează corpurile, exact la Fondatori?

A: Îmi arată că noi avem ADN, dar la ei există o altfel de compoziție de gene. Genele lor nu sunt pe spirală, ci ca niște puncte, iar punctele vin în sus ca o cometă. E punct și cometă. La noi e spiralat ADN-ul, la ei este pe verticală, sunt coduri. La ei sunt pe coduri energetice. Dacă noi avem cromozomul X și Y, la ei X și Y este unul întreg, dar are dominantă, adică pe un punct are 2 nuclee și se activează ca o sferă în care există și una și alta. Dacă se activează culoarea albastră se formează energia masculină, dacă se aprinde alb se face energie feminină. Eu încerc să mă uit la mine și la tine, văd cu exactitate că la mine foarte multe puncte de ADN sunt de culoare albastră, însă la tine sunt foarte multe albe. Eu sunt genomul mai masculin, și aici trebuie să fie 12 energii de Fondatori în rând.

Vine *Masculin, Feminin, Masculin, Feminin, Masculin, Feminin*. Exact, da. Bunica ta, mama mamei mele e ultima femeie, și asta este Ionela, înseamnă că prin părți stau 2 femei, cele mai în vârstă. Eu sunt energie masculină, tu energie feminină, dar în același timp mă văd al 13-lea Fondator.

Q: Ce avem de înțeles în viața aceasta, în corelație cu cea de acolo?
A: Îmi arată simplu, cum ne transferăm cunoștințele. Stai că îmi vine ceva informație. Tu ai nevoie să înveți să iei cunoștințele mele, este aleasă următoarea viață, după viața aceasta din planul fizic pe care o trăim amândouă ca om, în care tu o să mă înveți mai departe pe mine, ce te-am învățat eu. În viața aceea tu o să fii un vârstnic, și eu mă văd un copil mic, băiețel. Tu acum în viața aceasta preiei toată informația pe care ți-o transmit eu și tu o să mi-o transmiți mai departe în viața următoare.

E fix la fel și cu Fondatorii, ca și cum noi am fi acolo, dar tot ce se întâmplă este acest schimb de informații. Prin viețile pe care le avem, este o experiență de-a noastră în care noi influențăm pe alții. Prin cunoștințele noastre, ca o parte de Fondator, noi împărtășim informația, și noi trebuie să comunicăm și să dăm mai departe informația, dar în același timp văd realitatea unde noi ne aflăm în 3D cum influențăm, cu scopul de a aprinde o scânteie ceva. Văd că suntem două lămpi și lumea simplă care nu dețin cunoștințe și nu au idei, primesc toată informația aceasta la timpul lor potrivit. Împrăștiem informația în lume, ăsta este scopul nostru în această realitate. Așa influențăm oamenii de pe planetă, iar ei evoluează și noi evoluăm cu ei. Nu numai noi două facem asta, ci toți cei care vin de pe alte planete sau sisteme, galaxii. Acesta este un scop global care se întâmplă de ani de zile ca să ridice frecvența planetei Pământ. Problema era că noi nu ne știam, însă s-au creat circumstanțele astfel încât să ne cunoaștem. Mulți o să se întâlnească, iar ei conectându-se și lucrând cu ei, ceea ce facem noi, astfel împărtășim informația în lume. Văd informația în particule foarte strălucitoare, și cine prinde informația îi activează conștiința. Tu împărtășești aceste particule, și nu contează cine prinde. Prin procesul acesta, experiențele noastre se transmit în câmpul mental, iar de acolo începe ușor să se aprindă o luminiță. Așa funcționează global cu semințele stelare care sunt venite pentru evoluția planetei.

TKNAMOR

Întâlnirea cu aceste ființe a fost pentru mine o experiență neașteptată și profundă. Totul s-a întâmplat în timpul unei sesiuni cu un client care avea nevoie de vindecare la nivelul creierului și coloanei vertebrale. Am descoperit că, într-o viață anterioară, petrecută cu aproximativ 200 de ani în urmă, în timp uman, acest client trăise într-o formă diferită de existență și făcea parte din același grup de suflete ca și aceste ființe. Legătura lor sufletească era una profundă, iar aceste ființe au ales să revină în această sesiune pentru a-i oferi sprijin și vindecare.

Victoria: Ființele acestea ET au un cap ca un ou, lunguiet în urmă. Nu au gen, sunt androgeni, sunt foarte slabi, au o textură sură - albăstruie - violetă, și au un cap oval lunguiet.

Q: Câmp Cuantum cine sunt aceste ființe?
A: Ei sunt tehnicieni. Ce legătură are clientul meu cu acești tehnicienii? Îmi vine că ei sunt aici pentru reboot, însă tu te întorci cu capul la ei și râdeți.

Q: Aceste ființe se cunosc cu clientul x?
A: Voi râdeți și tu ai întins mâna și vă faceți un semn unul la altul. Voi vă cunoașteți.

Q: Câmp Cuantum este binevenit să cunoaștem denumirea
A: Sursa **MZ241/024.39** asta este locația.

Q: În ce sistem sau galaxie se află?
A: Ursa Mare.

Q: Ce dimensiune?
A: D24.

Q: Care este numele acestor ființe? Taknamor, așa se numește rasa lor. Acesta este numele rasei lor sau a ființelor?
A: Numele rasei lor. Mulțumim.

Channeling din sesiunea din 26 Mai 2025 – Victoria și Diana

Diana: Rugăm acum celelalte ființe **(Taknamor)** dacă vor să transmită alte informații pentru carte.

Victoria: S-au așezat pe masă cu picioarele. Nu înțeleg. Ceva au scos din spate, s-au dat jos de pe masă, și pun pe masă niște flash carduri, parcă 2, 2, 2, 2. Sunt 8 carduri in total.

Diana: Ce reprezintă?

Victoria: Acestea sunt ființele care au mai venit în alte sesiuni. Ei sunt mai robotizați, sunt tehnicieni. Flash cardurile vin pe dimensiuni, de la mare la mic, ca niște pătrate, și acum, din cel care vine pe partea mea mai aproape, cel mai mare, vin alte cabluri. Aceste cabluri nu sunt solide, ci le percep ca o energie, ca în Cuantum. Nu înțeleg unde se duc. Acest câmp, unde ne aflăm… ce este? Ce sunt aceste flashuri și cabluri? E prea tehnic pentru mine acum să înțeleg. Îmi arată foarte primitiv că aceste cabluri, care se duc ca energie, le pune undeva și se scurg. Sunt cunoștințe foarte tehnice, însă nu simt să mă adâncesc în tehnicile acestea. Primul card mi-l pune în gât și, de aici, se scurge energia. Se duce undeva în urmă, în câmp. E ceva aici. Noi avem un flash la gât. În ce constă acest flash la gât? Puterea a ceea ce noi vorbim. Despre asta este?

E puterea cuvintelor. Ceea ce spui tu se duce în univers.

Diana: Asta este capacitatea noastră de a manifesta.

Victoria: Da, e procesorul acesta. Când spui cuvintele ele se duc în câmp și acolo stau și se formează totul.

Diana: Da, citisem că urmează 7 secunde ca să se ducă în univers ce spui sau gândești.

Victoria: Da, uite așa este dispozitivul, flash-ul, cardul, sau nu știu cum să îl numesc. Noi avem puterea vorbelor. Noi toți suntem compuși fluid din cabluri energetice care se duc în câmp. Ok, *al doilea pentru ce este?*

E la burtă, la chakra plexului solar. Asta este creația, plexul solar e creația. Tot așa se duce. Următoarea mai mică, a 3-a, e la bază, la chakra rădăcină. E interesant pentru că la bază canalul este mai micuț.

Diana: Este un motiv pentru asta?

Victoria: Asta este împământarea noastră. Este baza noastră, iar cablurile acestea sunt mai întunecate, pentru că sunt densitățile noastre. Energia densităților care e necesară.

Şi a 4-a cea mai micuță, unde e localizată? E în glanda pineală. Dar de ce e așa micuță?

Tknamor: Porțiunea voastră de conectare este mai mică, din motiv de operare, cum noi operăm în realitatea noastră.

Victoria: Noi umanitatea considerăm glanda pineală mai inferioară decât baza noastră. Asta nu e bine din punctul ăsta de vedere, pentru că noi suntem ancorați în realitatea și densitățile noastre, decât să punem focusul pe glanda pineală, pe ceea ce noi primim de sus. Sunt curioasă de ce inima nu are niciuna.

Diana: Hai să întrebăm. Este un motiv pentru care la inimă nu se găsește nimic?

Victoria: Îmi vine că e legat de sistemul de operare individual, autonom, unitar. Dar de ce al treilea ochi și chakra coroană nu e?

Diana: Mie îmi venise când spuneai că la rădăcină e mai mare și la pineala mai micuță, că e legată de sistemul de operare și de fizicalitatea noastră, pentru că planul nostru fizic e mai dens.

Victoria: Din ce motiv al 3-lea ochi și coroana nu sunt incluse în acest sistem?
Îmi vine că este opțională. Nu este obligatorie.

Diana: La mine a apărut o întrebare. Al treilea ochi și glanda pineală nu sunt în corelație împreună?

Victoria: Îmi arată o imagine interesantă. Glanda pineală creează ca o fâșie lată în sus de energie, care iese ca floarea și se duce în sus. Adică este pentru planurile de sus. Și al 3-lea ochi cu coroana este opțional.
Poate lumea să își activeze, să primească upgrade cu astfel de carduri, hard drive ca să își activeze aceste 2 chakre? Îmi vine că este la decizia echipei răspunzătoare de fiecare din noi.

Diana: Da, și mie mi-a venit că e opțională în funcție de experiența ta. Mulțumim.

CHKHINK M 10

Victoria: Este altă denumire mai ușoară?
Se uită la mine și nu înțelege ce întreb.
Diana: Da, asta e cea mai ușoară denumire.

Q: Cu ce ajută omenirea rasa voastră?

A: Aveți o rețea globală pe care o operăm în cadrul acestui sistem de co-
municare în rețea, al șirurilor chimice și biologice ale corpului vostru fizic
intern. Operațiunile pentru care suntem responsabili nu se apropie de ni-
cio fizicalitate, țesuturi, organe sau alte astfel de asociații. Munca noastră
se bazează strict pe suportul tehnologic și tehnic pe care fiecare organ al
corpului vostru îl are într-o rețea de baze de date, un sistem de operare
de înaltă tehnologie, pe care îl numim *SISTEM MOLECULAR PUR
TECH NANO*. Suntem experții de top ai corpului vostru fizic.

Victoria: Interesant. Parcă vorbești cu IT. Îi simt IT. Ei nu văd corpul ca pe
ceva viu, ci îl văd ca pe un sistem de operare. Mulțumim.

Q: Mai sunt informații pe care ați dori să le includ în carte despre rasa voastră?

A: Sistemul reproductiv al acestor rase este pur tehologic. El nu implică
manifestarea conștiinței sau crearea, aka suflet, dar crearea lor este din în-
suși tehnica care are intelect. Ei sunt aproximativ ca AI, doar că fac parte
din altă clasificare. AI este pur conștiință inteligentă însă ei sunt cu corp și
acțiune. Îmi arată un exemplu. Imaginează-ți un cioban și o turmă de oi,
împreună cu un câine. Câinele trebuie să fie prezent ca să aibă grijă de tur-
ma de oi. Ăstia sunt ei. Fizic au grijă, însă câinele care trebuie să aibă grijă
de turma de oi se duce acasă și lucrează remote, se uită la un ecran. Asta
este AI. Ei doar monitorizează și există ca conștiință intelectuală, însă rasa
lor este cea care face partea tehnică, lucrează. Ei sunt din categorii diverse.
AI este virtual însă ei sunt reali, cu corp. Mulțumim.

BLUE AVIANS

Blue Avians sunt ființe extraterestre extrem de evoluate, cunoscute pentru înțelepciunea lor spirituală profundă și conexiunea cu tărâmurile cosmice superioare. Adesea descriși ca fiind înalți, subțiri și asemănători păsărilor, cu pene albastre, ei servesc drept gardieni și ghizi pentru evoluția spirituală a umanității.

De-a lungul diverselor comunicări și transmisiuni, Blue Avians își subliniază rolul de observatori și susținători ai procesului unic de ascensiune al Pământului. Deși nu intervin fizic din cauza stării actuale de contaminare planetară, ei mențin o conexiune energetică vitală, ajutând în moduri subtile, cum ar fi susținerea neutralizării toxinelor din solul și bio-mediul Pământului.

Învățăturile lor se învârt în jurul echilibrului, integrării armonioase a energiilor masculine și feminine, puterii manifestării conștiente și susținerea relației armonioase dintre umanitate și Mama Pământ. Ei pledează pentru o coexistență respectuoasă cu natura, încurajându-ne să folosim materiale naturale și sustenabile în viața noastră de zi cu zi pentru a restabili sănătatea planetară.

Mesajele Avianilor poartă un ton de încurajare iubitoare, îndemnând umanitatea să se trezească la propria putere și să participe conștient la transformarea colectivă în curs de desfășurare. Ne reamintesc că, deși nu participă direct la treburile umane, prezența lor ca observatori și informatori este o parte esențială a sistemului cosmic de sprijin.

Împărtășindu-ne perspectivele lor, Blue Avians ne invită să ne extindem conștientizarea dincolo de fizic și să îmbrățișăm energiile subtile care împletesc viața, conștiința și universul.

Victoria: Blue Avians vă rog să ne transmiteți acele informații pe care să le includ în carte, care sunt pentru binele cel mai înalt al nostru și al tuturor de pe această planetă.
Își pune ca niște căști la urechi și le conectează la masa noastră, în câmpul în care ne aflăm acum.

Transmisiune

"Noi vrem să vă spunem că conexiunea noastră a fost de mult făcută, însă din punct de vedere de frecvență, aceste informații nu au ajuns la destinatar. Fiecare își percepe informația în felul său, însă o clarificare la acest subiect. Noi nu suntem acele ființe care discriminăm sau nu relația cu omenirea. Acest mesaj îl puteți primi în felul vostru, însă prietenia noastră este una unică.

Astăzi vrem să vă transmitem că solul vostru planetar este în proces de alchimizare și neutralizare ale chimicalelor care sunt prezente până în adâncuri de sol. Prezența multor ființe care vor veni curând, la moment nu le permite materializarea în planul vostru fizic, drept fapt acest sol planetar fiind infectat cu substanțe chimice, biohazard, nu le permite aterizarea lor. Prezența noastră virtuală reprezintă o punte de modificare a acestor substanțe chimice, în care neutralizarea lor are loc sub diviziunea planetară la nivel microscopic, celular, în alte planuri. Iar acest fapt vă impactează direct, planetar, fizic, în realitatea pe care o aveți."

Victoria: Să îi dăm întrebări.
Diana: Mi se pare interesant că au venit niște informații care au venit azi dimineață, și vreau să întreb cine mi-a transmis informațiile mie.
Victoria: Dragi Blue Avians are legătură această informație cu informația care i-a fost transmisă Dianei, și de cine a fost transmisă? Stai că își pune căștile. El se conectează și deconectează.

Transmisiune

"Tu ai fost recipientul în care modificarea lensei de primire a informațiilor a fost ușor acceptată, iar scopul acestor informații a fost drept încurajare pentru acest canal de a fi transmis și inclus, iar noi te felicităm Diana cu primirea acestor informații utile."

Diana: Mulțumesc. Da, mie îmi venise că Blue Avians au transmis informația atunci dimineață când mă întrebam cine transmit pentru că e prea filozofic, dar voiam să confirm. Ok, nu mă mai abat de la subiectul tău. Atunci ce este binevenit pentru cartea Victoriei, cum putem contribui la neutralizare, sau tot ce afectează nivelurile solului.

Blue Avians: W "Acesta este un subiect retoric pe care îl implementezi aici ca discuție. Pentru acest subiect va fi necesară simplificarea acestor întrebări, pe care tu ai curaj de a le întreba. Acest subiect este unul important pentru planeta voastră. Prezența noastră pe planeta voastră nu este posibilă, din motiv că decizia noastră personală, colectivă, nu își dorește a se infecta de substanțele chimice care sunt prezente în solul, straturile și apele planetei voastre. Iar animalele, păsările, ființele, vor fi ajustate pentru a reuși eliminarea toxinelor pe cale ușoară al acestor substanțe chimice în care solul este infectat. ADN-ul uman va fi repricotizat pentru eliminarea acestor substanțe. Genomul 34, 28, 51 vor fi modificate complet comparativ cu toate ființele umane existente până la transformarea voastră fiziologică umană, planetară.

Noi doar facem parte din experiențele și studiile de caz care le implică. Însă noi suntem doar vizionari ai acestor schimbări. Nouă ne este benefic pentru studierea rasei noastre individuale, de a ascensiona treptat la timpul potrivit unitar.

Suntem prezenți doar pentru a privi, a vă învăța în ceea ce experimentați. Însă nu avem nicio tangență cu experiențele voastre. Colectivul planetar al Terrei este în procesul său unic în care nu doar noi suntem observatori. Suntem aici pentru a vă informa cum este privită planeta voastră și coexistența tuturor ființelor prezente în, pe, deasupra planetei."

Diana: Mulțumim. Este binevenit să cunoaștem schimbările acelea din genom ce presupun și ce schimbări vor fi pentru noi ca ființe umane?

Victoria: Nu este binevenit acum să fie cunoscute. Avianul de lângă tine a răspuns la întrebări, și el s-a dus. Dar celălalt stă lângă mine.

Diana: Îl rugăm pe celălalt, dacă mai este ceva care vrea să transmită pentru carte, sau ceva ce umanitatea are nevoie să cunoască?

Transmisiune

"Va introducem o nouă modalitate de autoconștientizare a împrejurimilor voastre. Aceasta presupune eliminarea toxinelor, substanțelor chimice sau produselor de prin prejurul vostru. Eliminarea chimicelor este în combinație potrivită cu folosirea elementelor naturii.

Deci, în concluzie, putem oferi o alternativă a folosirii substanțelor naturale precum ar fi copaci vechi, lemn vechi refolosit și folosit în scopuri personale, în care vă oferă o echilibrare naturală dintre corpul fizic, biologic cu natura și ne-eliminarea copacilor de pe planeta voastră.

Adică, în scurt cuvânt ar fi binevenit de a se folosi, crea obiecte din ceea ce deja natura consideră ca ceva uscat, mort, nefolositor. Aceasta nu implică tăierea, distrugerea și coexistența doar acelor părți nefolosite ale naturii. Aici, prezența mea este mai mult unificată cu planeta și energia feminină a ei. Vrem să vă urăm o experiență plăcută a coexistenței voastre în balanță cu planeta mamă."

Victoria: Am simțit-o așa ca o mamă. Prima energie a fost masculină, a doua este mai mult feminină, și auzeam o voce feminină. E tare filozofică.
Diana: Așa-mi veneau și mie informațiile astăzi, că atunci când le citeam eram 100% sigură că nu era ceva ce eu aș fi spus, erau atât de filozofice. Și pe mine mă purta de la lipsa de autenticitate care a creat distrugerea la nivelul mamei pământ.
Mai este și altceva binevenit care vor Avians să îi transmită Victoriei pentru carte?

Transmisiune finală

"Prezența noastră este pur informativă și nu dispune de o informație anumită, concretă pentru a-și dezvolta subiectul. Acest spațiu de informație este binevenit să fie inclus în al 7-lea capitol al acestei cărți. Așa cum a fost intenționat de noi, însă filtre diferite.

Iar acum, aceasta este tot ce este nevoie de a fi inclus. Uneori cuvintele încurcă energia care este binevenită să fie inclusă, prezentă, într-un spațiu, în timp, unitate, inimă, conștiință. Nu vom aborda vreun subiect complicat. Nu este acest scop. Însă vă dorim ca aceste versuri, prezente acum și aici, în această carte, să vă aducă o infuzare a tuturor moleculelor al acestui corp fizic prezent, iar conștiința să vă echilibreze, sincronizeze, cu scopul și misiunea sufletului ales.

Acest mesaj se va închide cu echilibrarea energiilor masculine și feminine, într-o unitate care reprezintă însăși Sursa.

Vă mulțumim și ne revedem în alte surse. Pe curând." Mulțumim.

Despre autor

Victoria Basil este autoare, channeler, realizând transmisiuni ale Ființe-lor de lumină multidimensionale, este vindecătoare energetică și intuitivă, mentor spiritual, dedicată metafizicii și autodescoperirii.

În calitate de fondatoare și CEO al Infinity Triangle si Infinity Triangle Press, Victoria a împuternicit sute de oameni prin channeling de grup și individual, mentorat zilnic și sprijin pe calea lor de învățare, susținută de Ființele de lumină. Ea îi îndrumă pe alții să-și activeze abilitățile latente sau inactive, să-și descopere scopul, să-și îmbrățișeze puterea cu încredere, eliberându-se de vechile legături karmice, eliberând atașamentele și adu-când claritate. Victoria a inventat două teorii în fizica cuantică, pregătite să fie descoperiri în știință.

Certificată ca Ghid în sesiuni de citire ale Înregistrărilor Akashice, prac-ticant de Terapie de Vindecare prin Hipnoză Cuantică (QHHT), CNA Licențiat și Certificat, CMA Certificat, Tehnician Flebotomie Certificat în Statele Unite ale Americii.

Este pionieră în propriile modalități unice ca **Megaquantic™ Reading, Body scan & Healing ™ (Scanarea și Vindecarea Corpului)**, născute din darurile sale extrasenzoriale, deblocând o descoperire transformatoare în vindecarea fizico-energetică, inclusiv prin Channeling-urile sale multidi-mensionale și sesiunile de Citire Cuantică.

Specializată în eliberarea atașamentelor energetice, Victoria lucrează cu rețelele Pământului și dincolo de ele, facilitând o vindecare profundă pen-tru indivizi, planetă și alte civilizații. Premonițiile ei, inclusiv prevederea virusului CoVoid cu ani înainte, provin din vise vii și salturi temporale pe care acum le navighează cu măiestrie.

Este autoarea publicată a antologiei „Inimi trezite: Povești despre îmbrăți-șarea luminii, iubirii și posibilităților nelimitate"/ "Awakened Hearts: Sto-ries of Embracing Light, Love, and Limitless Possibilities", unde călătoria ei spre trezire poate fi găsită mai în profunzime ca un interviu exclusiv.

Viața dinamică a Victoriei îmbină spiritualitatea cu aventura: drumeții, vizitarea tuturor celor 50 de state americane si explorarea a peste jumătate din parcurile naționale al Statelor Unite ale Americii, sărituri în tandem și scufundări în Oceanul Pacific. Activitățile sale creative și intelectuale combinata cu pictura, studiile în domeniul medicinei, business de frumusețe, dreptul, contabilitatea, descoperirea de sine, spiritualitatea și metafizica. Condusă de o sete insațiabilă de cunoaștere, Victoria întruchipează potențialul nelimitat al corpului-minții-suflet-spiritului uman.

Conectează-te cu ea la:

Website infinitytriangle.net

    infinitytrianglepress.com

Email   victoriabasil@infinitytriangle.net

Instagram @infinitytrianglestar

Facebook @infinitytriangle

www.ingramcontent.com/pod-product-compliance
Lightning Source LLC
Chambersburg PA
CBHW060256150626
46556CB00021B/23